교육재정학

반상진 · 김민희 · 김병주 · 나민주 · 송기창 · 우명숙
주철안 · 천세영 · 최준렬 · 하봉운 · 한유경 공저

학지사

서 문

교육재정경제학회가 창립된 지 24년이 되었다. 그동안 교육재정 현상을 분석하고 연구하는 데 많은 노력을 기울였고, 교육재정 및 경제학에 관한 저서와 논문이 다량으로 생산되었다. 학문의 발전과 국가발전의 초석이 되는 중요한 밑거름이 되었다 할 수 있다.

이런 노력에도 불구하고 교육재정 및 경제 현상은 지속적으로 변화하고 새로운 이론과 방법이 개발되고 적용되고 있다. 새로운 변화를 받아들이고 이를 활용하려는 노력을 보다 적극적으로 수행하여야 학문이 심오하게 발전할 수 있을 것이다. 그러나 학문의 변화에 적극적으로 대응해야 할 필요성에도 불구하고 교육재정학 관련 저서는 이에 호응하지 못하였다. 교육재정학이란 제목하에 출판된 마지막 저서가 서울대 윤정일 교수가 2004년에 출간한 『교육재정학원론』이다. 10년 동안 교육재정학 관련 저서가 출판되지 못한 것이다.

후학들을 지도할 때 시대에 부응하는 교재가 없어 어려움을 겪었고, 후학들도 현재의 여건에 부합되는 교재가 없어 10년 전의 교재로 공부하고 연구할 수밖에 없었다. 이런 학문의 어려움을 극복하기 위해 한국교육재정경제학회 회원들이 뜻을 모아 교육재정학 교재를 발간하기로 하였다. 교육재정학의 학문적 발전을 기하고 후학들이 연구하고 참고할 수 있는 토대를 마련하기 위해서이다.

교육재정학 교재를 편찬하기 위해 반상진 교수가 목차를 정하고 필자를 선정하였으며 기간을 정해 원고를 청탁하고, 수집하여 편집하고 교정하는 노력을 기울였다. 이런 노력과 더불어 학회 회원들이 적극적으로 동참하여 원고를 제출하고, 교정하는 데 많은 지원을 하였다. 원고를 작성하고 교정하는 노력과 더불어 학지사 김진환 사장님의 적극적인 지원이 있어 이 책 『교육재정학』이

세상의 빛을 보게 되었다. 참여하여 헌신적으로 도움을 주신 모든 분들께 깊은 감사를 드린다. 이와 더불어 이 책을 편집하고 교정하는 데 많은 노력을 기울인 본회 간사인 김성창, 김주원 학생에게도 감사를 드린다.

본 내용 구성과 집필의 책무성을 밝히기 위해 장별 저자를 밝히면 제1장 '교육재정학의 학문적 기반'은 천세영, 제2장 '교육재정의 정책적 가치'는 나민주, 제3장 '교육예산제도'는 우명숙, 제4장 '교육재정의 성과 분석'은 최준렬, 제5장 '교육재정 확보정책의 변천'은 한유경, 제6장 '교육재정 배분정책의 변천'은 김민희, 제7장 '교육재정의 구조화 현황'과 제8장 '지방교육재정교부금제도와 현황'은 송기창, 제9장 '교육세제도와 현황'과 제10장 '지방자치단체의 전입금제도와 현황'은 김병주, 제11장 '교육경비보조금제도와 현황'과 제12장 '학교회계제도와 운영'은 최준렬, 제13장 '대학재정 구조와 현황'은 반상진, 제14장 '교육재정의 성과평가체제 및 분석'은 하봉운, 제15장 '미래사회와 교육재정'은 주철안 교수가 집필하였다.

여기에 제시된 내용은 완전히 마무리된 것은 아니다. 부족한 부분, 보완해야 할 부분은 관심을 갖고 조언과 충고를 해 주시면 수정을 하여 더욱 좋은 저서가 되도록 노력할 예정이다. 앞으로 교육재정학이 더욱 발전할 수 있는 기반이 되길 빌며 서문을 마친다.

2014년 4월

한국교육재정경제학회장

최준렬

차 례

제1부 교육재정학의 이론적 기초

제 1 장 교육재정학의 학문적 기반 ························ 11

1. 교육재정의 개념과 특성 ························ 11
2. 교육재정학의 학문적 위치 ························ 20
3. 교육재정학의 이론적 체계 ························ 23

제 2 장 교육재정의 정책적 가치 ························ 35

1. 교육재정의 공평성 ························ 35
2. 교육재정의 효율성 ························ 46
3. 교육재정의 적정성 ························ 54

제 3 장 교육예산제도 ························ 67

1. 품목별 예산제도 ························ 68
2. 성과주의 예산제도 ························ 70
3. 계획예산제도 ························ 72
4. 목표관리 예산제도 ························ 73
5. 영기준 예산제도 ························ 76
6. 프로그램 예산제도 ························ 78

제 4 장 교육재정의 성과 분석 ························ 83

1. 교육비용의 개념과 유형 ························ 84
2. 교육의 효과와 수익 ························ 89
3. 교육재정의 성과 분석 기법 ························ 95

제2부 교육재정정책의 역사적 변천

제 5 장 교육재정 확보정책의 변천 ········· 107
1. 교육재정 확보 논리 ········· 107
2. 국가의 교육재정 확보정책 ········· 111
3. 지방정부의 교육재정 확보정책 ········· 124

제 6 장 교육재정 배분정책의 변천 ········· 131
1. 환부금제도의 시기(1951~1958) ········· 132
2. 환부금 · 교부금제도의 시기(1959~1965) ········· 135
3. 교부금제도의 시기(1966~1990) ········· 137
4. 교부금 · 양여금제도의 시기(1991~2000) ········· 138
5. 교부금제도 정착기(2000~) ········· 140

제3부 교육재정의 확보와 배분

제 7 장 교육재정의 구조와 현황 ········· 145
1. 국가교육재정의 구조 ········· 145
2. 지방교육재정의 구조 ········· 149
3. 학교재정의 구조 ········· 156

제 8 장 지방교육재정교부금제도와 현황 ········· 159
1. 지방교육재정교부금제도의 성격 ········· 159
2. 지방교육재정교부금제도의 기능 ········· 162
3. 지방교육재정교부금제도의 변화 ········· 163
4. 지방교육재정교부금 현황 ········· 171

제 9 장 교육세제도와 현황 ········· 177
1. 교육세제도의 성격과 기능 ········· 178
2. 교육세제도의 현황 ········· 182

3. 교육세제도의 쟁점 ······ 185
4. 교육세제도의 과제 ······ 191

제10장 지방자치단체의 전입금제도와 현황 ······ 203
1. 일반회계 전입금제도의 개념과 구조 ······ 203
2. 일반회계 전입금제도 및 재원 변천과정 ······ 207
3. 일반회계 전입금제도의 쟁점과 과제 ······ 218

제11장 교육경비보조금제도와 현황 ······ 227
1. 교육경비보조금제도의 개념 및 의의 ······ 227
2. 교육경비보조금의 변화과정 ······ 231
3. 교육경비보조금의 법령체제 ······ 235
4. 교육경비보조금의 운영실태 ······ 238

제12장 학교회계제도와 운영 ······ 249
1. 학교회계의 개념 및 의의 ······ 249
2. 학교회계제도의 도입 배경 ······ 252
3. 학교회계제도의 내용 ······ 257

제13장 대학재정 구조와 현황 ······ 271
1. 대학회계 구조 ······ 272
2. 대학재정 현황 ······ 286

제4부 교육재정의 성과평가와 전망

제14장 교육재정의 성과평가체제 및 분석 ······ 313
1. 성과관리제도의 도입 배경과 현황 ······ 313
2. 성과관리의 개념 및 특징 ······ 323
3. 성과관리제도의 구조 및 구성요소 ······ 328
4. 성과평가체제 및 평가지표 사례 ······ 342
5. 교육재정 성과관리의 향후 과제 ······ 350

제15장 미래사회와 교육재정 …… 361

1. 미래사회의 변화 …… 362
2. 미래사회 교육의 특징 …… 366
3. 미래사회의 교육재정 과제 …… 368

■ 찾아보기 …… 385

제 1 부

교육재정학의 이론적 기초

제1장 교육재정학의 학문적 기반
제2장 교육재정의 정책적 가치
제3장 교육예산제도
제4장 교육재정의 성과 분석

제 1 장 교육재정학의 학문적 기반

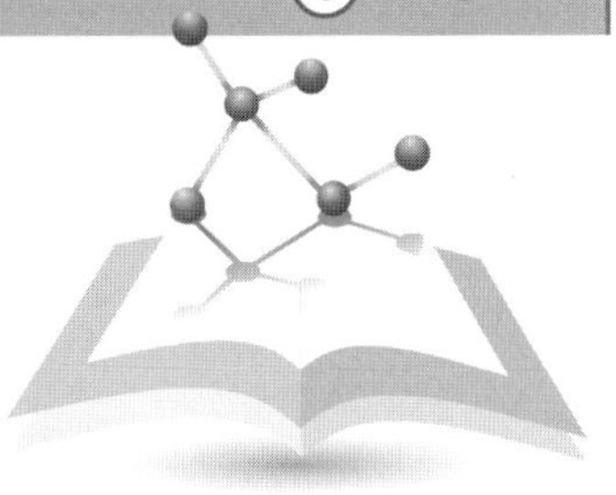

1. 교육재정의 개념과 특성

- 경제란 무엇인가?
- 경제와 재정의 성격
- 경제와 재정의 관계

1) 경제와 경제재

교육재정을 이해하려면 교육경제를 먼저 이해해야 하며 교육경제를 이해하려면 다시 경제를 이해해야 한다. 즉, 교육경제와 교육재정의 관계는 경제와 재정의 관계와 쌍을 이루기 때문에 최초의 실마리는 '경제란 무엇인가?'라는 질문에서 시작된다.

경제의 정의에 대한 질문과 답은 여러 가지 방식으로 이루어질 수 있지만 경제학개론서와 같은 교과서와 사전적 정의를 일단 따르는 것이 그 출발점이 되어야 하는데, 그것은 '경제적 재화, 곧 경제재(economic goods)의 생산과 소비 활동'이라고 할 수 있으며 경제(학)은 당연히 그에 대한 학문적 탐구활동이라고 정의될 수 있다.[1] 여기서 다시 '경제재란 무엇인가?'라는 질문과 함께 생산과 소비는 또 무엇인가에 대한 질문도 가능하다.

경제재는 경제적 재화의 줄임말인데 재화는 본래대로 의미의 재화(goods)와 용역(service)으로 다시 분화되었으며, 양자의 관계 또한 많은 논의와 이해를 요구한다. 단, 여기서는 재화는 대체적으로 쌀, 의복, 주택과 같은 물리적 형태를 가지고 있고 생산자와 소비자가 분리되어 중간의 유통자를 통해 거래되는 것을 의미하는 반면, 서비스는 외식업, 백화점, 교통과 같은 비물리적 형태를 가지고 있고 생산자와 소비자 간에 직접 거래되는 것이라는 정의(류승호, 1996)를 잠정 채택하기로 한다. 그러므로 경제재는 경제적 재화와 경제적 용역을 포함하는 가치라고 할 수 있다.

2) 경제재의 성격과 분류

경제재는 경제활동의 두 측면인 생산과 소비의 대상으로서의 가치이다. 즉, 그것이 가치인 한 성격상 희소성(scarcity), 다시 말해서 풍부하지 않고 부족하다는 성질을 갖는다. 자연에 존재하는 모든 가치가 희소한가 아닌가에 대해서는 철학적이며 물리학적 근본 질문을 다시 제기하지만 근대경제학이 확립되어 온 20세기까지만 해도 공기와 물, 그리고 흙과 같은 재화들은 희소하지 않고 자유롭게 누구나가 획득할 수 있는 재화, 곧 자유재(free goods)로 인식되었다. 물론 20세기 후반에서 21세기로 접어들면서 사실상 자유재는 없어졌고 자연에 존재하는 모든 재화는 희소성을 가지는 것으로 인식되기에 이르렀다.

희소한 경제재를 생산한다는 것은 희소한 원자재를 소비하여 새로운 가치를 창출해 내는 것을 의미하며 이렇게 창출된 새로운 가치를 부가가치라고 한다. 따라서 경제는 1개의 경제재를 소비하여 1개 이상의 경제재를 생산하는 것으로 정의될 수 있으며, 이를 통상 경제적 효율성의 원리 또는 더 줄여서 경제의

---

1) Wikipedia의 정의에 따르면 "Economics is the social science that analyzes the production, distribution, and consumption of goods and services"로 되어 있다. (http://www.wikipedia.org/wiki/Econmoics, 2013-12-14)

원리(economic principle)라고 한다. 모든 경제주체들은 보다 많은 생산을 위해 보다 많은 소비를 원하지만 자연에 존재하는 경제재는 희소하여 경제주체 간 생산과 소비는 상호 경쟁적(rival)이며 상호 배제적(exclusive)이다. 그런데 실제 세계에서는 재화의 성격에 따라 생산과 소비에 있어서의 경쟁성과 배제성의 수준이 달라지는데, 이에 따라 경제재는 민간재와 공공재로 분류되기도 한다.

민간재 혹은 사유재(private goods)란 경제주체 간 절대적으로 상호 경쟁적이고 상호 배제적으로 향유하는 재화로 정의되며, 공공재 혹은 공유재(public goods)란 상대적으로 비경쟁적이고 비배제적이어서 경제주체 간 공동 생산되고 공동 소비되는 재화를 의미한다. 물론 100% 민간재와 공공재로 분간될 수 있는 재화는 존재하기 어렵지만 상대적으로 그 순수성 수준에 따라 순수민간재(pure private goods)와 순수공공재(pure public goods)라는 이념형을 두고 그 사이에 있는 재화들을 대체적으로 혼합재(mixed goods)로 명명한다. 순수민간재의 대표적인 예로는 다이아몬드와 같은 귀금속류의 사치재가 포함되고 순수공공재는 국방과 같은 정부서비스가 포함되어 왔다.

3) 경제와 재정

경제재의 성격에 따라 민간재의 생산과 소비 활동을 민간경제(private economy)라고 하는 반면 공공재를 대상으로 하는 활동을 공공경제(public economy)라고 한다. 그런데 공공경제는 통상적으로 특정 경제재의 공공재적 성격의 규정 방식과 그 생산과 소비의 주체 및 활동 방식에 대해 민간경제와는 다소 다른 성질을 가질 수밖에 없게 되며, 대체로 그것은 경제영역을 넘어서서 정치영역과 연관된다. 그래서 통상 공공경제는 재정 또는 공공재정(public finance)으로 발전되어 왔다.

흔히 Adam Smith를 시조로 하는 근대경제학의 발전과정은 절대왕권국가에서 온전히 국가경제 혹은 공공경제 활동으로부터 민간경제의 분리 독립과정으로 이해될 수 있으며, 초기의 경제체제는 오늘날 관점에서 보면 거의 시장방임적 자유경제 혹은 순수민간경제를 의미했다. 그러나 이후 지속적으로 공공재의 발견과 확대, 그리고 정부부문 혹은 공공부문이 확대되면서 공공경제와 재정의 확대발전되어 온 것으로 이해해야 할 것이다.

- 교육재의 성격
  교육재의 성격: 공공재인가 사적재인가?
- 교육의 비용과 수익
  - 교육의 비용: 직접교육비와 간접교육비
  - 교육의 수익: 개인적 수익과 사회적 수익

4) 교육재의 성격과 교육재정

교육재정은 사전적 의미로 볼 때 교육에 관한 재정을 의미하는 것인데 그것은 교육을 경제적 재화, 곧 교육재(educational goods)로 본다는 것을 의미하고 동시에 공공재로 본다는 것을 의미한다. 즉, 공공재인 경제재로서의 교육재의 생산과 소비를 담당하는 경제주체는 민간보다는 공공인 정부임을 가리키고 있는 것이다. 그러므로 교육재정의 학문적 이해활동인 교육재정학은 결국 교육재의 성격에 대한 이해를 기반으로 해서 경제원리에 입각한 교육재의 생산과 소비 활동에 대한 이해를 하려고 하는 학문이라고 정의할 수 있다. 따라서 근원적인 질문은 교육재의 경제재적 성격, 곧 민간재성과 공공재성에 대한 이해를 요구한다.

교육재는 공공재적 성격과 민간재적 성격을 동시에 갖춘 대표적인 혼합재로 규정되어 왔지만 시대와 장소에 따라 구체적인 규정방식은 달라질 수밖에 없다. 즉, 어떤 사회에서 어떤 때에 어떤 교육재를 공공재 혹은 민간재로 규정하는가에 따라 교육재정의 양식도 그에 맞추어 달라져 왔다. 그러므로 동시에 그것은 교육제도 발전과정에 대한 이해방식의 다른 측면이라고 볼 수도 있는 것이다. 통상적으로 '공교육(public education)'의 성립 및 확산 과정이 시사하는 바는 교육의 공공재적 성격의 성립과 확산과정을 보여 준다.

첫째로 학교급별로 볼 때 대체로 초 · 중등교육 단계의 보통교육은 공공재적 성격이 보다 강한 것으로 규정되어 왔으며 반대로 고등교육 단계로 올라갈수록 민간재정 성격이 보다 강한 것으로 규정되어 왔다. 물론 이 역시도 독일과 프랑스의 경우처럼 대학 등록금이 사실상 제로에 가까운 공공재로 확립된 경우도 있으며 미국과 한국에서처럼 사립대학 중심으로, 곧 민간재로 확립된 경우도 있다.

둘째로 장애아와 영재아를 대상으로 하는 특수교육과 저소득층 자녀를 대상으로 하는 교육복지 같은 경우는 대표적인 공공재적 성격으로 확립되어 왔다. 최근 우리 나라에서 급성장한 교육복지재정의 경우는 대표적인 교육공공재론의 성립과정이라고 이해하여야 한다.

셋째로 사립학교에서 생산 · 소비되는 교육재를 민간재로 볼 것인가 공공재로 볼 것인가도 매우 애매한 문제이다. 한국을 비롯한 동아시아 국가들에서 번창하고 있는 사교육기관들, 곧 학교 밖 학원들은 일반적으로 민간교육재 시장이라고 할 수 있지만 그것과 공교육기관 간의 팽팽한 긴장감은 교육재정이 얼마나 복잡한 난제인가를 보여 주고 있다.

이외에도 교육제도와 실제의 운영과정에서는 복잡 · 미묘한 교육재의 생산과 소비활동에 있어서 민간영역과 공공영역 간의 상호 역동이 일어나고 있으며, 교육재정학은 바로 이와 같은 현상에 대해 탐구를 하는 학문활동이라고 할 수 있다.

5) 교육재의 화폐적 가치로서의 교육비

교육재정이 교육재의 생산과 소비 활동으로 정의되었다. 여기서 교육재의 가치를 어떻게 측정하고 인식할 것인가라는 질문이 제기되며, 통상적으로 경제학의 경우에서처럼 경제재의 가치를 측정하고 인식하는 데 있어서의 화폐적 가치(monetary value)와 비화폐적 가치(non-monetary value)의 구분이 가능하다. 일반적으로 모든 경제적 재화의 가치는 화폐로 표시될 수 있는 것과 없는 것으로 구분하지만 근대경제학이 성립되면서 실제적으로는 화폐적 가치로 표현된 경제재가 통상적 의미의 경제활동의 대상이 되었다고 보아야 할 것이다. 이처럼 화폐적 가치로 표현된 교육재의 가치를 교육의 비용과 수익이라고 한다.

그런데 교육경제의 중심활동이 민간경제보다는 공공경제, 곧 교육재정 측면에서 이루어져 왔기 때문에 대체로 교육재화의 화폐적 가치는 교육의 비용 측면에 치중되어 논의되어 왔으며, 이를 교육비(cost of education)라고 부르게 되었다. 그래서 교육재정 활동의 중심은 교육비를 어떻게 확보하고 배분할 것인가에 대한 질문과 답으로 이루어져 왔으며, 당연히 그 첫 번째 질문은 교육비의 성격과 분류에 대한 것이었다.

6) 교육비의 성격과 종류

'교육비'는 말 그대로 교육에 소요되는 비용이다. 그런데 교육의 의미와 그 활동의 범위, 그리고 비용의 종류까지 모두를 낱낱이 포함하려고 한다면 그 개념적 한계가 무한해질 수 있다. 따라서 교육비라 함은 '학교교육활동에 직접 혹은 학교교육활동과 관련하여 간접적으로 투입된 경비 중 금전적으로 표시된 경비'로 한정하여 사용할 필요가 있다. 그리고 '학교'라 함은 교육법에 의해 설립된 국가의 공교육체제에 속한 학교만을 의미할 뿐, 각 개인이나 사적 집단들이 임의로 세운 유사 교육기관은 제외된다.

한편, 교육비를 이렇게 학교교육비만으로 한정할 때도 다시 학교교육비는 분석의 목적에 따라 몇 가지 차원으로 분류해 볼 수 있다. 즉, 교육의 경제적 가치를 어떻게 평가할 것인가에 따라 직접교육비와 간접교육비로, 교육비의 지출(또는 집행) 주체에 따라 공교육비와 사교육비로, 교육비의 비교단위에 따라 총량교육비와 단위교육비 등으로 분류된다.

- 직접교육비와 간접교육비: 교육비를 직접교육비와 간접교육비로 분류하는 것은 교육을 하나의 경제재로 간주했을 때 그 경제적 효용에 따른 가격 이

론의 입장에 따른 것이다. 즉, 교육이 다른 경제재와의 경쟁적인 대체 관계에 있다고 보고 그 직접적 효용과 기회비용의 비교를 통해 투자와 소비의 선택을 하는 준거로 교육비를 구분해서 산출할 수 있다는 것이다.

여기서 직접교육비란 교육을 받기 위해 납입금, 교재대, 혹은 정부 수준의 교육예산 등과 같이 직접적으로 재화나 용역을 소비하는 것을 말하며 간접교육비란 교육을 받기 위해 소비한 직접교육비를 다른 용도로 소비했을 경우를 가정했을 때의 유실 소득(foregone earning) 또는 기회비용(opportunity cost)이다. 그러므로 간접교육비는 구체적으로 학교 재학기간 중 취업을 하지 못함으로 해서 유실되는 소득으로 나타낸다.

직접교육비와 간접교육비의 비교는 교육의 수익률 또는 회수율을 산출하여 교육의 경제적 측면을 분석하는 교육경제학 분야의 중심적 연구주제가 되어 왔다. 특히 한국의 경우는 학력 간 임금 격차가 매우 큼으로 인해 상대적으로 간접교육비가 낮기 때문에 개인의 교육수요가 매우 높고 그 결과가 극심한 입시경쟁으로 나타나고 있다.[2] 그 결과 직접교육비의 지출은 많아질 수밖에 없었다. 이처럼 직접교육비와 간접교육비의 관계는 서로 반비례 관계에 놓여 있으며, 간접교육비는 노동시장의 임금자료를 통해서 산출되는 비용이기 때문에 교육적 변수보다는 경제적 변수에 의해 영향을 받는다.

- **공교육비와 사교육비**: 교육비는 경비의 확보, 배분의 과정이 공공절차를 통해 이루어지고 있는가의 여부에 따라 공교육비와 사교육비로 구분하기도 한다. 예를 들어, 학생이 내는 납입금은 비록 부담의 주체는 개인이지만 그 집행은 학교나 정부의 공공회계를 통해 이루어지고 있는 공교육비이다. 말하자면 그것은 이용자에 한해서만 지불을 의무화하고 있지만 조세 수입을 통해 획득된 재정과 똑같은 원칙에 의해 배분, 집행되고 있다. 이와 반

---

2) 백일우(1993a, 1993b)와 김영화 등(1993)은 우리 나라에서 개인의 교육수요를 결정하는 데 있어서 가장 중요한 요인은 가정의 소득, 즉 교육비 부담능력이라는 연구 결과를 내놓고 있다.

대로 사교육비는 학생들의 교재비, 사설 학원비 등과 같이 개인의 자유 계획에 의해 집행되는 경비를 말한다. 물론 납입금도 학생의 선택에 따라 지출 여부가 결정된다고 볼 수도 있지만, 그것은 '교육재'를 일단 구입하기로 결정을 한 이후, 즉 학교에 입학하고 난 이후에는 의무적인 경비이며, 졸업 이전까지는 자유로이 지출을 철회할 수 없을 뿐만 아니라, 그 경비가 구체적으로 어떤 방식으로 쓰여져야 하는가에 대해서는 아무런 결정 권한도 가지지 않는다.

그러므로 공교육비는 모든 학생에게 똑같은 질의 교육서비스를 제공하는 것을 원칙으로 하고 있으며, 학생 개인이 부담하는 비용으로서의 수업료는 동액을 원칙으로 한다. 물론 공교육비의 재원을 형성하고 있는 조세는 누구나가 다 똑같은 액수를 부담하고 있지 않을 뿐만 아니라 수업료/납입금의 경우도 면제를 받는 등의 장학 혜택이 주어지기도 해서 결과적으로 학생에 따라서는 차등적인 서비스가 제공된다고 볼 수도 있다. 그러나 조세제도나 장학금제도는 기본적으로 재정부담 능력의 사회적 형평성을 이미 보장하고 있기 때문에 공교육비는 궁극적으로는 모든 개인에게 형평한 서비스를 제공하기 위한 경비라고 볼 수 있다.

그러나 사교육비의 경우는 개인의 능력에 따라 얼마든지 다른 질의 교육서비스를 향유하는 데 사용될 수 있는 경비이다. 그러므로 만약 공교육비에 의해 모두에게 제공되는 서비스의 질이 매우 낮을 때, 사교육 활동을 통해서 보상받을 수 있는 비용부담 능력만 있다면 개인들은 사교육비를 가능한 한 많이 지출하려 들 것이다. 즉, 공교육비와 사교육비는 서로 반비례 관계에 놓여 있다고도 할 수 있다.

- 총량교육비와 단위교육비: 교육비는 그 분석과 비교의 단위에 따라 총량교육비와 단위교육비로 나눌 수 있다. 총량교육비라 함은 모든 교육활동에 쓰여지고 있는 교육비의 총량을 말한다. 물론 분석 목적에 따라 학교급별 또는 지역별로 총량교육비를 산출할 수도 있을 것이다. 한편 단위교육비라

함은 교육의 최종 생산단위가 학생임을 전제로 하고, 학생 1인에게 소요되는 평균경비를 말한다. 일종의 교육원가라고도 할 수 있다.[3] 단위교육비는 일반적으로 학생을 기준으로 한 학생당교육비를 의미하지만, 경우에 따라 그 비교단위를 달리할 필요가 있을 때에는 교원당교육비 혹은 교원당인건비 등과 같이 다양하게 산출할 수도 있다. 본 연구에서 교육비는 총량교육비와 단위교육비 모두를 분석의 목적에 따라 사용하고 있다.

교육비의 분류 방식은 이제까지 제시한 것 이외에도 얼마든지 새로이 할 수 있다. 예를 들어 Coombs와 Hallak은 교육비를 기회비용(opportunity cost), 자원비용 대 금전비용(resource vs. monetary costs), 요소비용(factor costs), 경상비용 대 자본비용(current vs. capital costs), 총교육비 대 단위교육비(total expenditures vs. unit costs), 경상가 비용 대 불변가 비용(current vs. constant prices), 공교육비 대 사교육비(public vs. private costs) 등으로 구분하고 있다(Coombs & Hallack, 1987). 이외에도 적정교육비, 최소교육비 등을 재정 배분의 기준으로 사용하기 위해 산출해 볼 수도 있으며, 비용 부담자에 따라 사부담 교육비와 공부담 교육비 등으로도 나눌 수 있다. 이처럼 교육비의 분류는 분석과 비교의 목적에 따라 얼마든지 새롭게 할 수 있다.

---

3) 대학의 납입금액 결정과 관련되어 교육의 원가계산에 관한 여러 연구가 진행되고 있다(김병주, 1993; 이동규, 1990; 이정호 · 곽수근, 1991).

2. 교육재정학의 학문적 위치

- 경제학과 교육학의 사이: 교육경제학의 위치
- 경제학과 재정학의 사이: 교육재정학의 위치

1) 교육경제학과 교육재정학

교육재정학은 학문적으로 우선 교육경제학의 분과영역이다. 이것은 일반재정학이 일반경제학의 분과영역인 것과 마찬가지이다. 후자가 민간재를 다루는 일반적인 의미에서의 경제학이라면 전자는 경제재의 특수 부문이라고 할 수 있는 공공재를 다루는 부문경제학으로서의 공공경제학 또는 후생경제학을 의미하며 Musgrave(1959)에 의해 1959년 최초로 공공재정학 혹은 재정학으로 명명되었다.

그런데 근대교육제도의 발전사가 다분히는 공교육제도의 발전사와 함께하여 왔다.[4] 이 말은 경제학 대상으로서의 교육재의 생산과 소비는 사실상 공교육적 재화, 곧 공공재로서의 교육재의 생산과 소비를 의미하게 되고 결국 교육경제학의 중심은 공공경제학적 성격을 띠는 교육재정학이 중요한 위치를 차지하게 되었음을 시사한다.

2) 경제학의 분과학문으로서의 교육경제학

교육재정학은 교육학의 분과학문일 수도 있고 경제학의 분과학문일 수도 있다. 그런데 학문발달사로 볼 때 교육재정학은 교육경제학에서 먼저 시작되었다고 볼 수 있다. 우선적으로 경제학의 비조인 Adam Smith는 이미 경제학 고

---

4) 천세영은 주삼환 등과 함께 저술한 『교육행정 및 교육경영』(학지사, 2009) 제9장 교육제도론에서 근대교육제도의 성립과정을 공교육제도의 발전과정으로서 논의하고 있다.

전『국부론』에서 국가는 교육영역에 최소한으로만 참여해야 한다고 주장한 바 있다. 물론 Adam Smith 시대의 교육제도는 오늘날과 같은 보편적 교육제도가 처음으로 시작되던 시점이었기 때문에 복잡미묘한 교육재정학 논의를 충분히 전개하지는 않았지만, 분명한 것은 교육의 경제적 가치, 곧 교육경제학의 존재론적 인식론적 근거를 최초로 언명했다고 보아야 할 것이다.

본격적으로 교육경제학이 자리를 잡게 된 것은 1960년대 미국 시카고경제학파에 의해 인간자본론(human capital theory)이 성립되면서부터라고 해야 할 것이다. Jacob Mincer(1958)에 의해 1958년에 최초로 human capital이란 용어가 쓰였으며 1964년 Gary Becker는 *Human Capital*이라는 제하의 저서를 냈고, 1972년 노벨경제학상을 받은 Theodre Shultz는 1972년 *Investment in Human Capital: The Role of Education and of Research*(New York: Free Press)를 출간했다. 시카고경제학파라고 불리는 이들은 교육에 의해 형성된 인간자본 혹은 정신자본이 전통적인 생산수단이며 자본으로 인식되어 왔던 토지와 육체노동을 대신할 수 있다는 이론을 정립하였던 것이다. 이후 많은 연구들이 진척되었으며 1980년대 이른바 NICS라 불리는 신흥산업국가 혹은 '아시아의 네 마리 용'에 등단한 대한민국의 경제발전과정에서 교육이 기여했던 역할은 McGinn 등(1981)의 연구에 의해 실증적인 예로 회자되었다. 이처럼 교육경제학의 출발은 적어도 교육학적 관점에서보다는 경제학적 관점에서 시작되었다고 보아야 할 것이다.

3) 교육학의 분과학문으로서의 교육재정학

교육학적 관점에서 교육의 경제적 측면을 다룬다는 것은 쉬운 일은 아니었으며 교육경제학의 태동이 경제학자들에 의해 주도되었다는 것이 그 반증이다. 교육부문 혹은 교육학적 관점에서 경제학적 측면이 본격적으로 부각된 것은 1954년에 있었던 유명한 Brown(Brown v. Board of Education) 판결이었다.[5] 이 판결은 미국 캔자스 주 교육이 흑백간 인종차별을 하고 있으며 구체적으로는 흑백 학생 간의 교육서비스 수준의 차이가 발생함으로써 특별히 흑인 학생들의 교육기회 획득을 차별적으로 제한하고 있으며, 이는 미국 14차 수정헌법의 평등권을 위배한다는 판결이었다. 이후 유사한 판결들이 이어졌으며 미국 교육정책사에 있어서의 교육기회균등의 원칙이 확립되어 온 역사의 시초였다.

이처럼 교육정책에 있어서 평등성(equality) 혹은 공평성(equity)의 가치가 확립된 이후 교육기회의 제공과 보장 문제는 경제학적 관점에서의 교육재화의 합리적 생산과 소비라는 관점과 연계되었다고 볼 수 있다. 교육재 혹은 교육경제현상이 공공재로서 혹은 교육재정현상으로서 중심적 위치를 갖게 된 것은 바로 이와 같은 교육기회 균등분배론의 다른 모습인 것이다. 공공경제학은 민간경제의 시장 실패를 미연에 방지함으로써 궁극적으로는 민간경제의 활성화를 목표로 한다. 경제의 활성화는 재화의 생산과 소비가 경제적으로, 곧 효율적으로 이루어질 때 가능하며 그 경제성과 효율성은 최소의 소비와 최대의 생산을 통해 성장을 이루는 것을 의미한다. 그런데 성장을 이루기 위해서는 각 경제주체 간의 균형적인 생산과 소비가 이루어져야 하는데 대체적으로 이를 경제에 있어서 분배의 효율성이라고 한다. 말하자면 경제성은 경제적 재화의 생산과 소비가 성장과 분배 간의 적절한 균형을 기반으로 이루어지는 것이며, 대체적으로는 민간경제가 성장에 초점을 둔다면 공공경제는 분배에 초점을 두는 것으로 이해된다.

교육재정이 공공재정의 영역에 속할 가능성이 높다는 것은 교육정책의 중점이 개개인의 교육적 성장 못지않게 개인 간 성장의 균형, 곧 교육기회의 균등분배에 두어지고 있음을 의미한다. Brown 판결이 시사하고 있는 것은 교육재의 생산과 소비에 있어서 집단 간 개인 간 기회의 공평한 분배가 중요하다는 점이다. 교육재정학이 경제학보다는 교육학의 분과학문으로서 자리매김해 왔다고 평가할 수 있는 것이 바로 이처럼 교육재정의 연구 이슈들이 교육기회의 균등한 배분을 중심으로 발전되어 왔음을 의미한다.

---

5) http://en.wikipedia.org/wiki/Brown_v._Board_of_Education#Related_cases(2013-12-5)

3. 교육재정학의 이론적 체계

1) 교육재정학의 이론적 체계

교육재정학은 일차적으로 경제학과 교육학의 이론들을 융합하고 있으며, 다시 공공경제학과 민간경제학의 관점을 융합하고 있다. 그렇지만 실제 교육재정학이라는 특수 분야를 연구함에 있어서 경제학과 교육학이라는 거시적이고 종합적인 이론체계를 모두 융합하는 것은 불가능하며 결국은 경제학적 관점과 교육학적 관점을 균형 있게 융합한다고 해야 할 것이며 이론 발달사를 통해 형성된 현재 단계에서의 주요 이론들을 우선적으로 이해하는 것으로 한정을 지어야 한다. 또한 앞서 교육재정학의 학문적 위치에서 살펴보았듯이 교육재정학은 이미 경제학과 재정학의 관계가 시사하는 바와 같이 공공경제학적 관점, 곧 공공재적 성격을 보다 많이 가질 수밖에 없는 교육재의 생산과 소비에 관한 이론적 지평들을 포함한다.

이상과 같은 관점에서 볼 때 교육재정학과 관련된 중심적 이론체계를 몇 가지 열거하면 다음과 같다.

첫째로 경제학의 이론 중에서 인간자본론(human capital theory)은 가장 중심적 이론체계가 될 것이다. 또한 근대경제학의 근간이 되고 있는 연구방법론으로서의 계량경제학적 수리모델들 또한 교육재정학에서 빈번히 활용되고 있다. 소비함수와 생산함수 이론에서부터 교육비 결정과 관련한 구조방정식 구축방법론을 포함하여 재무효율성 평가를 위한 DEA 분석기법과 같은 재무효율성 평가방법론도 교육재정학 분야의 관련 이론으로 이해되어야 할 것이다.

둘째로 교육학 이론은 그 자체가 교육재정학 이론이라고 할 수 있을 것인데 그 핵심은 공교육제도의 형성사와 교육의 공공성에 대한 논쟁들일 것이다. 교육재정학이 교육재의 경제성을 헤아림에 있어서 공공재성과 민간재성 간의 성격 논쟁에 입각하고 있기 때문에 과연 교육의 어떤 측면에 공공적 혹은 민간적 경제가치 생산에 관여하느냐에 대한 이론적 관점을 제공받아야 하기 때문이다. 결국 대표적인 관점은 공교육과 사교육 간의 개념 논쟁이 그 핵심에 있다고 보아야 할 것이다.

셋째로 교육재정학 이론은 결국 이러한 교육학과 경제학이 융합된 산물이라고 볼 때 현재까지 확립된 대표적인 이론들은 결국 큰 범주에서는 경제학적 근거로서 인간자본론, 교육학적 근거로서 공교육과 교육비론 및 교육재정의 확보와 배분론, 방법론적 근거로서 계량경제학 관련 기법들로 구성해 볼 수 있다.

2) 인간자본론

교육경제학 그리고 공공교육경제학으로서의 교육재정학이 과학적 학문으로 정립될 수 있었던 것은 인간자본론(human capital theory)의 정립 이후이다. 근대경제학이 성립되면서 토지와 노동은 경제적 생산의 근원인 자본으로 인식되었다. Adam Smith에 의해 국부(national wealth)가 개념화되면서 경제성장(economic growth)은 모든 개인과 국가의 염원이 되었으며, 그 비결은 당연히 최초의 생산자본[6]의 확보 여부였다.

1950년대부터 시카고대학 경제학과를 중심으로 모인 일련의 학자들은 Jacob Mincer가 인간자본이라는 용어를 처음 쓰고 이후 Theodre Shultz(1972 노벨경제학상 수상)와 Gary Becker(1992 노벨경제학상 수상) 등에 의해 인간자본론을 확립하였으며, 이들을 오늘날 시카고경제학파라고 한다. 물론 인간자본론에 대해서는 많은 논란이 있으며 오늘날에 이르러서도 과연 인간의 정신이 물질적 경제성장에 기여를 하는가에 대해서는 논의가 끊이지 않는다. 대표적으로

6) 근대경제학(modern economics)과 대비하여 정치경제학(political economy)이 Karl Marx와 그의 책 『자본론(*The Capital*)』에 의해 정립되는데 정치경제학에 의하면 이 최초의 자본은 근원적 자본 혹은 원초적 자본이라고 불린다. 그리고 정치경제학에 의하면 원초적 자본을 최초에 소유한 자본가는 이후 지속적으로 노동자의 잉여노동을 착취하여 자본계급 대 노동계급 간의 지배질서를 영속화한, 이른바 자본주의 국가 또는 자본주의 사회를 재생산한다고 설명한다.

는 마르크스경제학에서는 이를 자본가에 의한 잉여노동착취를 정당화하는 문화적 재생산이데올로기일 뿐이라고 비판한다. 그렇지만 1980년대 한국을 위시로 한 신흥산업국가들의 부흥을 통해 많은 경제학자들은 인간자본과 경제발전의 관계에 대한 실증적 논의를 이어 왔고 21세기 지식경제사회의 도래와 함께 인간자본론의 이론적 기여는 더욱 커지고 있다.

인간자본론은 이처럼 교육경제학과 교육재정학의 가장 대표적 이론적 근거가 되어 왔는데 대표적인 조류 중 위대한 평등자론과 재정배분가치론에 대해 살펴보면 다음과 같다.

- **위대한 평등자론**(Great Equalizer): 1960년대 미국은 존슨 정부로부터 시작하여 이른바 '가난과의 전쟁(War on Poverty)'을 선포한다. Jenks와 Coleman 등에 의한 학력 격차 연구가 진행되면서 학력 격차가 경제적 격차의 원인임이 밝혀졌고 자연히 국가는 정치사회적으로 이러한 사회경제적 격차 해소를 위한 전략으로 교육기회의 균등정책을 수립하기에 이르렀다. '위대한 평등자론'이란 교육을 사회적 불평등과 격차를 해소하는 최선의 정책으로 받아들인 것이다. Brown 판결의 사회정책적 함의는 이와 같은 위대한 평등자론에 더욱 박차를 가했으며 각종 학교효과(school effect) 연구를 통해 교육재정의 합리적 배분에 관한 많은 연구와 이론들이 축적되었다.
- **재정배분가치론**(Values of Educational Financing): 교육이 개인과 국가의 경제성장에 기여한다는 인식이 확립된 이후 미국을 비롯한 많은 나라들에서는 학교 간 지역 간 교육예산의 합리적 배분에 대한 많은 연구들을 수행하였다. Guthrie(Guthrie, Garms, & Pierce, 1988) 등의 많은 미국의 교육재정학자들은 미국 각 주에서의 교육재정배분제도에서 실현하려고 하는 재정배분의 가치를 효율성과 공평성을 중심으로 논의하였으며 특히 Brown 판결 이후 인종과 소득에 따른 재정배분의 공평성을 핵심가치로 정립시켜 왔다. 또한 Coleman 보고서 이후 교육기회의 균등이 단순히 기회와 접근의 격차 해소를 넘어서서 과정과 결과의 격차 해소까지를 담보해야 한다는 인

식이 확립되면서 교육재정학의 근본적 가치지향은 수평적 평등성(equality)을 넘어서는 재정배분의 공평성(equity)을 그 중심에 놓기에 이르렀다.

3) 교육비의 공공성

교육학과 교육재정학의 관련성은 교육재의 경제적 가치에 대한 이론적 관점을 의미하며, 결국 그것은 교육비의 성격에 있어서 공교육비와 사교육비가 어떻게 다른가에 대한 논의를 의미한다. 교육비 개념은 단순히 사전적으로 정의되거나 분류될 수 있는 것은 아니며, 교육이 처하고 있는 사회적 맥락에 따라 달라진다고 보아야 한다. 한국의 교육비 분류체계와 그것이 안고 있는 국제비교적 맥락이 안고 있는 가장 큰 쟁점은 '사교육비'의 개념과 관련된 문제로 정리된다. 즉, 사교육비가 교육비인가 아닌가로부터, 교육비라면 어떤 성격의, 그리고 그 부담의 방식은 어떠해야 하는가에 대한 정치사회학적 · 교육학적 논쟁점들이 관여하고 있다. 여기서 그 몇 가지 쟁점들을 살펴볼 필요가 있으며, 이는 사교육비의 개념 정립, 보다 넓게는 교육비의 개념 및 분류체계 정립과 관련하여 가질 수 있는 시사점을 제공한다.

일반적으로 공교육은 '학교에서 이루어지는 교육' '국가가 통제하는 교육' '표준화된 시스템과 교육프로그램에 따라 운영되는 교육'으로 정의된다. 이에 반해 사교육은 '학교 바깥에서 이루어지는 교육' '자기 주도적 교육' '국가나 정부로부터 공식적인 지원을 받지 않는 교육'으로 정의된다. 한국의 경우 사교육은 종종 공교육을 침해하는 것으로 이해되고 있으며, 그 논리가 확장되면 사교육은 非교육이거나 反교육이 된다. 따라서 그것은 가능한 조속한 시일 내에 사라져야 할 대상이다. 이러한 논쟁은 향후 보다 심층적이고 원론적인 연구를 필요로 한다. 다만 여기서는 문제를 제기하는 차원에서 하나의 준거적 질문을 제기할 뿐이다.

첫째의 논점은 "공교육과 사교육에서는 서로 다른 것을 가르치고 있는가?"라는 질문이다. 아직으로서는 확실한 답에 이를 수는 없지만 오히려 그 답은 '서로 같은 것'을 가르치고 있으며, 그런 의미에서 공교육과 사교육 간의 엄격한 구분은 의미 없을 수도 있다는 점이다. 최근 국가교육과정보다는 개인교육과정에 대한 논의가 이루어지고 있으며, 교육의 자유에 대한 논의가 공교육에 대한 기본적 가정들에 도전하고 있다. 그러므로 적어도 그 논의의 귀결이 어떠하든 사교육비에 대한 정보의 획득과 체계적인 비교는 필요할 것이다.

둘째의 논점은 전통적인 교육관에 대한 도전의 의제들이다. 우선 교육은 공공재라는 전통적 생각에 대해 "왜 꼭 그래야 하는가?" "사적 재화는 아닌가?" 하는 도전이 있으며, 다음으로 "교육은 왜 꼭 학교에서 이루어져야 하는가?"라는 도전이 학교교육보다는 평생교육 평생학습사회에 대한 대안으로 제시되고 있다. 또한 학교가 반드시 학교 이외의 교육기관보다 '바른 교육' '좋은 교육'을 제공한다고 볼 수 없다는 것이며, 마지막으로는 교육이 그동안 따라왔던 '표준'에 대한 반론이다.

셋째로 학교교육과 공교육에 대한 이러한 도전은 보다 넓은 맥락에서 '공공성(the public)'에 대한 도전으로 이어진다. '공공(公共)'의 개념은 이제 더 이상 정부도 아니며 국가도 아니다. 정부의 관료나 국가권력이 개인의 권리를 공공이라는 이름으로 압제할 수는 더더욱 없게 되었으며, 그 대안으로 제3섹터와 NGO 그리고 공동체, 조직들이 새로운 공공의 주체들로 등장하고 있으며 시장은 새로운 의미의 공적 스페이스로 대두되고 있다. 이처럼 공공에 대한 새로운 개념 형성은 공공의 역할에 대해서도 그 폭을 제한하고 있다. 즉, 그것은 개인의 자유를 극대화하는 데 목적을 두어야 하며, 시장의 공정거래질서를 지키는 자로서 그래서 궁극적으로는 인간의 기본권을 보호하는 데 기여해야 한다는 것이다.

넷째로 이렇게 변해 가는 교육의 공공성 개념에서 최후로 남겨져야 할 문제는 공정한 교육기회의 배분이다. 전통적으로 교육의 기회 균등은 접근과 과정 그리고 결과에서의 평등을 목표로 삼아 왔다. 이를 위해 그동안 학교제도가 발전되어 왔다고 파악한다. 그러나 현재 제기되고 있는 도전들은 학교체제가 오히려 이러한 교육기회의 공정한 배분을 침해하고 있다고 인식하고 있는 것이다. 따라서 교육의 공공성은 교육기회의 공정분배에는 지속적 관심을 가지되 그 방법론에 있어서 직접접 개입보다는 간접적 개입을 택해야 하며, 어느 일방 공급자나 수요자에 의해 독점되는 사태를 막아야 한다는 점이다.

4) 교육재정의 조달과 배분

교육재정이 공공교육재의 생산과 소비를 중심으로 하는 경제활동인 만큼 공교육비, 곧 교육재정의 조달과 배분이 핵심이며, 결국 그것은 재원의 확보제도와 배분제도가 어떻게 구성되어 있는가를 묻는 방식을 의미한다.

- 재원의 조달과 확보: 교육재정의 확보제도는 크게 정부 재원과 학부모 재원의 두 차원으로 구성되며, 국가가 아닌 사립학교의 경우 법인부담 재원이 추가된다. 정부 재원은 결국 조세 재원을 의미하며 각 나라마다 고유의 조세제도에 따라 교육재정의 확보방식은 달라진다. 한편 학부모 재원은 결국 학교의 수업료 징수제도를 의미하는데 이 경우 공교육재 생산을 담당한다고 믿어지는 공립학교가 수업료를 받을 것인가 말 것인가에 관련하여 수익자부담 이론의 논의가 시작된다. 한편 정부 재원의 경우도 크게 중앙정부 재원과 지방정부 재원으로 구분한다.
- 재정의 배분: 교육재정 배분은 우선 복수개 정부 간의 재정조정제도에서 나타나는데, 이는 중앙정부로부터 지방정부로의 지방이전재정제도를 말하며, 크게 국고보조금과 지방교부금으로 나누어진다. 국고보조금은 국가가 특정행정사무의 집행을 장려하거나 또는 지방자치단체의 재정사정상 특히 필요하다고 인정할 때 교부하는 경비로서 보통 전자를 장려적 보조금이라 하고, 후자를 지방재정보조금이라고 한다(이계식, 1991: 25). 따라서 국고보조금은 중앙정부가 재정을 이전하면서 사용 용도를 제한하고 있는 재원이며, 그 보조규모의 결정에 있어서 다시 정률보조금(matching specific grants)과 정액보조금(lump-sum specific grants)으로 구분한다. 전자는 특정사업을 위한 지방정부의 자체 수입에 의한 부담규모에 따라 재정지원규모가 가변

하는 보조금이며 후자는 지방정부의 자체 부담과 무관하게 일정한 금액을 보조하는 경우를 말한다. 일반적으로 국고보조금은 지방정부의 자율에만 맡길 수 없는 국가 전체적 사업을 수행하는 데 필요한 재원을 지원하는 데 쓰인다고 할 수 있다. 한편 교부금은 사용 용도가 정해지지 않은 채로 중앙정부로부터 이전되는 재원을 말하며 이는 다시 조건부교부금(effort-related general grants)과 정액교부금(lump-sum general grants)으로 구분된다. 전자는 교부금의 규모가 지방정부의 조세 징수노력의 결과, 즉 실제 지방세 징수액에 따라 가변적이거나 적어도 중앙정부의 재정지원 이전의 공공지출 수준을 유지하여야 한다는 제약조건이 첨부되는 경우를 말하며, 후자는 이러한 징수노력이나 유지노력(maintenance-effort)과 무관하게 일정한 금액을 교부하는 것을 말하는데 우리나라의 지방교부금이 바로 이 형태에 속한다(이계식, 1991: 18). 일반적으로 교부금은 각 지방 간의 재정을 통한 지방 공공재 공급의 형평을 기하기 위한 형평교부금의 역할을 담당하고 있으며, 조건부교부금의 경우에서와 같이 지방정부 자치능력 제고를 고무하는 기능을 하게 된다.

물론 이상에서 구분해 본 지방재정 재원들은 서로 간의 기능이 중첩되기도 하지만, 대체적으로는 위에서 살펴본 일차적 기능을 담당하면서 상호 보완적으로 운영된다. 그리고 중앙정부의 재정조정제도인 국고보조금과 교부금은 각 지방정부의 자체 재원인 지방세 수입과 세외 수입의 규모와 구조를 감안하여 국가 전체적인 재정 목표를 달성하기 위해 운용된다.

5) 교육재정 분석기법으로서의 계량경제학

교육재정학은 경제학과 교육학에 그 학문적 원류를 두고 있으며 자연히 그 연구방법론 또한 경제학과 교육학의 주요한 방법론을 채택하고 있다. 교육학의 분과 학문으로서의 교육재정학은 사회과학의 분과학문으로서의 교육학과 경제학이 공통적으로 채택하고 있는 경험과학적 원칙을 지켜 오고 있다. 대체로 근대적 사회과학이 Karl Popper에 의해 확립되었다고 볼 수 있는 실증주의적 방법을 주류적 연구방법론으로 채택하고 있기 때문에 교육학과 경제학 또한 마찬가지이다. 다만 마르크스류의 정치경제학이 채택하고 있는 현상학적이며 해석학적인 질적 논의 또한 경제학과 교육학 모두 일정 부분 보완적 방법론으로 채택하고 있다고 보아야 하는데, 굳이 분류하자면 경제학은 교육학에 비해 보다 양적인 방법론을 더 채택하고 있다고 보아야 할 것이다. 그것은 경제학은 인식론적 제약상 화폐적 가치를 중심으로 그 연구대상인 경제재를 다루고 있기 때문이며, 교육학은 반대로 존재론적 지향점에 있어서 비화폐적이며 비물질적인 정신가치를 추구해야만 하기 때문일 것이다.

교육재정학은 교육의 경제적 속성, 곧 경제적 재화로서의 교육재를 연구대상으로 삼는다. 그러므로 모학문인 교육학의 제 분과 중 비교적 타 분과에 비해 질적 접근보다는 양적 접근에 보다 친숙해질 수밖에 없음을 알 수 있다. 따라서 교육재정학의 연구방법론적 근거를 이해함에 있어서는 경제학 연구방법에 있어서의 핵심 이론인 계량경제학(econometrics)에 대한 이해가 반드시 선행되어야 한다.

계량경제학은 사회현상으로서의 경제현상을 수리모델로 설명하는 방법론이며 보다 구체적으로는 통계학에서 발전된 회귀분석기법을 사용하여 설명하려는 접근법을 의미한다. 따라서 교육재정학의 방법론으로서 계량경제학을 활용한다는 것은 교육재정의 현상을 회귀분석기법을 통해 통계적으로 추정하고 설명하는 것을 말한다. 계량경제학에서는 사회현상의 대부분을 확률적 현상으로 가정한다. 즉, 사회현상들을 설명하는 여러 변수들은 확률적 교란항을 포함하고 있으며 그것은 인간행동에 존재하는 일정 부분의 임의성에 기인한다. 따라서 경제현상과 사회현상을 분석하고자 할 때에는 확률적 교란항을 통제, 곧 제외하여 교란항이 아닌 결정적 관계를 찾아내는 일에 주목해야 한다. 그러나 실제 현상 분석에 있어서 문제가 되는 것은 확률적 교란항뿐 아니라 설명 가능한 부분들마저도 완전히 알려지지 않는다는 것이다.

교육재정의 현상을 구성하는 변인 X, Y가 있어 X에 의해 Y가 일의적으로 결정된다고 할 때, 두 변수 X, Y의 관계는 [Y = g(X)]와 같이 표현된다. 두 변수가 이러한 관계를 맺고 있는 경우 두 변수 X, Y는 결정적 관계(deterministic relation)에 있다고 한다. 그러나 실제의 교육재정현상 중에서 결정적 관계인 변수들은 거의 없다고 해도 과언이 아니면 위의 예로 설명하자면 Y는 변수 X로 모두 설명할 수 없으며 X에 의해 설명되지 않는 부분들이 존재한다. 이때 편의상 변수 Y를 설명할 수 있는 모든 변수가 X와 Z 둘뿐이라고 다시 가정해 보면, Y는 X, Z와의 사이에 [Y = f(X, Z)]와 같은 함수관계를 가지며, 변수 Y가 X와 Z로 모두 설명이 되는 관계, 곧 Y는 X, Z와 결정적 관계에 놓이게 된다. 그렇지만 변수 Y 중 X와 Z로 설명할 수 없는 부분(이를 확률적 교란항이라 하고 수학적인 확률분포를 이용하여 설명한다. U로 표기하기로 한다)이 존재하여, [Y = f(X, Z) + U]와 같은 함수관계가 만들어지고, 여기서의 U가 어떠한 변수로도 설명이 되지 않는다면 우리는 U가 사회현상 내에 존재하는 임의성의 산물이라고 간주한다. 변수 Y가 X, Z와 위와 같은 관계(어느 정도의 임의성이 포함된 관계)가 있는 경우 세 변수는 서로 확률적 관계(stochastic relation)에 있게 된다. 따라서 확률적 관계에 있는 변수들 간의 관계는 일정 부분씩 서로 확률적 부분과 결정적 부분들로 구성된다. 즉, Y 중 X와 Z로 설명 가능한 부분인 f(X, Z)는 결정적 부분, U는 확률적 부분이 된다.

따라서 변수 Y를 설명하고자 할 때 이를 설명할 수 있는 변수(이하 이를 설명변수라고 한다)가 과연 X와 Z인지 또는 더 있는지 알 수 없으며 또 이를 알 수 있다 할지라도 각각의 변수들이 어떤 관계를 맺고 있는지(즉, 함수적 형태 f(·)가 어떠한지)를 알 수 없다. 그러므로 사회현상은 그 자체는 알려져 있으나 현상의 어느 만큼이 확률적 교란항이고 어느 만큼이 결정적 부분으로 분석되어야 하는지는 알려져 있지 않다. 그러나 몇 가지 가정을 거치면 사회현상을 확률적 부분들과 결정적 부분들로 구분이 가능하며, 이렇게 구분하는 데 사용되는 통계적 방법을 회귀분석이라고 하고, 이러한 회귀분석에 근거하여 경제학적 현상을 설명하는 방법론을 계량경제학이라고 한다. 마찬가지로 교육재정학에서도 이러한 통계학적 방법으로 교육재정현상을 설명할 수 있을 것이다.

참고문헌

공은배 · 강태중 · 한유경(1985). 교육투자규모와 수익률. 서울: 한국교육개발원.

공은배 · 천세영(1990). 한국의 교육비 수준. 서울: 한국교육개발원.

곽상경(1993). 계량경제학입문. 서울: 다산출판사.

김병주(1993). 교육비분석에 근거한 대학납입금 차등화에 관한 연구. 서울대학교 대학원 박사학위논문.

김영화 · 이인효 · 박현정(1993). 한국인의 교육열 연구. 서울: 한국교육개발원.

김완순(1986). 재정학원론. 서울: 다산출판사.

김재범(1997). 교육재정론. 서울: 교육출판사.

류승호(1996). 후기산업사회와 서비스산업. 녹두.

백일우(1993a). 고등교육 수요에 관한 연구 I. 교육재정·경제연구, 2(1), 139-164.

백일우(1993b). 고등교육 수요에 관한 연구 II. 교육재정·경제연구, 2(2), 165-196.

백현기(1963). 교육재정. 서울: 을유문화사.

윤정일(1992). 교육재정학. 서울: 세영사.

이동규(1990). 대학의 교육원가 산정모형에 관한 연구. 경상논집. 충남대학교 경상대학 경영경제연구소.

이정호 · 곽수근(1991). 서울대학교 교육원가 분석에 관한 연구. 서울대학교 기획실.

주삼환 · 천세영 외(2009). 교육행정 및 교육경영(4판). 서울: 학지사.

천세영(2000). 한국교육과 교육재정연구. 서울: 학지사.

Becker, G. S. (1975). *Human Capital: A Theoretical And Empirical Analysis With Special Reference to Education* (2nd ed.). Princeton, NJ: Princeton University Press.

Bowen, H. R. (1981). *The Costs of Higher Education*. San Fransisco: Jossey-Bass Publishers, 1981.

Coombs, P. H., & Hallack, J. (1972). *Cost Analysis in Education: A Tool for Policy and Planning*. Baltimore and London: The Johns Hopkins University Press.

Garms, W. I., Guthrie, J. W., & Pierce, L. C. (1978). *School Finance: The Economics and Finance of Public Education*. Englewood Cliffs, NJ: Prentice-Hall.

Guthrie, J. W., Garms, W. I., & Pierce, L. C. (1988). *School Finance and Education Policy: Enhancing Educational Efficiency, Equality, and Choice*. Englewood Cliffs, NJ: Prentice-Hall.

Harbison, F., & Myers, C. A. (1970). *Education, Manpower and Economic Growth*. New Delhi: Oxford & IBH Publishing Co.

McGinn, N. F. et al. (1981). *Education and Development in Korea*. Cambridge: Harvard University Press.

Mincer, J. (1958). Investment in Human Capital and Personal Income Distribution. *Journal of Political Economy, 66*(4), 281-302.

Musgrave, R. A. (1959). *The Theory of Public Finance: A Study in Public Economy*. NY: McGraw Hill.

Musgrave, R. A., & Musgrave, P. B. (1984). *Public Finance in Theory and Practice* (4th ed.). NY: McGraw-Hill.

Ross, K. N., & Levacic, K. N. (1999). *Needs Based Resource Allocation in Education*. Unesco: IIEP.

Schultz, T. (1972). *Investment in Human Capital: The Role of Education and of Research*. NY: Free Press.

제2장 교육재정의 정책적 가치

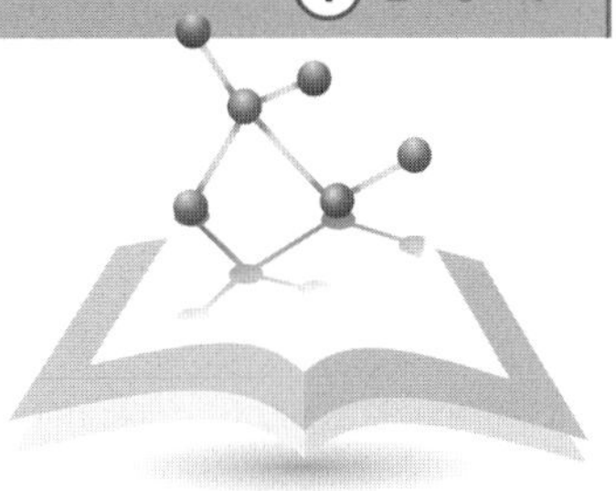

교육재정에서 추구해야 할 가치준거 혹은 기본원리에 관해서는 많은 논의가 이루어져 왔으나,[1] 전통적으로 공평성과 효율성이 핵심가치로서 중시되어 왔고, 점차 적정성에 대한 정책적 관심이 높아지고 있다(윤정일, 2004; 최준렬, 2013; Odden & Picus, 2007). 이 장에서는 교육재정의 세 가지 정책적 가치준거들의 개념과 분석방법을 개관하기로 한다.

1. 교육재정의 공평성

1) 공평성의 개념

공평성(equity)은 재화, 서비스, 또는 부담의 배분에서 정의로움 또는 공평함을 의미한다(윤정일, 2004). 이와 관련된 개념으로 평등이 있는데,[2] 평등이 주

---

1) 예컨대, 교육재정의 확보, 배분, 지출, 평가의 단계별로 보면, 확보단계에서는 충족성과 자구성, 배분단계에서는 효율성과 공정성, 지출단계에서는 자율성과 적정성, 평가단계에서는 효과성과 책무성의 원리가 강조된다(윤정일, 2004).

2) 근대 이후 공교육제도가 발달하고, 학교가 팽창하면서 과연 학교교육이 사회적 평등에 기여하는지에 관해서 적지 않은 논란이 지속되면서, 교육적 평등의 개념에 대해서도 많은 관점들이 제시되었다. 교육평등의 관점은 크게 기회의 평등과 내용의 평등으로 구분

로 집단 간 양적 차이에 주목하는 반면 공평성은 양적 차이와 더불어 질적 차이에도 관심을 갖는다. 공평성은 공정성, 형평성, 평등성으로 불리기도 한다. 이 용어들은 약간씩 다른 뉘앙스를 갖고 있으나, 정의에 관한 서로 다른 관점들에 근거하고 있다. 윤리학이나 도덕철학에서는 오랫동안 분배정의의 문제를 다루어 왔는데, 평등주의, 공리주의, 자유주의 등으로 구분할 수 있다(이돈희, 1992; 이준구, 2004).

평등주의적 정의관은 모든 인간은 평등하게 태어났고, 따라서 물질적 가치도 똑같이 분배되어야 한다는 것이다. 이 관점은 가장 광범위한 지지를 받고 있으나, 이러한 획일적 평등이 가능한지, 더 나아가 바람직한지에 관해서 논란이 계속되고 있다. 따라서 평등의 개념을 탄력적으로 해석하여 모든 사람이 최소수준(minimum standard)에 대해서 동등한 기회를 갖는다거나, 모든 사람은 동등한 기회(equal opportunity)를 가져야 한다고 주장하기도 한다(이준구, 2004).

공리주의적 관점에서 정의는 공리의 극대화, 즉 최대 다수의 최대 행복을 추구하는 것으로 분배의 결과에 초점을 두고 있다. 공리주의는 개인이 느끼는 기쁨이나 쾌락이 행복이라는 가정에서 출발한다. 구성원 개개인의 행복이 사회 전체의 행복이고, 이를 최대화하는 것이 옳은 일이다. 공리주의에서는 한 사회의 총체적 후생을 극대화할 수 있는 상태가 가장 바람직한 분배상태라고 본다. 이 관점은 평등, 자유, 권리와 같은 추상적인 개념이 아니라 사회의 후생을 증진시킨다는 더 구체적이고, 실질적인 목표에서 정의문제를 해결하려 한다는 점에서 설득력이 있으나, 사회후생을 증가시키기 위한 부의 이전과정에 개인의 권리를 침해할 수 있고, 개인 사이의 효용을 객관적으로 비교하기가 곤란하다는 단점이 있다(이준구, 2004).

자유주의적 관점에서는 경제적, 사회적, 문화적 격차를 인정하고, 국가는 그 격차 축소를 위해 노력해야 한다고 보고 있으며, 복지정책, 재분배정책을 정당

할 수 있다. 기회의 평등은 다시 허용적 평등과 보장적 평등으로, 그리고 내용의 평등은 과정적 평등과 결과적 평등으로 구분할 수 있다(김신일, 2009).

화하는 논리로 활용되고 있다. 한편, 롤스적 자유주의에서의 정의로운 사회는 '창조적인 능력을 가진 사람은 자신의 능력을 최대한 발휘할 수 있지만, 그 성과물을 나누며, 가난한 사람이나 능력 없는 사람은 사회로부터 많은 혜택을 받는 사회'라고 한다(이돈희, 1993). 더 나아가 자유지상주의 관점에서의 정의는 '정당한 보유와 공정한 교환'을 의미하는 것으로서 개인의 선택의 자유를 존중하는 것이다. 자유지상주의는 개인을 통제하는 어떤 권위도 부정하고, 최소정부를 정치적 목표로 하며, 자유경쟁시장을 본질적 제도로 삼는 이념, 즉 정치적 자유, 경제적 자유, 권리인의 강한 소유권을 주장하는 시장원리주의이다(이준구, 2004).

공평성은 교육재정 분야에서 가장 중시되어 온 가치로서 그 개념에 관해서는 그동안 다양한 논의가 있었다.[3] 예컨대 Alexander 등(1995)은 공평성의 개념을 자유시장적 공평성, 균등분배 공평성, 상환 공평성, 적극적 차등분배로 구분하였고, McMahon(1982)은 지역사회의 철학적이고 윤리적인 공평함을 달성하기 위해 자원을 재분배하는 것으로 정의하고, 수평적 공평성, 수직적 공평성, 세대 간 공평성으로 구분하였다. Berne과 Stiefel(1984)은 수평적, 수직적 공평성, 균등한 기회, 부의 중립성으로 구분하였다. Odden과 Picus(2007)는 공평성의 개념을 수평적, 수직적 공평성, 재정적 중립성, 그리고 효과성으로 구분하였다. 재정적 중립성은 부의 중립성과 유사한 개념이고, 효과성은 단지 재정상의 불공평 해소가 아니라 교육재정 투입 결과의 불공평과 관련된 개념으로 나중에 다룰 적정성과 유사하다.

이처럼 교육재정에서 공평성은 양적 평등의 개념인 평등성보다는 질적인 수준까지를 포함하는 광의의 개념으로 규정되고 있다. 교육재정에서는 공평성을 교육의 투입, 과정, 결과의 분배가 질적으로 공평한 것으로 보고, 교육자원의 배분에 관심을 두고 이를 실현하기 위한 정책방안들을 구체화하고 있다(윤홍

---

3) 미국의 경우, 1971년 캘리포니아 주의 세라노 판례(*Serrano v. Priest*)가 공평성 논의의 시발점이라 할 수 있다. 캘리포니아 주에 있는 모든 교육구는 학생 1인당 교육비가 동일하게 배분해야 한다는 캘리포니아 대법원의 판례를 계기로 교육구 간 학생 1인당 교육비 배분의 공평성을 제고하기 위한 다양한 방안들이 시행되었다.

주, 2004). 교육재정에서 공평성은 다양하게 정의되고 있지만, 핵심적인 내용은 수평적 공평성, 수직적 공평성, 재정적 중립성으로 요약할 수 있다(주철안, 1992; Odden & Picus, 2007). 다음 절에서는 이 세 가지 공평성을 분석하는 대표적인 방법에 대해 살펴보기로 한다.

2) 공평성 분석방법

(1) 수평적 공평성 분석방법

교육재정의 공평성을 분석하기 위하여 여러 가지 측정지수들이 사용되어 왔다. 첫째, 수평적 공평성 측정지수를 보면, 일반재정학에서는 로렌츠곡선, 지니계수, 십분위분배율, 앳킨슨지수 등이 사용되고 있으나, 교육재정 분야에서는 이 밖에도 맥룬지수, 범위, 제한범위, 상대평균편차, 분산, 편차계수 등도 다양하게 활용되고 있다(Berne & Stiefel, 1984; 주철안, 1992; 나민주, 2001; 윤홍주, 2004). 주요 측정지수들의 개념과 특징은 다음과 같다.

① 로렌츠곡선

교육재정의 수평적 공정성을 분석하기 위해서 다양한 불평등지수가 활용되고 있다(나민주, 2001). 로렌츠곡선(Lorenz curve)은 가장 널리 알려진 불평등지수로서 소득불평등 정도를 측정하기 위해서 개발되었다. 로렌츠곡선은 한 사회의 구성원을 소득이 가장 낮은 사람으로부터 가장 높은 사람까지 순서대로 배열할 때, 하위 일정 비율에 해당하는 사람(누적인구)이 차지하는 소득이 사회 전체 소득에서 차지하는 비율(누적비율)을 나타내는 점들을 모아 놓은 선을 말한다([그림 2-1] 참조). 로렌츠곡선에서 완전히 평등한 배분을 이룬 상태는 그 사회의 소득의 분포가 대각선과 일치할 때이다. 대각선에서 멀어질수록 불평등한 상태가 되고, 반대로 대각선에 가까워질수록 평등한 상태가 된다. 로렌츠곡선은 상대적 비교, 즉 어느 한 집단이 다른 집단에 비해서 더 평등하다는 것을 손쉽게 판단할 수 있다는 장점이 있으나, 그 곡선이 어떠한 상태에 있어야 평등한 상태인지를 판단하기가 어렵다. 또 로렌츠곡선들이 서로 교차하는 경우에는 분명한 판단을 내리기가 어려운 단점이 있다.

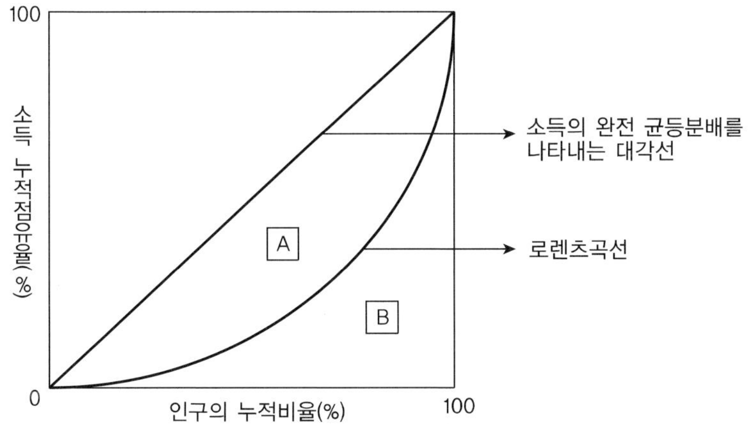

[그림 2-1] 로렌츠곡선

* 출처: 최준렬(2013).

② 지니계수

지니계수(Gini coefficient) 역시 일인당 소득격차를 측정하기 위해서 널리 사용되고 있는 불평등지수의 하나이다. 앞의 [그림 2-1]에서 지니계수는 A의 면적이 A와 B를 더한 면적에서 차지하는 비율이다. 즉, 지니계수란 대각선에 의한 삼각형의 총면적 중 로렌츠곡선이 대각선에서 떨어진 면적이 차지하는 비율을 말한다. 따라서 지니계수가 크면 클수록 더 불평등하다. 만약 한 사회의 소득이 완전히 균등하게 배분되어 일인당 소득이 똑같아지면, 로렌츠곡선이 대각선과 일치하게 되고, 지니계수는 0이 된다. 반면, 한 사회의 소득을 한 사람이 완전히 독점할 경우에는 로렌츠곡선은 삼각형의 우변과 일치하게 되고, 지니계수는 1이 된다. 이와 같이 지니계수는 0에서 1까지의 값을 가지고, 0에 가까울수록 더 평등한 배분상태에 있음을 의미한다. 일반적으로 지니계수가 0.4 이상이면 높은 불균등상태, 0.2 미만이면 낮은 불균등상태, 그 사이에 있으면 중간상태라고 할 수 있다(나민주, 2001).

③ 앳킨슨지수

Atkinson(1970)은 바람직한 사회후생함수를 정해 놓고 이를 반영하는 불평등지수를 구하는 것이 순서라고 주장하였다. 앳킨슨지수(Atkinson index)는 균등분배의 전제하에서 현재의 사회후생수준을 가져다줄 수 있는 평균소득이 얼마인가를 주관적으로 판단하고, 그것과 한 나라 국민당 소득을 비교하여 그 비율을 산출하는 것으로 균등분배 대등소득(EDEI)을 평균소득(μ)으로 나눈 값을 1에서 뺀 값이다. 균등분배 대등소득이란 현재 불균등하게 배분되어 있는 한 사회의 총소득을 모든 사람에게 균등하게 배분한다고 가정할 때, 현재의 소득분배 상태에서 누리고 있는 사회후생수준과 같은 수준의 사회후생을 가져다줄 수 있는 최소평균소득을 말한다. 만약 소득분배가 완전히 균등하다면 EDEI = μ의 관계가 성립할 것이고, 앳킨슨지수는 0이 된다. 반대로 거의 0원에 가까운 일인당 소득이라고 하더라도 이것이 균등하게 분배되기만 하면 현재 수준의 사회후생을 달성할 수 있을 때에는 앳킨슨지수는 1이 된다. 앳킨슨지수는 0과 1 사이의 값을 가지며, 그 값이 클수록 더 불평등한 상태가 된다(이준구, 2004).

④ 십분위분배율

십분위배분율은 소득 분포상 하위 40%에 속하는 사람들의 소득점유비율을 상위 20%에 속하는 사람들의 소득점유비율로 나눈 값이다. 십분위분배비율(D)은 수치가 클수록 더욱 평등한 상태를 의미한다. 이 지수는 계산하기가 쉽고 해석하기도 편리하기 때문에 일반대중을 위한 정책분석에서 자주 활용되고 있다.

이와 비슷한 개념으로 '재정지원집중도'라는 지수도 활용되고 있다(나민주, 2001). 재정지원집중도는 일부 대상(교육구, 학교)에 대한 정부지원금의 집중적인 지원의 정도를 말하는 것으로 정부로부터 재정지원을 많이 받는 상위 5% 혹은 10%의 집단에 대한 재정지원금이 전체 재정지원금에서 차지하는 비중을 말한다. 최근에 평등보다는 경쟁과 평가를 통한 효율성의 증진에 초점을 두고, 평가에서 우수한 성과를 거둔 대상에게만 집중적으로 재정을 지원하면서 그 집중도에 대한 관심도 증가하였다.

⑤ 맥룬지수

맥룬지수(McLoone index)는 교육재정 분야에서 널리 사용되고 있는 불평등 지수로서 중앙치(median) 이하 사례들의 지출액 합계를 이 사례들이 모두 중앙치에 있다고 가정했을 때의 지출액의 합계로 나눈 값이다. 다른 불평등측정지수들은 주로 전체 자료의 분포 혹은 차이에 관심이 있으나, 맥룬지수는 분포상의 중앙치 이하에서 발생하는 불평등에 초점을 두고, 이를 시정하는 방법까지 제시한다(주철안, 1992). 맥룬지수는 중앙치가 기본교육을 제공하는 데 충분한 지출규모라고 가정하므로 분포상 중앙치 이하에 있는 대상집단(교육구, 학교 등)의 교육비를 중앙치까지 증가시키면, 전체적인 교육비 평등이 달성되게 된다. 중앙치 이상에 있는 대상집단에 대해서는 별도의 관심 혹은 재정지원이 없이 현재의 지출액을 그대로 유지할 수 있다. 따라서 중앙치 대신에 정부에서 목표로 하는 학생당 교육비 혹은 표준교육비를 기준으로 사용하면, 이 기준 이하에 있는 교육구를 지원하기 위해 필요한 추가 교육재정의 규모도 산출할 수 있다. 맥룬지수도 0과 1 사이의 수치로 표현되고, 그 값이 1이면, 중앙치 이하에 있는 대상집단들의 지출이 정확한 것으로 가장 균등한 상태가 된다. 그런데 다른 불균등지수들은 대체로 0이 될 때, 완전한 균등상태를 이루게 되는 것과는 반대이기 때문에 역맥룬지수(1 - 맥룬지수)를 사용하기도 한다.

⑥ 기타 불평등지수

그 외에 분산정도를 측정하는 다음과 같은 다양한 통계치들도 불평등지수로 활용되고 있다. 범위(range)는 최대값과 최소값의 차이를 말한다. 이 지수는 극단값의 영향을 심하게 받아 불평등 정도를 과대평가하기 쉽고, 양 값의 사이에 있는 사례들의 불평등 정도를 전혀 반영하지 못한다는 단점도 있다. 그러나 전집에 가까운 사례들을 분석할 때에는 그 차이를 드러내 주는 가장 실제적인 수치로 활용할 수 있다. 제한범위(restricted range)는 상위 5%와 하위 5%에 있는 두 사례 간의 차이를 의미한다. 즉, 이 지수는 소득이 많은 순서대로 사람들을 배열하고, 5%에 해당하는 사람과 95%에 해당하는 사람의 차이를 보는 것으로 범위(range)가 최대치와 최소치를 이용함으로써 지나치게 극단적인 값의 영향을 받는 단점을 극복하려는 데 목적이 있다. 상대평균편차(relative mean deviation)는 각 개인의 소득과 평균소득 간 차이의 절대값의 총합을 평균소득으로 나누어 준 값이다. 범위나 제한범위가 전체 자료 중에서 두 자료만 활용하는 반면, 이 지수는 모든 자료를 활용하는 것으로 평균을 둘러싸고 퍼져 있는 정도를 측정한다. 편차계수(coefficient of variation)는 표준편차가 사례수에 민감한 문제를 해결하기 위해서 사례들의 표준편차를 산술평균으로 나눈 값이다. 또 분산(variance)은 각 개인의 소득과 평균소득 간 차이인 편차들의 제곱의 평균이다. 이 지수는 범위와 비슷하나, 그것에 비해서는 사례수나 극단적인 사례의 영향을 적게 받는다(나민주, 2001).

(2) 수직적 공평성 분석방법

수직적 공평성은 여건이 다른 학생들을 다르게 취급하는 공평성이다. 교육재정을 배분하는 과정에서 학생들의 여건을 고려하여 다르게 배분하는 기준을 마련하여 배분하였느냐를 측정하는 것이 수직적 공평성 분석방법이다. 학생의 여건을 고려하여 재정을 배분하는 방법으로는 가중학생지수와 가중가격지수가 있다(최준렬, 2013).

① 가중학생수지수

가중학생지수(pupil need weight)는 학생의 특성에 따라 교육비 배분기준을 달리하는 방법이다. 특수아, 장애아, 학업성취미달자 등 학생이 처한 여건을 고려하여 재원배분기준을 마련하는 것이 가중학생수지수이다. 학생이 처한 여건에 따라 교육비를 다르게 배분하는 지수를 교육비차이도라 한다.

② 가중가격지수

학교가 처한 여건에 따라 소요되는 비용이 다르다. 도심지역의 경우 주택비, 생활비 등이 많이 소요되고, 농촌의 경우 교통비 등이 많이 소요된다. 이와 같이 지역이 처한 여건에 따라 소요되는 비용의 차이를 반영하는 방법을 가중가격지수(price difference index)라 한다. Duncombe과 Yinger(2008)는 가중가격지수로 생활비지수(cost of living index), 임금경쟁지수(competitive index), 우수교사비용지수(hedonic teacher cost index) 등을 제안하였다. 생활비지수는 학교의 소재지역에 따라 소요되는 생활비의 차이를 지수로 환산한 것이고, 임금경쟁지수는 우수한 교사를 유치하기 위해 소요되는 임금의 수준을 지수로 환산한 것이며, 이는 우수교사비용지수와 유사하다. 임금경쟁지수는 교사의 임금에 한정하여 지수를 산정하였다면, 우수교사비용지수는 우수교사 채용과 우수성과에 대한 보상까지 고려한 것이다(최준렬, 2013).

(3) 재정적 중립성 분석방법

재정적 중립성은 지역사회의 재정이나 부모의 소득이 학생들의 교육비에 영향을 주지 않아야 하는 원리이다. 재정적 중립성 측정지수로는 지역사회의 재정적 여건과 학생의 교육 간의 관계를 분석하는 상관계수와 탄력치가 사용된다(최준렬, 2013).

① 상관계수

상관계수(correlation coefficient)는 두 변수 간 관계를 수치로 나타낸 것으로 한 변인이 증가할 때 다른 변인이 증가하면 정적 상관, 한 변인이 증가할 때 다른 변이가 감소하면 부적 상관이라 한다. 일반적으로 상관계수가 0.7 이상이면 높은 상관, 0.4~0.7까지는 보통 상관, 0.4 미만은 낮은 상관관계로 본다. 교육재정의 중립성 차원에서 보면 상관관계가 낮거나 0이 될 때 교육재정이 중립적이라고 할 수 있다.

② 탄력성

탄력성(elasticity)은 한 변인의 변화율에 따라 다른 변인의 변화율이 어떻게 변하는지를 비율로 산출한 수치로서 경제학에서 수요의 가격탄력성을 산출할 때 적용되는 공식을 교육재정의 중립성을 파악하기 위해 적용한 방법이다. 교육구의 재정부담 증감 정도와 학생당 교육비의 변화를 대비시켜 탄력성을 산출한다. 탄력성이 1 이상이면 교육구의 재정부담 노력보다 학생당 교육비가 더 많이 확보되기 때문에 탄력적이라고 하고, 탄력성이 1 이하이면 교육구의 재정부담 노력보다 학생당 교육비가 적게 확보되기 때문에 비탄력적이라 한다. 탄력치가 적을수록 교육재정이 중립적이라고 할 수 있다(최준렬, 2013).

(4) 공평성 분석방법 적용 시 고려사항

교육재정의 공평성을 측정하는 다양한 방법들은 계산과정이 서로 다를 뿐만 아니라 공평성에 관한 관심의 초점도 달리하고 있어서 이를 활용할 때에는 각 방법의 장점 및 단점, 특성을 종합적으로 고려하여 선택할 필요가 있다(Berne & Stiefel, 1984; 주철안, 1992; 나민주, 2001). 다음의 〈표 2-1〉은 수직적 공평성 측정지수들의 유형을 분류한 것이다. 다양한 지수들은 이론적인 측면과 경험적인 측면에서 몇 가지 유형으로 분류할 수 있다.

첫 번째 유형은 동일한 비율의 증가에 민감한 지수들로서 특히 물가상승률에 영향을 받기 쉽다. 단지 물가상승에 의해서 금액의 차이가 커져도 불평등 정도가 커지므로 연도별 추이를 분석할 때 주의해야 한다. 둘째 유형은 집단 내 사례들을 모두 포함하고, 평균의 변화에 민감한 지수들이다. 그러나 동일한 비율로 변화할 때에는 그 절대적인 격차가 커짐에도 불구하고, 이를 분석해 내지 못한다. 셋째 유형은 저소득집단 혹은 하위집단에 강조점을 두고 불평등도를 측정하는 지수들이다. 이론적 유형 분류와 경험적 유형 분류는 거의 유사하나 차이가 있다. 맥룬지수와 앳킨슨지수는 개념적으로 모두 하위집단에 초점을 두고 있으나, 그 분석결과가 반드시 일치하지는 않는다. 맥룬지수는 이론적으로는 앳킨슨지수와 마찬가지로 제3유형에 속하나, 경험적으로는 다른 측정치와는 별개로 제3유형에 속한다. 맥룬지수는 다른 불평등지수에 의한 측정결과와는 다른 방향으로 움직이고, 다른 지수에 비해서 불평등 정도를 과대평가하며, 특히 시계열자료의 경우 상하 간 진동의 폭이 매우 큰 것으로 드러났다. 이것은 규모가 큰, 즉 학생수가 매우 많은 소수의 사례에서 중앙치에서 가까워지거나 멀어짐에 따라서 그 영향을 크게 받을 수 있기 때문이다(Berne & Stiefel, 1984).

〈표 2-1〉 수직적 공평성 분석방법의 분류

구분	이론적 분류	경험적 분류
1유형	범위, 제한범위, 분산	범위, 제한범위, 분산
2유형	편차계수, 지니계수, 앳킨슨지수, 상대평균편차	편차계수, 지니계수, 앳킨슨지수, 상대평균편차
3유형	맥룬지수, 앳킨슨지수	맥룬지수
4유형	-	앳킨슨지수

* 출처: Berne & Stiefel(1984)

Berne과 Stiefel(1984)에 의하면, 지수들은 계산과정이나 그 결과가 다를 뿐만 아니라 독특한 가치를 가지고 있어서 다양한 유형에 속한 지수들을 종합적으로 사용하는 것이 바람직하다(나민주, 2001). 재정적 중립성을 측정하는 경우에도 상관계수와 탄력성을 동시에 사용하는 것이 적절하다(최준렬, 2013). 상관이 높고 탄력치가 낮은 경우, 재정의 중립성은 지켜지지 않았으나 교육구의 재정부담 노력에 비해 학생당 교육비의 증감이 적기 때문에 정책적으로 크게 문제가 되지 않는다. 반면 상관은 낮으나 탄력성이 클 경우, 사소한 차이도 정책적으로 중요하다. 교육구의 재정부담 노력의 정도에 따라 학생당 교육비가 크게 변하기 때문에 재정의 중립성이 훼손될 가능성이 크기 때문이다. 상관이 높고 탄력성도 높은 경우에는 많은 문제를 야기할 수 있다. 재정이 중립적이기 위해서는 상관계수가 0.5 이하이고 탄력치가 0.1 이하여야 한다(Odden & Picus, 2007).

공평성 분석방법들은 다양한 측정대상에 적용할 수 있다. 교육 분야의 경우, 학생당 교육비, 등록금, 장학금, 정부지원금, 교원보수, 학생수, 학생당 컴퓨터수, 도서관장서수, 교육시설 설비, 학급규모, 학업성적, 취업률 등과 같이 교육의 투입, 과정, 산출과 관련되어 있는 다양한 변인들을 대상으로 공평성을 분석할 수 있으나, 주로 학생당 교육비를 많이 활용하고 있다(나민주, 2001). 다음으로 공평성 분석방법을 적용하는 데는 분석단위도 매우 중요하다. 교육재정상의 불균형을 분석할 때 사용되는 단위로는 학생, 학급, 학교, 교육구, 시·도

교육청, 지역교육청 또는 교원 등이 있다(주철안, 1992; Berne & Stiefel, 1984). 일반적으로 교육구 간 재정의 불균형은 학생당 금액의 차이를 기준으로 측정된다. 이 경우, 동일 교육구 내 학교들은 동일한 것으로 간주하거나, 최소한 동일 교육구 내 학교 간 격차에는 관심을 두지 않는다. 그러나 교육활동이 이루어지는 가장 기본적인 단위가 학교라는 점에서 동일 교육구 내 학교 간 격차에 더 관심을 두어야 한다는 견해도 있다(Berne & Stiefel, 1984). 또 학생당 경비 이외에 학급당, 학교당 혹은 교원당 경비 역시 중요한 분석대상이 될 수 있다.

구체적인 분석대상과 분석단위는 사회적 쟁점이 무엇이냐에 따라서도 달라질 수 있다. 따라서 공평성 분석방법을 활용할 때, 연구자는 각 분석방법의 원리와 가치뿐만 아니라, 측정단위의 문제에 관한 일관성 있는 논리와 철학을 정립해야 한다. 공평성 분석에서는 어떤 방법을 활용하느냐에 따라 그 결과가 달라질 수 있고, 따라서 그 방법을 왜 사용했는지가 분명히 밝혀져야 한다. 계량화된 지수로 표현되는 공평성 분석에서는 어떤 측면에서 무엇을 문제 삼을 것이냐가 가장 중요하기 때문이다(나민주, 2001).

2. 교육재정의 효율성

1) 효율성의 개념

효율성(efficiency)은 다양하게 정의되고 있으나, 일반적으로 투입과 산출의 관계에서 최소의 노력과 비용으로 최대의 효과를 거두려는 노력을 말한다. 효율성과 비슷한 개념으로 생산성, 경제성, 효과성 등이 있다. 엄밀하게 구분하면, 효율성은 투입과 산출의 관계를 나타내는 척도인 반면, 경제성(economy)은 투입에 한정된 개념이고, 효과성(effectiveness)은 산출에 한정된 개념이다. 생산성(productivity)의 경우, 이를 효율성, 효과성, 그리고 기타 성과지표를 포괄하는 개념으로 정의하는 경우와 관리적 효율성으로 협소하게 정의하는 경우가 있으나, 효율성과 거의 같은 개념이라 할 수 있다. 다만 학교와 같은 공공기관에서는 산출요소를 명확히 화폐단위로 환산하기 어렵기 때문에 영리기관에 널리 쓰이는 생산성보다는 효율성이라는 용어가 더 보편적으로 사용된다(천세영, 2002). 효율성의 개념은 경제학, 경영학, 행정학, 산업공학 등 다양한 분야에서, 다소 다른 의미로 사용되고 있으나,[4] 교육재정에서 효율성은 투입과 산출의 어느 한 측면이 아니라, 양자 간 관계에 초점을 맞춘 개념이다.

교육재정 분야에서 효율성은 다음과 같이 다양한 방식으로 분류되고 있다(나민주, 2004). 먼저, 재화의 생산과 배분 혹은 교환 과정을 기준으로 구분하는 방식이다. 예컨대 반상진(2001)은 교육재정의 효율성 관련 개념을 크게 효과성, 교환효율성, 배분적 효율성과 같이 과정적 측면을 강조하는 개념들과, 능률성, 생산효율성, 기술적 효율성과 같이 결과적 측면을 강조하는 개념들로 구분하고 있다. 전자는 생산요소를 생산목적에 효율적으로 배분하고 있는가에, 후자는 소비자가 최대의 만족을 얻을 수 있도록 자원을 배분하였는가에 초점을 두고 있다. 경제학에서는 재화의 교환과정에서의 효율성과 생산과정에서의 효율성을 구분하여 배분적 효율성과 기술적 효율성으로 명명하고 있다(Pindyck & Rubinfeld, 2000). 배분적 효율성(allocative efficiency)이란 아무도 다른 사람을 전보다 못한 상태에 빠뜨리지 않고서는 전보다 더 나은 상태에 도달할 수 없도록 재화가 배분된 상태를 말하는 것으로 파레토 효율성(Pareto efficiency)이라고도 한다. 기술적 효율성(technical efficiency)이란 일정한 생산량을 가장 낮은 비용

4) 예컨대, 경제학에서는 최소의 투입으로 최대의 산출을 얻고자 하는 효율성 개념으로 완전경쟁시장에서 자원배분의 총비용이 최소화되는 상태를 경제적으로 효율적인 상태로 보는 파레토 효율성과 이익을 보는 쪽의 편익이 손해를 보는 쪽의 비용을 보상할 수 있을 만큼 클 때를 경제적 효율상태라고 보는 Kaldor-Hicks를 그 기준으로 설명한다. 경영학에서는 Taylor의 과학적 경영이론을 시발점으로 하여 Mayo의 호손실험에 의한 인간관계의 접근과 행동과학적 접근을 통해 발전한 것으로 효율성 향상을 인간의 민주적이고 참여적인 접근방법을 통해서 투입과 산출의 양 측면을 향상시키고자 노력한 접근방법이다. 행정학에서는 투입에 대한 산출의 비율을 의미하는 능률성과 바람직한 목표달성 정도를 의미하는 효과성을 합친 개념으로 보고 있다(천세영, 2001).

이 발생하는 생산요소의 배합으로 생산하는 효율성이다. 효율성의 개념을 체계적으로 정의하고 이를 측정할 수 있는 방법을 제시한 선구적 학자인 Farrell(1957)은 효율성을 기술적 효율성, 배분적 효율성, 규모효율성(scale efficiency)으로 분류하였다. 규모효율성이란 규모의 증가 및 감소 타당성 여부를 경영자원의 최적 활용차원에서 다루는 효율성을 의미한다.[5)]

다음은 투입과 산출 중 어디에 초점을 두는가를 기준으로 분류하는 방법이 있다. Athanassopoulos와 Shale(1997)은 비용효율성(cost efficiency)과 산출효율성(output efficiency)을 구분하고 있다. 각각 비용의 최소화와 산출의 극대화에 관심을 두는 모형이다. 또한, 투입 및 산출 변인의 속성을 기준으로 구분하는 방법이 있다. 예컨대 Atkinson(1983)은 기술적 효율성은 투입과 산출의 양적 관계에 초점을 맞춘 개념이고, 경제적 효율성은 자원의 양뿐만 아니라 비용까지 고려한 것으로 보고 있다. 이와 달리 박태종(1996)은 경제적 효율성을 배분적 효율성과 유사한 개념으로 보는 반면, 기술적 효율성은 관리적 효율성이라고도 하는 것으로 물리적 투입에 대한 물리적 산출의 비율을 측정하는 것으로 보고 있다. 여기서 물리적이란 투입과 산출을 화폐로 환산하지 않고 있는 그대로 측정단위를 사용한다는 의미이다. 한편, 정부부문 혹은 관료제의 효율성에 관한 논의에서는 X-효율성[6)]의 개념도 적용되고 있다(최병선, 1992; 박태종, 1996).

관련된 변인이 교육체제 내에 있는가, 밖에 있는가를 기준으로 내적 효율성과 외적 효율성으로 구분하는 방법도 있다(반상진, 2001; 백일우, 2007). 외적 효율성(external efficiency)이란 교육과 노동시장, 교육과 경제성장과 같이 교육체제

5) 수리적으로 보면, 규모효율성은 기술적 효율성에서 순수기술효율성을 제거한 것으로, 규모에 대한 불변수익으로 정의된다. 어떤 조직이 투입물 배합의 증가와 비례하여 산출물 배합을 더 증가시킬 수 없거나, 투입물 배합의 감소와 비례해서 산출물 배합을 더 감소시킬 수 없는 규모로 운영될 때 규모의 효율성이 있다고 본다(김화영, 2013).

6) X-효율성(X-efficiency)은 배분적 효율성이 조직 내부의 효율성을 설명하지 못한다는 인식하에 제시한 개념이다. 구성원 동기부여, 의사결정능력 향상을 통하여 비용을 낮추고 생산성을 높이는 조직은 X-효율성이 높다. 기업이나 정부의 조직내적 행동, 혹은 조직의 관리행태에 따라 투입은 같아도 산출은 크게 달라질 수 있다(최병선, 1992).

와 외부체제 간의 관계 속에서 발생하는 개념이다. 내적 효율성(internal efficiency)은 '어떤 방법으로 교육하는 것이 가장 효율적인가'와 같이 교육기관 혹은 교육체제 내에서 발생하는 투입-산출 간 관계에 관심을 둔 개념이다. 한편, 교육기관의 경우 그 기능을 중심으로 산출변인의 내용에 따라 구분하기도 한다. 예컨대 최태성, 김성종 그리고 김형기(1998)는 대학 인문사회계열의 학술지 논문수, 저서, 번역서 등을 산출변수로 하여 연구효율성을 평가하였다. 박태종(1996)은 한국 대학의 효율성을 교육모형과 연구모형으로 구분하여 평가하였다.

2) 효율성 분석방법

효율성 분석방법은 크게 모수적 접근법(parametric approach)과 비모수적 접근법(non-parametric approach)으로 구분할 수 있다. 모수적 접근법은 특정한 함수형태를 가정하는 반면, 비모수적 접근법은 특정한 함수형태를 가정하지 않는다는 점에 차이가 있다. 효율성 분석방법으로는 회귀분석, 생산성지수, 비율분석 등이 전통적으로 사용되어 왔고, 최근 들어서는 자료포락분석, 확률변경분석, 맘퀴스트지수 등이 활용되고 있다(김재홍 · 김태일, 2001; 유금록, 2004; 박만희, 2008; 이정동 · 오동현, 2012). 효율성 분석방법들의 특징을 간략히 살펴보면 다음과 같다.

(1) 회귀분석

회귀분석(Regression analysis)은 독립변수와 종속변수 간의 선형관계를 분석하는 모수적 통계방법으로서 기대산출물과 실제산출물을 비교함으로써 효율성을 평가한다(유금록, 2004). 예컨대 어떤 조직이 회귀분석의 기대산출물보다 더 적은 산출물을 생산한다면 평균적인 수준에 비해 효율성이 떨어지는 것으로 간주된다. 회귀분석은 효율적인 투입 · 산출 간의 관계가 명확하지 않은 분야에서 생산관계를 파악하는 데 사용되어 왔다. 그러나 회귀분석은 분석을 위한 모형에 사용된 함수의 형태에 따라 결과에 상당한 차이가 있고, 최소자승법에 따른 평균값 또는 중심성향의 정보를 이용해 효율성을 측정하기 때문에 특정한 값의 영향을 많이 받는다는 단점이 있다(박만희, 2008).

(2) 생산성지수

전통적 의미에서 생산성은 자원의 투입에 대한 산출의 비율로 정의된다(유금록, 2004). 생산성은 산출을 물량을 기준으로 하는가와 금액을 기준으로 하는가에 따라 물적 생산성과 가치 생산성으로, 그리고 투입을 단일 생산요소로 하는가와 전체 생산요소로 하는가에 따라 요소생산성과 총요소생산성으로 구분된다(박만희, 2008). 생산성에는 총생산성(total productivity), 부분생산성(partial productivity), 총요소생산성(total factor productivity) 등이 있으나, 일반적으로 전체적인 맥락에서 산출과 투입을 동시에 고려하는 총생산성지수가 효율성 측정에 주로 사용되어 왔다. 이 방법은 산출량을 노동투입량, 자본투입량, 원재료투입량, 기타경비투입량의 합으로 나눈 생산성지수를 통해 효율성을 측정한다. 총생산성지수는 계산이 쉽고, 지수변화에 따른 추세파악이 용이하며, 상호 비교가 가능하다는 장점이 있다(박만희, 2008). 그러나 각 요소를 금액으로 환산하여 측정하기 때문에 가격효과로 인한 왜곡된 효율성 정보를 제공할 가능성이 높다. 또한 비효율의 부분과 정도에 대한 정확한 정보를 제공하지 못함으로써 실질적인 효율성 개선에는 도움이 되지 못하고, 다수의 투입물과 산출물을 동시에 고려할 수 없다는 한계가 있다(김재홍 · 김태일, 2001; 유금록, 2004).

(3) 비율분석

비율분석(Ratio Analysis)은 기업의 재무 및 경영실적 평가에 널리 활용되는 방법으로서 경제적으로 의미가 있는 재무제표를 활용하여 기업의 경제적 상황을 설명할 수 있는 재무비율을 계산한 후, 이를 통해 기업의 재무상태와 경영성과를 파악하려는 경영기법이다(박만희, 2008). 효율성 분석에서 비율분석은 재무비율분석, 비용편익분석, 비용효과분석의 형태로 사용되는 경우가 많다(유금록, 2004). 재무비율분석은 재무제표를 바탕으로 도출한 재무비율을 자체 기준이나 산업표준비율과 비교하거나 그 추이를 분석하여 기업의 수익성, 유동성, 안정성, 성장성 등을 평가하는 방법으로 투자수익률(return on investment), 자산수익률(return on assets), 자기자본이익률(return on equity) 등이 대표적인 예이다. 한편, 비용편익분석(cost-benefit analysis)은 대안별로 투입되는 비용과 그로 인해 얻어지는 편익을 평가함으로써 최적의 대안을 결정하려는 방법이다. 비용편익분석은 주로 금전적 측면에 초점을 두는 반면, 비용효과분석(cost-effectiveness analysis)은 목표달성도나 성취수준 등 비금전적 효율성을 평가하는 데 활용된다. 비율분석은 적용과 이해가 쉽고, 시간과 원가를 절약할 수 있으며, 예비분석 수단으로 널리 활용되고 있다. 그러나 각종 비율지표 간 가중치가 자의적일 경우 객관적 평가가 어렵고, 단편적인 비율분석치만으로는 전체적인 투입-산출의 효율성을 규명하기 어려우며, 단기적 성과에 치중하여 장기적 성장에 기여하는 요소들을 제대로 평가하기 어렵다는 단점이 있다(박만희, 2008; 엄준용, 2009).

(4) 자료포락분석

전통적 효율성 분석방법들은 완전히 효율적인 기업의 생산함수가 알려져 있다고 가정하나, 실제로는 생산함수가 알려져 있지 않기 때문에 그 대안으로 제시된 것이 바로 자료포락분석과 확률변경분석이다. 자료포락분석은 비모수적 방법이고, 확률변경분석은 모수적 방법이다(전용수 · 최태성 · 김성호, 2002; 유금록, 2004). 자료포락분석(data envelopment analysis)은 의사결정단위의 상대적 효율성을 측정하기 위해 Charnes, Cooper 그리고 Rhodes(1978)에 의해 고안된 방법이다. DEA는 특정 함수형태를 가정하지 않고 생산가능집합(production possibility set)에 적용되는 몇 가지 기준하에서 조직들이 경험적으로 형성하고 있는 효율성 프런티어(efficiency frontier)를 도출하여 평가대상을 상호 비교함으로써 효율성을 측정하는 방법으로서 프런티어상에 있으면 효율적이라고 판단하고, 프런티어 내에 있으면 비효율적이라고 판단하게 된다(김재홍 · 김태일, 2001; 전용수 외 2002). 즉, DEA는 투입물과 산출물이 다수이고 이러한 투입물들을 결합하여 형성되는 산출물의 시장가격이 존재하지 않는 비영리조직의 경우, 효율성은 절대적인 관점이 아니라 상대적인 관점에서 측정될 수밖에 없다는 것을 가정하고 있다.

DEA는 최적해를 구하는 수리적 방식에 따라 투입방향모형(input-oriented model)과 산출방향모형(output-oriented model)으로 구분된다(전용수 외, 2002; Banxia Software, 2003).[7] DEA에 포함되는 변수들은 다음과 같은 요인들을 고려하여 선정할 필요가 있다(Johnes & Johnes, 2007). 첫째, 변수 사용의 타당성을 확인할 수 있는 경험적인 선행연구들이 있어야 한다. 둘째, 전문가 집단으로부터 변수들이 중요한 것으로 인정받아야 한다. 셋째, 여러 변수들 가운데 누락치 혹은 0이 있어서는 안 된다. DEA는 투입요소와 산출요소가 다양하여 하나의 효율성지수로 표현하기 힘든 경우에 유용하고, 모집단의 평균치를 이용하는 회귀분석과 달리 개별적인 개선가능성에 대한 유용한 정보를 제공해 준다. 또 사전에 투입 및 산출 요소의 가중치(상대적 중요성)를 설정할 필요가 없다. 그러나 분석모형에 포함된 변수에 따라 의사결정단위(decision making unit)의 상대적 효율치가 달라질 수 있고, 절대적인 기준에 따른 효율성을 판단하기 어렵다는 단점이 있다(유금록, 2004; 박만희, 2008).

(5) 확률변경분석

확률변경분석(stochastic frontier analysis)은 변경함수(frontier function)를 추정하여 효율성을 분석하는 방법이다(유금록, 2004). 앞서 살펴본 자료포락분석은

7) 투입방향모형은 산출수준을 일정하게 유지하면서 투입요소 혹은 비용을 어느 정도까지 최소화할 수 있는가, 즉 투입최소화(input minimization)에 관심을 갖는다. 반면 산출방향모형은 일정 수준의 투입요소가 주어졌을 때 어느 정도까지 산출을 달성해야 하는가, 즉 산출극대화(output maximization)에 관심을 갖는다(Banxia Software, 2003).

확률적 오차와 관리운영상의 비효율성을 엄밀하게 구분하지 못하므로 의사결정단위 관리운영상 비효율성을 정확히 측정하기 어려운 한계가 있다. 확률변경분석은 Aigner 등(1977)이 제시한 것으로 확률생산 변경함수와 확률비용 변경함수로 구분된다. 확률변경분석은 비효율성지표를 자세히 분류하여 의사결정단위의 효율성이 개선된 추정치와 비효율성의 근원을 제시해 주고, 통계적 및 표본추출 오차를 고려할 수 있다는 장점이 있다.[8] 그러나 정확한 함수형태를 사용하지 않거나 부적절한 함수형태를 사용하면 결과 해석이 어려워지고, 확률변경 비용함수의 경우 기업별로 상이한 투입요소 가격 자료를 사용해야 하므로 비용이 많이 든다는 단점이 있다(유금록, 2004).

(6) 맘퀴스트지수

서로 다른 시점의 자료들이 확보되면 시간경과에 따라 투입 대비 산출의 비율이 어떻게 변화하였는지를 추적할 수 있다 이를 생산성 변화분석이라고 한다(유금록, 2004; 이정동 · 오동현, 2012). 이와 관련하여 최근에는 맘퀴스트지수(Malmquist productivity index)도 활용되고 있다(김화영, 2013). 패널자료를 활용할 수 있는 경우 자료포락분석이나 확률변경분석과 같은 변경추정법(frontier estimation method)을 사용하여 맘퀴스트 총요소생산성지수를 구하는 방법이다(유금록, 2004). 맘퀴스트지수는 특정 생산함수를 가정하지 않고 거리함수에 기초하여 두 시점 간의 총요소생산성의 변화를 측정한다(박만희, 2008).

8) 확률변경분석에서는 변경(효율성 프런티어)으로부터 편차를 기술적 비효율성과 배분적 비효율성, 그리고 통계 및 표본추출 오차와 무작위충격(random shocks)으로 구분한다. 기술적 비효율성(technical inefficiency)은 동일한 수준의 투입요소가 사용될 경우 더 많은 산출물이 생산될 수 있는 경우이고, 배분적 비효율성(allocative inefficiency)은 투입요소의 최적결합이 이루어지지 않은 경우이다(유금록, 2004).

3. 교육재정의 적정성

1) 적정성의 개념

적정성(adequacy)은 교육활동에 충분한 혹은 교육목적 달성에 필요한 재화와 서비스가 확보되어 있는가 하는 것으로 충족성이라고도 한다. Ward(1987)는 적정성을 학교교육이 사회적 기대를 충족시켜 주기 위해 필요한 수준의 교육비로 정의하였고, Carnoy(1983)는 적정성이란 교육기회균등을 실현하는 데 필요한 재원의 양으로 규정하였다. Berne과 Stiefel(1999)은 공평성에 적정성을 추가하면서, 적정성을 표준화된 성과를 완전하게 또는 충분히 충족시킬 수 있는 자원으로 규정한 바 있다. Odden과 Picus(2007) 역시 공평성에 효과성의 개념을 추가하였는데, 효과성은 더 많은 교육자원의 투입이 교육의 질을 높이고 이러한 교육의 질적 개선은 학교교육의 효과성을 높일 것이라고 보았다. 즉, 투자의 효과성 제고를 통해서 교육자원의 균등한 배분이 이루어져야 한다는 것이다. 적정성의 개념이 논의되는 배경에는 교육에서 평가와 책무성의 개념이 발달함에 따라 주 관심이 투입에서 산출과 결과물로 이동하였고, 모든 학생은 서로 상이한 특수한 교육적 요구를 가지고 있기 때문에 이를 충족시키기 위한 자원배분정책이 중요하다는 점이 작용하고 있다.

공평성은 상대적인 차이에 대한 관심을 두지만, 적정성은 절대적인 수준에 관심을 둔다(Odden & Picus, 2007). 적정성은 교육재정의 총량규모 혹은 학생 1인당 교육비가 적절하게 확보되어 있는가를 평가하는 것이다. 적정성은 학생들이 배워야 하는 지식, 기술, 정서 등 교육내용의 측면에서도 검토될 수 있으나, 일반적으로는 원활한 교육활동을 위해 필요한 최소한 또는 절대적 수준의 교육비에 초점을 맞추게 된다(윤홍주, 2003). 공평성이 교육재원의 투입을 중시한 반면, 적정성은 교육의 결과에도 중점을 두고 과정은 물론 산출까지도 중시한다. 공평성은 동일한 집단 간 상대적인 차이를 중시하지만, 적정성은 절대적인 수준을 중시한다. 또 공평성이 지역 간 재정부담 능력의 차이를 교정하기 위한 배분방법의 구체화를 중시하고 있는 반면, 적정성은 교육재정에 대한 철학, 정책, 통치구조 등 전반적인 교육재정 체제와 구조에 대한 개선문제를 동시에 논의할 것을 강조하고 있다(윤홍주, 2004).

그렇지만 공평성의 세부적인 내용을 살펴보면 공평성과 적정성은 관련성이 깊다. 특히 수직적 공평성과 적정성은 서로 관계가 가장 깊다(최준렬, 2013). 수직적 공평성은 다른 여건에 있는 자를 다르게 대해야 한다는 원리이다. 수직적 공평성을 고려할 때 일반적으로는 투입여건의 차이를 고려하지만 산출여건의 차이도 고려할 수 있다.[9] 산출이나 성과의 차이에 기초하여 재정을 배분하는 수직적 공평성은 적정성과 같다. 이 점에서 Underwood(1995)는 "수직적 공평성은 교육적 적정성(educational adequacy)이다."라고 하였다. 수평적 공평성도 여건의 차이를 고려한다면 수직적 공평성과 같은 의미를 지니고, 수직적 공평성의 관점에서 보면 적정성과 무관하다고 할 수 없다(최준렬, 2013). 교육재정의 적정성은 효율성과도 관련되어 있다. 효율성의 측면에서 정의되는 적정성은 크게 내적 효율성과 외적 효율성으로 구분된다. 내적 효율성 측면에서 적정성은 확보된 재원을 보다 효율적으로 사용하는 것과 교육적 성취의 평등을 의미한다. 외적 효율성 실현을 위한 적정성은 크게 학생들이 사회에서 적절하게 기능할 수 있도록 만드는 최소한의 교육적 요구, 직업세계에서의 능력 실현, 인종, 성별, 사회경제적 계층에 의해 차별받지 않고 직업세계에서 공평하게 성공할 수 있는 가능성 등으로 정의된다(윤홍주, 2004).

교육재정의 적정성에 대한 논의가 언제부터 시작되었는지는 명확하지 않으나, 미국의 경우 1972년 일리노이 주정부 교육특별위원회의 보고서에서 "모든 학생들을 위해 납득할 만한(reasonable) 수준의 충분한 재원을 교육체제가 제공하는 것"으로 적정성의 개념을 정의하고 있다. 1973년 뉴저지 주의 Robinson

9) 학교급별 차이도를 고려하는 경우나 특수아동에게 가중치를 부여하는 배분방식은 투입차원의 수직적 공평성이라 할 수 있다. 가정형편이 어려워 학업성취도가 떨어지는 학생들에게 이를 보충하기 위해 추가비용을 배분하는 것은 성과차원의 수직적 공평성이라 할 수 있다(최준렬, 2013).

판례에서는, 교육은 뉴저지 주 헌법의 기본권(fundamental right)에 해당되지 않으나 교육구 간 심한 재정격차는 위헌가능성이 있으므로 교육구 간 차별을 없애고 노동시장에서 경쟁력 있는 시민으로 살아가는 데 필요한 역할을 수행할 수 있도록 교육기회를 "완벽하고 효율적(thorough and efficient)"으로 제공해야 한다고 판결하였다(Odden & Picus, 2007). 1989년 켄터키 대법원의 Rose(1989) 판례는 적정성에 관한 인식이 크게 변화하는 계기가 되었다(최준렬, 2013). Rose 판례(Rose v. Council for Better Education, Inc.)에서는, 효율적인 교육제도란 최소한 모든 아동들에게 적정한 교육을 받을 수 있는 동등한 기회를 제공할 수 있는 상태를 의미한다고 판결하였다. 이후 교육재정의 불평등 문제를 단지 교육구 혹은 학교 간 학생당 경비의 차이를 축소하는 데 두는 것이 아니라, 교육의 결과를 산출하는 데 관련되는 교육체제 전반에 관심을 두게 되었다. 즉, 교육평등조항에 관련되는 것은 단지 교육재정체제에만이 아니라, 모든 교육체제의 문제라는 것이다.

적정성은 교육재원의 동등한 배분뿐만 아니라 절대적 수준을 문제 삼는다. 여기에서 절대적이라는 것은 두 가지 차원에서 논의될 수 있다(Ladd & Fiske, 2008). 하나는 교육내용과 관련된 문제로서 모든 학생들이 학교에 다니는 동안 필수적으로 배워야 하는 지식, 기술, 정서 등이 무엇인가이고, 다른 하나는 이러한 것을 가능하게 하는 교육재정의 최소한 또는 절대적 수준이 어느 정도인가이다. 우리나라의 경우 교육내용과 관련해서는 교육과정을 통하여 내용과 기준이 구체화되며, 교육비와 관련해서는 최저소요교육비, 표준교육비, 적정교육비의 개념 등이 사용되어 왔다(윤홍주, 2004; 나민주 외, 2009; 최준렬, 2013). 표준교육비란 정상적인 교육활동을 수행하는 데 필요한 표준교육조건을 설정하고 이를 유지·운영하는 데 소요되는 교육원가를 산출한 교육비를 말하는데, 교육과정을 정상적으로 운영하는 데 소용되는 최소한의 경비라는 의미에서 최저소요교육비, 또 적정한 교육조건을 확보하는 데 소요되는 경비라는 의미에서 적정교육비라고도 한다(강경석, 2003).

2) 적정성 분석방법

교육재정 분야에서 적정성은 그 개념이나 분석방법에 관한 논의가 이제 확대되는 시점에 있다(윤홍주, 2004; 고현민, 2012; 최준렬, 2013; Odden & Picus, 2007). 그동안 교육재정의 적정성 분석에 사용된 방법들은 크게 규범적 접근방법과 계량적 접근방법으로 나누어 볼 수 있다(Verstegen, 2002).[10] 규범적 접근방법은 다시 비교모형과 합의모형으로, 계량적 접근방법은 함수모형과 원가모형으로 구분할 수 있다(〈표 2-2〉 참조).

〈표 2-2〉 교육재정의 적정성 분석방법 분류

구분	유형	분석방법	판단근거
규범적 접근방법	비교모형	benchmark (우수기관, 대학, 국가)	성공적인 사례 GDP 대비 교육비 학생당 교육비
	합의모형	전문가 합의 도출	이상적인 교육여건
		이해당사자(설문조사)	소망하는 교육여건
계량적 접근방법	함수모형	비용함수 추정(회귀분석)	교육비 결정요인
	원가모형	활동단위별 원가분석	표준 교육과정(초·중등)

* 출처: 나민주 외(2009)

(1) 비교모형

비교모형은 기대수준 이상의 교육성취를 달성하고 있는 교육구나 학교를 대상으로 적정교육비를 추정하는 방식이다. 성공적인 교육청 접근법(successful-

10) 참고로 Odden과 Picus(2007)는 교육비의 적정수준을 결정하기 위한 방법을 전문가판단 접근법(professional-judgement approach), 성공적인 교육청 접근법(successful-district approach), 비용함수 접근법(cost function approach), 증거기반 접근법(evidence-based approach)으로 분류하고, 자신들이 창안한 적정성지수(Odden-Picus adequacy index)를 제시한 바 있다.

district approach)의 경우, 학업성취도 등이 국가나 주에서 설정한 기준을 통과한 교육청의 예산을 분석하여 적정교육비를 산출한다. 구체적인 절차는 만족할 만한 수행수준을 결정하고, 이 수준 이상의 수행성과를 내는 교육구나 학교를 찾아 그 학교 및 교육구의 특성이 비교대상과 비슷한지를 확인한 다음, 이 학교나 교육구의 교육비를 목표로 삼는 것이다(Odden & Picus, 2007). 한편 증거기반 접근법(evidence-based approach)에서는 학업성취와 관련한 연구를 수행하고 설정한 성취도를 달성할 경우 이 학교의 비용을 토대로 프로그램별로 적정교육비를 산출하는 방법이다. 학교에서 수행하는 프로그램별로 적정교육비를 산출하고, 성과를 토대로 비용을 산출하기 때문에 적정교육비를 산출하는 방법으로 활용도가 높아지고 있다(최준렬, 2013).

우리나라나 영국의 교육정책에서 적용되고 있는, GDP 대비 비율 혹은 학생당 교육비를 교육재정 확충목표로 삼는 방법 역시 비교모형으로 분류할 수 있다(나민주 외, 2009). 이 모형의 장점은 특정한 수준의 성과를 낸 사례를 토대로 적정교육비를 산출하였기 때문에 실제 성과에 기초한 적정교육비라는 점이다. 그러나 교육비의 수준은 지역의 여건이나 학교와 학급의 규모에 따라 달라지기 때문에 성공한 교육청과 동일한 여건이 아니면 동일한 교육비를 적용하기는 어렵다(최준렬, 2013).

(2) 합의모형

이 모형은 전문가나 이해당사자의 합의를 토대로 적정교육비를 산정하는 것이다. 합의모형 또는 교육비용모형(resource cost model)이라 불리는 전문가판단 접근법(input or professional-judgement approach)은 전문가에게 정해진 교육목표를 달성하기 위해 소요되는 교육비를 추정하도록 하는 방식이다(최준렬, 2013). 이를 위해 전문가 또는 이해당사자를 대상으로 의견조사를 통하여 바람직한 수준의 교육여건을 설정하고, 이를 기초로 적정교육비를 산정하는 방식이 활용되고 있다. 전문가의견 이외에 교원, 학생 등 교육현장의 이해당사자로부터 소망수준을 조사하여 이를 반영하는 방법도 있다(나민주 외, 2009). 그러나 전문가의 관점에 따라 적정교육비의 수준이 달라지고, 교육적 견해와 기대수준이 다른 전문가 혹은 이해당사자 사이에 일치된 합의를 도출하기 어렵다는 단점이 있다.

(3) 함수모형

함수모형은 경제수리적 방법을 활용해 적정교육비 수준을 추정하는 방법이다. 예컨대 비용함수 접근법(cost function approach)에서는 일정한 수준의 학업성취도를 달성하기 위해 소요되는 비용이 얼마나 되는가를 산출한다(백일우, 2007). 그러나 현실적으로 지역과 학교에 따라 학생구성, 교육과정, 지리적 여건 등이 다르기 때문에 일반화된 모형으로 적정교육비를 추정하기는 어렵다. 함수모형은 주로 통계분석에 의존하기 때문에 상당히 많은 수의 교육비 관련 자료를 필요로 한다는 단점이 있다(최준렬, 2013). 또한 학업성취와 같이 계량화가 가능한 변인만을 사용하기 때문에 창의력, 논리력 등 고등사고능력 및 정의적 능력과 같이 계량화가 어려운 교육적 산출에 대한 비용을 추정하기 어렵다(Verstegen, 2002).

(4) 원가모형

교육원가 분석방법도 있다. 특정목적을 달성하기 위해 희생된 자원 또는 비용을 화폐단위로 측정한 것을 원가라 하는데, 이는 어떤 활동에 어느 정도의 자원이 소비되었는지를 알려 줌으로써 그 활동이 수행될 만한 가치가 있는 것인지를 평가하는 데 기여한다. 교육원가분석은 교육기관이 학교가 제한된 재정수입을 활용하는 데 있어서 배분의 효율성과 정당한 수혜자가 원가를 부담하는 공평성의 원칙을 달성하여 보다 바람직한 계획과 통제를 위한 지침을 제공하는 데 있다. 그러나 원가분석의 경우 주된 목적이 제약된 예산하에서 최대의 배분의 효율성을 찾는 데 있기 때문에 교육비 규모에 관심이 있지 않다는 한계가 있다. 또한 발생한 비용에 대한 부담을 누구에게 귀속시킬 것인지, 즉 공평한 비용부담에 주로 관심을 기울이기 때문에 교육비 차이도 산정을 통한 등록금 차등화 등에는 유용한 정보를 제공하지만 총교육비 규모산정에 대해주는 정보는 크지 않다. 계열, 학생, 학부 및 대학원 등의 교육원가에 대한 정보와 이를 토대로 산정된 교육비 차이도 지수는 가중학생지수 산정 등 적정교육비 산정을 위한 기초자료로 활용될 수 있다(나민주 외, 2009).

(5) 혼합모형

교육재정의 적정성은 국가나 지방교육청이 설정한 목표를 달성하기 위해 얼마나 교육비를 확보하였는가를 평가한다. 그러나 교육재정의 적정수준을 판단하거나 확보하는 것은 매우 복잡하고 어려운 문제로서 앞에서 제시된 모형 가운데 하나에 의존하기보다는 여러 모형을 혼합적으로 활용하는 것이 일반적이다(나민주 외, 2009). 참고로 Odden과 Picus(2007)가 제안한 적정성지수(Odden-Picus adequacy index: OPAI)는 제1단계 적정교육비 수준 설정, 제2단계 적정교육비 수준 이상의 비율 측정, 제3단계 적정교육비를 이용하여 맥룬비율 산출, 제4단계 맥룬비율을 적정교육비 이하의 비율과 곱한 뒤, 제5단계 두 수를 합하는 과정을 거쳐서 적정성을 분석한다.[11] 그러나 국가나 지방이 설정한 학업성취도를 달성하기 위해 소요되는 적정교육비가 얼마인가가 먼저 결정되어야 하는데, 적정교육비 수준을 결정하는 일이 주관적이기 때문에 적정성의 수준도 주관적 범위를 벗어나기 어렵다(최준렬, 2013).

---

11) OPAI를 산출하는 과정을 예시하면 다음과 같다. 먼저 적정교육비의 수준을 40%로 정하면(제1단계), 적정교육비 이상 되는 비율은 60%(제2단계)이다. 맥룬비율을 산출하면 적정교육비 수준(0.4)/중앙치(0.5) = 0.8(제3단계)이다. 이 비율을 적정교육비 이하의 비율 0.4와 곱하면 0.32(제4단계)가 산출되고 이들 두 수치를 합하면 0.6 + 0.32 = 0.92(제5단계)가 OPAI이다.

참고문헌

강경석(2003). 교육재정학. 서울: 형설출판사.

고현민(2012). 단위학교재정 배분의 적절성 분석 연구. 전북대학교 대학원 박사학위논문.

김무영 · 서화정 · 김병주(2011). DEA기법을 활용한 특성화고등학교의 효율성 분석. 교육재정경제연구, 20(4), 29-56.

김민희(2010). DEA와 Tobit 모형을 활용한 충청북도 일반계고등학교 효율성 분석. 한국교육, 37(3), 105-133.

김민희 · 나민주 · 김창원(2008). DEA를 활용한 중학교의 상대적 효율성 분석. 교육행정학연구, 26(4), 341-361.

김신일(2009). 교육사회학. 서울: 교육과학사.

김은정(2005). DEA 기법을 활용한 서울시 중등교육기관의 상대적 효율성 분석. 건국대학교 대학원 박사학위논문.

김재홍 · 김태일(2001). 공공부문의 효율성 평가와 측정. 서울: 집문당.

김현제 · 윤원철(2006). DEA 기법과 토빗모형을 활용한 효율성 차이에 대한 분석: 서울시 고등학교의 교육성과를 대상으로. 재정논집, 21(1), 97-114.

김화영(2013). DEA와 MPI를 이용한 대학의 효율성 분석: 2008-2012년 대학정보공시 자료를 중심으로. 이화여자대학교 대학원 박사학위논문.

나민주 외(2009). 국립대학 적정 재정지원 규모 산정 및 배분 방법에 관한 연구. 교육과학기술부 정책연구보고.

나민주(2001). 불평등지수. 한국교육재정경제학회 편. 교육재정경제학 백과사전. 서울: 하우동설.

나민주(2004). 국립대 재정운영의 효율성 평가. 교육재정경제연구, 13(2), 149-173.

나민주 · 김민희(2005). DEA를 활용한 대학교육의 효율성 국제비교. 교육재정경제연구, 14(2), 205-237.

나민주 · 김민희(2013). 일반고등학교의 상대적 효율성 분석: 대학진학관련 교육성과를 중심으로. 교육재정경제연구, 22(2), 1-24.

남수경(2007). 지방교육재정 교부금제도의 형평성 평가. 교육재정경제연구, 16(1), 31-56.

박만희(2008). 효율성과 생산성 분석. 한국학술정보(주).

박태종(1996). 대학의 효율성 측정과 영향요인에 관한 연구. 창원대학교 대학원 박사학위논문.

반상진(1998). 교육재정의 공평성 평가연구. 교육행정학연구, 16(1), 199-231.

반상진(2001). 교육재정의 효율성. 한국교육재정경제학회(편). 교육재정경제학 백과사전. 서울: 하우동설.

반상진(2011). 교육의 정의와 한국의 교육정책. 한국교육행정학회 연차학술대회.

백일우(2007). 교육경제학(2판). 서울: 학지사.

송기창(2008). 국가 교육재원 배분과정의 효율화 방안. 교육재정경제연구, 17(1), 179-205.

엄준용(2009). DEA를 활용한 대학원의 효율성 분석. 고려대학교 대학원 박사학위논문.

유금록(2004). 공공부문의 효율성 측정과 평가. 서울: 대영문화사.

윤정일 외(2007). 교육행정학원론(4판). 서울: 학지사.

윤정일(2004). 교육재정학원론. 서울: 세영사.

윤홍주(2003). 교육재정 적정성의 논의 및 공평성과의 관련성 탐색. 교육행정학연구, 21(3), 147-168.

윤홍주(2004). 교육재정의 공평성 분석: 단위학교 재정을 중심으로. 서울대학교 대학원 박사학위논문.

이돈희(1992). 교육정의론. 서울: 고려원.

이상린 · 문명현 · 김병주(2011). 국가수준 학업성취도 평가결과와 DEA를 활용한 중학교 효율성 분석. 교육재정경제연구, 20(4), 1-27.

이선호(2006). 학교회계 수익자부담경비의 재정배분 공평성 분석 연구. 충남대학교 대학원 박사학위논문.

이은국 · 원구환 · 오승은(2003). 지방정부 생산성 측정의 이론과 실제. 서울: 집문당.

이정동 · 오동현(2012). 효율성 분석 이론: DEA 자료포락분석법. 서울: 지필미디어.

이준구(2004). 재정학(2판). 서울: 다산출판사.

전용수 · 최태성 · 김성호(2002). 효율성 평가를 위한 자료포락분석. 인천: 인하대학교 출판부.

정대범(2011). 우리나라 전문대학의 효율성 평가 연구: Delphi/AHP/DEA 혼합모형을 이용한 상대적 효율성을 중심으로. 연세대학교 대학원 박사학위논문.

주철안(1992). 교육재정의 공정성 개념과 측정 방법론에 관한 연구. 교육재정경제연구, 1(2), 19-43.

천세영(2001). 한국의 교육과 교육재정연구. 서울: 학지사.

천세영(2002). DEA 기법을 활용한 학교재정효율성 평가모델 연구. 교육행정학연구, 20(1), 281-303.

천세영(2005). 한국교육재정 현상탐구Ⅰ. 대전: 충남대학교 출판부.

최병선(1992). 정부규제론. 서울: 법문사.

최준렬(2013). 교육재정 배분의 공평성, 적절성의 개념과 측정방법의 적용 가능성 탐색. 교육재정경제연구, 22(4), 1-24.

최태성 · 김성종 · 김형기(1998). 비영리조직의 효율성 평가를 위한 DEA의 활용: 대학연구효율성의 평가. 경영논집, 6(1).

홍지영 · 정동욱(2012). 교육비용함수를 활용한 단위학교 적정 교육비의 산출 분석: 서울시 국 · 공립 초등학교를 중심으로. 교육재정경제연구, 21(4), 1-26.

Aigner, D. J., Lovell, C. A. K., & Schmidt, P. (1977). Formulation and Estimation of Stochastic Frontier Production Models. *Journal of Econometrics, 6*, 21-37.

Alexander, K., & Salmon, R. G. (1995). *Public School Finance*. Mass.: Allyn and Bacon.

Athanassopoulos, A. D., & Shale, E. (1997). Assessing the Comparative Efficiency of Higher Education Institutions in the UK by Means of Data Envelopment Analysis. *Education Economics, 5*(2), 117-134.

Atkinson, A. B. (1970). On the Measurement of Economic Inequality. *Journal of Economic Theory, 2*(3), 244-263.

Atkinson, G. B. J. (1983). *The Economics of Education*. London: Hodder and Stoughton. 최청일 · 천구태 역(1990). 교육경제학. 서울: 문음사.

Banker, R. D., Charnes, A., & Cooper, W. W. (1984). Some Models for Estimating Technical and Scale Inefficiencies in Data Envelopment Analysis. *Management Science, 30*, 1078-1092.

Banxia Software(2003). *Banxia Frontier Analyst User's Guide*. UK: Banxia Software

Limited.

Berne, R., & Stiefel, L. (1984). *The Measurement of Equity in School Finance: Conceptual, Methodological and Empirical Dimensions*. Baltimore: The Johns Hopkins University Press.

Berne, R., & Stiefel, L. (1999). Issues in school site-based financing in large cities in the United States. In M. Goertz & A. Odden (Eds.), *School-based financing*. Thousand Oaks, CA: Corwin.

Burkhead, J., & Hennigan, P. J. (1978). Productivity Analysis: A Search for Definition and Order. *Public Administration Review, January/February*, 33-40.

Carnoy, M. (1983). Educational Adequacy: Alternative Perspectives, and Their Implications for Education Future. *Journal of Education Finance, 8*(3), 286-299.

Charnes, A., Cooper, W. W., & Rhodes, E. (1978). Measuring Efficiency of Decision Making Units. *European Journal of Operational Research, 2*(6), 429-444.

Cooper, W. W., Seiford, L. M., & Zhu, J. (2004). *Handbook on Data Envelopment Analysis*. Boston: Kluwer Academic Publishers.

Duncombe, W. D., & Yinger, J. (2008). Conceptions of Equity and Adequacy in School Finance. In H. F. Ladd and E. B. Fiske (Eds.), *Handbook of Research in Education Finance and Policy* (pp. 238-256). NY: Routledge.

Farrell, M. J. (1957). The Measurement of Productive Efficiency. *Journal of the Royal Statistical Society, 120*(3), 253-290.

Johnes, G., & J. Johnes Eds. (2007). *International Handbook on the Economics of Education*. Cheltenham, UK: Edward Elgar Publishing Ltd.

Ladd, H. F., & Fiske, E. B. (Eds.). (2008). *Handbook of Research in Education Finance and Policy*. NY: Routledge.

McMahon, W. W. (1982). Efficiency and equity criteria for educational budgeting and finance. In W. W. McMahon & T. G. Geske (Eds.), *Financing Education: Overcoming Inefficiency and Inequity*. Chicago: University of Illinois Press.

Odden, A. R., & Picus, L. O. (2007). *School Finance: A Policy Perspective* (4th ed.). NY: McGraw-Hill.

Pindyck, R. S., & Rubinfeld, D. L. (2000). *Microeconomics* (5th ed.). Prentice-Hall. 박원규 · 강정모 · 이상규 역(2003). 미시경제학. 서울: 시그마프레스.

Quinn, R. E. (1978). Productivity and the Process of Organizational Improvement: Why We Cannot Talk to Each Other. *Public Administration Review, 38*(1), 41-45.

Underwood, J. (1995). School Finance Litigation: Legal Theories, Judical Activism, and Social Neglect. *Journal of Education Finance, 20*(2), 143-162.

Verstegen, D. A. (2002). Financing the New Adequacy: Towards New Models of State Education Finance Systems that Support Standards Based Reform. *Journal of Education Finance, 27*(3), 749-782.

Ward, J. G. (1987). *The Concept of Adequacy in Illinois School Finance*. Normal, IL: Center for the Study of Educational Finance Illinois State University.

제3장 교육예산제도

예산제도를 분류하는 방식은 다양하다. Allen Schick는 예산을 그 지향점에 따라 통제지향, 관리지향, 기획지향으로 분류했다. Schick는 통제지향 예산제도로 품목별 예산제도, 관리지향 예산제도로 성과주의 예산제도와 영기준 예산제도, 기획지향 예산제도로 계획예산제도로 분류했다. 예산은 또한 결정방법에 따라 분류할 수 있다. 결정방법에 의해 예산제도를 분류하면 점증주의적 방법과 총체적·종합적 방법으로 구분할 수 있다. 점증주의적 방법에 의한 예산제도는 품목별 예산을 들 수 있으며, 총체적·종합적 방법에 의한 예산제도로는 성과주의 예산제도, 계획예산제도, 영기준 예산제도 등이 대표적이다(신무섭, 2012; 유훈·조택·김재훈, 2012).

교육예산제도는 일반 예산제도와 다르지 않다. 따라서 다음 내용에서는 일반 예산제도로 품목별 예산제도, 성과주의 예산제도, 계획예산제도, 목표관리 예산제도, 영기준 예산제도, 프로그램 예산제도에 대하여 살펴본다.

1. 품목별 예산제도

품목별 예산제도(line item budgeting system)는 가장 오래된 예산제도의 하나로 예산개혁을 논의할 때 개혁의 대상으로 자주 언급된다. 그러나 그 연원을 살펴보면 이 제도 또한 예산개혁의 하나로 도입된 것을 알 수 있다. 품목별 예산제도는 영국에서는 국왕의 재정권을 통제하고, 미국에서는 뉴욕 시가 1906년 행정에 대한 통제의 필요를 위해 도입되었다. 품목별 예산제도는 조직의 활동을 위한 투입요소, 즉 인건비, 출장비, 수용비, 여비 등 지출의 구체적 항목을 기준으로 예산을 편성한다. 품목별 예산제도는 지출대상을 명확히 할 수 있어 예산의 부정, 낭비 등을 통제할 수 있는 장점이 있다(신무섭, 2012; 주기완 · 윤성식, 2012).

품목별 예산제도는 예산의 기본구조인 장, 관, 항, 세항, 세세항, 목에서 '목'에 중점을 둔다. 품목별 예산제도에서 예시로 세출과목 구분을 살펴보면 〈표 3-1〉과 같다. 품목별 예산제도에서는 '목'에서 인건비, 물건비, 경상이전, 자본지출경비 등으로 구분하여 예산을 편성해야 한다. 인건비 목에는 보수(목번호 101), 비정규직 보수(목번호 102) 등이 포함된다. 보수에는 봉급, 상여금, 성과상여금, 정액수당, 초과근무수당, 정책급식비, 교통보조비 등을 상세하게 구분하여 예산을 편성해야 한다(기획예산처, 2004).

〈표 3-1〉 세출과목 구분

목번호	목	내역
100	1. 인건비	
101 …	보수 …	01. 봉급 02. 상여금 03. 성과상여금 …
200	2. 물건비	

목번호	목	내역
201 …	관서운영비 …	01. 일반수용비 1. 사무용품 구입비 2. 인쇄비 및 유인비 … 02. 공공요금 및 제세 1. 공공요금 2. 제세 …
300	3. 경상이전	
301	보상금	01. 보상금 1. 법령에 의하여 민간에게 지급하는 사회보장적 수혜금 및 보철구 제작비 등 …
301	보상금	02. 포상금 등 1. 법령에 의하여 반대급부 또는 채권채무의 원인 행위없이 일방적으로 공무원에 대하여 급여하는 포상금 상여 금 및 상금 …

* 출처: 기획예산처(2004). 2005년도 예산안편성지침 및 기준.

품목별 예산제도는 지출 항목별로, 예를 들면 인건비, 물건비, 경상이전 등 품목을 자세하게 제시하기 때문에 항목별로 예산통제를 할 수 있다는 장점을 가지고 있다. 이는 품목별 예산제도가 도입된 배경, 즉 절대군주의 재정권을 제한하고 행정부의 부정과 예산낭비를 통제하려고 했던 목적과 직접 관련된다. 또한 예산편성 내역에 정부가 구입하는 모든 품목에 대한 자료가 있기 때문에 예산편성의 표준화를 기할 수 있으며, 이러한 자료는 향후 예산편성에 기초자료로 활용될 수 있다. 품목별 예산제도는 다른 예산제도와 결합하여 사용할 수 있는 장점을 가지고 있다. 품목별 예산제도는 예산개혁의 대상으로 자주 언급되지만 가장 오랜 기간 동안 많은 국가에서 사용되고 있다(신무섭, 2012; 원구환, 2012).

품목별 예산제도는 통제지향적인 예산제도로서의 장점을 가지는 대신 정부가 무슨 사업을 하고 있는지에 대한 정보를 주지 못한다는 단점을 가지고 있다. 사업에 소요된 예산이 '목'에 따라 편성되기 때문에 사업 예산을 전체적으로 파악하기 어려운 단점이 있다. 품목별 예산제도는 투입 위주의 항목으로 예산이 편성되기 때문에 예산을 통해 달성하고자 하는 성과를 알기 어려우며 중장기적으로 전략적 자원배분을 추구하기 어려운 문제점이 있다. 또한 세세한 지출항목으로 통제되고 있어 예산집행의 신축성이 낮다는 단점을 가지고 있다(신무섭 2012).

2. 성과주의 예산제도

품목별 예산제도가 통제위주의 예산인 데 비해 성과주의 예산제도(performance budgeting system)는 관리지향의 예산제도이다. 성과주의 예산제도는 1949년 미국의 후버위원회(Commission of Executive Branch of Government)가 성과주의 예산을 대통령에게 건의하고, 의회가 1950년 예산회계절차법을 제정하여 연방정부에 성과주의를 도입하게 됨에 따라 시작되었다(신무섭, 2012).

성과주의 예산제도는 품목별 예산이 투입에만 중점을 두어 예산을 편성하기 때문에 정부의 성과를 알 수 없다는 문제점을 보완하여 예산의 산출(output)을 중심으로 예산을 편성하는 제도이다(주기완 · 윤성식 2012). 성과주의 예산제도는 후버위원회에 의하면 "정부에 의하여 지출될 돈보다 수행될 목표에 더 관심을 두는 예산제도"(신무섭, 2012 재인용)이다.

성과주의 예산은 사업을 단위로 예산을 편성하고 성과를 측정한다. 사업의 수행을 위해 이를 구성하는 활동을 정의하고, 이에 대해 원가를 계산하여 제시하는 제도이다. 주기완과 윤성식(2012)은 성과주의 예산제도의 구체적인 사례로 보건사업을 〈표 3-2〉와 같이 제시하고 있다. 우선 보건사업의 수행을 위해 세 가지 활동, 즉 여론조사, 세균조사, 소독실시가 필요하다고 보고 각각의 활동을 위해 업무측정단위와 단위원가를 계산하여 사업에 대한 원가를 계산하여 제시한다. 이렇게 편성한 예산을 실제 집행결과와 비교하여 예산집행상의 문제점을 파악하여 원인을 진단하고 책임을 물을 수 있다(주기완 · 윤성식, 2012).

〈표 3-2〉 보건사업을 위한 성과주의 예산편성 사례

업무활동	업무측정단위×단위원가	예산액
여론조사 세균조사 소독실시	1,000가구×2만 원 100회×10만 원 120회×50만 원	2,000만 원 1,000만 원 6,000만 원 합계 9,000만 원

* 출처: 주기완 · 윤성식(2012).

성과주의 예산제도는 업무단위와 단위원가가 제시되어 있기 때문에 정부의 활동이나 성과, 목표를 알 수 있다. 또한 성과주의 예산제도는 예산의 편성과 집행결과를 비교함으로써 이에 대한 책임을 물을 수 있는 장점이 있다. 그러나 성과주의 예산제도는 업무단위와 단위원가를 설정하거나 계산하는 데 어려움이 많으며, 계량화가 어려운 사업에 대해서는 적용하기가 부적절한 측면이 있었다. 또한 사업의 성과를 측정하는 것은 이를 구성하는 활동의 성과로 측정되는데 활동의 성과가 높다고 해서 반드시 사업의 성과가 높다고 할 수 없다는 문제점을 가지고 있다(신무섭, 2012).

우리나라에서는 1960년대 초 예산국을 중심으로 성과주의 예산을 도입하고자 시도했으나 제도에 대한 저항으로 중단되었다. 이후 다시 김대중정부 시기인 1998년부터 중앙행정기관과 지방자치단체에 대해 경영진단을 실시하고 운영시스템을 개선하기 위해 성과주의 예산제도 도입을 시도했다. 2000년부터 16개 기관, 2001년 28개 기관, 2002년 39개 기관을 시범사업 대상기관으로 확대하여 성과주의 예산제도를 다시 도입하기 위해 노력했다(신무섭, 2012).

3. 계획예산제도

계획예산제도(planning programming budgeting system: PPBS)는 1940년대 미국의 Roosevelt 대통령이 국가방위위원회에 전시계획을 세우도록 지시하고, 이에 따라 물자통제계획에서 목표, 대안, 비용편익분석 등의 계획예산제도의 내용을 갖추게 되면서부터 나타나기 시작했다. 1950년대 미국의 랜드연구소가 계획예산제도를 발전시켰으며, 1965년에는 미국의 국방성과 연방정부기관에서 예산편성에 이 제도를 사용하였다(신무섭, 2012; 유훈 · 조택 · 김재훈, 2012).

계획예산제도는 기획과 예산이 연계된 예산제도이다. 계획예산제도는 장기적인 목표와 사업의 성과 및 원가를 결합한 예산제도이다. 계획예산제도는 국가의 목표를 정확히 파악하고, 이를 달성하기 위한 정책분석, 즉 비용편익분석을 통해 최적의 대안을 선정한다. 목표를 달성하는 데 중장기 기간이 소요되는 경우 중장기 기획을 수립해야 한다. 사업이 완수된 후에는 정책평가를 통해서 예산의 집행을 평가한다.

주기완과 윤성식(2012)이 제시하는 계획예산제도의 사례를 살펴보자. 계획예산제도는 통일고속도로 완공이라는 목표를 달성하기 위해 우선적으로 최적의 정책대안을 선정하기 위하여 비용편익분석을 실시한다. 통일고속도로 완공이라는 목표를 달성하기 위해 세 가지 정책대안을 분석하여 순편익이 가장 큰 대안 A를 선택한다.

<박스 3-1> 계획예산제도 정책대안 분석 사례

- 정책대안

  대안 A: 고속도로 건설

  대안 B: 고속전철 건설

  대안 C: 기존 하천을 연결하는 운하의 건설

- 정책대안의 비용편익 분석
  대안 A의 순편익: 대안 A의 편익 - 대안 A의 비용 = 9,000억 - 5,000억 = 4,000억
  대안 B의 순편익: 대안 B의 편익 - 대안 B의 비용 = 12,000억 - 11,000억 = 1,000억
  대안 C의 순편익: 대안 C의 편익 - 대안 C의 비용 = 11,000억 - 13,000억 = 2,000억

* 출처: 주기완 · 윤성식(2012).

계획예산제도는 단년도를 넘는 중장기 기획과 연계되어 운영된다는 점에서 특징이 있다. 계획예산제도는 중장기적 관점에서 정책대안에 대한 비용과 효과를 분석하여 대안을 선택한다. 계획예산제도는 단년도 중심의 예산제도를 벗어나 중장기적 관점에서 사업계획을 수립하고 예산을 편성한다는 점에 의미가 있다. 계획예산제도는 비용편익분석을 통해 의사결정을 함으로써 자원배분을 합리적으로 하는 장점이 있다. 그러나 계획예산제도는 예산결정을 합리적으로 하는 반면 계획과 예산을 통합하여 의사결정을 하는 과정에서 집권화하는 문제점이 있다. 또한 최적의 정책대안을 합리적으로 분석하고자 하지만 정부의 프로그램을 계량화하기 어렵고 분석에 많은 시간과 노력이 필요하다는 문제점이 있다(원구환, 2012).

우리나라에서는 1970년대 초 계획예산제도를 도입을 연구했으나 실제 1980년대 국방부에서 이 제도를 활용한 바 있다(신무섭, 2012).

4. 목표관리 예산제도

목표관리 예산제도(management by objectives: MBO)는 경영학자인 Peter Drucker에 의해 제창된 제도이다. 미국의 Nixon 대통령은 예산실에 관리기능을 추가하여 관리예산실로 개편하고 목표관리제를 도입했다. 목표관리 예산제도는 다른 예산제도와 달리 관리기법으로서의 성격이 강하다. 다만 목표관리 예산제도는 예산에 대한 접근방법을 변경하여 효율적인 조직경영을 달성하고자 한 점에서 예산편성과 집행을 강조하기 때문에 예산제도의 하나로 정의된다(주기

완 · 윤성식, 2012).

목표관리제는 "조직의 최고관리자와 중간관리자가 공동으로 공통목표를 설정하고, 기대되는 결과에 주안점을 두어 조직 내의 모든 개인의 책임 분야를 결정하며, 이것들을 조직단위의 운영지침으로 사용할 뿐만 아니라 모든 조직 구성원의 공헌도를 측정하는 척도로 삼으며 예산과도 연계를 짓는 제도"(유훈 · 조택 · 김재훈, 2012 재인용)라고 할 수 있다. 따라서 목표관리 예산제도에서는 목표 달성도를 주기적으로 측정하며, 목표에 미달하는 경우 그 원인을 규명하여 필요한 조치를 취한다. 목표관리 예산제도에서는 생산성 측정, 사업평가, 사회지표 등을 통해 개선 노력을 수행한다(주기완 · 윤성식, 2012).

목표관리 예산제도의 사례를 들어 보면 〈박스 3-2〉와 같다. 기생충퇴치사업을 위해 사업담당자는 상급자와 협의하여 2002년 동안 기생충 감염률을 20%로 목표로 설정했다. 이 목표를 달성하기 위해 〈박스 3-2〉와 같이 목표관리에 관한 내용을 작성한다. 목표달성을 위한 구체적인 수단을 명시하고, 목표달성 여부를 측정할 구체적인 방법으로 표본을 선정해 기생충 감염률을 측정할 것을 정한다. 또한 목표달성 진도를 3월, 6월, 9월에 각각 점검할 것을 정하고, 이에 소요되는 예산을 기술한다(주기완 · 윤성식, 2012).

<박스 3-2> 목표관리제 사례: 기생충 퇴치사업

- **목표**: 기생충 감염률 20% 감소
  예상되는 비용: 15억 원
  예상되는 달성시기: 2002. 12. 31.
  실제발생비용:
  실제달성시기:
- **목표달성을 위한 구체적인 수단**
  1. 계몽
  2. 실제 주민들의 기생충 감염 여부 검사
  3. 구충작업
  4. 환경개선
- **목표달성 측정방법**: 전국을 모집단으로 하여 표본을 선정 · 측정한다.

• 목표달성 진도점검

중간점검	조사담당자	목표달성 정도
2002. 3. 31.		
2002. 6. 30.		
2002. 9. 30.		

• 예산의 구체내역
인건비
-
-

* 출처: 주기완 · 윤성식(2012).

목표관리 예산제도는 관리자들이 목표에 대해 명확하게 인식하도록 함으로써 목표달성에 집중하게 한다. 목표를 달성하기 위해 실현가능한 방법과 수단을 제시하도록 한다. 목표설정 단계에서 담당자와 상급자가 의논하여 목표를 정하기 때문에 조직 구성원들의 참여를 제고할 수 있으며 책임의식을 확보할 수 있다. 다만 목표를 달성이 쉬운 수준으로 설정하는 경향이 있으며, 계량화가 어려운 업무에서는 목표설정이 어려울 수 있다는 문제점이 있다(원구환, 2012; 주기완 · 윤성식, 2012).

우리나라에서는 김대중정부 시기인 1998년부터 목표관리제를 도입하기로 하여 1～4급 공무원에게 적용했으며, 1999년부터는 적용 대상을 확대했다. 노무현정부에서는 재정세제전문위원회에서 성과관리제도 도입방안을 협의하여 2003년에 교육부, 외무부, 행자부, 관기부 등 22개 선 시행기관을 대상으로 성과목표 · 지표관리제도를 도입했으며 이를 계속 확대했다(신무섭, 2012).

5. 영기준 예산제도

영기준 예산제도(zero-base budgeting: ZBB)는 1977년 Carter 대통령이 취임하면서 연방정부에 도입되었다. 기존의 목표관리 예산제도는 영기준 예산제도로 대체되었다. Carter 대통령은 조지아 주 주지사 시절에 영기준 예산제도를 도입하여 실시했는데 대통령에 당선된 후 연방정부에 도입한 것이다. 일반적으로 예산편성 단계에서 기존 사업에 대해서는 비교적 심의를 까다롭게 하지 않는 반면, 새로운 사업에 대해서는 엄밀한 사정을 실시한다. 그러나 영기준 예산제도는 기존의 사업을 새로운 사업과 마찬가지로 근본적으로 재검토하여 예산의 삭감, 폐지, 중단을 할 수 있다(주기완 · 윤성식, 2012).

영기준 예산제도는 한정된 자원을 합리적으로 배분하기 위해 사업의 우선순위를 정하는 제도이다. 우선순위를 결정하기 위하여 영기준 예산제도는 의사결정 패키지를 작성해야 한다. 의사결정 패키지는 의사결정에 필요한 정보를 목표, 사업활동계획서, 비용과 편익, 업무량과 성과측정, 목표달성에 필요한 대안, 제반 조치 등을 포함하여 제공된다. 관리자는 이러한 정보를 바탕으로 사업을 계속할 것인지 확대할 것인지 축소할 것인지 폐지할 것인지 결정한다.

영기준 예산제도는 예를 들면 단위사업 분석표를 작성하여 이 사업 중에서 우선순위를 정해야 한다. 가, 나, 다, 라 4개 국이 A, B, C 3개 단위사업 분석표를 작성하여 관리자에게 제출하면 가용재원 안에서 우선순위를 정해야 한다. 가용재원이 6억 원이면 〈표 3-3〉에서 나타난 바와 같이 7순위까지 예산사업을 선정할 수 있다(신무섭, 2012).

〈표 3-3〉 단위사업 분석표의 우선순위

순 위	단위사업 분석표	예산증가분	누 계
1	가-A	100	100
2	나-A	150	250
3	다-A	80	330
4	라-A	110	440
5	라-B	40	480
6	나-B	80	560
7	나-C	40	600
8	가-B	50	650
9	다-B	70	720
10	가-C	50	770
11	라-C	60	830
12	다-C	60	890

* 출처: 신무섭(2012).

영기준 예산제도는 예산의 증가를 방지할 수 있다는 점에서 최대의 장점을 가지고 있다. 이러한 예산제도는 일몰법을 제정하는 데 기여하기도 했다(신무섭, 2012). 그러나 현실에서는 점증주의를 극복하는 데 기여하지 못한 것으로 평가된다. 예산은 현 수준에서 크게 벗어나지 않는 범위에서 결정되어 점증주의를 벗어나지 못했다. 영기준 예산제도는 원래의 취지대로 예산을 삭감하는 데 실패했지만 예산관리자의 참여를 증진시켰다. 영기준 예산제도는 그러나 목표설정과 우선순위 결정이 어려웠으며, 의사결정을 위한 객관적인 자료를 확보하기가 쉽지 않은 문제점을 보였다(주기완 · 윤성식, 2012). 우리나라에서는 1983년도 예산안 편성에서 영기준 예산제도를 적용한 바 있다(신무섭, 2012).

6. 프로그램 예산제도

프로그램 예산제도(program budget)는 성과에 더 중점을 두는 예산제도로 공공부문에서 성과를 강조하면서 도입되었다. 2001년 정부 업무에 대한 평가에 관한 법률이 제정되면서 기관평가를 통한 성과관리가 강조되었다. 성과관리는 예산제도개혁과 업무성과평가를 중심으로 추진되었다. 성과관리를 위한 예산제도의 개혁으로 프로그램 예산제도가 도입된 것이다. 1999년 성과주의제도의 도입계획이 발표된 후 시범실시를 거쳐 2004년 말 프로그램 예산체계의 도입이 발표되었다. 2007년부터 중앙정부, 2008년부터 지방자치단체가 프로그램 예산제도를 도입했다. 도입의 배경에서 알 수 있듯이 프로그램 예산제도는 성과관리와 함께 도입되었기 때문에 사업의 성과를 측정하고, 이를 다시 예산에 반영하는 제도라고 할 수 있다. 프로그램 예산제도는 또한 재정개혁의 하나로 총액배정 자율편성 예산제도와 함께 도입되었다. 이는 행정관서의 예산 운용의 자율성을 보장하는 대신에 성과에 대한 평가를 강화하기 위한 목적에서 도입되었다(원구환, 2012).

프로그램 예산제도는 "프로그램을 통해 정책과 예산을 연계하는 예산구조"를 의미한다. 프로그램 예산제도는 "예산의 계획 · 편성 · 배정 · 집행 · 결산 · 평가 · 환류의 과정을 프로그램을 중심으로 구조화"하고, 이를 성과평가체계와 연계시켜 성과를 관리한다. 여기에서 프로그램이란 "동일한 정책목표를 달성하기 위한 단위사업(Activity)의 묶음"을 의미하며, "정책적으로 독립성을 지닌 최소단위"이다. 프로그램은 예산편성 단계에서 예산이 배분되는 단위가 되며, 총액배분 자율편성예산제도의 한도액을 설정할 때 사용하는 단위이다(국회예산정책처, 2010).

프로그램 예산제도에서 예산의 기본구조는 분야-부문-프로그램-단위사업-세부사업의 5단계로 분류되며, 경비의 성질을 중심으로 목별로 분류된다. 이는 기존의 품목별 예산제도에서 예산의 기본구조가 장-관-항-세항-세세항-목-세목의 7단계로 구성되는 것과 비교된다. 예산구조를 품목별 예산체계에서 프로그램 예산체계로 변화시킴으로써 기능별 분류에 해당하는 장-관 구분을 분야-부문으로, 조직과 사업목적에 해당하는 항-세항 구분을 프로그램단위로 전환했다. 경비유형별 구분인 세세항은 폐지했다.

〈표 3-4〉 예산구조의 변화

품목별 예산체계 (2006)	장	관	항	세항	세세항	세목	목
	대기능	중기능	소기능	실·국	세부 사업	지역 사업 등	예산 편성비목
프로그램 예산체계 (2007)	분야	부문	프로그램		단위사업		목
	대기능	중기능	실·국별 정책사업		정책사업의 하위 단위사업		예산편성비목

* 출처: 국회예산정책처(2010) 재인용.

기획재정부의 예산안 편성지침에 따르면 분야는 모두 16개로 일반공공행정, 공공질서 및 안전, 통일·외교, 국방, 교육, 문화 및 관광, 환경보호, 사회복지, 보건, 농림해양수산, 산업·중소기업, 수송 및 교통, 통신, 국토 및 지역개발, 과학기술, 예비비로 분류된다. 16개 분야는 모두 68개 부문으로 구분된다. 교육 분야의 경우 부문은 유아 및 초·중등교육, 고등교육, 평생·직업교육, 교육일반 등 4개로 구분된다(국회예산정책처, 2010 재인용).

프로그램 예산제도는 성과관리와 밀접히 연계되어 실시된다. 이에 따라 정부는 「국가재정법」 제34조 및 제71조에 의해 성과계획서를 예산안 및 기금운용계획안의 첨부서류로 국회에 제출해야 한다. 정부는 예산편성 단계에서 차년도 성과목표, 성과지표, 목표수준을 사전에 설정하여 관리함으로써 예산의 효율적 집행관리를 꾀하고, 성과정보의 환류를 통해 재정운용의 효율성을 제고해야 한다. 2014년도 성과계획서에서는 51개 부처가 182개 전략목표, 452개 성과목표, 2,176개 관리과제, 5,299개 성과지표를 설정했다(기획재정부, 2013). 교육 분야에서 관리과제별로 성과지표를 설정한 예를 살펴보면 〈표 3-5〉와 같다. 교육부는 대학의 여성인력 참여 확대 및 능력증진 과제에 대한 성과지표로 국공립대 여성교수 채용비율을 제시하고, 이 사업의 2014년 예산안을 함께 제시하고 있다. 예산사업에 대한 평가는 성과지표인 국공립대 여성교수 채용비율을 통해 실시한다는 것을 예산편성 단계에서 밝히고 있으며, 이에 대한 달성수준에 따라 평가를 실시하고 평가결과는 차년도 예산편성에 반영될 계획이다.

〈표 3-5〉 관리과제 성과지표 설정 사례

관리과제	'14년도 예산안	성과지표	실적 및 목표치				측정산식 또는 측정방법
			구분	'12	'13	'14	
대학의 여성인력 참여확대 및 능력증진(교육부)	1억 원	국·공립대 여성교수 비율(%)	목표	13.4	13.6	13.8	(전체 여교수/전체 교수)*100
			실적	13.7	-	-	

* 출처: 기획재정부(2013). 2014년도 성과계획서 국회 제출. 보도자료.

프로그램 예산제도는 기존의 품목별 예산제도와 차이가 있다. 품목별 예산제도는 투입과 통제에 중점을 두는 반면, 프로그램 예산제도는 성과와 자율을 중시한다. 따라서 예산편성의 초점은 품목별 예산제도는 예산품목에, 프로그램 예산제도는 프로그램과 사업단위에 둔다. 품목별 예산제도는 단년도 예산제도인 데 비해 프로그램 예산제도는 다년도 예산제도이다. 프로그램 예산제도는 국가재정운용 5개년 계획 수립을 전제로 한다. 예산운용 방식으로 품목별 예산제도는 예산요구를 제출하고 이를 삭감 조정하는 상향식(bottom-up)인 데 비해 프로그램 예산제도는 기능, 분야, 부처별로 지출한도를 정하고 이를 우선순위에 맞게 예산을 배분하는 하향식(top-down) 방식이다(국회예산정책처, 2010).

〈표 3-6〉 품목별 예산제도와 프로그램 예산제도의 비교

구분	품목별 예산제도	프로그램 예산제도
접근방식	투입과 통제 중심	성과와 자율 중심
예산편성의 초점	예산품목 (지출통제)	프로그램/사업단위 (자율, 결과 책임)
시계	단년도 예산 (전년도 예산에 점증)	다년도 예산 (국가재정운용계획에 근거)
예산운영방식	상향식(bottom-up)	하향식(top-down)
예산사정	예산삭감과 증감액 위주 심의, 분야·사업 간 예산액 계수조정	정책적 예산심의, 사업우선순위와 효과 판단

* 출처: 국회예산정책처(2010).

프로그램 예산제도는 성과위주의 예산운용으로 결과와 책임을 중시하는 예산제도이다. 예산집행에서 자율성과 권한을 부여하되 성과에 대해 책임을 지도록 하고, 성과에 대한 평가를 통해 재정사업에 대한 환류를 실시한다. 다만, 미션 및 비전, 성과 목표, 성과지표 간의 유기적 연계가 잘 이루어지지 않을 경우 성과관리와 예산이 당초 의도한 대로 연계가 형식적일 수 있다는 점은 향후 개선해야 할 과제로 지적되고 있다(원구환, 2012).

참고문헌

국회예산정책처(2010). 프로그램 예산사업 편람.
기획예산처(2004). 2005년도 예산안편성지침 및 기준.
신무섭(2012). 재무행정학. 서울: 대영문화사.
원구환(2012). 재무행정론. 서울: 대영문화사.
유훈·조택·김재훈(2012). 재무행정론. 경기: 법문사.
주기완·윤성식(2012). 재무행정학. 경기: 법문사.

제4장 교육재정의 성과 분석

교육재정이란 국가 및 공공단체가 교육욕구를 충족시키기 위하여 필요한 수단을 조달하고 관리 · 사용하는 경제활동(윤정일, 2004: 59)이기 때문에 재원을 조달하고 집행하며 이의 성과를 분석하여야 한다. 교육재정의 성과를 분석하기 위해서는 투입과 산출이 정의되어야 한다. 교육재정에서 투입은 비용이고, 산출은 수익, 효과, 효용 등으로 정의된다.[1] 교육재정에서 성과를 정확히 분석하는 일은 중요하다. 어느 영역에 재정을 얼마나 투입하여야 하는 재원의 배분 기준이 되기 때문이다.

교육재정의 성과를 분석하기 위해 교육비용의 개념과 유형, 교육효과와 수익, 교육의 효용을 살펴보고 이들 개념을 토대로 성과를 분석하는 기법으로 교육생산 및 비용함수, 순현재가치법, 교육투자수익률을 살펴본다.

---

1) 투입-산출-성과의 관점에서 보면 투입과 산출은 단기간에 나타나는 현상이라면 성과는 산출이 장기적으로 나타난다. 예컨대, 과외공부를 하여 성적이 올라갔다면 과외비는 투입이고, 성적향상은 산출이며, 이 결과로 좋은 직장을 잡고 생활의 여유가 생겼다면 이를 성과라 한다. 이렇게 산출과 성과를 구분하지만 여기에서는 성과를 산출과 같은 의미로 사용한다. 교육을 받은 결과 나타나는 현상을 성과의 의미로 사용하였다.

1. 교육비용의 개념과 유형

1) 교육비용의 개념

교육비용은 교육을 위해 소요되는 비용이다. 교육활동을 수행하는 데 다양한 종류의 비용이 소요된다. 등록금, 수업료와 같은 개인이 부담하는 비용이 있는가 하면, 국가가 학교를 짓고, 교과서를 무상으로 보급하는 것과 같이 국민이 낸 세금으로 부담하는 비용이 있다. 교육활동을 위해 금전으로 직접 지불하는 비용이 있는가 하면 학생들이 열심히 노력하는 태도나 선생님들의 헌신적인 노력과 같이 비금전적으로 지불하는 비용도 있다.

교육활동을 위해 투입하는 비용은 비용이 갖는 성격에 따라 다양하게 정의되고 분류된다. 교육활동에 직접 투입되느냐에 따라 직접교육비 · 간접교육비, 금전적으로 지급되느냐에 따라 금전적 교육비 · 비금전적 교육비, 비용부담의 주체가 누구냐에 따라 공교육비 · 사교육비, 비용의 범위에 따라 총교육비 · 단위교육비, 비용의 소요기간에 따라 단기비용 · 장기비용, 비용의 생산성 여부에 따라 투자적 비용 · 소비적 비용 등으로 분류된다(곽영우 · 김명수 · 반상진 · 최준렬, 2003: 30).

2) 교육비용의 유형

(1) 직접비용과 간접비용

직접비용과 간접비용은 교육활동을 위해 금전으로 직접 비용을 지불하느냐, 비용을 지불하지는 않았지만 지불한 것으로 간주할 수 있느냐에 따른 구분이다. 교육활동을 위해 투입되는 입학금, 수업료, 교재 및 수업준비물, 하숙비, 교직원인건비, 학교운영비 등은 교육활동을 위해 금전으로 직접 지불하기 때문에 직접비용이라 한다. 반면에 직접 금전으로 지불하지는 않았지만 비용으로 고려될 수 있는 비목을 간접비용이라 하고 포기소득, 건물의 감가상각비,

임대료, 이자, 조세감면 등이 이에 해당된다(곽영우 · 김명수 · 반상진 · 최준렬, 2003: 31).

포기소득(forgone income)은 14세 이상이 되어 취업할 수 있는데 취업을 포기하고 학교에 다니기 때문에 소요되는 비용이다. 이를 기회비용이라고도 하는데 학업이라는 기회와 취업이라는 기회 중에 취업을 포기하고 학교를 다니기 때문에 취업하였을 경우 얻을 수 있는 소득만큼을 비용으로 여긴다. 같은 맥락으로 임대료, 이자, 조세감면도 간접비용에 해당된다. 학교의 경우 건물을 임대하였을 경우 임대소득을 얻을 수 있고, 교육에 지출되는 비용을 은행에 예금하였을 경우 이자소득을 얻을 수 있으며, 교육활동에 조세감면을 하지 않을 경우 국가에서는 그만큼 세금을 더 걷을 수 있는데 이를 포기하고 학생들을 위해 비용을 지출하기 때문에 직접 지출되는 비용 외에 임대료, 이자, 조세감면 등이 간접교육비에 해당된다.

직접비용은 금전으로 지불되기 때문에 비용의 규모를 정확하게 파악할 수 있지만, 간접비용은 금전으로 지불하지 않기 때문에 비용의 규모를 정확하게 파악하기 어렵다. 국가나 학교에서 예산을 편성하여 운용할 경우에는 직접비용을 적용하고, 교육의 경제적 효율성을 분석할 경우에는 직접비용과 간접비용을 모두 활용한다.

(2) 사적 비용과 사회적 비용

사적 비용과 사회적 비용은 비용부담 주체가 개인이냐 국가냐에 의한 구분이다. 입학금, 수업료, 학용품비, 하숙비, 교통비 등과 같이 개인이나 가계가 부담하는 비용을 사적 비용이라 하고, 지방교육재정교부금, 교육청운영비, 학교운영비 등과 같이 국가나 지방 또는 공공단체가 부담하는 비용을 사회적 비용이라 한다.

부담의 주체에 따라 구분하는 비용의 개념은 비용의 범주를 어떻게 보느냐에 따라 내용이 달라진다. 개인이 부담하는 입학금, 수업료, 학용품비도 국가적인 차원에서 보면 교육활동에 투입되는 비용으로 간주할 수 있다. 이런 맥락에서 보면 개인비용을 포함한 교육활동을 위해 지출되는 모든 비용을 사회적 비용이라 할 수 있다(곽영우 · 김명수 · 반상진 · 최준렬, 2003: 33).

(3) 고정비용과 가변비용

고정비용과 가변비용은 생산량의 변화에 따라 총비용이 변하느냐 변하지 않느냐에 따른 구분이다. 고정비용은 생산량의 변화에 영향을 받지 않는 비용이고, 가변비용은 생산량과 비례하는 비용이다(곽영우 · 김명수 · 반상진 · 최준렬, 2003: 35).

교실의 경우 정원이 30명이었을 경우 학생수가 30명이 될 때까지 책상은 가변비용이고 교실은 고정비용이다. 책상은 학생이 1명 늘어나면 하나가 더 필요하지만, 30명까지는 교실은 하나면 충분하다. 책상은 학생수 변화에 따라 달라지기 때문에 가변비용이고, 교실은 30명까지는 학생수의 변화에 영향을 받지 않기 때문에 고정비용이다. 그렇지만 학생수가 36명이 되었을 경우 교실이 하나 더 필요하기 때문에 고정비용인 교실이 가변비용이 된다. 이런 고정비용을 준고정비용(quasi-fixed costs, semi-fixed costs)이라 한다.

(4) 자본비용과 경상비용

자본비용(capital cost)과 경상비용은 자본적 내구재를 위한 지출이냐, 순환적 소비재를 위한 지출이냐에 따른 구분이다(곽영우 · 김명수 · 반상진 · 최준렬, 2003: 36). 자본비용은 토지, 건물, 장비와 같이 10년, 20년 이상의 장기간에 걸쳐 이용되는 내구재에 투입되는 비용이고, 경상비용은 수도세, 전기세와 같이 학교 건물을 유지 · 관리하거나 학교를 경영하는 데 지출되는 비용으로 매년 비용이 발생하거나 단기간에 발생하는 비용이다.

(5) 투자적 비용과 소비적 비용

투자적 비용과 소비적 비용은 교육서비스를 얻기 위해 지출한 비용이 미래의 생산성을 증진시키기 위한 것이냐, 현재의 만족을 추구하기 위한 것이냐에 따른 구분이다(곽영우 · 김명수 · 반상진 · 최준렬, 2003: 37). 투자적 비용은 미래에 발생할 수익을 기대하고 현재에 지출하는 비용이며, 소비적 비용은 현재 또는 미래의 투자자에게 일시적인 만족을 얻기 위해 지출하는 비용이다(최준렬, 2001: 360-363). 예컨대, 참고서를 사서 공부를 하였다면 이는 투자적 비용이라 할 수 있다. 참고서를 사서 열심히 공부하고, 그 결과 좋은 대학에 가서 좋은 직장을 잡아 높은 임금을 받을 수 있게 되었다면 참고서를 사는 비용은 투자적 비용이다. 반면에 영화를 감상하거나 아이스크림을 사먹은 비용은 소비적 비용이다. 영화를 봄으로써 기분이 전환되고, 아이스크림을 먹음으로써 만족을 얻었다면 이는 그 순간의 즐거움을 위해 비용을 투자했기 때문에 소비적 비용이라 할 수 있다.

투자적 비용과 소비적 비용을 개념적으로 구분하기는 쉽지만 실제적으로 이를 구분하는 것은 쉽지 않다. 등산을 하고, 축구를 하는 데 드는 비용은 소비적 비용이다. 그 순간 즐겁고, 상쾌하기 때문에 소비적 비용이라 할 수 있지만 등산을 하여 건강하게 되고 건강을 유지함으로써 더 많은 일을 할 수 있다면 이는 투자적 비용이라 할 수 있다. 이와 같이 비용을 투자냐 소비냐로 구분하는 것은 관점에 따라 다르기 때문에 쉽지 않다.

(6) 총비용과 단위비용

총비용과 단위비용은 비용의 범주에 따른 구분이다. 비용을 모두 포괄하면 총비용이고, 총비용을 단위로 쪼개면 단위비용이다. 총비용은 모든 비용을 포괄하기 때문에 산출하기가 쉽지 않다. 비용의 유형 중에 직접비용과 간접비용이 있는데, 총비용은 직접비용과 간접비용을 합해 산출된다. 그러나 간접비용을 산출하기가 어렵기 때문에 총비용을 산출하는 것도 어렵다. 총비용을 산출할 때 보편적으로 직접교육비에 한정되는 경우가 많다.

단위비용은 총비용을 단위로 나누어 산출하는데, 이때 사용하는 단위에 따라 학생 1인당 교육비, 학급당 교육비, 학교당 교육비 등으로 단위비용이 산출된다.

(7) 평균비용과 한계비용

평균비용과 한계비용은 단위당 비용을 어떻게 산출하느냐에 따른 구분이다. 평균비용은 총비용을 생산의 단위로 나누어 산출한 비용이고, 한계비용은 생산요소 1단위를 추가로 생산할 때 소요되는 추가비용이다. 한계비용은 고정비용이 변하지 않은 단기간을 전제로 한다(곽영우 · 김명수 · 반상진 · 최준렬, 2003: 40).

(8) 단기비용과 장기비용

단기비용과 장기비용은 비용의 기간에 따른 구분이다. 단기비용은 고정비용이 변하지 않는 기간을 말하고 장기비용은 고정비용까지 변하는 기간이다(곽영우 · 김명수 · 반상진 · 최준렬, 2003: 41). 학급의 학생이 전학을 오면 학용품비나 실험실습비 등은 변하지만 교실을 새로 짓거나 선생님을 추가로 배정하지는 않는다. 이와 같이 고정비용이 변하지 않는 기간에 소요되는 비용이 단기비용이고, 건물이나 교원 등과 같이 고정비용이 변하는 것까지를 고려한 비용이 장기비용이다.

2. 교육의 효과와 수익

1) 교육의 효과

(1) 교육효과의 개념

교육효과는 교육활동을 통해 나타나는 보람 있는 일이나 결과(다음 국어사전, 2014)를 의미한다. 교육활동을 통해 나타나는 보람 있는 일이나 결과는 매우 다양하다. 교육활동을 통해 새로운 지식과 지혜를 배울 수 있으며, 좋은 직장에 취직하여 높은 임금을 얻을 수 있다. 교양과 덕을 쌓아 생활을 현명하게 할 수 있으며, 좋은 배우자를 만나 행복한 가정생활을 영위할 수 있다. 태어나는 후세에 좋은 가르침을 주어 아이들을 올바르게 키울 수 있게 해 주기도 한다. 교육의 효과는 여러 영역에서 다양하게 나타난다.

다양하게 나타나고 있는 교육의 효과는 크게 경제적 효과 · 비경제적 효과, 금전적 효과 · 비금전적 효과, 투자적 효과 · 소비적 효과, 내부효과 · 외부효과 등으로 설명된다. 이렇게 설명되는 효과는 수익과 중복이 된다. 교육의 수익(benefits of education)은 교육을 통해 얻을 수 있는 효과를 투자적 관점에서 정의한 개념이다. 투자적 관점으로 교육을 볼 때 교육에 소요되는 경비를 투자로 여기고 투자를 통해 얻을 수 있는 효과를 수익이라 한다. 교육투자에 대한 수익은 효과와 같이 다양하다. 금전적 수익 · 비금전적 수익, 사적 수익 · 사회적 수익, 직접적 수익 · 간접적 수익, 투자적 수익 · 소비적 수익(윤정일, 2004: 47) 등이 교육의 수익으로 설명된다. 교육의 수익은 교육의 효과와 크게 구별하기 어려우나 교육의 수익은 교육투자의 경제적 효과를 분석하는 금전적 요인에 더 중점을 두고, 교육의 효과는 금전적 요인 이외에도 다양하게 나타나는 교육의 결과를 포함한다. 교육의 수익은 다음 절에서 논의되기 때문에 교육의 효과를 잘 나타내는 내부효과 · 외부효과, 긍정적 효과 · 부정적 효과를 중심으로 교육의 효과를 논의하기로 한다.

(2) 교육의 내부효과와 외부효과

교육의 내부효과는 교육받은 개인 또는 그 사회에만 미치는 효과로 개인 및 사회의 소득증대에 대한 효과, 경제성장에 대한 효과, 고용조건 개선에 대한 효과, 개인의 삶의 질 향상에 대한 효과를 들 수 있다(곽영우 · 김명수 · 반상진 · 최준렬, 2003: 65). 교육을 받으면 그 혜택이 교육을 받은 사람, 또는 교육을 받은 사람이 살고 있는 사회에 돌아간다. 좋은 교육을 받고, 좋은 직장을 얻으면 높은 임금을 받게 되어 교육을 받은 사람에게 직접적으로 혜택이 돌아간다. 이와 같은 혜택은 개인의 소득을 증대시킬 뿐만 아니라 그 개인이 살고 있는 사회에도 국가에 납부하는 세금이 많아져 국가의 부가 증대되고, 경제발전의 토대가 된다. 또한 교육을 받음으로써 좋은 직장을 잡을 수 있으며, 현명하게 생활을 할 수 있고 자녀교육을 잘할 수 있다. 이와 같이 개인 또는 개인이 거주하고 있는 사회에 미치는 교육의 효과를 내부효과라 한다.

반면에 외부효과는 교육을 받은 개인 또는 그 개인이 거주하고 있는 사회 밖에 미치는 효과를 의미한다. 외부효과를 외적 수익(external benefits), 유출효과(spillover effects), 또는 제3의 효과라고도 하며 원래 의도한 것 이외에 나타나는 효과이다(김홍주, 2001: 381-387). 교육을 받음으로써 학생들의 학업성취도가 향상되고, 진학률이 높아지며, 취업률이 향상되기도 하지만 교육받은 사람이 많아짐으로 인해 지역사회가 통합이 잘되고, 올바르게 정치에 참여하며, 범죄율이 감소되는 효과가 나타나기도 한다. 교육의 원래 목표는 학업성취도 향상, 진학률 증대, 취업률 제고이지만 이런 노력의 부산물로 사회통합, 정치력 향상, 범죄율 감소와 같은 유출효과 즉, 외부효과가 나타난다. 교육수준이 높아짐으로써 지역행사에 합리적으로 참여하고, 선거에 올바르게 참여하며, 범죄율이 낮아짐으로써 범죄자를 관리하는 데 드는 사회적 비용을 줄일 수 있게 한다. 이와 같이 원래 의도하지 않은 효과를 외부효과라 한다.

(3) 교육의 긍정적 효과와 부정적 효과

교육은 개인의 삶은 향상시키고 소득을 증대시키는 긍정적인 효과를 가져오지만, 반면에 교육받음으로써 권위주의적이고 수동적인 인간이 되거나, 고도의 지능형 범죄를 일으키고, 허영심을 키우고, 이혼율을 증가시키는 부정적인 효과도 나타난다(곽영우 · 김명수 · 반상진 · 최준렬, 2003: 71).

교육이 인간의 능력을 향상시키는 역할을 하지만 인간을 수동적 인간으로 만들기도 한다. Illich(1971)를 중심으로 하는 탈학교론자들은 학교가 개인의 창의성을 개발하고 합리적인 인간을 육성하는 대신 학생의 출신배경에 따라 저소득층의 아이들은 복종의 행동양식을 고소득층의 아이들은 지배의 행동양식을 습득시키게 하는 계층의 재생산지라고 비판한다.

교육은 인간을 합리적으로 행동하게 하지만 이를 범죄에 악용하여 경제사범, 컴퓨터 해커와 같이 고도의 지능형 범죄를 일으키기도 하며, 명품족 같은 허영심을 키우기도 한다. 여성의 경우 취업률이 높아짐에 따라 결혼 연령이 높아지거나 이혼율이 증가되는 요인이 되기도 한다.

2) 교육의 수익

(1) 교육수익의 개념

교육의 수익은 교육활동을 통해 거두어들인 이익이나, 개인과 사회에 축적된 자본의 증가(곽영우 · 김명수 · 반상진 · 최준렬, 2003: 74)이다. 앞의 효과의 개념을 논의하면서 언급하였지만 효과의 관점을 경제적 차원에서 정의한 개념이다. 교육의 수익은 금전적 수익 · 비금전적 수익, 투자적 수익 · 소비적 수익, 사적 수익 · 사회적 수익 등으로 설명된다.

(2) 금전적 수익과 비금전적 수익

금전적 수익은 교육을 통해 개인과 사회가 얻을 수 있는 금전으로 일반적으로 소득을 의미한다. 교육을 받음으로써 개인적으로는 능력이 향상되어 교육을 받지 않은 사람보다 더 높은 소득을 올리며, 국가적으로는 더 높은 세금을 거둘 수 있어 국가의 부가 증대된다. 이와 같이 금전적으로 환산할 수 있는 소득을 금전적 수익이라 한다.

반면에 비금전적 수익은 금전으로 환산할 수 없는 수익을 말하며 유출효과로 나타나는 수익이나 소비적 수익과 같다. 사회적 통합이나 정치력 향상과 같은 유출효과, 독서, 영화관람, 등산과 같이 그 자체의 즐거움을 느끼는 소비적 수익은 그 수익을 금전으로 환산하기 어렵기 때문에 비금전적 수익이라 한다.

(3) 투자적 수익과 소비적 수익

투자적 수익은 교육을 위해 지출한 비용이 인간의 생산성을 향상시켜 소득을 증대시키는 수익이다. 교육을 더 받음으로써 봉급이 높아지거나, 노동의 생산성이 증진되거나 기술이 향상되는 수익을 의미한다.

반면에 소비적 수익은 교육을 받음으로써 그 자체가 즐거움을 가져다주는 수익이다. 미래의 생산성을 증진시키기보다 교육 그 자체를 즐기는 수익이다. 이와 같은 소비적 수익에는 순소비적 수익, 건강증진 수익, 가족생활 향상의 수익, 소비생활 개선의 수익, 배우자 선택의 수익 등을 생각해 볼 수 있다(곽영우 · 김명수 · 반상진 · 최준렬, 2003: 79). 순소비적 수익은 "배움이 곧 기쁨이다." 또는 "학창생활이 즐거웠다."와 같이 교육을 즐거움의 대상으로 삼는 수익이고, 건강증진 수익은 교육받은 사람이 건강관리를 잘하는 수익이다. 가족생활 향상의 수익은 교육받은 사람이 가족생활, 진로지도, 자녀교육 등을 현명하게 하는 수익이고, 소비생활 개선의 수익은 현명하게 물품을 고르고 관리하는 수익이며, 배우자 선택 수익은 교육받을수록 더 좋은 배우자를 선택할 수 있는 수익을 의미한다. 이런 수익은 소비적 수익이며, 비금전적 수익이라 할 수 있다.

(4) 사적 수익과 사회적 수익

사적 수익은 교육을 받은 혜택이 교육을 받은 개인에게 돌아가는 수익이며, 사회적 수익은 교육을 받은 개인이 속한 사회에 돌아가는 수익이다. 개인에게 주어지는 사적 수익은 높은 임금, 직업에 대한 만족, 고용 안정성, 건전한 여가 생활, 자신과 가족의 건강, 배우자 선택, 건전한 소비행위, 자녀교육 등이며, 사회에게 주어지는 사회적 수익은 기술진보, 경제성장에 기여, 범죄의 감소, 사회 응집력 강화, 도덕 재무장, 소득 불균등 완화 등(곽영우 · 김명수 · 반상진 · 최준렬, 2003: 81)이다.

2) 교육의 효용

효용(utility)은 인간의 욕망을 만족시킬 수 있는 재화의 능력(박홍립, 1984: 79)이다. 인간은 인간의 욕망을 충족시키기 위한 다양한 재화를 활용한다. 배가 고플 때 밥을 먹기도 하고, 간식으로 과일을 들기도 한다. 인간이기 때문에 숨을 쉬고 물을 마신다. 이와 같이 인간이 필요로 하는 욕망을 위해 다양한 재화를 활용하는데 이들 재화 중에는 효용성이 높은 것도 있고 낮은 것도 있다. 밥과 과일 같은 것은 효용성이 높고, 물과 공기와 같은 것은 효용성이 낮다. 그 이유는 밥과 과일은 희소성이 있는, 반면 물과 공기는 희소성이 떨어지기 때문이다. 이와 같이 효용성은 재화의 희소성에 따라 달라진다. 또한 효용성은 개인에 따라 달라지기도 한다. 맥주를 마실 경우 맥주를 좋아하는 사람은 맥주의 효용성이 높은 데 비해, 맥주를 싫어하는 사람은 맥주의 효용성이 낮다. 이와 같이 효용성은 인간의 욕망을 충족시키는 재화의 능력이기 때문에 재화의 희소성이나 개인의 선호도에 따라 달라지는 주관적 특징을 지닌다.

효용에는 총효용(total utility)과 한계효용(marginal utility)이 있는데, 총효용은 한 종류의 재화를 일정 기간 동안 여러 개 소비할 때 그 재화의 소비에서 얻는 주관적 만족의 총계이고, 한계효용은 추가 소비에 의해서 추가로 얻는 효용(박홍립, 1984: 78-83)이다.

$$총효용\ U = f(Q)$$

U: 총효용, Q: 소비량, f: 함수

$$한계효용\ MU = \frac{\Delta U}{\Delta Q}$$

MU: 한계효용 ΔU: 효용의 증가분 ΔQ: 소비량의 증가분

〈표 4-1〉 총효용과 한계효용

1일간 x재의 사용량	0	1	2	3	4	5	6	7	8
총효용	0	5	9	12	14	15	15	14	12
한계효용	0	5	4	3	2	1	0	-1	-2

〈표 4-1〉에 총효용과 한계효용과의 관계를 제시하였다. 재화의 사용량이 늘어 감에 따라 한계효용은 줄어든다. 예컨대, 사과를 처음 1개를 먹었을 때 한계효용이 5라면, 2번째의 한계효용은 4가 되며, 3번째의 한계효용은 3이 된다. 이와 같이 한계효용은 점차 줄어들어 6번째가 되면 0이 된다. 즉, 더 이상 사과를 먹어도 한계효용이 없는 지점인 것이다. 그 이상 사과를 먹으면 한계효용이 마이너스가 된다. 이와 같이 한계효용은 재화의 사용량에 따라 점차 감소하는 경향이 있는데, 이를 한계효용체감의 법칙이라 한다. 총효용은 한계효용의 합이 된다. 예컨대, 2번째 사과의 총효용은 첫 번째 한계효용 5와 2번째 한계효용 4의 합인 9가 된다.

3. 교육재정의 성과 분석 기법

교육재정의 성과 분석은 비용과 성과를 비교하여 분석하는 일이다. 그런데 교육의 비용과 성과는 대단히 복잡하고 측정하기가 어렵다. 비용 측면에서 보면 비금전적 비용, 잠재적 비용 등이 많고 성과 측면에서 보면, 효과, 수익, 효용 등 관점에 따라 성과가 다르고 측정하기 어려운 외부효과, 소비적 수익 등이 많다. 이런 제약에도 불구하고 측정 가능한 영역에 한해서 교육의 성과를 측정하려고 노력하여 왔다. 제한된 영역과 자료에 한정되지만 교육재정의 효과를 경제학적 분석기법을 통해 분석하려는 노력은 필요하다. 교육재정의 효과를 분석하여 합리적으로 배분하는 기준을 삼기 위해서이다. 이런 분석기법으로는 교육생산함수, 교육비용함수, 순현재가치법, 교육투자수익률 등이 적용되고 있다. 이들 기법을 살펴보고자 한다.

1) 교육생산함수와 교육비용함수

교육생산함수와 교육비용함수는 함수를 이용하여 교육재정을 분석하는 기법이다. 교육생산함수는 교육생산에 영향을 미치는 변인들의 조합을 분석하는 일이고, 교육비용함수는 교육의 비용에 미치는 변인들의 조합을 분석하는 일이다(공은배 · 한만길 · 이혜영, 1984: 63-79).

교육의 생산함수 공식은 다음과 같다.

$$Ai(\mathrm{t}) = \mathrm{f}(FI(\mathrm{t})\cdot SI(\mathrm{t})\cdot PI(\mathrm{t})\cdot OI(\mathrm{t}))$$

A: 교육의 산출　　F: 개인 및 가정의 배경 특성
S: 학교 내의 투입　　P: 동료집단, 학생들의 특성
0: 학교 외의 투입　　I: 최초의 능력(예: 학교에 입학하기 전의 성적)
i: i번째 학생　　t: 시간

교육의 비용함수 공식은 다음과 같다.

$$C = f(S \cdot U \cdot Q1 \cdots\cdots\cdots Qn / R1 \cdots\cdots\cdots Rn)$$

C: 평균 학생1인당교육비
S: 학교규모(총 학생수)
U: 학생수 충원지수(정원 대비 현원 비율)
Q1 · · · · · · · · · · Qn: 학교의 질 벡터
R1 · · · · · · · · · · Rn: 학교의 외생변수

두 공식 모두 같은 함수를 쓰고 있으며 종속변인에 미치는 독립변인의 특성을 찾고 있다. 교육의 생산함수는 교육의 산출에 미치는 개인 및 가정의 배경, 학교의 투입, 동료집단 및 학생의 특성을 찾아내려고 하고 있으며, 교육의 비용함수는 학생의 교육비에 비치는 학교규모, 학생수 충원지수, 학교의 질들을 밝히려고 하고 있다. 독립변인과 종속변인은 다르지만 종속변인에 미치는 독립변인의 요인을 추출하고 분석하려는 함수 방정식은 동일하다. 교육의 생산함수와 비용함수는 모두 동일한 함수 방정식을 이용하여 생산과 비용에 미치는 요소를 분석하고 있다. 즉, 교육의 성취도(생산 또는 산출)에 미치는 개인의 요소, 학교의 요소, 학생능력의 요소, 교육투입시간의 요소 등을 분석하고자 하는 것이 교육의 생산함수이고, 학생1인당교육비(비용)에 미치는 학교규모, 학생수 충원지수, 학교의 질 등을 분석하는 일이 교육의 비용함수이다.

2) 순현재가치법

순현재가치법(Net Present Value)은 교육에 투자되는 비용과 교육을 받고 난 후의 소득을 현재의 시점에서 자본시장의 할인율로 환산하여 비교하는 기법이다. 이를 공식화하면 다음과 같다.

순현재가치(NPV) = 현금유입의 현재가치(현재 수익가치) - 현금유출의 현재가치(현재비용가치)

$$NPV = \sum_{t=1}^{n} \frac{B_t}{(1+i)^t} - \sum_{t=1}^{n} C_t(1+i)^t > 0$$

NPV: 순현재가치
B_t: t년 동안의 수익(현금유입)
$(1+i)^t$: t년 동안의 i할인율
C_t: t년 동안의 비용

순현재가치는 그동안 투자한 비용과 앞으로 얻을 수 있는 수익을 현재의 시점에서 비교하여 수익이 많으면 투자할 가치가 있고, 수익이 적으면 투자할 가치가 없는 것으로 판단하는 기법이다. 순현재가치를 산출할 때 그동안 지불했던 비용은 비용을 지불한 기간이 오래될수록 비용의 규모가 커지기 때문에 할인율을 복리로 하여 곱해 주고, 미래에 얻을 수 있는 소득은 현재의 시점에서 볼 때 가치가 적기 때문에 할인율을 복리로 하여 나눠 준다. 예컨대, 대학을 졸업하고 취업을 하였을 경우를 순현재가치법으로 분석할 경우, 대학 졸업 때까지 지불한 비용은 동일한 금액이라도 오래될수록 가치가 커진다. 초등학교 1학년 때 지불한 비용의 현재가치는 $C(1+i)^{16}$과 같이 그때 지불한 비용에 16년의 복리할인율을 적용해야 한다. 반대로 30년 후에 벌 수 있는 소득은 비록 그때의 비용으로 500만 원이 된다고 하더라도 현재의 가치는 그만큼 되지 않는다. 현재의 가치는 $\frac{500\text{만 원}}{(1+i)^{30}}$과 같이 30년의 복리할인을 하여야 한다. 이와 같이 현재 시점에서 각각 할인율을 적용하여 현재가치로 환산한 후 이를 비교하는 기법이 순현재가치법이다. 순현재가치법은 어떤 할인율을 적용해야 하는가가 문제이다. 할인율은 이자와 같이 비용의 가치를 측정하는 비율로 시장에는 각종 할인율이 있다. 정기예금 할인율, 보통예금 할인율과 같이 다양한 할인율이 있는데 어떤 할인율을 적용하느냐에 따라 순현재가치가 달라진다.

3) 교육투자수익률

교육투자수익률(Rate of Return to Education)은 순현재가치법과 유사하다. 교육에 투자한 비용과 교육을 받고 난 후에 얻을 수 있는 수익을 비교하여 비율로 산정한 것이다. 순현재가치법은 할인율을 선정하여 현재의 비용과 수익을 비교하지만 교육투자수익률 할인율을 적용하지 않고 할인율을 산출한다. 교육에 투자한 비용의 현재가치와 교육을 받고 난 후의 소득의 현재가치를 같게 하는 지점의 할인율을 산출하는 것이 교육투자수익률이다. 교육투자수익률의 공식은 다음과 같다(김영철 · 공은배, 1983: 67).

$$\sum_{t=1}^{n} C_t(1+r)^t = \sum_{t=1}^{n} \frac{B_t}{(1+r)^t}$$

C_t: t년의 교육비
B_t: t년 수익(현금유입)
r: 수익률

교육투자수익률은 교육의 비용과 소득을 비교하여 산출한다. 그런데 교육의 경우 비용과 소득을 비교하여 수익률을 산출하는 데에는 많은 어려움이 따른다. 교육의 비용에는 간접교육비, 비금전적 교육비 등이 포함되어 있기 때문에 정확히 비용을 산출하기 어렵다. 같은 맥락으로 수익을 정확히 산출하기도 어렵다. 교육의 수익에는 비금전적 수익, 소비적 수익 등이 포함되어 있기 때문에 이들을 정확히 파악하여 수익률을 측정하는 것은 불가능에 가깝다. 이런 측정의 어려움을 극복하기 위해 상대적 비용과 수익을 산출한다. Becker(1962: 45-63)는 이런 비용과 수익측정의 어려움을 극복하기 위해 비용과 수익을 학교단계별로 비교하여 상대적 비용과 수익을 산출하여 수익률을 산출하였다. 수익률 산출의 많은 제한점을 모두 극복할 수는 없지만 여러 여건이 유사한 상황에서 상대적 비용과 수익을 산출하는 것이 비용과 수익을 직접 비교하여 수익률을 산출하는 것보다는 더 정확하게 수익률을 산출할 수 있다([그림 4-1] 참조).

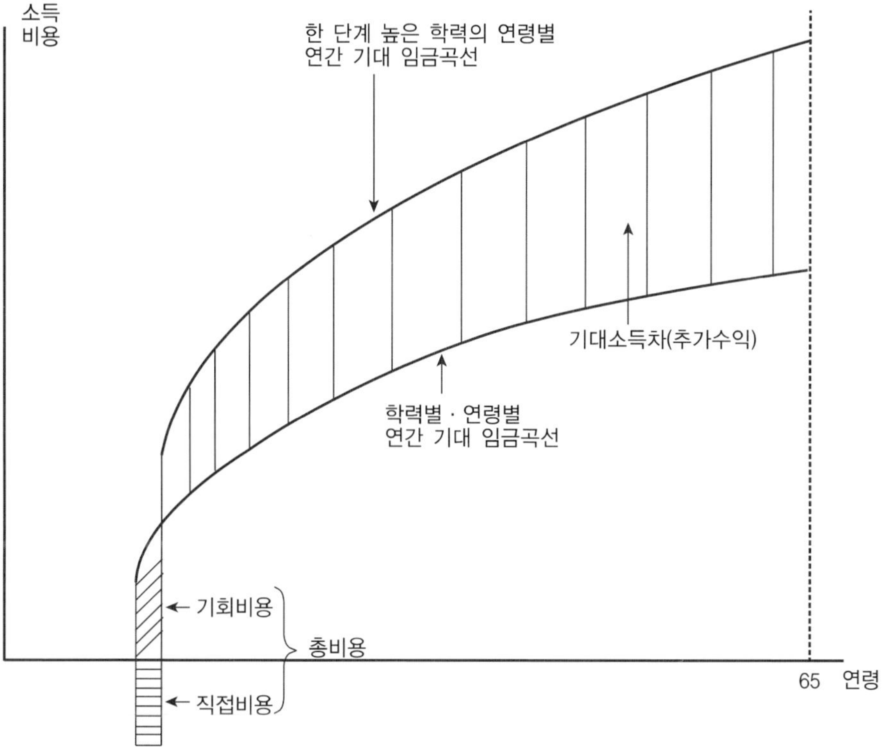

[그림 4-1] 학교단계 간 교육비용과 소득의 비교

4) 자료포락기법

자료포락기법(data envelopment analysis: DEA)은 상대적 효율성을 분석하는 기법이다. 적은 비용으로 높은 효과를 올리는 것이 재정운영의 중요한 과제이기 때문에 효율성은 재정과 경제학의 중요한 관심사이다. 효율성을 분석하기 위해 앞에 제시된 생산함수, 비용함수, 순현재가치법, 교육투자수익률 등의 기법이 개발되고 적용되었다. 이 방법들은 정규분포, 모수(parameter) 등을 전제로 개발되었으며, 산출변수 하나를 가정한 경우가 많다. 비모수인 자료, 다량의 투입변수와 다량의 산출변수인 경우에는 분석이 어려웠다. 비영리기관의 자료는 비모수인 경우가 많고, 다량의 투입변수와 다량의 산출변수가 많다. 또한 산출이나 효과를 수치로 정확히 산출하기 어렵다. 비영리기관 자료의 이런 특성을 활용하고 모수분석의 한계를 극복하기 위해 Charnes, Cooper 그리고 Rhodes(1978)에 의해 개발되고, Banker, Charnes 그리고 Cooper(1984)에 의해 발전된 효율성 분석기법이 자료포락분석기법이다.

자료포락분석(DEA)은 상대적 효율성을 분석하는 것으로 동일한 또는 유사한 여건에 처한 기관(decision making unit: DMU)들의 투입과 산출의 상대적 효율성을 측정한다. 상대적 효율성은 유사한 여건에 있는 기관들 중 투입과 산출을 효율적으로 잘하는 모범집단(efficiency frontier)을 선정하고 이들 집단에 비해 투입과 산출이 얼마나 적절히 되었는가를 평가한다. 모범집단의 효율성을 1로 정하고 모범집단과 유사하게 투입과 산출이 이루어지면 1이 되거나 1에 가깝게 되고 그렇지 못하면 수치가 낮아진다. 모범집단과의 비교는 기관(DMU)별로 이루어지기 때문에 각 기관별 상대적 효율성의 수치가 나타난다. 기관별 상대적 수치를 비교할 때 어떤 모범기관의 수치를 비교했느냐에 따라 참조횟수가 산출되는데 동일한 모범기관 중에서도 참조횟수가 높은 기관일수록 효율성이 높은 기관이고 이들 기관은 상대적 효율서이 낮은 기관이 모델로 참고해야 할 기관이다.

자료포락분석기법은 Charnes, Cooper 그리고 Rhodes에 의해 투입과 산출을 어떻게 조합하고 관리하였는가를 분석하는 방법으로 CCR모형이라고 하며, 규모수익불변을 가정하고 있다. 이는 규모에 관계없이 투입의 증가에 따라 산출이 증가하는 것을 가정하는 것이다. 그렇지만 현실적으로는 규모에 따라 산출이 달라진다. 큰 규모의 경우 적은 투입으로 높은 산출을 올릴 수 있거나 역으로 적은 투입으로 적은 산출밖에 올릴 수 없는 경우가 나타난다. 즉, 투입과 산출의 관계에 규모가 영향을 미친다. 상대적 효율성에 미치는 규모의 요인을 분석하기 위해 고안한 분석방법이 Banker, Charnes 그리고 Cooper가 개발한 BCC모형이다. BCC모형은 CCR모형에서 분석하지 못하는 규모의 효율성을 분석함으로써 순수기술효율성을 밝혀낸다. 순수기술효율성은 규모의 요인을 배제하고 유사한 여건에서 기관운영을 얼마나 잘 하였는가를 분석하는 효율성이다. BCC모형은 CCR모형에서 간과했던 규모의 요인에 의해 발생하는 효율성의 문제를 제거하고 순수하게 경영을 잘하는 순수 기술효율성을 밝히고 있다.

CCR모형과 BCC모형은 모두 투입과 산출 차원에서 효율성을 분석한다. 투입효율성은 산출을 고정하여 놓고 투입을 변화함에 따라 최적의 투입수준을 찾고 이들과의 차이를 비효율의 비율로 산출하고, 산출효율성은 비용을 고정하고 산출을 조정하여 효율성을 분석하는 방법이다. CCR모형은 모든 기관의 투입과 산출을 분석하여 기술효율성을 산출하고 BCC모형은 유사한 규모의 순수기술효율성을 분석한다(박만희, 2008: 41-45).

자료포락분석은 비모수 자료, 산출의 효과를 수치로 나타내기 어려운 정부의 자료, 다수의 투입과 산출을 비교해야 할 자료 등의 효율성을 분석하는 데 좋은 분석 방법이다. 또 비효율적인 기관(DMU)의 문제를 해결하기 위해 모델로 참조해야 할 기관을 제시해 주기 때문에 활용하기 좋다. 이런 장점에도 불구하고 상대적 효율성의 한계가 있다. 상대적 효율성은 우수한 모범집단(efficiency frontier)이 많은 경우 잘 하고 있음에도 불구하고 효율성이 낮게 나타나며, 반대로 잘 못하는 경우에도 우수한 모범집단이 없을 경우 상대적 효율성은 높게 나타난다. 이런 한계에도 불구하고 유사한 여건에 있는 기관들의 효율성을 객관적으로 평가하고 분석하는 데에는 활용가치가 높은 분석방법이다(박만희, 2008: 83-84; 나민주 · 김민희, 2005: 205-237; 최영출 · 김민희, 2012: 195-223; 윤홍주, 2008: 29-57).

제1부 제2부 제3부 제4부

참고문헌

강경석(2001). 교육비용-수익분석. 한국교육재정경제학회(편). 교육재정경제학백과사전 (pp. 245-253).

강무섭 · 정일환 · 박영숙(1983). 직업교육의 비용-효과/수익분석. 서울: 한국교육개발원.

공은배 · 한만길 · 이혜영(1984). 학교 · 학급의 적정규모. 서울: 한국교육개발원.

곽영우 · 김명수 · 반상진 · 최준렬(2003). 교육경제학. 서울: 한국교육행정학회.

김남순(2001). 교육비용-효용분석. 한국교육재정경제학회(편). 교육재정경제학백과사전 (pp. 261-266).

김영철 · 공은배(1983). 교육의 경제발전에 대한 기여. 서울: 한국교육개발원.

김홍주(2001). 교육의 외부효과 및 유출효과. 한국교육재정경제학회(편). 교육재정경제학백과사전 (pp. 381-387).

나민주 · 김민희(2005). DEA를 활용한 대학교육의 효율성 국제비교. 교육재정경제연구, 17(2), 29-57.

다음 국어사전(2014). http://dic.daum.net

류재경(2001). 교육비용-효과분석. 한국교육재정경제학회(편). 교육재정경제학백과사전 (pp. 253-261).

박만희(2008). 효율성과 생산성 분석. 파주: 한국학술정보(주).

박홍립(1984). 경제학원론. 서울: 박영사.

윤정일(2004). 교육재정학원론. 서울: 세영사.

윤홍주(2008). DEA를 활용한 교육대학교 운영의 효율성 평가. 교육재정경제연구, 17(2), 29-57.

최영출 · 김민희(2012). 지역교육청 효율성 분석 및 체제 개편 방안. 지방정부연구, 16(1), 195-223.

최준렬(2001). 교육의 소비적 수익. 한국교육재정경제학회(편). 교육재정경제학백과사전 (pp. 360-363).

Banker, R. D., Charnes, A., & Cooper, W. W. (1984). Some Models for Estimating Technical and Scale Inefficiencies in Data Envelopment Analysis. *Management*

Science, 30, 1078-1092.

Becker, G. S. (1962). *Human Capital.* NY: National Bureau of Economic Research.

Carnoy, M. (1995). Benefits of Improving the Quality of Education. In M. Carnoy (Ed.), *International Encyclopedia of Economics of Education* (2nd ed., pp. 154-159). Oxford: Elsevier Science Ltd.

Carnoy, M. (1995). Rate of Return to Education. In M. Carnoy (Ed.), *International Encyclopedia of Economics of Education* (2nd ed., pp. 364-369). Oxford: Elsevier Science Ltd.

Charnes, A., Cooper, W. W., & Rhodes, E. (1978). Measuring the Efficiency of DMUs. *European Journal of Operational Research, 2,* 429-444.

Illich, I. (1971). *Deschooling Society.* NY: Calder & Boyars.

Levin, H. M. (1995). Cost-Benefit Analysis. In M. Carnoy (Ed.), *International Encyclopedia of Economics of Education* (2nd ed., 360-364). Oxford: Elsevier Science Ltd.

McMahon, W. W. (1995). Consumption Benefits of Education. In M. Carnoy (Ed.), *International Encyclopedia of Economics of Education* (2nd ed., 168-172). Oxford: Elsevier Science Ltd.

Solomon, L. C. & Fagnano, C. L. (1995). Benefits of Education. In M. Carnoy (Ed.), *International Encyclopedia of Economics of Education* (2nd ed., 114-125). Oxford: Elsevier Science Ltd.

Wolfe, B. L. (1995). External Benefits of Education. In M. Carnoy (Ed.), *International Encyclopedia of Economics of Education* (2nd ed., 159-163). Oxford: Elsevier Science Ltd.

제2부

교육재정정책의 역사적 변천

제5장 교육재정 확보정책의 변천
제6장 교육재정 배분정책의 변천

제5장 교육재정 확보 정책의 변천

1. 교육재정 확보 논리

교육재정의 확보는 학교의 설립에서부터 학교 운영비, 인건비, 운영 지원 등 정상적인 교육활동이 이루어질 수 있도록 하는 데 있어 필수적인 요소라 할 수 있다. 특히 우리나라에서는 의무교육정책을 안정적으로 추진할 수 있도록 그 소요 재원을 국가와 지방정부가 확보하도록 '교육재정확보의 법률주의'를 채택하고 있다.

1949년 처음 제정된 「교육법」은 제68조에 "교육구, 시 또는 특별시는 그 설립 · 경영하는 초등학교와 그에 준하는 학교를 유지 · 운영하기 위하여 교육세를 부과한다."라고 국가와 지방정부 차원의 교육재정의 확보를 법률에 명시하고 있다. 또한 「교육법」을 모태로 1998년에 제정되고 현재에도 적용하고 있는 「교육기본법」 제7조에도 "국가 및 지방자치단체는 교육재정을 안정적으로 확보하기 위하여 필요한 시책을 수립 · 실시하여야 한다."고 명시하고 있다.

교육재정의 확보는 「교육법」이나 「교육기본법」 이외에 따로 법률을 정해 징수 대상과 징수규모 등을 제시하고 있다. 현재 적용하고 있는 「지방교육재정교부금법」과 「교육세법」은 〈표 5-1〉과 같이 과거 교육재정 관련 법률들을 통합 · 조정하여 현재의 형태를 유지하고 있다.

〈표 5-1〉 교육재정 관련 법 주요 개정 내용

적용기간	법령	목적
1958~1961년	「교육세법」	• 의무교육제도의 건전한 운영을 기하기 위하여 교육세를 부과함으로써 의무교육비의 정상적인 조달을 목적으로 함.
1959~1971년	「의무교육 재정교부금법」	• 교육구(특별시 또는 시교육위원회를 포함한다. 이하 같다)의 의무교육 재정의 균형을 도모하기 위하여 의무교육비의 재원이 부족한 교육구에 필요한 재원을 교부함으로써 의무교육의 정상적인 운영을 기함.
1964~1971년	「지방교육 교부세법」	• 지방교육행정운영에 필요한 재원을 교부하여 그 재정을 조정함으로써 지방교육의 건전하고 균형 있는 발전을 기함을 목적으로 함.
1971~현재	「지방교육 재정교부금법」	• 지방자치단체가 교육기관 및 교육행정기관(그 소속기관을 포함한다. 이하 같다)을 설치·경영함에 필요한 재원의 전부 또는 일부를 국가가 교부하여 교육의 균형 있는 발전을 도모
1987~현재	「교육세법」	• (1987~1990년) 교육기반의 확충을 위하여 학교시설과 교원처우개선에 소요되는 재원을 확보 • (1991년~현재) 교육의 질적 향상을 도모하기 위하여 필요한 교육재정의 확충에 드는 재원을 확보

* 출처: 법제처 국가법령정보센터(http://www.law.go.kr).

〈표 5-1〉에서와 같이 법률에 교육재정 확보를 명시함으로써, 의무교육 재원의 조달, 교육기관 및 교육행정기관 설치·경영에 필요한 재원확보를 도모하고 있다. 「의무교육재정교부금법」과 「지방교육재정교부금법」은 내국세 총액의 일정 비율을 교육재원으로 투자하도록 명시하고 있다. 이렇게 확보한 교부금은 교육기관의 설치·경영뿐만 아니라 의무교육기관과 공립 비의무교육기관 교원의 봉급에 교부하도록 하고 있다. 즉, 법률에 국가가 교원 인건비를 부담하도록 명시함으로써 인건비를 안정적으로 확보하고 있다.

교육재정의 확보는 국가와 지방정부의 중요한 의무사항으로 법률에 명시되었음에도 불구하고, 교육재정을 추가로 확충해야 한다는 주장은 꾸준히 제기되어 오고 있다. 교육재정을 안정적으로 확보할 수 있는 기반이 마련되었다는 것이 반드시 재정 규모가 충분하다는 것을 의미하지는 않기 때문이다. 교육재정의 확보정책은 지속적으로 추가적인 교육재정을 확충하기 위해 재원을 넓히거나 신설하는 방향으로 추진되어 왔다.

1960년대에 국가는 교육기회를 넓히기 위하여 중학교까지 의무교육을 확대 · 시행하였고, 이에 따른 교육재정수요를 충당하기 위해 법률개정을 통한 재원의 추가확충이 이루어졌다. 그러나 1972년 '8 · 3조치'(경제의 안정과 성장에 관한 긴급명령)로 인해 사실상 1982년까지 교육재정의 안정적 확보가 중단되었다. 이 10년간의 감손액은 5,129억 원(1982년 불변가격 환산 1조 970억 원)에 이른다고 추산되기도 한다(송기창, 2012). 의무교육의 확대와 학부모들의 높은 교육열로 인해 교육은 양적으로 계속 성장하였으나, 학교시설 노후, 과밀학급 발생 등 교육여건의 악화가 심화되었고, 이를 위한 대책으로 교육세가 신설되었다.

한편, 교육재정의 확충은 1990년대에 들어서 GNP 5% 또는 6% 등 일정 비율을 확보해야 한다는 주장이 제기되기도 하였다. 1987년 교육개혁심의회는 '문교부 예산을 GNP 대비 4.7% 확보'해야 한다고 주장하였고(교육개혁심의위원회, 1987), 대선 공약으로 1998년까지 교육재정을 GNP 5%를 확보한다는 방안이 채택되기도 하였다. 교육개혁심의회에서 추정한 추가 교육재정수요는 〈표 5-2〉에서와 같이 1987년부터 2001년까지 1986년 불변가격으로 총 약 96조 5,500억 원에 이르며 이는 추정 GNP의 약 4.24%를 차지하는 규모이다.

국가의 교육재정 확충과 더불어 지방정부의 교육재정 확보를 위한 부담을 점증하여 교육에 대한 지방정부의 의무와 책임을 강조하는 방향으로 정책이 추진되고 있다. 「지방교육재정교부금법」 제11조는 지방정부의 교육재정 부담의무를 명시하고 있으며, 의무적으로 시 · 도세의 일부분을 교육비특별회계에 전입하도록 하고 있다. 1991년부터 2004년까지 봉급교부금제도를 두어 지방정부가 공립 비의무교육기관의 교원봉급액의 전액 또는 일부분을 부담(서울 100%, 부산 50%, 기타 광역시 및 경기도 10%)하도록 하였다. 이후 2005년 개정 이후 현재까지 교육비특별회계에 시 · 도세액의 일정 비율을 전입하도록 명시

〈표 5-2〉 1987년 교육개혁심의회의 추가 교육재정수요

(단위: 십억 원, 1986년 불변가)

	1986년	1987~1991년	1992~1996년	1997~2001년	합계 (1987~2001년)
GNP	82,944	523,095	736,087	1,017,327	2,276,509
향후 교육재정수요	-	21,265	31,186	44,099	96,550
GNP 대비 교육재정규모	-	4.07%	4.24%	4.33%	4.24%

* 출처: 교육개혁심의회(1987).

하고 있다. 시·도세액의 법정 전입률은 2.6%(2000년), 3.6%(2001년) 부담으로 점진적으로 확대되었으며, 2013년 현재는 서울 10%, 광역시 및 경기도 5%, 기타 도 3.6% 부담규모를 유지하고 있다. 이외에도 지방정부는 지방교육세(취득세, 등록면허세, 레저세, 담배소비세, 주민세, 재산세, 자동차세 등에 부가하는 과세) 전액과 학교용지확보 등에 관한 특례법에 의해 지방자치단체가 학교용지 확보에 소요되는 경비의 50%를 부담하고 있다.

교육재정 확보정책은 추가적인 교육재정의 확충 이외에도 교육재정의 운용의 투명성·건전성 강화를 위한 방안도 함께 추진하였다. 복잡한 교부금(봉급, 경상, 증액교부금)을 통합하거나, 국세 및 지방세로 양분되어 있는 교육세를 보통교부금에 통합하고 지방교육세로 전환하는 등 구조를 간소화하여 왔다. 또한 교육재원의 확보를 내국세 일정 비율 및 지방교육세를 재원으로 하는 방향으로 단순화하여 재정운영의 효율성을 높여 왔다. 또한 2007년 국가재정법의 제정 이후 '총액배분 자율편성'의 국가재정정책에 맞추어 재원별 확보에서 총액 확보의 방향으로 전환하고 있다.

2. 국가의 교육재정 확보정책

의무교육재정교부금 및 지방교육교부세, 지방교육재정교부금제도, 교육세제도의 법적 내용 변화를 개괄적으로 제시하여 국가의 교육재정 확보정책을 알아보고, 교육재정 확보정책의 변화에 따른 교육재정규모를 종합적으로 비교해 보고자 한다.

1) 의무교육재정교부금 및 지방교육교부세

「의무교육재정교부금법」은 1958년, 「지방교육교부세법」은 1963년에 신규 제정된 법률로 1971년까지 국가 교육재정 확충의 근간이 된 법률이다. 의무교육재정교부금은 초등학교 의무교육의 완성을 위한 재정확보의 목적으로, 지방교육교부세는 중등교육의 양적인 성장을 지원하기 위한 목적으로 도입되었다.

「의무교육재정교부금법」은 〈표 5-3〉과 같이 기준재정수요액의 산출기준에 관한 근거를 제시하고 있으며, 교부금을 보통교부금과 특별교부금으로 구성하고 각각의 재원을 밝히고 있다. 의무교육재정교부금의 재원은 소득세, 입장세액 등으로 구성되었으나, 1968년에는 보통교부금의 재원이 내국세 총액의 10.5%로 통합되었다.

〈표 5-3〉 「의무교육재정교부금법」 주요 개정 내용

개정연도	주요 내용
1958년	• 신규제정 • 재정부족액의 산출기초가 되는 재정수입액과 재정수요액의 산출기준에 관한 법적 근거를 마련하여, 재원확보의 안정성 확보 • 중학교 무시험제 실시와 향후 중학교 의무교육 시행에 따른 중등교육재정 수요 수용 • 보통교부금의 재원: 지방교육세의 70%, 국세교육세액의 30%, 제1종토지수득세액의 18.2%, 입장세액의 50%, 기타 교육구에 속하는 수입

개정연도	주요 내용
1962년	• 의무교육비 재원인 교육세, 제1종토지수득세 폐지에 따라 이를 소득세에서 충당 • 보통교부금의 재원: 소득세의 42%, 입장세액의 50%, 기타 교육구에 속하는 수입 • 특별교부금의 재원: 기준재정수요액 중 기본급여(제수당을 포함)를 감한 금액의 30% 이내
1965년	• 교부금의 종류 및 산정방법과 기준재정수입액 산정방법 등을 조정 • 보통교부금의 재원: 소득세액의 50%, 입장세세액의 100분의 50에 해당하는 액(1966년 40% 이상 50% 이하로 조정), 국민학교 교원의 봉급(제수당 포함) 전액 • 특별교부금의 재원: 보통교부금(소득세액, 입장세액)의 10%
1968년	• 의무교육재정교부금을 내국세 총액과 연계시켜 산출 • 재원의 정산제를 실시하도록 규정 • 교부금 재원: 내국세총액의 10.5%
1971년	• 1972년부터 법령 폐지

* 출처: 「의무교육재정교부금법」 제·개정 이유. 법제처 국가법령정보센터(http://www.law.go.kr).

「지방교육교부세법」은 1963년 제정되었고, 이후 〈표 5-4〉와 같이 개정이 이루어졌다. 당초 1963년 법 제정의 배경은 교원인건비를 지방자치단체가 아닌 국가가 부담하는 제도를 마련하자는 취지였다. 이후 1968년에 재원을 내국세 총액의 1.3%로 대폭 확대하는 개정이 이루어져, 전년도 대비 약 120%가 증가하였다. 이는 1971년 중학교 무시험진학제가 도입될 경우 추가로 소요되는 예산을 충족하려면 학생·학부모부담인 공납금이 40% 이상 인상되어야 하는 추정에 근거하였다. 학부모 부담을 최소화하고 대부분을 국가가 부담할 수 있도록 지방교육교부세 규모를 확대하기에 이르렀다. 지방교육교부세법은 교원인건비를 부담하기 위해 시작하였으나, 이후 교육여건의 개선을 위한 재원으로 사용되었다. 이는 향후 교육세의 도입 취지와 비슷한 성격을 갖고 있다고 할 수 있다.

〈표 5-4〉「지방교육교부세법」 주요 개정 내용

개정연도	주요 내용
1963년	• 신규제정 • 종래 지방자치단체가 부담하여 오던 중 · 고등학교 교원봉급의 전입금을 국가에서 교부하는 제도를 마련 • 지방교육행정운영의 기준재정수입액과 기준재정수요액을 측정하고 기준재정수입액이 기준재정수요액에 미달되는 것을 기초로 하여 교부세를 교부 • 지방교육교부세 재원: 입장세세액의 40%, 주세 중 탁주, 약주세액의 42%
1968년	• 중등교육인구의 급격한 증가에 교육재정수요를 충족하기 위해서는 학교 공납금의 40% 인상이 불가피 • 공납금 부담을 최소화하고, 부족재원을 국가 부담 • 교부금 재원: 보통교육교부세는 내국세총액의 1.3%, 특별교육교부세는 보통교육교부세의 10%
1971년	• 1972년부터 법령 폐지 • 의무교육재정교부금과 통합하여 '지방교육재정교부금'으로 일원화

* 출처: 지방교육교부세법 제 · 개정 이유. 법제처 국가법령정보센터(http://www.law.go.kr).

의무교육재정교부금과 지방교육교부세는 1972년 지방교육재정교부금이 도입되기 전까지 지방교육재정의 총액 중 약 70~79%를 차지하는 재원이다. 〈표 5-5〉에서와 같이 총지방교육비는 1971년 1,046억 원으로 이 중 의무교육재정교부금(727억 원)과 지방교육교부세(53억 원)가 차지하는 비중은 약 75%로 나타나고 있다.

〈표 5-5〉 의무교육재정교부금 및 지방교육교부세 규모 (단위: 백만 원)

구분	1965년	1966년	1967년	1968년	1969년	1970년	1971년
지방교육비(A)	13,645	26,522	33,451	45,716	61,677	80,929	104,613
의무교육재정교부금(B)	9,079	19,784	25,034	33,960	44,850	58,446	72,685
지방교육교부세(C)	526	903	989	2,174	3,001	4,120	5,297
A/(B + C), %	70%	78%	78%	79%	78%	77%	75%

* 출처: 문교부 · 한국교육개발원. 교육통계연보. 각 연도.

2) 지방교육재정교부금

지방교육재정교부금은 1972년 의무교육재정교부금과 지방교육교부세를 통합하여 도입한 제도이다. 「지방교육재정교부금법」은 교부금의 재원, 구성 등 확보 방향을 명시하고 있는 동시에, 기준재정수요액의 산정기준, 재정의 배분기준 등 배분방향을 제시하고 있는 법이라 할 수 있다.

1972년 제정 당시 중학교 의무교육 시행에 따른 중등교육재정을 수용하는 것을 주요 목적으로 제시하여 의무교육재정교부금과 지방교육교부세를 통합하는 성격을 내포하고 있다. 그러나 「지방교육재정교부금법」은 이후 여러 차례의 개정을 통해 지방교육재정의 근간을 이루게 되었다. 2012년 교육재정백서에서는 지방교육재정교부금의 성격을 지방자치단체 간의 균형 있는 발전을 도모하는 것으로 국가의 적극적인 개입을 의미, 국가가 지방자치단체에 교부하는 재원이자 국가가 교육재정을 확보하는 근거, 지방자치단체가 교육기관 및 교육행정기관을 설치 · 경영하는 데 필요한 재원으로 공립학교를 지원하는 것으로 정의하고 있다.

지방교육재정교부금은 일반 지방자치단체의 '지방교부세'에 비해 국가가 적극적으로 지방 간의 교육적 '균형'을 유지하고, 이를 위해 국가가 교육재정을 확보할 수 있는 근거가 되고 있다. 국가는 교육재정을 〈표 5-6〉과 같이 내국세 대비 일정 비율로 확보하여 왔다. 1972년 당초 내국세 대비 11.8% 확보로 시작하여 점차 늘어나 2001년 13.0%, 2005년 19.4%, 2007년 20.0%였고, 2010년부터 현재까지 내국세 대비 20.27%를 교육재정으로 확보하고 있다.

〈표 5-6〉 지방교육재정교부금 재원 변화

구분 \ 시행연도		1972~2000년	2001년	2005년	2007년	2010년
재원(내국세 대비)		11.8%	13.0%	19.4%	20.0%	20.27%
	보통교부금	10/11	10/11	96/100	96/100	96/100
	특별교부금	1/11	1/11	4/100	4/100	4/100

지방교육재정교부금의 재원의 변화 배경은 <표 5-7>에서와 같다. 2000년 개정에서 내국세분 교부율이 13%로 조정되었는데, 이는 1971년에 12.98% 확보정책을 추진하였다가 '8 · 3조치'로 재정확충이 무산되었던 당초의 교부율을 회복하였다는 의미가 있다(교육과학기술부, 2012).

2004년 개정에서는 봉급교부금과 증액교부금이 폐지되어 보통교부금에 통합됨에 따라 지방교육재정교부금의 내국세분 교부율이 19.4%로 대폭 확대되었다. 이때는 재원구조를 정리 · 통합하는 작업이 이루어졌고, 그 결과 지방교육의 재원은 교육세 전액과 지방교육재정교부금으로 단순화되었다.

제1부 제2부 제3부 제4부

〈표 5-7〉「지방교육재정교부금법」 주요 개정 내용

개정연도	주요 제 · 개정 목적	개정내용
1972년	• 신규제정: 의무교육재정교부금과 지방교육교부세 통합 • 중학교 무시험제 실시와 향후 중학교 의무교육 시행에 따른 중등교육 재정 수요 수용	• 보통교부금(의무교육경비, 기타 경비)과 특별교부금으로 교부 • 재정규모: 내국세 총액의 11.8% • 교부범위 - 의무교육기관 교원봉급, 설치 · 경영 경비 - 공립 각급학교 교원봉급의 반액(서울 제외) • 지방자치단체 부담 - 서울 및 부산은 공립 교원봉급을 일반회계전입금으로 충당
1982년	• 교육재정의 안정적 확보를 통한 교육개혁의 조기정착 및 지방교육의 균형적 발전 도모	• 재정규모 - 보통교부금 규모에 교육세(1981년 제정)를 추가 - 특별교부금은 국가예산이 정하는 바에 의함.

개정연도	주요 제·개정 목적	개정내용
1982년		• 교부범위 - 의무교육기관의 교원봉급액을 기준으로 산정되는 수당(기말수당 및 정근수당)만을 포함 - 의무교육기관을 제외한 공립학교의 봉급 반액
1988년	• 담배 관련 제세가 지방세인 담배소비세로 통합 및 지방 이양됨에 따른 결손액 보전	• 지방자치단체 부담 - 서울 및 광역시(직할시) 담배소비세 30% 교육비특별회계로 전출
1990년	• 국세와 지방세의 조정에 관한 법률 개정에 따라 교육세수입액이 지방교육양여금의 재원으로 됨에 따른 교부금 규모 조정 • 지방교육 재원은 지방양여금(교육세 포함)과 지방교육재정교부금으로 충당	• 재정규모 - 보통교부금 10/11, 특별교부금 1/11 • 교부방식 - 기준재정수입액이 기준재정수요액에 미달하는 경우 그 미달액을 교부하는 방식으로 변경(종전에는 교부범위를 구체적으로 정하여 합산한 금액을 교부) • 지방자치단체 부담 - 의무교육기관을 제외한 공립학교 교원봉급은 서울 전액, 부산 반액을 일반회계 전입금으로 충당
1993년	• 휘발유 및 경유에 대한 특별소비세가 목적세로 전환됨에 따라 발생하는 내국세분 손실액을 보전	• 지방자치단체 부담 - 서울 및 광역시(직할시) 담배소비세 45% 교육비특별회계로 전출(종전 30%)
1995년	• 교육개혁을 위한 교육재정 추가확보를 위한 일반회계 전입금 비율을 정함.	• 지방자치단체 부담 - 서울 및 광역시는 특별시세 또는 광역시세 총액의 2.6%를 추가로 교육비특별회계에 전출 - 당해 전입금으로 충당되는 교육비특별 회계 세출예산 편성시, 세출예산 감액 시 지방자치단체장의 의견 반영

개정연도	주요 제·개정 목적	개정내용
1995년	• 교육에 관한 세출예산의 편성에 교육 재정을 일부 부담하는 지방자치단체장의 의견이 반영될 수 있도록 함.	- 고등학교이하 각급학교에 대한 교육경비 일부 보조 가능
1999년	• 시·도세전입금제도 연장	• 시·도세 총액의 2.6%를 교육비특별회계로 전출하도록 한 것을 2000회계연도까지 적용
2000년	• 초·중등학교에 대한 국가지원금을 확대하고, 지방자치단체의 교육투자에 대한 책임과 역할을 제고	• 내국세 총액의 11.8%에서 13.0%로 교육비특별회계교부율 인상 • 의무교육기관 교원봉급교부금에 수당 6가지 포함 • 시·도세전입금 비율을 시·도세 총액의 2.6%에서 3.6%로 인상
2001년	• 2002년부터 의무교육 확대실시에 따른 재원확보	• 중학교 의무교육 확대실시에 따라 징수하지 않는 수업료, 입학금 등은 국가가 교부 • 기존의 지방자치단체의 의무교육에 대한 분담을 유지
2004년	• 지방교육재정의 지원구조를 단순화·통합하여 재정운영의 투명성을 제고 • 국가와 지방자치단체의 재정사정 등을 감안하여 국가 및 지방자치단체의 지방교육재정의 지원구조를 재조정	• 지방교육재정교부금의 재원통합 - 현행 의무교육기관의 교원봉급, 내국세 총액의 13%에 해당하는 금액, 증액교부금 등을 통합 - 지방교육양여금을 지방교육재정교부금의 재원으로 추가 • 지방교육재정 지원구조의 단순화 - 교육세 세입액 전액(종전의 지방교육양여금의 재원) - 내국세분 교부율 19.4% - 2006년 12월 31일까지 적용 • 시·도세 교부율 상향조정 - 일부 지자체가 부담하던 교원봉급 교부금의 폐지 및 해당 금액을 시·도세에 반영 - 서울특별시 10%, 경기도 5%, 그 밖의 도는 3.6%로 유지

개정연도	주요 제·개정 목적	개정내용
2006년	• 지방자치단체의 교육에 대한 투자를 활성화 • 내국세의 지방교육재정교부금에 대한 교부율 인상	• 내국세분 교부금의 교부율 20%로 인상 • 기준재정수입액의 산정에 있어 지방세를 재원으로 하는 것은 표준세율에 의해 산정한 금액의 100분의 80만 반영하던 것을, 전액을 반영으로 추가 • 지방자치단체가 법정 전출금 외에 별도의 경비를 교육비특별회계에 전출할 수 있는 근거를 명시적으로 규정 • 광역자치단체도 학교에 직접 경비를 보조할 수 있는 근거를 마련
2010년	• 지방소비세의 도입에 따라 지방교육재정교부금의 재원인 내국세의 교부율을 조정	• 내국세분 교부금의 교부율 20.27%로 인상

2006년 개정에서는 내국세분 교부율이 20.0%로 증가하였다. 당시 노무현 정부의 지방분권 로드맵에 따라 국고보조 사업인 유아교육지원사업, 방과후학교지원사업 등이 지방 이양됨에 따른 조치라 할 수 있다.

2010년 개정에서는 내국세분 교부금 교부율을 20.27%로 인상하였다. 지방재원의 자주적인 확충을 위하여 내국세에 포함된 부가가치세의 5%를 지방소비세로 전환하였으며, 이에 따라 내국세 총규모가 감소해 지방교육재정교부금의 손실이 발생하였다. 이를 보전하기 위하여 내국세분 교부율이 증가하였다.

3) 교육세

교육세는 열악한 교육여건의 개선을 위한 목적을 위해 마련된 제도이다. 1953년 의무교육완성 6개년 계획을 통해 초등학교 취학률이 96%를 달성하였고, 1960년까지 초등학교 의무교육 완성을 국가의 중요한 정책으로 추진하였다. 1971년을 고비로 초등학교 학생수가 감소함에 따라 자연적으로 여건이 양호해지기는 하였으나, 이후 중학교 무시험제(1969년), 고등학교 평준화정책의 도입(1974년), 중학교 의무교육 도입(1985년)으로 인해 교육은 양적으로 폭발적인 성장을 하였다. 1970년대부터 교육이 국가발전의 원동력이라는 인식이 생겨, 국가는 교육기회를 넓히는 정책을 주력하여 추진하였다. 반면 교육의 양적 성장에도 불구하고 그에 상응하는 교육재정의 지원이 따르지 못해 과밀학급, 과대학교, 다부제수업 실시 등 열악한 교육여건이 조성되고 있었다.

1980년 정부가 발표한 '7 · 30 교육개혁'(교육정상화 및 과열과외 해소방안)에 획기적인 교육재정 지원을 위한 교육목적세 신설이 포함되어 있었다. 이후 1981년 "학교교육의 정상화를 기하는 데 필요한 재원확보"를 목적으로 하는 목적세의 성격을 가진 「교육세법」이 제정되기에 이르렀다. 교육세는 현재 특별소비세 · 교통세 · 주세 그리고 금융 · 보험업자 수익에 일정 비율을 부가하여 징수하는 부가세의 성격도 가지고 있다. 따라서 관련 세금제도의 개편은 교육세의 규모에 영향을 미치고 있다.

「교육세법」은 〈표 5-8〉과 같이 과세대상 및 과세비율을 변경하여 왔다. 1988년에는 담배소비세 지방이양에 따른 개정이 이루어졌고, 1990년에는 특별소비세, 자동차세, 등록세, 마권세, 재산세, 종합토지세, 균등할주민세에 추가과세되어 교육세 규모를 확충하였고 이후 1995년에는 과세비율이 확대되었다. 특히 1995년은 '5 · 31 교육개혁안'에 따라 표준교육비 달성, 교육개혁의 성공적인 추진을 위해 한시적으로 교육세의 과세대상을 확대하였고 지방세분 교육세 중 일부의 세율을 조정하였다. 1995년 한시적으로 확대된 과세대상은 교통세(현, 교통 · 에너지 · 환경세), 등유에 대한 특별소비세, 담배소비세이고, 2000년에는 부탄 및 중유에 대한 특별소비세이다. 한시적인 과세기간이 계속 연장되어 왔고, 교통 · 에너지 · 환경세에는 2015년 말까지 한시적으로 과세가 이루어지고 있다.

〈표 5-8〉 「교육세법」 주요 개정 내용

개정연도	주요 제·개정 목적	개정내용
1981년	• 학교교육 정상화를 위한 교육세 신설 • 부가세 형태(세액에 부가하여 과세) • 학교시설과 교원처우개선에 우선적으로 투자하도록 함.	• 한시적 운영: 1982~1986년 • 금융업자 배당수입 • 분리과세이자소득, 분리과세배당소득 • 주세 • 담배세
1986년	• 교육환경개선사업의 지속적인 추진을 위한 적용시한 연장 • 운영상 나타난 미비점을 보완	• 금융업자 배당수입: 스와프거래에 대한 교육세액 한도 설정 등 • 담배세: 외국산 담배 과세
1988년	• 담배 관련 제세가 담배소비세로 단일화되어 지방세로 이양 • 이에 따라 발생하는 교육세 과세 대상 에서 담배세가 제외(결손 보전은 「지방교육재정교부금법」 개정)	• 담배세 제외(지방세 이양)
1990년	• 교육재원을 지속적이고 안정적으로 확보하기 위한 기틀 마련	• 주세율 80% 이상인 주류에 세율 30% 적용(이전은 10%) • 특별소비세, 자동차세 30% • 등록세, 마권세, 재산세, 종합토지세 20% • 균등할주민세 10%(인구 50만 명 이상 25%)
1993년	• 주세 및 금융·보험업자의 납세 편의를 높이기 위한 개정	• 소주에 대한 주세액의 10% 과세 추가 • 금융·보험업자의 납세지 변경·확대
1995년	• 교육개혁을 성공적으로 추진하기 위한 재정적 기틀 마련	• 과세범위 추가(한시적, 2000년까지 적용) - 등유에 대한 특별소비세액: 15% - 교통세액: 15% - 담배소비세액: 40% • 경주·마권세: 20% → 50%로 인상

개정연도	주요 제·개정 목적	개정내용
1995년		• 본세에 부가되는 교육세의 세율을 30퍼센트의 범위 안에서 탄력적으로 운용할 수 있도록 함.
1999년	• 주세액 과세표준 확대	• 주세율 70% 초과 주류에 30% 세율 추가 적용
2000년	• 열악한 교육여건을 선진화하는 등 공교육의 내실화를 위한 교육재정을 확충하기 위하여 일부 한시적인 부가 과세를 연장	• 한시적 적용 연장(종전 2000년) - 교통세: 20003년까지 연장 - 등유에 대한 특별소비세액, 담배소비세액 2005년까지 연장 • 과세범위 추가(한시적, 2005년까지 적용) - 부탄 및 중유 등에 대한 특별소비세액: 15% • 등록세·지방세 부과 교육세를 지방교육세로 전환
2003년	• 교통세 과세시한 연장	• 과세시한 연장(종전 2003년) - 교통세: 2006년까지 연장
2005년	• 한시적 과세에 대한 적용시한 연장	• 한시적 적용 연장(종전 2005년) - 등유·중유 등 유류에 대한 특별소비세액: 2010년까지 연장
2006년	• 교통세가 교통·에너지·환경세로 변경되고 과세시한이 연장됨에 따라 교육세 과세시한도 연장	• 과세시한 연장(종전 2006년) - 교통·에너지·환경세: 2009년까지 연장
2008년	• 금융·보험업자의 범위 확대	• 금융업자 일부에만 교육세가 과세된 문제점 해소 및 형평 도모를 위해 과세대상 추가
2010년	• 금융·보험업자의 수익금액 개념 명확히 규정 • 법 문장을 이해하기 쉽게 정비	• 금융·보험업자의 수익금액 중 유가증권 매각익·상환익의 개념을 명확히 규정 • 어려운 용어 쉽게 바꾸고, 길고 복잡한 문장 정비 등
2011년	• 일부 용어·명칭 개정	• 농업협동조합중앙회를 농협은행으로 변경

교육세의 세목별 과세율 변화를 요약하면 〈표 5-9〉와 같다.

〈표 5-9〉 연도별 · 세목별 「교육세법」 과세율 변화

	1981	1990	1993	1995	1998	1999	2000
금융보험업자의 수익	0.5	0.5	0.5	0.5	0.5	0.5	0.5
분리과세 이자소득, 분리과세 배당소득	5	-	-	-	-	-	-
특별소비세	-	30	30	30 (과세추가)	30	30	30
교통세액	-	-	-	15	15	15	15
주세	10	10	10 (과세추가)	10	10	10	10
담배소비세	10 (국세)	-	-	40	40	40	50
등록세	-	20	20	20	20	20	20
경주 · 마권세	-	20 (마권세)	20 (마권세)	50	50	50	60
균등할주민세액 (인구 50만 명 이상 25%)	-	10	10	10	10	10	10
재산세	-	20	20	20	20	20	20
종합토지세	-	20	20	20	20	20	20
자동차세	-	30	30	30	30	30	30

3) 국가의 교육투자규모 비교

국가의 교육투자규모는 다음 〈표 5-10〉과 같다.

1970년 780억 원에서 2012년 약 49조 6천억 원으로 약 636배가 늘어났다. 특히 1995년의 '5 · 31 교육개혁'에 따라 교육투자규모는 대폭 늘어나 약 12조 4,960억 원으로 GDP 3.1%, 정부예산 대비 22.8%로 최대의 규모를 차지하였다. 그러나 1997년 외환위기로 인해 국가 재정능력이 크게 위축되고 이에 따라 교육투자규모가 대폭 삭감되기도 하였다(한유경, 2002). 국가예산 대비 교육예산의 규모는 1995년을 기점으로 비중이 줄어들어 현재 약 17.6%를 차지하고 있으며, GDP 대비 규모는 약 3.9%이다.

〈표 5-10〉 연도별 정부예산 대 교육부예산 규모(1970~2012년) (단위: 십억 원)

연도	GDP(A)	정부예산(B)	교육부예산(C)	GDP 대비 (%, A/C)	정부예산 대비 (%, C/B)
1970년	2,775	446	78	2.8%	17.5%
1975년	10,478	1,587	228	2.2%	14.4%
1980년	39,110	5,804	1,099	2.8%	18.9%
1985년	85,699	12,532	2,492	2.9%	19.9%
1990년	191,383	22,689	5,062	2.6%	22.3%
1995년	409,654	54,845	12,496	3.1%	22.8%
2000년	603,236	93,937	19,172	3.2%	20.4%
2005년	865,241	134,370	27,982	3.2%	20.8%
2010년	1,173,275	211,993	41,628	3.5%	19.6%
2011년	1,235,161	264,093	45,117	3.7%	17.1%
2012년	1,272,460	282,687	49,645	3.9%	17.6%

* 출처: 한국교육개발원. **교육통계연보**. 각 연도.
한국은행. 국민계정 주요지표(국민총생산). 각 연도.

초·중등교육에 투자하는 교육비는 지방교육재정교부금, 교육세, 국고보조금 순으로 그 규모가 크고 그 밖에는 지방교육 관련 수입금, 기부금 등으로 이루어지고 있다. 다음 〈표 5-11〉에서와 같이 지방교육재정교부금은 지방정부의 교육경비보조제도가 도입되기 전까지 총지방교육비의 약 73~76%를 차지하고 있으며, 1995년 이후 전체의 약 50% 규모를 차지하고 있다. 교육세의 경우 2000년까지 약 21~23%를 유지하고 있으며 이후 전체의 약 11~12%를 차지하고 있다.

〈표 5-11〉 연도별 지방교육비 재원내역(1975~2003년) (단위: 십억 원, %)

구분	총액	지방교육재정 교부금	교육세	국고보조
1975년	245(100.00)	181(73.88)	0	1(0.41)
1980년	1,224(100.00)	900(73.53)	0	10(0.82)
1985년	2,772(100.00)	2,083(75.14)	0	9(0.32)
1990년	6,313(100.00)	4,807(76.14)	0	31(0.49)
1995년	14,047(100.00)	7,967(56.72)	2,987(21.26)	96(0.68)
2000년	22,440(100.00)	9,737(43.39)	5,098(22.72)	209(0.93)
2001년	26,378(100.00)	13,692(51.91)	3,884(14.72)	205(0.78)
2002년	30,490(100.00)	15,274(50.10)	3,532(11.58)	179(0.59)
2003년	32,367(100.00)	17,065(52.72)	3,809(11.77)	183(0.57)

* 출처: 한국교육개발원. 교육통계연보. 각 연도.

3. 지방정부의 교육재정 확보정책

국가는 교육·학예에 관한 사무를 지방자치단체에 위임하였으며, 지방정부도 교육재정의 안정적 확보를 위한 의무를 가지고 있다. 지방정부의 교육재정 확보는 지방자치단체 일반회계의 법정·비법정 전입금제도, 교육비특별회계

자체 수입으로 이루어진다. 법정전입금제도에는 시·도세전입금, 지방교육세전입금, 학교용지부담금 등이 있으며, 비법정전입금제도에는 공공도서관 운영비, 교육경비보조 등이 있다. 교육비특별회계 자체수입은 입학금과 수업료를 포함한 재산수입, 사용료·수수료 등이 있다.

〈표 5-12〉 지방자치단체의 지방교육재정 부담 구조 및 법적 근거

부담회계	부담구분	부담내용	법령근거
일반회계	법정	시·도세전입금	「지방교육재정교부금법」 제11조
		담배소비세전입금	
		지방교육세전입금	
		학교용지부담금	「학교용지확보 등에 관한 특례법」 제4조
	비법정	공공도서관 운영비	「도서관법」 제29조
		기타 지원	「지방교육자치에 관한 법률」 제38조
		교육경비보조	「지방교육재정교부금법」 제11조 제6항 「지방자치단체의 교육경비보조에 관한 규정」
교육비 특별회계	자체 수입	재산수입 입학금·수업료, 사용료·수수료 등	「지방교육자치에 관한 법률」 제38조

* 출처: 송기창 외(2012).

지방자치단체 일반회계 법정 전입금제도는 1964~2006년까지 유지한 봉급전입금, 1988년 개정으로 도입된 담배소비세전입금, 1995년 개정으로 도입된 시·도세전입금, 2000년 개정으로 도입된 지방교육세전입금이 있다. 또한 개발에 따른 학교수요를 충족하기 위해 도입한 학교용지부담금제도가 있다. 법정전입금제도의 변천은 국세 및 지방세의 조정이나 세목의 도입에 따라 발생하는 교육재정 손실을 보전하거나 추가적인 교육재정 수요를 반영하기 위한

목적에 따라 도입되었다.

봉급전입금은 1964년 도입 당시 재정자립도가 높은 서울과 부산이 중등학교 교원봉급의 반액을 부담하도록 한 제도로 2004년 서울 100%, 부산 50%, 광역시·경기도 10% 부담하는 것으로 변화하였다. 이후 2006년 교육재정교부금법 개정에 따라 폐지되어 시·도세전입금에 통합되었다.

담배소비세전입금은 1988년 담배 관련 세금이 지방세로 개편됨에 따라 발생하는 지방교육재정교부금 결손액을 충당하기 위해 도입된 제도로, 서울·광역시의 담배소비세 30%를 교육비특별회계로 전출하도록 한 제도이다. 이후 1993년 교통세 신설에 따른 내국세 손실액을 보전하기 위한 담배소비세 45% 상향조정이 이루어졌다.

시·도세전입금은 1990년대의 GNP 5~6% 확보 주장에 따라 지방정부가 부담해야 하는 수요를 충족하기 위해 도입된 제도로 시·도세의 일부를 교육비특별회계로 전입하는 제도이다. 전입비율은 1996~2000년 2.6%, 2001~2004년 3.6%, 2005년부터 현재까지 서울특별시 10%, 경기도 5%, 그 밖의 도는 3.6%를 유지하고 있다.

지방교육세전입금은 2000년 「지방세법」 개정 때 도입된 '지방교육세'에 따른 것으로, 교육세의 법령체계 정비에 따라 국세에서 지방세로 전환한 세원을 확보하기 위한 신설 세목이다. 현재 「지방세법」에 따라 취득세 20%, 등록면허세 20%, 레저세 40%, 담배소비세액 50%, 주민세 균등분 세액 10%(50만 명 이상 시는 25%), 재산세액 20%, 자동차세액 30%, 특별시세 총액을 확보하도록 규정하고 있다.

〈표 5-13〉 지방교육세 세목별 확보규모(1995~2011년) (단위: 십억 원)

연도	합계	취득세분	등록면허세분	등록세분	주민세분	재산세분	자동차세분	종합토지세분	레저세분	담배소비세분	과년도수입
1995년	1,533	-	-	718	18	92	378	244	43	-	40
1996년	2,156	-	-	800	16	106	464	248	98	329	95
1997년	2,932	-	-	846	17	115	532	254	179	890	99
1998년	2,786	-	-	675	17	166	554	127	234	910	103
1999년	2,727	-	-	720	20	133	466	242	197	815	134
2000년	2,961	-	-	730	21	145	485	252	283	891	154
2001년	3,556	-	-	926	28	157	572	283	449	1,141	-
2002년	4,036	-	-	1,273	31	169	512	291	645	1,115	-
2003년	4,103	-	-	1,303	29	189	522	333	537	1,190	-
2004년	4,190	-	-	1,169	30	212	527	419	465	1,368	-
2005년	3,948	-	-	1,145	38	538	602	2	413	1,210	-
2006년	4,456	-	-	1,339	34	642	680	4	419	1,338	-
2007년	4,651	-	-	1,204	35	774	750	2	528	1,358	-
2008년	5,018	-	-	1,167	34	915	835	0	606	1,461	-
2009년	4,940	-	-	1,150	36	919	907	0	422	1,506	-
2010년	5,019	-	-	1,129	37	1,000	989	0	427	1,437	-
2011년	5,117	966	222	-	38	1,044	1,030	-	429	1,388	-

주: '-'는 세목이 없거나 폐지됨을 의미하며, 종합토지세분의 경우 2008~2010년까지 1억 원 미만으로 집계됨.

* 출처: 안전행정부. 지방재정연감. 각 연도.

학교용지부담금제도는 1995년 제정된 「학교용지확보에 관한 특례법」에 따른 것으로 2005년 「학교용지확보 등에 관한 특례법」으로 개정되어 현재까지 유지하고 있다. 현재 지방자치단체의 부담률은 공동주택 분양가격의 0.8%, 단독주택 분양가격의 1.4%이다.

지방자치단체 일반회계 비법정 전입금의 대표적인 제도는 교육경비보조금제도이다. 교육경비보조금제도는 1996년 「시 · 군 및 자치구의 교육경비보조에 관한 규정」 제정에 따라 도입되었다. 이후 1998년, 2000년, 2007년 개정을 통해 보조사업의 범위가 점차 확대되었으며, 2007년 「지방자치단체의 교육경비보조에 관한 규정」으로 개정됨에 따라 광역자치단체까지 교육경비를 보조할 수 있도록 하였다. 현재 특별시 · 광역시 · 도 · 특별자치도 및 시 · 군 · 구는 고등학교 이하 각급학교의 교육경비 중 학교의 급식시설 · 설비, 학교의 교육정보화, 학교의 교육시설개선사업 및 환경개선, 학교교육과정 운영의 지원, 지역주민을 위한 교육과정 개발 및 운영, 학교교육과 연계하여 학교에 설치되는 지역주민 및 청소년이 활용할 수 있는 체육 · 문화공간 설치 사업 등에 투자할 수 있도록 규정하고 있다.

교육비특별회계 세입 중 지방정부가 확보한 지방교육재정규모를 연도별로 비교하면 다음 〈표 5-14〉와 같다. 2005년을 기준으로 법정전입금규모는 교육비특별회계 총액 중 16.9%를 차지하고 있다. 2000년대의 시 · 도세전입금, 지방교육세 규모가 확대됨에 따라 연차적으로 총 교육비특별회계에서 차지하는 비중은 늘어나고 있다. 비법정전입금은 2005년 교육비특별회계 총액의 0.5%를 차지하는 1,558억 원으로 나타나고 있다.

〈표 5-14〉 지방정부의 지방교육재정 확보규모 (단위: 백만 원)

연도	교육비특별회계 총액	법정전입금	비법정전입금	입학금 및 수업료
1965년	13,645(100.0)	593(4.3)	-	-
1970년	80,929(100.0)	2,061(2.5)	-	-
1975년	245,232(100.0)	6,019(2.5)	-	-
1980년	1,224,448(100.0)	25,904(2.1)	-	-
1985년	2,772,353(100.0)	54,399(2.0)	-	-
1990년	6,313,075(100.0)	345,039(5.5)	-	-

연도	교육비특별회계 총액	법정전입금	비법정전입금	입학금 및 수업료
1995년	14,046,808(100.0)	724,194(5.2)	62,208(0.4)	1,015,056(7.2)
2000년	22,440,179(100.0)	1,157,520(5.2)	30,232(0.1)	1,301,938(5.8)
2005년	34,479,447(100.0)	5,822,950(16.9)	155,784(0.5)	913,930(2.7)

주: 비법정전입금은 1992 회계연도부터, 입학금 및 수업료는 1993 회계연도부터 집계되었음.
* 출처: 한국교육개발원. 『교육통계연보』. 각 연도.

참고문헌

공은배(1993). 교육재원 GNP 5% 확보에 관한 논의. 교육개발, 15(1).

교육개혁심의위원회(1987). 교육재원의 확충방안.

국세청. 국세통계. 각 연도.

박정수·안종석(1996). 교육재정의 구조와 재원확충방안. 한국조세연구원.

송기창·윤홍주(2011). 2000~2010년 지방교육재정 변동추이 분석. 서울: 한국교육개발원.

송기창 외(2012). 2012 교육재정백서. 교육과학기술부.

송기창(1996). 교육재정 GNP 5%의 투자방향. 교육재정경제연구, 5(1), 27-64.

송기창(2006). 지방교육재정교부금법의 운용성과와 개정방향. 교육재정경제연구, 15(2), 119-152.

한국교육개발원. 교육통계연보. 각 연도(1966~2012).

한유경(2002). 국민의 정부 교육재정운영정책 평가. 교육재정경제연구, 11(2), 201-234.

〈참고사이트〉

법제처 국가법령정보센터 http://www.law.go.kr

통계청 국가통계포털 http://www.kosis.kr

한국교육개발원 교육통계서비스. http://cesi.kedi.re.kr

제6장 교육재정 배분정책의 변천[1]

우리나라 교육재정의 배분정책은 지원제도의 특성에 따라 환부금제도의 시기(1951~1958), 환부금 · 교부금제도의 시기(1959~1965), 교부금제도의 시기(1966~1990), 교부금 · 양여금제도의 시기(1991~2000), 교부금제도 정착기(2000~)로 구분할 수 있다. 여기서 교육재정 배분은 주로 지방교육재정교부금을 의미하는데, 지방교육재정교부금은 지방재정조정제도의 일환이라고 할 수 있다(송기창 외, 2012). 지방재정조정제도란 지방자치단체 간 재정력 격차를 해소하기 위하여 국가가 국세의 일부 또는 다른 자금을 재원으로 해서 일정한 기준에 따라 지방자치단체에 교부하는 제도이다. 지방교육재정교부금을 확보하고 배분하기 위해 다양한 지원제도가 운영되어 왔는데, 이하에서는 주요 법령 개정을 중심으로 교육재정 배분정책의 변천을 제시하였다.

---

1) 이 부분은 송기창의 서울대학교 대학원 박사학위논문인 「지방교육재정정책 변천과정 분석 연구」(1994)의 일부를 주로 요약, 정리하였음. 2000년 이후 내용은 추가로 수정 · 보완된 것임.

1. 환부금제도의 시기(1951~1958)

미군정시대에는 대체로 일제시대의 학교비제도를 약간 변형하여 그대로 답습하는 형태의 교육재정제도를 유지해 오다가 정부수립 이후 본격적으로 지방교육재정제도를 마련하려고 노력하였다.

정부수립 이후 최초의 「교육재정관계법」은 교육법보다 며칠 앞서 제정된 「지방세법」(1949.12.22, 법률 제84호)이다. 「지방세법」은 제46조에서 목적세로서 호별세 부과금과 특별부과금을 규정함으로써 초등교육 경비를 충당하도록 하였다. 그러나 지방교육재정제도의 근간을 명문화하여 교육재정제도를 확립한 것은 1949년 말에 제정된 「교육법」(1949.12.31, 법률 제86호)이다. 「교육법」은 지방교육재원으로 교육세(호별세부가금), 특별부과금 등을 제도화하고 있으며, 초등교원의 봉급 전액과 중등교원의 봉급 반액에 대한 국고부담을 규정하였다. 따라서 이 시기의 교육재원은 국고로부터의 교원봉급 및 재정부족액 지원과 지방 자체 재원인 호별세 부가금과 특별부과금이었다.

이러한 재원구조에 변화를 가져온 것은 1951년 제정된 「임시토지수득세법」(1951.9.25, 법률 제220호)이었다. 이 법에 의해서 제1종 토지수득세 환부금제도가 도입되었기 때문이다. 종래에는 농가·비농가를 불문하고 호별세 부가금을 적용하였으나, 새로운 제도에 의하여 호별세 부가금제도는 비농가에 한하여 계속 적용하고, 농가에 대하여는 새로운 제1종 토지수득세의 일부를 지방에 환부하는 제도로 전환되었다. 「임시토지수득세법」 시행령에 의하면, 제1종 토지수득세의 환부율은 1951년에는 64/1000, 1952년부터 1954년까지는 142/1000, 1955년부터 1961년 말 폐지될 때까지는 182/1000가 적용되었다.

환부금제도 자체가 안고 있는 문제이지만, 이 시기는 지방자치단체 간의 재정적 불균형이 해소되지 못하고, 교육재정이 일반행정에 예속되어 자주성을 확보하지 못했던 시기이다. 호별세 부가금과 특별부과금, 제1종 토지수득세 환부금 등은 징수를 일반행정기관에 위임함으로써 징수율이 낮았으며, 환부액의 영달이 지연되는 등의 문제가 있었다.

법령상으로 최초의 환부금제도는 1948년 미군정 말기에 제정 · 공포된 「지세령」 등의 개정(1948.6.21, 군정법령 제202호)에서 규정한 지세 환불금제도라고 할 수 있지만 동법령은 시행에 옮겨지지 않았기 때문에 실제로는 1951년부터 환부금제도가 시행되었다고 할 수 있다. 「지세령」 등의 개정에서는 부 · 읍 · 면에서 징수한 지세의 9할을 학교의 인정된 용도를 위하여 국고보조 형식으로 환불토록 규정하고 있는 데다가, 「군정법령」 제218호(1948.8.12.)인 「공립학교 재정경리령」 제7조(국고보조금)에서 "교육구의 교육비를 경리하기 위하여 모든 지세로 징수한 전국 세금 총액은 재무부장관이 초등학교 보조금 기금으로 이전한다."고 규정하였기 때문에 지세 환불금제도는 시행된 것으로 알려져 왔다.

원래 지세 환불금제도는 일제시대에 학교비의 하나로 사용된 적이 있었던 지세 부가금제도를 답습한 것이었다. 호별세 부가금 형태의 지방세가 지역 간 재정능력의 격차로 문제가 있을 뿐만 아니라 재원도 충분하지 못했기 때문에 이를 보완하기 위한 조치였다.

「군정법령」 제202호인 「개정 지세령」은 1950년 「지세법」(1950.12.30, 법률 제155호)의 제정으로 폐지되었고 새로운 지세법에서는 지세 환불금제도를 규정하고 있지 않았다. 따라서 지세령이 효력을 가지고 있던 기간은 1948년 6월에서 1950년 11월까지라고 할 수 있는데, 이 기간 동안 지세 환불금제도가 제대로 시행되지 않았다는 근거는 다음과 같다.

첫째, 지방교육자치제의 시행을 전제로 한 「공립학교 재정경리령」 자체가 정부수립 이후에 그대로 시행되지 않았다는 점을 미루어 볼 때, 동법령에서 재확인한 지세 환불금제도도 그대로 시행되었다고 보기 어렵다는 점이다.

둘째, 실제 교육예산과 지세 수입액을 비교해 볼 때 지세의 9할이 초등학교 보조금으로 환불되었다는 근거가 없다는 점이다. 지세 환불이 있었다면 1948년, 1949년, 1950년 예산에 반영되었을 것이며, 예산에 반영되었다면 의무교육비 국고보조 총액이 적어도 시세 예산액의 90%를 능가해야 할 것이다. 1948년과 1949년은 예산자료만 가지고 판단하기 어려우나, 1950년의 경우에는 의무교육비 국고보조 총액이 지세 예산액의 53.7%에 불과하여 90%에 훨씬 못 미치고 있다.

셋째, 초대 문교부장관인 안호상의 국회 답변내용이 지세 환불금제도가 시행되지 않았음을 암시하고 있다는 점이다. 1949년 「교육법」 제정과정에서 안호상은 국회에 출석하여 교육자치제의 필요성에 대한 답변을 하면서 다음과 같은 지세 관련 내용을 언급하였다.

"… 작년 미군정시대에 우리나라에도 교육구를 실행하려고 법률까지 만든 것을 이 사람[문교부장관 안호상]이 실행 안 했습니다마는 그때 군정시대에 국민 의무교육을 위해서 지세 8할을, 약 9억 원 되는 것을 제쳐 놓은 때도 있었습니다. 왜 그러냐 하면 교육비는 단독으로 비용을 만들어 놓아야지 그렇지 않으면 의무교육은 불가능하다는 것입니다."

따라서 지세 환불금제도는 정부수립 이후, 즉 안호상 장관 취임 이후에는 시행되지 않았다는 것을 알 수 있다. 1948년 예산은 미군정예산을 답습한 것이 아니고 1948년 10월부터 1949년 3월까지를 회계연도로 하는 6개월 예산을 편성하여 운행하였는데 1948년 세입결산에 의하면 지세 수입액은 8억 1,420만 원으로, 지세액의 9할은 7억 3,278만 원이 되기 때문에 안 장관이 밝힌 9억 원에 훨씬 못 미친다. 그렇다면 지세 환불금제도가 시행될 수 있는 시기는 1948년 6월 21일 이후밖에 없다. 그러나 「지세령」이 개정된 1948년 6월 21일은 이미 총선거가 끝나고 제헌국회에서 헌법 제정 작업을 하고 있을 무렵으로써, 미군정이 지세 환불금제도를 도입할 시간적 여유가 있었다고 보기 어렵다. 안 장관의 발언 내용과 같이 국가에서 지세 9억 원을 따로 떼어 놓았다고 하여도 집행할 시간적 여유는 없었다고 할 수 있다. 따라서 지세 환불금제도는 「미군정법령」에 규정된 것이었으나 정부수립 이후 시행되지 않은 것으로 결론지을 수 있다.

요컨대, 법령상으로는 1951년부터 1958년까지를 환부금제도의 시기로 규정할 수 있지만, 실제로는 이러한 구분에 문제가 있다. 왜냐하면 제1종 토지수득세 환부금은 국고보조금으로 지원되던 재원을 환부금으로 전환한 것이 아니라, 농가에 대하여 부과해 오던 호별세 부과금과 특별부과금을 국세로 전환하여 징수한 후 다시 지방교육자치단체에 돌려주는 재원이기 때문이다. 따라서, 이 시기의 환부금제도는 지방재원이 아닌 국가재원을 지방에 지원하는 방식인 지방재정조정제도로서의 환부금제도는 1959년부터 도입된 입장세 환부금제도라고 할 수 있다.

2. 환부금 · 교부금제도의 시기(1959~1965)

교육재정제도에 있어서 일대 전환점이 된 것은 의무교육완성 6개년 계획(1954~1959)에 필요한 의무교육재원을 확보하기 위하여 1958년 제정된 교육세법과, 의무교육 재원을 확보하기 위하여 1958년 제정된 「의무교육재정교부금법」으로, 「의무교육재정교부금법」은 교부금제도 도입의 효시가 되었다. 이후 중등교육재정을 지원하기 위해 제정된 「지방교육교부세법」은 교부금제도의 확대를 가져왔다.

「교육세법」(1958.8.28, 법률 제296호)은 종전의 호별세 부가금과 그 금액을 초과하지 않는 범위 안에서의 특별부과금을 일원화하여 새로운 의무교육재원을 확보하기 위해서 제정되었다. 교육세는 국세와 지방세로 이원화되어 있었는데, 국세 교육세의 300/1000을 지방에 환부하도록 되어 있었다. 한편, 「의무교육재정교부금법」(1958.12.29, 법률 제514호)은 교육구 의무교육재정의 균형을 도모하기 위하여 의무교육재원이 부족한 교육구에 필요한 재원을 교부함으로써 의무교육의 정상적인 운영을 기하기 위하여 제정되었다.

이제까지의 환부금제도는 그 지방에서 징수한 세수의 일부를 그 지방에 그대로 환부하는 것이었기 때문에 지역 간의 교육재정적 불균형을 시정하기 어려웠지만 「의무교육재정교부금법」의 제정으로 지역 간 교육재정의 불균형을 어느 정도 시정할 수 있게 되었다는 데 의의가 있다. 국회에 제출할 당시의 법안 명칭이 「의무교육재정교부금법」이었다는 사실은 이 법이 지역 간 교육재정의 균등화를 지향하고 있었음을 짐작케 한다.

지역 간 교육재정의 균등화를 지향하는 또 하나의 제도는 「지방교육교부세법」(1963.12.5, 법률 제1495호)의 제정으로 나타났다. 지방교육행정 운영에 필요한 재원을 교부하여 그 재정을 조정함으로써 지방교육의 건전하고 균형 있는 발전을 기하는 것을 목적으로 국가가 재정적 결함이 생기는 서울특별시 · 광역시 및 도에 지원하는 교부금 재원을 마련하는 제도였다. 이 법은 중등교육비의 안정적 확보를 목적으로 한 것이었다.

「교육법」에 의하여 중등교육 봉급의 반액을 국고에서 지방교육자치단체에 직접 교부하고, 반액은 설립자인 지방자치단체가 부담토록 하였으나, 지방재정 형편상 지방자치단체가 이를 부담할 수 없게 되자 나머지 반액도 국고에서 내무부의 지방재정교부금 속에 포함시켜 지원하였다. 그러나 지방교부세법에 의한 교부금에 계상되는 나머지 반액이 적기에 지급되지 못하고, 국고에서 지원된 금액마저도 제대로 전입되지 못하는 폐단이 계속되자 이를 국가에서 직접 교부하는 제도로 바꾼 것이다.

이 시기에는 의무교육뿐만 아니라 중등교육에서도 교부금제도가 도입됨으로써 지방교육재정의 형평화를 도모했다는 데 의의가 있다고 할 수 있다. 그러나 환부금제도가 아직 그대로 존속되고 있는 상태여서 국세 교육세액의 300/1000, 제1종 토지수득세액(1961년은 농지세)의 182/1000, 입장세액의 50/100이 징수지 교육구와 시교육위원회에 그대로 환부되었다. 국세 교육세의 환부금제도는 교육세 폐지와 함께 1962년부터 폐지되었고, 제1종 토지수득세 환부금제도도 1961년 말 「토지세법」(종래의 임시토지수득세법)의 폐지로 1962년부터 폐지되었으며, 입장세 환부금제도만 존속되어 오다가 1965년 말 예산편성상 환부금제도 자체가 폐지되면서 1966년부터 환부금제도는 완전히 사라지게 되었다.

그러나 환부금 자체가 교부금 재원에 포함되어 기준재정수입액에 계상되기 때문에 환부금제도가 지방교육재정 조정기능을 수행하지는 못한 시기라고 할 수 있다. 환부금은 국세 수입의 일부를 지방교육재원으로 이전한다는 의미 외에 특별한 기능을 수행하지는 못하였다. 즉, 형식상으로는 지방교육재정을 지원하기 위하여 환부금제도와 교부금제도가 시행되고 있었지만 실질적으로는 교부금제도에 의해서 지역 간 형평성 보장 기능이 수행되었다. 이 시기의 교부금제도 또한 명실상부한 교부금제도가 되지 못했다. 교부금을 배분하고 운영하는 방식이 국고보조금과 비슷했기 때문이다.

3. 교부금제도의 시기(1966~1990)

환부금제도의 폐지로 국가는 「의무교육재정교부금법」과 「지방교육교부세법」에 근거한 교부금제도에 의하여 지방교육재정을 지원하게 되었다. 1971년 말에는 「의무교육재정교부금법」과 「지방교육교부세법」을 통합하여 「지방교육재정교부금법」을 제정함으로써 교부금제도의 일원화를 가져왔고, 신축성 있는 지방교육재정 운영을 기할 수 있게 되었다.

「지방교육재정교부금법」이 시행된 지 1년도 채 안 되어 8·3조치에 의해 법정교부율 12.98%의 효력이 정지됨에 따라 교부금제도의 근간이 흔들리는 위기를 맞이하기도 하였지만, 1981년 말 교육세법의 제정과 1982년 지방교육재정교부금법의 개정에 의해 교육세 수입액이 교부금에 포함됨에 따라 교부금의 규모는 대폭 늘어났다.

이 시기에는 교부금제도에 의하여 지방교육재정을 지원하였으나 재원 자체의 손실로 인하여 형평재원으로서의 기능을 제대로 수행하지 못했다. 또한 기준재정수요액을 산정하는 대통령령이 제정되지 아니하고 임시적인 행정내규에 의하여 측정단위와 단위비용이 정해짐으로써 합리성의 문제가 제기되기도 하였다. 목적세인 교육세가 별도의 회계로 운영되지 못하고 경상교부금에 통합 운영됨으로써 전용시비에 휘말리기도 하였으며, 교육세의 신설과 함께 특별교부금의 법정교부율이 폐지되고 의무교육기관에 근무하는 교원에 대한 봉급교부금에서 봉급액을 기준으로 하지 않는 제수당이 제외됨으로써 교육세 신설의 실효성에 대한 논란이 있었다.

이 시기의 교부금제도는 그 명칭과는 달리 실제로 배분 및 운영되는 방식은 국고보조금 형태를 띠고 있었다. 교부금을 국고보조금과 구별하는 기준은 재원의 성격에 있다고 할 수 있는데, 일반재원인 교부금을 특정재원인 국고보조금처럼 구체적인 사업명, 물량, 단가 등을 명시하여 교부하였기 때문이다. 이는 시도별 지역적 특성에 맞는 자율적인 예산운용을 하는 데 있어 제약요인으로 작용하였다.

4. 교부금 · 양여금제도의 시기(1991~2000)

1990년 말 「교육세법」이 개정되면서 교육세 전액이 지방교육양여금으로 시 · 도에 지원되는 제도가 도입되었다. 당초 지방양여금제도는, 기존의 지방세제를 통한 징세 노력 강화방안이 일부 대도시 또는 공업화지역을 제외하고는 현실적으로 한계에 부딪치고 있을 뿐만 아니라 일부 국세의 지방 이양이 전반적인 재정력의 제고에는 기여하나 자치단체 간 지역 간 재정력의 상대적 불균형을 오히려 확대시킨다는 인식하에 지방세적 성격을 띤 중요 세원에 대한 중앙과 지방정부 간의 공동 이용방식을 통하여 지방재원의 확충과 지방재정의 불균형 완화를 동시에 도모하기 위한 새로운 제도적 틀로 도입되었다.

특히, 지방교육양여금제도는 교육자치라는 교육여건 변화를 수용하고 교육환경개선이라는 당면 교육재정부문 정책목표에 부응하기 위해서 도입된 제도라 할 수 있다. 정부가 교육세를 지방교육세 형태로 지방 교육세원화하지 않은 채 양여금 세원으로 활용하고 있는 것은 동 세원이 지역적으로 편재되어 있는 관계로 이를 지방교육세원으로 이양할 경우 교육자치단체 간 재정력 격차가 유발되기 때문이라고 할 수 있다. 즉, 세원이 편재되어 있는 교육세를 양여세 형태로 운영함으로써 지방교육재원을 확충하는 동시에 교육재원 배분의 형평성을 도모하기 위한 것이라고 할 수 있다.

종전의 「교육세법」에는 그 신설목적을 "교육기반의 확충을 위하여 학교시설과 교원의 처우개선에 소요되는 재원을 확보하는 것"으로 규정하고 있었으나, 「개정 교육세법」에서는 교육세 신설의 목적을 "교육의 질적 향상을 도모하기 위하여 필요한 교육재정의 확충에 소요되는 재원 확보"로 규정함으로써 목적 재원의 용도가 명확하지 않은 채 교육양여금의 재원 확보근거만을 명시하고 있다. 이와 같이 재원의 용도에 관한 명확한 법적 규정이 없는 가운데 재원 배분과정에서 교육양여금의 용도를 교원의 인건비와 학교시설의 확충에 충당하도록 하고 있다.

지방교육양여금제도의 도입으로 지방교육재정 지원은 교부금제도와 함께 이원적인 방식으로 이루어지게 되었다. 그러나 양여금이 학생수나 교원수 등에 의하지 않고 시·도별 인구비율에 의하여 배분되기 때문에 재원배분의 형평성 확보에 문제가 있으며, 양여금을 교부금법상의 기준재정수입액으로 계상하기 때문에 교부금과의 통합운영이 불가피하여 양여금의 배분목적을 전혀 살리기 어렵다는 문제를 안고 있다. 형식상으로는 교부금과 양여금제도로 이원적으로 운영된다고 하나 양여금이 교부금 속으로 통합되기 때문에 실제로는 교부금제도에 의한 지방교육재정이 지원되고 있는 것이나 다름이 없다. 양여금제도의 목적이 실현되기 위해서는 지방교육양여금의 목적이 지방양여금과 같이 특정 사업으로 국한되어 별도의 회계로 운영되어야 할 필요가 제기되었다.

한편, 1990년 말에 「지방교육재정교부금법」 시행규칙이 제정되어 이제까지 국고보조금 형태로 배분되던 교부금이 교육비차이도에 의한 총액배분제로 바뀜에 따라 교부금의 일반재원 성격을 회복하였다. 따라서 1991년 이후는 명실상부한 교부금제도의 시기로 분류할 수 있게 되었다.

5. 교부금제도 정착기(2000~)

1971년 말에 제정된 지방교육재정교부금제도는 현재까지도 교육재정배분제도의 근간이 되고 있다. 교부금제도는 국가와 지방자치단체 간 수직적 재원의 불균형과 자치단체 상호 간의 수평적 재원의 불균형을 조정하는 역할을 담당하면서 안정적으로 정착되어 가고 있다. 2000년도 이후 지방교육재정교부금제도는 지방교육재정 지원구조를 단순 · 투명화하고, 중학교 의무교육 시지역 전면 확대실시에 따라 국가의 지방교육재정 지원구조를 재조정하며, 초 · 중등교육의 내실을 기하기 위하여 지방교육재정교부금의 규모를 확충하려는 목적에 따라 여러 차례의 개정과정을 거치게 되었다.

2000년까지 지방교육재정교부금 중 보통교부금은 봉급교부금과 내국세 11.8%의 10/11에 해당하는 경상교부금으로 구성되었다(송기창 외, 2012). 그런데 2000년 말에 「지방교육재정교부금법」이 개정되면서 2001년부터 보통교부금제도에 변화가 있었다. 즉, 내국세 법정교부율이 11.8%에서 13%로 상향되었으며, 의무교육기관 교원의 인건비를 안정적으로 확보할 수 있도록 봉급교부금에 더하여 교원에게만 지급하는 수당을 포함한 인건비를 국가가 직접 지원하도록 한 것이다.

그런데 2004년 말, 지방교육재정의 재원확보 및 지원구조를 단순화 · 투명화하기 위해 다시 「교부금법」 개정이 이루어졌는데, 주요 골자는 국가가 지원하던 종전의 봉급교부금, 경상교부금, 증액교부금을 경상교부금으로 통합하고, 경상교부금의 교부율을 종전의 내국세 13.0%에서 19.4%로 인상하는 것이었다. 이에 따라 국세 교육세를 재원으로 하던 지방교육양여금을 폐지하고, 양여금 재원인 당해 연도 국세 교육세 세입액 전액을 경상교부금의 재원으로 통합하였다. 지방교육양여금은 2006년 1월 1일부터 지방교육재정교부금으로 통합하는 것으로 법령이 개정되었다. 다시 말해, 지방교육양여금의 폐지에 따라 기존의 봉급교부금 및 증액교부금은 경상교부금에 통합하고, 지방교육재정교부금의 법정교부율을 현행 내국세 총액의 13%에서 20%로 상향조정하였다. 지방교육재정교부금 중 보통교부금을 현행 경상교부금 총액의 10/11에서 96/100으로 확대하고, 특별교부금을 1/11에서 4/100로 축소하였다. 지방교육재정상 부득이한 수요가 있는 경우에 법정분 지방교육재정교부금 외에 별도로 교부할 수 있도록 한 증액교부금제도도 이때 폐지되었다.

그런데 이러한 법 개정에 따라 의무교육에 관련되는 경비를 종전에는 교부금 및 양여금으로 충당하도록 하였으나, 중학교 의무교육이 시지역으로 확대됨에 따라서 의무교육경비를 교육비특별회계의 재원 중 교부금과 시·도 일반회계로부터의 전입금으로 충당하도록 하는 것으로 변화가 있었다. 의무교육기관이 아닌 공립 각급학교 교원봉급의 일정률(서울 전액, 부산 50/100, 기타 광역시 및 경기도 10/100)을 지방자치단체의 일반회계에서 부담하던 것을 특별시와 부산광역시는 시세 총액의 10/100를, 기타 광역시 및 경기도는 시세 또는 도세 총액의 5/100, 기타 도는 현행과 같이 도세 총액의 36/1,000을 교육비특별회계로 전출하여 부담하도록 하였다.

2010년 1월, 지방소비세가 도입됨에 따라 내국세 교부율은 20.27%로 조정되었고(법률 제9923호, 2010.1.1), 2010년 10월에 시·도교육청이 저소득층 학생에 대한 교육지원 확대, 소규모학교 통폐합을 통한 교육환경 개선, 사교육비 절감 등을 유도하기 위해 보통교부금의 교부기준을 개선하는 「지방교육재정교부금법 시행령 및 시행규칙」이 개정되면서 지방교육재정교부금은 새로운 기준재정수요액 소요경비 산정에 의한 총액배분으로 변화되었다.

참고문헌

송기창 외(2012). 2012 교육재정백서. 교육과학기술부.

송기창(1994). 지방교육재정정책 변천과정 분석 연구. 서울대학교 대학원 박사학위논문.

제3부

교육재정의 확보와 배분

제7장 교육재정의 구조와 현황
제8장 지방교육재정교부금제도와 현황
제9장 교육세제도와 현황
제10장 지방자치단체의 전입금제도와 현황
제11장 교육경비보조금제도와 현황
제12장 학교회계제도와 운영
제13장 대학재정 구조와 현황

제 7 장 교육재정의 구조와 현황

교육재정의 구조는 교육재원이 확보되어 배분되는 체제를 말하며, 크게 교육재원 확보체계를 나타내는 세입구조와 교육재원 배분체계를 나타내는 세출구조로 구분할 수 있다. 국가 교육재정은 교육부 소관 일반회계, 특별회계, 기금을 말하나, 세입은 교육부가 담당하지 아니하므로 국가 교육재정의 구조라고 할 때는 주로 세출구조를 의미한다. 굳이 국가 교육재정의 세입구조를 설명하자면 보통세, 목적세 등 조세수입과 학생 등록금 등 세외수입으로 나눌 수 있을 것이다. 반면, 지방교육재정의 구조는 세입구조와 세출구조를 종합적으로 살펴볼 필요가 있다.

1. 국가교육재정의 구조

국가재정의 세입은 크게 조세수입과 세외수입으로 구분되며, 교육재정과 관련이 있는 세입은 교육세와 세외수입 중 입학금 및 수업료 수입이다. 세입이 곧 세출로 이어지는 목적세인 교육세를 제외하고, 대부분의 교육재원은 조세수입과 세외수입의 합계액인 국가 총세입에서 매년 예산편성과정을 거쳐 교육부 소관 세출예산으로 편성된 재원을 말한다.

2013년과 2014년 교육부 소관 세출예산의 구조는 다음과 같다. 크게는 일반회계, 특별회계, 기금으로 구분되며, 일반회계는 다시 국고와 지방교육재정교부금으로 구분되고, 특별회계는 광역지역발전특별회계와 혁신도시특별회계로 구분되고, 기금은 사립학교교직원연금기금(국 · 공립학교 교직원 연금을 관리 · 운용하는 공무원연금기금은 안전행정부 소관 기금이고, 국 · 공립학교 교직원 건강보험금을 관리 · 운용하는 건강보험기금은 보건복지부 소관 기금이므로 교육부 소관 예산에 포함되지 않음)과 사학진흥기금으로 구분된다.

국고에는 교육부 본부 직원 및 국립학교 교직원 인건비와 교육부 본부 운영비, 국립학교 운영비가 편성되며, 각종 국고사업비와 국고보조금이 주요사업비에 편성된다. 일반회계 예산의 80% 이상을 차지하고 있는 지방교육재정교부금은 공 · 사립 유 · 초 · 중 · 고등학교교육을 지원하는 지방교육재원으로, 보통교부금과 특별교부금으로 구분되지만, 전액 시 · 도교육비특별회계로 이전된다. 지방교육재정교부금 재원은 내국세 총액의 20.27%와 교육세 전액으로 구성된다.

〈표 7-1〉 교육부 소관 예산 및 기금 변화추이 (단위: 억 원)

구분	2008년	2009년	2010년	2011년	2012년	2013년	2014년
I. 예산	385,204	399,943	417,419	451,166	496,448	504,241	509,676
(내부거래 제외 시)	379,116	393,439	410,608	443,995	490,764	497,942	503,114
1. 일반회계	378,173	391,382	408,725	441,715	487,814	496,439	501,315
가. 국고	70,625	87,103	85,746	88,884	103,341	85,820	88,383
• 인건비	16,300	16,513	16,671	17,337	15,656	15,915	16,435
• 기본경비	2,652	2,601	2,622	2,230	1,931	1,909	1,882
• 주요사업비	51,673	67,988	66,453	69,317	85,754	67,997	70,066
(내부거래 제외 시)	45,606	61,524	59,680	62,186	80,111	61,697	63,504
나. 지방교육재정 교부금	307,548	304,280	322,980	352,831	384,473	410,619	412,932

구분	2008년	2009년	2010년	2011년	2012년	2013년	2014년
2. 특별회계	7,032	8,560	8,694	9,452	8,634	7,802	8,361
• 광역지역발전특별회계(~'10 국가균형발전특별회계)	5,826	6,802	7,156	7,287	6,761	7,632	8,221
• 혁신도시특별회계	–	25	174	456	–	170	141
• 책임운영기관특별회계 - 국립국제교육원	351	–	–	–	–	–	–
- 국립중앙과학관	212	181	181	221	297	–	–
- 국립과천과학관	–	206	213	331	331	–	–
II. 기금(사업비, 운영비, 내부거래 제외)	41,618	37,429	40,854	40,341	41,873	40,322	40,547
• 과학기술진흥기금	4,315	2,342	2,411	1,399	1,399	–	–
• 원자력연구개발기금	1,898	1,929	1,850	1,977	2,095	–	–
• 학자금대출신용보증기금('09국가장학기금)	3,018	20,616	–	–	–	–	–
• 사립학교교직원연금기금	69,298	82,147	84,015	92,008	92,912	103,179	104,955
• 사학진흥기금	2,139	2,682	3,871	4,032	4,002	4,222	4,355
I+II. 예산+기금 합계	426,822	430,868	451,462	484,336	532,637	538,264	543,661

주: 2008~2012년은 과학기술 분야 예산이 포함되어 있어서 2013년 이후 예산규모 변화 추이와 맞지 않음.
* 출처: 교육부 소관 예산 및 기금운용계획 개요(각 연도).

교육부 소관 일반회계, 특별회계, 기금에 편성된 예산을 부문별로 구분하면, 〈표 7-2〉와 같다. 2008년부터 2013년 3월까지 교육부와 과학기술부가 교육과학기술부로 통합되었다가 2013년 분리됨으로써 교육 분야와 과학기술 분야로 크게 구분하였으나, 2013년까지 남아 있던 과학기술 분야 예산이 일부는 교육 분야로 흡수되고, 일부는 과학기술부 예산으로 통폐합됨으로써 2014년 이후에는 과학기술 분야 예산은 없어졌다. 따라서 교육부 예산은 크게 교육 분야 예산과 사회복지 분야 예산으로 구분되며, 교육 분야 예산은 일부 국고보조금과 국립초·중등·특수학교 사업비를 포함하고, 대부분 지방교육재정교부금으로 구성되는 유아 및 초·중등교육예산과 고등교육예산, 평생·직업교육예산, 교육일반예산으로 구분된다. 특성화고 관련 사업비와 전문대학 관련 사업비는 평생·직업교육예산에 편성되는 것이 특기할 만한 사항이라 할 수 있다.

〈표 7-2〉 부문별 교육재정 투자실적 및 예산 추이 (단위: 억 원)

구분	2008년 실적	2009년 실적	2010년 실적	2011년 실적	2012년 실적	2013년 예산	2014년 예산
교육 분야	**358,327**	**367,187**	**379,585**	**409,064**	**452,413**	**496,295**	**505,457**
• 유아 및 초·중등교육	310,328	311,123	325,467	354,847	385,549	412,286	414,589
(지방교육재정교부금)	307,548	304,280	322,980	352,831	384,473	410,619	412,932
• 고등교육	42,498	50,125	48,102	47,019	60,290	75,647	84,555
• 평생·직업교육	4,124	4,977	5,055	6,238	5,649	7,433	5,307
• 교육일반	1,377	962	961	960	925	929	1,005
과학기술	**1,490**	**2,504**	**3,297**	**3,578**	**3,876**	**4,082**	–
• 기술개발	1,490	2,239	2,986	3,175	3,343	3,520	-
•과학기술연구지원	-	265	311	403	534	562	-
사회복지(공적연금)	**31,599**	**32,192**	**34,916**	**34,724**	**36,572**	**37,887**	**38,204**
• 예산	358,431	367,787	379,856	409,816	453,795	497,942	503,114
• 기금	32,985	34,096	37,942	37,550	39,067	40,322	40,547
• 예산+기금 합계	391,416	401,883	417,798	447,366	492,861	538,264	543,661

주: 2008년~2012년의 실적 중 과학기술 분야 예산을 제외함으로써 〈표 7-1〉의 예산 및 기금 총액과 차이가 있음.

* 출처: 2014년도 교육부 소관 예산 및 기금운용계획(안) 개요.

2. 지방교육재정의 구조

지방교육재정은 지방자치단체의 교육재정을 말하며, 지방자치단체가 설치·운영하는 유치원, 초등학교, 중학교, 고등학교, 특수학교를 대상으로 한다. 사립 유·초·중등학교의 경우, 지방자치단체가 설치·운영하는 학교는 아니라 할지라도 의무교육 및 보통교육을 분담하는 상황이므로 지방교육재정의 지원 대상이 되지만, 지방자치단체가 설치·운영하는 공립 전문대학 및 대학은 관례적으로 지방교육재정에 포함시키지 않는다. 따라서 지방교육재정이란 지방자치단체가 설치·운영하거나 지원하는 공·사립의 유치원, 초등학교, 중학교, 고등학교, 특수학교의 교육재정을 말한다.

1) 지방교육재정의 세입구조

지방교육재정은 시·도교육비특별회계를 말한다. 우리나라의 경우에는 지방자치단체가 일반지방자치단체와 교육지방자치단체로 구분된다. 교육·학예에 관한 자치사무를 담당하는 지방자치단체를 교육지방자치단체(지방교육자치단체)라 하며, 교육 이외의 자치사무를 담당하는 지방자치단체를 일반지방자치단체라 하나, 정확하게 개념을 구분하지 못하는 사람들은 통상 일반지방자치단체를 지방자치단체라고 부르고, 교육지방자치단체를 시·도교육청이라고 부르는 경향이 있다. 지방자치단체가 먼저 생기고, 나중에 지방교육자치를 실시하면서 교육지방자치단체가 분리됨으로써 관성적으로 교육지방자치단체는 지방자치단체가 아닌 것처럼 오해하는 경우가 많이 있다. 일반지방자치단체가 지방자치단체 일반회계를 선점한 상황에서 나중에 교육지방자치단체가 분리되었기 때문에 교육지방자치단체는 일반회계를 설치할 수 없고, 교육비특별회계로 구분할 수밖에 없었다. 엄밀히 말하면 지방교육재정도 일반회계와 특별회계를 설치하는 것이 필요하나, 일반 지방자치단체에 먼저 일반회계가 설치되어 있어서 교육비특별회계 하나로 만족해야 했다.

시·도교육비특별회계의 세입은 크게 이전수입과 자체 수입으로 구분되며, 이전수입은 다시 중앙정부 이전수입과 지방자치단체 일반회계 이전수입, 기타 이전수입으로 구분된다. 자체수입은 지방자치단체 교육비특별회계 부담수입과 지방교육채수입, 그리고 주민(기관)부담금 등 기타 수입으로 구분된다.

〈표 7-3〉 2010~2012년도 시·도교육비특별회계 세입결산 내역

(단위: 억 원, %)

재원별		2010년		2011년		2012년	
		결산액	구성비	결산액	구성비	결산액	구성비
합계		484,826	100.0	517,030	100.0	549,341	100.0
중앙정부 이전수입		325,657	67.2	363,092	70.2	393,985	71.7
	지방교육재정 교부금	324,372	66.9	361,390	69.9	392,488	71.4
	국고보조금	1,285	0.3	1,702	0.3	1,497	0.3
지방자치단체 이전수입		78,310	16.2	85,223	16.5	90,633	16.5
	지방교육세 전입금	48,352	10.0	52,022	10.1	54,458	9.9
	담배소비세 전입금	5,564	1.1	5,746	1.1	5,367	1.0
	시·도세 전입금	15,627	3.2	16,618	3.2	18,198	3.3
	학교용지일반회계부담금	4,322	0.9	3,964	0.8	3,479	0.6
	비법정 이전수입	4,445	0.9	6,873	1.3	9,131	1.7
지방자치단체 교육비특별회계부담수입		69,641	14.4	67,539	13.1	63,405	11.5
	교수-학습 활동수입	11,035	2.3	11,349	2.2	10,740	2.0
	행정활동수입	195	0.0	193	0.0	221	0.04

재원별		2010년		2011년		2012년	
		결산액	구성비	결산액	구성비	결산액	구성비
	자산수입	1,692	0.3	1,037	0.2	1,334	0.2
	이자수입	1,679	0.3	1,673	0.3	1,967	0.4
	잡수입 등	548	0.1	613	0.1	813	0.1
	이월금 등 (순세계 잉여금, 보조금 사용잔액, 전년도 이월 사업비)	54,492 (23,109)	11.2 (4.8)	52,674 (24,291)	10.2 (4.7)	48,330 (24,328)	8.8 (4.4)
지방교육채		10,402	2.1	-	-	339	0.1
주민(기관)부담금 등 기타		816	1.7	1,176	0.2	979	0.2

* 출처: 한국교육개발원 지방교육재정연구센터(2011, 2012, 2013). 지방교육재정분석 종합보고서.

중앙정부 이전수입은 지방교육재정교부금과 국고보조금으로 나눠지나, 국고보조금의 규모는 미미하다. 지방자치단체 이전수입은 법정이전수입과 비법정이전수입으로 나눠지며, 법정이전수입은 지방교육세전입금, 담배소비세전입금, 시·도세전입금, 학교용지 일반회계부담금으로 구분된다. 기타 이전수입은 기부금이 대부분을 차지하는 민간이전수입과 자치단체 간 이전수입으로 구분된다. 지방자치단체 교육비특별회계 부담수입은 입학금 및 수업료를 포함하는 교수-학습활동수입, 행정활동수입, 자산수입, 이자수입, 잡수입 등, 이월금 등(순세계잉여금 포함)으로 구분된다.

보다 구체적으로 보면, 중앙정부 이전수입은 내국세 수입액의 20.27%와 교육세 수입액 전액으로 확보되는 지방교육재정교부금(보통교부금: 내국세 20.27%의 96% + 교육세 전액, 특별교부금: 내국세 20.27%의 4%)과 국가 시책사업을 위해 지원되는 국고보조금으로 구성된다. 지방자치단체 일반회계 이전수입 중 법정이전수입은 지방교육세전입금(지방교육세 수입액 전액), 시·도세전입금(특별시세 수입의 10%, 광역시세와 경기도세 수입의 5%, 나머지 도세수입의 3.6%), 담배소비세전입금(특별시와 광역시의 담배소비세 수입액의 45%), 학교용지 일반회계부담금(학교용지 구입비의 1/2) 등이며, 비법정이전수입은 공립 공공도서관 운영비, 급식비보조금, 교육정보화사업보조금, 교육환경개선사업보조금 등으로 구분할 수 있다. 교육경비보조금은 지방자치단체 일반회계 재원이지만, 교육비특별회계를 거치지 않고 학교회계로 직접 지원된다.

지방자치단체 교육비특별회계 부담수입은 교수학습활동수입, 행정활동수입(수수료, 사용료 등), 특별부과금, 재산수입, 이자수입 등으로 구분되며, 교수학습활동수입은 다시 기본적 교육수입과 선택적 교육수입으로 구분되고, 기본적 교육수입은 수업료와 입학금을 말하며, 선택적 교육수입은 기숙사 및 급식비와 평생학습수입을 말한다.

2) 지방교육재정의 세출구조

지방교육재정의 세출구조는 사업별 세출구조와 성질별 세출구조로 구분할 수 있다. 세출사업은 부문, 정책사업, 단위사업, 세부사업으로 구분되며, 정책사업은 유아 및 초·중등교육부문 정책사업이 6개이며(인적자원운용, 교수-학습활동지원, 교육복지지원, 보건/급식/체육활동, 학교재정지원관리, 학교교육여건개선시설), 평생·직업교육부문 2개, 교육일반 4개 등 총 12개이고, 단위사업은 총 82개이다.

〈표 7-4〉 지방교육재정 세출사업 구조

부문	정책사업	단위사업	
[051]유아 및 초·중등교육	[01]인적 자원운용	[01]정규직인건비 [02]비정규직인건비 [03]교원역량강화 [04]지방공무원역량강화 [05]교원인사관리	[06]지방공무원인사관리 [07]비정규직인사관리 [08]교직원복지와사기진작 [09]교직원단체관리
	[02]교수-학습활동지원	[01]교육과정개발운영 [02]학력신장 [03]수업지원장학활동 [04]연구시범학교운영 [05]교과교육연구회운영활성화 [06]유아교육진흥 [07]특수교육진흥 [08]영재교육활성화 [09]독서교육활성화 [10]외국어교육 [11]과학교육활성화지원 [13]특성화고교육 [14]학교정보화인프라구축 [15]ICT활용교육	[16]체육교육내실화 [17]특별활동지원 [18]수련및봉사활동 [19]학생생활지도 [20]대안교육운영지원 [21]학생상담활동지원 [22]진로진학교육 [23]학력평가 [24]학교평가관리 [25]학생선발배정 [26]교육연구및교수학습지원센터운영 [27]검정고시관리 [28]교과교실제운영지원
	[03]교육 복지지원	[01]학비지원 [02]방과후 등 교육지원 [03]급식지원 [04]정보화지원	[05]농어촌학교교육여건개선 [06]교육복지우선지원 [07]누리과정지원 [08]교과서지원
	[04]보건/급식/체육활동	[01]보건관리 [02]급식관리	[03]각종체육대회활동
	[05]학교재정지원관리	[01]학교운영비지원	[02]사학재정지원
	[06]학교교육 여건개선시설	[01]학생수용시설 [02]학교일반시설	[03]교육환경개선시설
[053]평생·직업교육	[01]평생교육	[01]평생교육활성화지원	[02]독서문화진흥
	[02]직업교육	[01]직업진로교육	

부문	정책사업	단위사업	
[054]교육일반	[01]교육 행정일반	[01]교육정책기획관리 [02]교육정책홍보 [03]감사관리 [04]기관평가 [05]교육행정혁신 [06]법무관리 [07]의정활동지원 [08]선거관리 [09]교육행정정보화 [10]교육행정자료및기록물관리	[11]민원및행정서비스관리 [12]비상대비계획및보안 [13]예결산관리 [14]재무관리 [15]학생배치계획 [16]사학기관지도육성 [17]학부모및주민교육참여확대 [18]시설사업관리 [19]국제교육문화교류협력 [20]특별교육재정수요지원
	[02]기관 운영관리	[01]기본운영비	[02]교육행정기관시설
	[03]지방채 상환 및 리스료	[01]지방교육채상환 [02]민간투자사업상환	[03]일시차입금관리
	[04]예비비 및 기타	[01]예비비 및 기타	

성질별 세출과목 구조를 보면, 크게 목그룹, 목, 세목, 원가통계목으로 구분하며, 목그룹은 인건비, 물건비, 이전지출, 자산취득, 상환지출, 전출금 등, 예비비 및 기타 등 7가지로 구분한다.

〈표 7-5〉 2010~2012년도 시 · 도교육비특별회계 성질별 세출결산 내역

(단위: 억 원, %)

성질별	2010년		2011년		2012년	
	결산액	구성비	결산액	구성비	결산액	구성비
합계	431,089	100.0	468,141	100.0	504,340	100.0
인건비	268,264	62.2	280,909	60.0	299,150	59.3
교원	163,700	38.0	171,743	36.7	179,824	35.7

성질별		2010년		2011년		2012년	
		결산액	구성비	결산액	구성비	결산액	구성비
	행정직	23,845	5.5	25,466	5.4	27,117	5.4
	기타직	10,109	2.3	11,495	2.5	13,305	2.6
	복지후생지원	32,463	7.5	32,396	6.9	35,687	7.1
	사립학교 교직원	38,147	8.8	39,809	8.5	43,217	8.6
물건비		12,405	2.9	13,433	2.9	14,940	3.0
이전지출		4,139	1.0	4,112	0.9	9,944	2.0
자산취득		56,402	13.1	52,414	11.2	52,244	10.4
	토지매입비	8,952	2.1	6,428	1.4	7,904	1.6
	시설비	43,104	10.0	42,115	9.0	41,320	8.2
	자산취득비	2,934	0.7	1,930	0.4	2,721	0.5
	기타자산 취득비	1,412	0.3	1,941	0.4	299	0.1
상환지출		7,366	1.7	15,593	3.3	8,985	1.8
	지방교육채	1,138	0.3	8,386	1.8	1,148	0.2
	민자사업 지급금	6,228	1.4	7,207	1.5	7,837	1.6
전출금 등		82,083	19.0	100,910	21.6	118,999	23.6
	공립학교	64,132	14.9	78,741	16.8	90,502	17.9
	사립학교	16,037	3.7	21,541	4.6	27,572	5.5
	기타	1,914	0.4	628	0.1	925	0.2
예비비 및 기타		430	0.1	770	0.2	78	0.0

* 출처: 한국교육개발원 지방교육재정연구센터(2011, 2012, 2013). 지방교육재정분석 종합보고서.

3. 학교재정의 구조

국 · 공립유 · 초 · 중등학교 및 특수학교에는 학교회계(유치원회계)를 설치하고 있고, 사립학교에는 교비회계를 설치하고 있으나, 통상적으로 사립학교의 교비회계도 학교회계로 통칭하면서 세입과목과 세출과목을 통일적으로 적용하고 있다. 학교회계에 관한 자세한 사항은 학교회계 관련 장에서 자세히 다룰 것이므로 이 절에서는 학교회계의 구조를 개략적으로 제시할 것이다.

1) 학교회계 세입구조

학교회계 세입예산은 장 · 관 · 항 · 목으로 구분하며, 장은 이전수입과 자체수입으로 구분하고, 수입원과 수입의 성격 및 용도에 따라 관, 항, 목으로 구분한다. 학교회계의 세입예산 구조는 교육행재정정보시스템(에듀파인)에 기반을 두고 있으므로 국공립학교와 사립학교에 공통으로 적용하고 있다.

〈표 7-6〉 학교회계의 세입예산 과목구조

<table>
<tr><th>장</th><th>관</th><th>항</th><th>목</th></tr>
<tr><td rowspan="11">이전 수입</td><td rowspan="2">지방자치단체 이전수입</td><td rowspan="2">비법정 이전수입</td><td>광역자치단체전입금</td></tr>
<tr><td>기초자치단체전입금</td></tr>
<tr><td rowspan="2">교육비특별회계 이전수입</td><td rowspan="2">학교회계 전입금수입</td><td>기본운영비전입금</td></tr>
<tr><td>목적사업비전입금</td></tr>
<tr><td>사학법인 이전수입</td><td>사학법인 이전수입</td><td>법인 목적사업비</td></tr>
<tr><td rowspan="4">학교회계 간 이전수입</td><td rowspan="3">같은 학교 이전수입</td><td>학교발전기금전입금</td></tr>
<tr><td>학교기업회계전입금</td></tr>
<tr><td>학교내타회계전입금</td></tr>
<tr><td>다른 학교 이전수입</td><td>다른 학교 회계전입금</td></tr>
<tr><td>기타 이전수입</td><td>민간 이전수입</td><td>기타 지원금</td></tr>
</table>

장	관	항	목
자체 수입	교수학습활동수입	기본적 교육수입	입학금
			수업료
			학교운영지원비
		선택적 교육수입	기숙사 및 급식
			단체활동에 관한 수입
			기타 선택적 교육수입
	행정활동수입	사용료 및 수수료 수입	사용료수입
			수수료수입
	이자수입	이자수입	이자수입
	잡수입	잡수입	잡수입
	자산수입	자산임대수입	임대료수입
		자산매각대	토지매각

2) 세출예산의 구조

학교회계 세출예산이 지방교육재정과 마찬가지로 정책사업, 단위사업, 세부사업으로 구성되어 있다. 정책사업은 조직의 목표와 과제 등을 실행하기 위한 사업으로, 단위학교 교육활동을 수행하기 위한 최상위 사업, 즉 단위사업의 묶음을 말하며, 단위사업은 정책사업 목표를 달성하기 위한 수단으로서 사업 성격별로 통합 · 단순화한 사업, 즉 세부사업의 묶음을 말한다. 세부사업은 단위사업을 구체적으로 집행하는 세부내역으로서 각 사업담당자가 실제 운용하는 최소단위의 사업을 말한다. 정책사업과 단위사업은 교육부가 설정하며, 세부사업은 단위학교별로 자율 결정할 수 있으나, 시행과정상 혼란이 초래되자 교육청이 표준 세부사업을 제시하고 있다. 학교회계의 세출예산구조는 〈표 7-7〉과 같으며, 정책사업과 단위사업을 제시하면 다음 〈표 7-8〉과 같다.

〈표 7-7〉 학교회계의 세출예산 구조

구분	정책사업(현, 항) (전략목표)	단위사업 (성과목표)	세부사업 (지표관리)	목 · 세목	원가통계비목
내용	조직의 목표와 과제 등을 실행하기 위한 사업	정책사업 목표를 달성하기 위한 구체적 사업	단위사업을 구체적으로 집행하는 사업	중앙정부와 동일한 목	목을 세부적으로 관리(복식회계과목과 매핑)
관리	학교급별, 설립별, 조직별, 기능별 등 관리가 가능하도록 체계화 투입, 과정 및 산출지표가 표시되고 관리될 수 있도록 체계화				

〈표 7-8〉 학교회계의 정책사업과 단위사업

정책사업	단위사업
인적자원운용	교직원 보수, 교직원 복지 및 역량강화
학생복지/ 교육격차해소	급식관리, 기숙사관리, 보건관리, 교육격차해소, 학생 장학 지원, 기타 학생복리 서비스
기본적 교육활동	교과활동, 특별활동, 재량활동, 체험활동
선택적 교육활동	방과 후 학교 운영, 평생교육, 직업교육, 국제교육, 교기육성, 기타 선택적 교육활동
교육활동지원	교무업무 운영, 연구학교 운영, 학습지원실 운영, 교육여건 개선
학교 일반운영	부서기본 운영, 시설장비유지, 일반행정관리, 학교운영협력, 학부모지원
학교시설 확충	시설확충 및 개선
학교재무활동	반환금, 예비비

제8장 지방교육재정교부금제도와 현황

지방교육재정교부금제도는 의무교육재정 확보 및 지원을 위하여 1958년 12월 제정된 「의무교육재정교부금법」에 의해서 시작되었으며, 중등교육재정 확보 및 지원을 위하여 1963년 12월 추가로 제정된 「지방교육교부세법」을 거쳐, 중학교 무시험진학에 따른 중등교육재정 수요를 충당하기 위하여 1971년 12월 「의무교육재정교부금법」과 「지방교육교부세법」을 통합한 「지방교육재정교부금법」이 제정됨으로써 오늘날의 지방교육재정교부금제도의 골격이 완성되었다.

이 장에서는 「지방교육재정교부금법」 규정을 중심으로 지방교육재정교부금제도의 성격과 기능을 살펴본 후, 지방교육재정교부금제도의 변천과정을 정리하고, 지방교육재정교부금제도의 현황을 제시하고자 한다.

1. 지방교육재정교부금제도의 성격

「지방교육재정교부금법」 제1조에 의하면, 지방교육재정교부금제도는 지방자치단체 간 교육의 균형 있는 발전을 도모하기 위하여 지방자치단체가 교육기관 및 교육행정기관을 설치 · 경영하는 데 필요한 재원의 전부 또는 일부를 국가가 교부하는 제도이다. 「교부금법」 제1조에 나타난 지방교육재정교부금제도의 성격은 크게 세 가지다(송기창 외, 2006: 35-37).

첫째, 지방교육재정교부금제도는 지방자치단체 간 '교육의 균형 있는 발전'을 도모하는 데 목적이 있다. 이러한 목적은 '지방행정의 건전한 발전'을 기하는 지방교부세의 목적과 약간 차이가 있다. '균형 있는 발전을 도모한다.'는 말은 '건전한 발전을 기한다.'는 말보다 국가의 적극적인 개입을 시사한다. 지방교부세는 지방자치단체들이 국가가 정한 최소한의 행정수준에 도달하도록 하는 데 목적이 있다면, 지방교육재정교부금은 지방자치단체 간 교육수준이 균등하도록 보장하는 데 목적이 있다는 것이다. '균형'이라는 용어는 「의무교육재정교부금법」과 「지방교육교부세법」의 목적에도 똑같이 들어 있었다.

지방교육재정교부금과 지방교부세는 표면적으로 똑같은 지방교부금제도지만, 서로 성격이 약간 다름을 알 수 있다. 두 제도가 똑같이 기준재정수요액을 상정하고 기준재정수입액과의 차액을 교부하지만, 기준재정수입액을 산정할 때 교부금은 교부세와 달리 지방자치단체 간 차이를 허용해서는 안 된다는 것을 의미한다. 예컨대, 「교부세법」에서 지방세수입의 80%만 기준재정수입액으로 산정한다고 해서 「교부금법」에서도 지방세수입의 80%만 기준재정수입액에 반영해서는 안 된다는 것이다. 교부금은 교부세와 달리 '균형 있는 교육발전'을 도모하는 데 목적이 있기 때문이다. 기준재정수입액을 산정할 때 예상수입액의 일정률을 지방자치단체에 유보하는 것을 허용할 경우 재정력의 격차를 해소할 수 없어서 교육의 균형 있는 발전을 불가능하게 할 수 있다.

둘째, 지방교육재정교부금은 국가가 지방자치단체에 교부하는 재원이라는 점이다. 지방교부세의 경우에는 '지방자치단체의 행정운영에 필요한 재원을 교부하여 그 재정을 조정하는' 주체를 국가라고 명시하지 않고 있지만, 교부금의 경우에는 '국가'가 그 주체임을 명백히 밝히고 있다. 「지방교부세법」 제1조에 교부세의 주체가 국가라고 명시되어 있지 않더라도 제5조에서 국가는 교부세를 매년 예산에 계상하여야 한다고 규정하고 있기 때문에 현실적으로 교부금과 다르지 않다. 다만, 특별시 및 광역시의 자치구에 대한 교부세는 국가가 직접 교부하지 않고 특별시와 광역시에 교부하기 때문에 자치구의 경우에는 교부세를 특별시와 광역시로부터 교부받고 있다. 교부금의 교부 주체를 국가로 명시한 것은 장차 어떤 지방자치단체의 기준재정수입액이 기준재정수요액을 초과하는 경우가 발생하더라도 초과분을 국가나 다른 지방자치단체에 이전하도록 요구하지 않는다는 것을 의미한다.

교부금의 교부 주체가 국가라는 사실은 교부금이 국가의 교육재정 확보 책임을 이행하는 수단임을 의미하기도 한다. 「교육기본법」 제7조 제1항에서 '국가 및 지방자치단체는 교육재정을 안정적으로 확보하기 위하여 필요한 시책을 수립 · 실시하여야 한다.'고 하면서 제2항에서 '교육재정의 안정적 확보를 위한 지방교육재정교부금 등에 관하여 필요한 사항은 따로 법률로 정한다.'고 규정하였다. 이 규정은 지방교육재정교부금이 국가의 안정적 교육재정 확보수단임을 나타낸 것이다. 따라서 지방교육재정교부금은 국가가 지방자치단체에 교부하는 재원이면서 국가의 교육재정 확보근거가 된다. 이는 지방교육재정교부금제도가 교육재원 배분제도로서의 성격과 교육재원 확보제도로서의 성격을 동시에 가지고 있음을 의미한다.

셋째, 지방교육재정교부금은 지방자치단체가 교육기관 및 교육행정기관(그 소속기관 포함)을 설치 · 경영하는 데 필요한 재원이다. 「교부금법」 제1조의 표현만 보면 사립학교는 교부금의 지원대상에서 제외된다는 문제가 있으나 「교부금법」 시행령과 시행규칙에서는 기준재정수요액과 수입액을 산정하는 기준을 제시하면서 사립학교를 지원 대상에 포함시키고 있다. 마찬가지로 2012년부터 어린이집에 재원하고 있는 유아의 누리과정지원비를 지방교육재정교부금에서 지원하고 있는 것도 논란의 소지를 안고 있다.

2. 지방교육재정교부금제도의 기능

지방교육재정교부금제도는 교육재원 확보제도이면서 교육재원 배분제도라는 양면적 성격을 가지고 있기 때문에 교부금제도의 기능도 교육재원 확보에 따른 기능과 교육재원 배분에 따른 기능으로 구분할 수 있다(송기창 외, 2006: 37-38).

교육재원 확보면에서 보면, 지방교육재정교부금제도는 교육재원을 안정적으로 확보하는 기능을 한다. 국가예산에서 보면 교부금은 교육부 소관 세출예산에 속하므로 재원 확보와 무관한 세출의 한 분야로 볼 수 있지만, 교부금의 최종 소비주체가 지방자치단체라는 관점에서 본다면 교부금은 지방자치단체 중요한 세입원이다. 따라서 교부금은 지방교육재원의 확보수단으로 볼 수 있다. 다만, 교육재원의 중요성을 감안하여 교부금의 규모가 「지방교육재정교부금법」에 의해 법정화되어 있다. 교부금 규모의 법정화는 교육재원을 안정적으로 확보하도록 하는 중요한 장치다.

교육재원 배분면에서 보면, 지방교육재정교부금제도는 일정 수준의 교육서비스를 유지하는 기능과 지방자치단체의 교육여건을 형평화하는 기능을 한다. 일정 수준의 교육서비스를 유지하는 기능은 기준재정수요액과 기준재정수입액의 차액을 교부함으로써 실현된다. 지방자치단체 간 교육여건이 다양함에도 불구하고 일정 기준에 따라 교육재정 수요액을 산정한 후, 기준재정수입액을 감한 나머지를 교부금으로 지원함으로써 지방자치단체의 교육서비스 수준을 기준재정수요액 수준으로 조정하기 때문이다. 기준재정수요액은 지방자치단체의 요구를 종합한 개념이 아니라 국가가 교부금 규모를 고려하여 제시한 최소한의 교육서비스 수준이다. 각 지방자치단체에 대한 교부금 배분액이 기준재정수요액을 고려해서 결정되는 한, 교부금제도는 일정 수준의 교육서비스를 유지하는 기능을 수행하게 된다.

지방자치단체의 교육여건을 형평화하는 기능은 기준재정수요액 산정기준을 통해 실현된다. 국가가 기준재정수요액을 산정하는 기준을 제시하면 지방자치단체는 기준재정수요액을 극대화하는 방향으로 재정수요를 조정하게 된다. 예컨대, 현원이 아닌 기준 정원을 기준으로 교원인건비를 산정하는 기준이 제시될 경우, 기준정원을 초과한 자치단체는 손해를 보게 되므로 정원을 줄이려는 노력을 함으로써 일정 기간이 지나면 자치단체의 교원정원을 기준정원으로 수렴시킬 수 있게 된다. 학생수를 기준으로 하지 않고 표준 학급수나 표준 학교수를 기준으로 운영비를 산정할 경우 자치단체는 자발적인 구조조정을 통해 표준 학급수와 표준 학교수로 이행하게 된다는 것이다. 결국 일정 기간이 지나면 지방자치단체의 교육여건이 형평화될 것이다. 그러나 이러한 기능은 자동적으로 실현되는 것이 아니며, 교부금을 배분하는 기준과 방법에 대한 계속적인 연구를 통해 가능하다.

3. 지방교육재정교부금제도의 변화

앞에서 밝힌 바와 같이, 지방교육재정교부금제도는 1959년부터 도입된 의무교육재정교부금제도와 1964년부터 도입된 지방교육교부세제도를 1972년부터 지방교육재정교부금제도로 통합하여 오늘에 이르고 있다.

1958년말 「의무교육재정교부금법」의 제정으로 의무교육비의 국고보조 기준이 확립되기 전까지 교육비 국고보조의 근거는 「교육법」 제70조와 제71조였다. 「교육법」 제70조는 '의무교육에 종사하는 국민학교 교원의 봉급 전액과 공립 중학교와 고등학교 교원의 봉급 반액은 국고가 부담한다.'고 규정하였으며, 제71조는 '① 국고는 교육구, 시, 도와 특별시의 교육비에 대하여 보조하여야 한다. ② 국고는 특히 자력이 부족한 교육구, 시 또는 도에 대하여 보조를 증가할 수 있다. ③ 도는 교육구 또는 시에 대하여 상당한 보조를 할 수 있다. ④ 국고, 특별시 또는 도는 사립학교에 대하여 보조를 할 수 없다.'고 규정하였다. 그러나 국고보조의 기준이 명확하지 않아 논란이 계속되었고, 이를 보완하기 위해 1951년 12월 제71조 제2항이 '국고는 의무교육비의 재원이 부족한 교육구, 시 또는 특별시에 대하여 부족전액을 보조하여야 한다.'로 개정되었으나, 여전히 부족액 산정기준이 없는 상태였다. 1952년에 제정된 「교육법시행령」 제42조에 부족액의 산정기준이 제시되었으나, 이 규정도 모호하기는 마찬가지였다. 국고보조의 범위를 나열하였을 뿐, 교육비 산정을 위한 측정단위와 단위비용은 제시되어 있지 않았기 때문이다.

1958년 8월 「교육세법」이 제정되어 국세 교육세의 30%는 징수지에 환부하고, 나머지 70%는 국가가 일정 기준에 의해 지방자치단체에 배분해야 하는 상황이 되었다. 그 전까지는 지방자치단체에 배분할 재원규모가 정해지지 않았으나, 교육세 신설로 국가가 지방자치단체에 배분해야 하는 재원규모가 확정되는 결과를 가져왔고, 재원규모가 정해지자 재원을 배분할 객관적인 기준이 필요하게 된 것이다. 이에, 1958년 말 「의무교육재정교부금법」을 제정하게 된 것이다.

신규 제정된 「의무교육재정교부금법」은 교부금을 보통교부금과 특별교부금으로 구분하였으나, 보통교부금의 총액은 당해 연도의 교육구의 기준재정수요액이 기준재정수입액을 초과하는 금액의 합산액으로 한다고 막연히 규정하여 재원규모를 법제화하지 못했고, 특별교부금의 총액은 보통교부금총액의 산정기초가 되는 총기준재정수요액 중 기본급여(제수당을 포함한다)를 제한금액의 100분의 30 이내의 금액으로 한다고 규정하여 상한선만 제시되어 실효성을 담보하지 못했다. 보통교부금은 매년도 기준재정수요액이 기준재정수입액을 초과하는 교육구에 대하여 교부하되 교부금의 금액은 그 초과하는 금액으로 하였고, 특별교부금은 천재지변 기타 사변으로 인하여 특별한 재정수요가 있거나 재정수입의 감소가 있을 때, 기준재정수요액의 산정과소 또는 기준재정수입액의 산정과다가 있을 때, 기타 특별한 사정이 있을 때 등 기준재정수요액의 산정방법에 의하여서는 보충할 수 없는 특별한 재정수요가 있는 교육구에 교부하도록 하였다.

기준재정수요액의 산정방법은 대통령령으로 정하도록 하였으나, 1971년 말 폐지될 때까지 제정되지 않았다. 기준재정수입액은 지방교육세 수입액의 70%,

국세 교육세액의 30%에 해당하는 환부금, 제1종 토지수득세액의 18.2%에 해당하는 환부금, 입장세액의 50%에 해당하는 환부금, 기타 교육구에 속하는 수입 등의 수입예상액으로 하였다. 명시적으로 밝히고 있지 않으나, 보통교부금의 재원은 국세 교육세 수입액의 70%를 확정재원으로 하면서 약간의 국고보조액이 추가되었던 것으로 보인다. 특별교부금은 보통교부금의 30% 이내로 규정되어 있었으나, 실제 확보된 규모는 1%에도 미치지 못했다는 기록이 있다.

의무교육재정 보통교부금의 재원은 1962년부터 소득세의 42%(지방교육세와 국세 교육세, 토지수득세 환부금 상당액을 전환한 것임)와 입장세액의 50%에 해당하는 환부금으로 바뀌었다. 지방자치단체 자체 수입이었던 지방교육세 수입액과, 환부금으로 지원되던 국세 교육세 수입액 30%, 토지수득세 18.2% 상당액이 보통교부금 재원으로 편입됨에 따라 교부금 규모가 늘어났고, 국가의 지방교육재원 형평화를 위한 국가의 기능도 강화되었다. 1966년에는 보통교부금의 재원이 소득세 50%와 입장세의 50%(환부금제도의 폐지에 따른 단순 합산)로 바뀌었으며, 1967년에는 소득세와 입장세의 40~50%로 바뀌었다가 1968년부터는 내국세 총액의 10.5%로 바뀌었다. 보통교부금의 30% 이내로 출발한 특별교부금은 실효를 거두지 못하다가 1966년부터 보통교부금의 10%로 고정되었다.

「교육법」 규정에 의해 국고보조금으로 지원되던 의무교육 교원봉급 전액은 1966년부터 보통교부금에 통합되어 봉급교부금으로 지원되기 시작하여 계속 유지되었다. 1982년까지는 봉급교부금에 본봉뿐만 아니라 제수당이 포함되어 교부되었으나, 1983년부터는 봉급액을 기준으로 산정되는 수당만 포함하도록 변경되었고, 1991년부터는 기타 수당의 경우에도 예산부처와 협의하여 포함할 수 있도록 개정되었다.

중등교육재정의 경우, 「교육법」 제70조의 규정에 의해 공립 중등교원의 봉급 반액만을 국가가 지원하는 제도가 1963년 말까지 계속 유지되었다. 나머지 봉급 반액은 지방자치단체 일반회계로부터 전입금으로 지원받았는데, 지방자치단체는 국가로부터 지원받은 지방교부세 재원에서 봉급 반액을 전출하고 있었기 때문에 결국은 공립 중등교원 봉급 전액이 국가로부터 지원되는 셈이었다. 그런데 지방자치단체로부터의 봉급전입금이 제때에 들어오지 않거나 전용되는 사례가 빈발하자, 1964년부터 시·도단위 지방교육자치의 실시를 계기로 봉급 전입금 해당액을 국가가 직접 지원하는 지방교육교부세제도를 도입한 것이다.

1963년말 제정된 「지방교육교부세법」은 보통교부세의 재원으로 입장세액의 40%와 탁·약주세액의 42%를, 특별교부세의 재원으로 보통교부세의 10%를 규정하였다. 1968년에는 보통교부세의 재원이 내국세 총액의 1.3%로 재원이 바뀌었고, 국고보조금으로 계속 지원되던 공립 중등교원 봉급 반액은 1971년 말 지방교육재정교부금제도가 도입되면서 봉급교부금으로 바뀌었다. 초등교원 봉급보조금과는 달리 중등교원 봉급보조금에는 처음부터 제수당이 포함되지 않았기 때문에 1971년 말 「지방교육재정교부금법」에도 반영되지 않았다. 1983년부터 봉급액을 기준으로 하는 수당을 포함하는 규정이 신설되어 봉급교부금이 약간 늘어나는 결과를 가져왔으나, 1990년 말 교육세가 확충되면서 대신에 중등교원 봉급교부금이 삭제되었다.

1971년말 「의무교육재정교부금법」과 「지방교육교부세법」을 통합하여 제정된 「지방교육재정교부금법」은 내국세의 11.8%를 보통교부금으로, 보통교부금의 10%인 내국세의 1.18%를 특별교부금으로 규정하였으나 제정된 지 1년이 못 되어 8·3조치로 교부율의 효력이 정지되었다. 1982년 교육세 신설을 계기로 보통교부금의 교부율 11.8%가 회복되었고, 보통교부금 속에 교육세 수입액을 포함시켰으나, 특별교부금의 법정교부율 내국세의 1.18%는 회복되지 않았다.

1990년 말 「국세와 지방세의 조정 등에 관한 법률」이 개정되어 교육세 수입액이 지방교육양여금의 재원으로 됨에 따라 지방교육재정교부금제도에 변화가 있었다. 우선 보통교부금에서 교육세에 해당하는 금액을 제외하였으며, 의무교육기관 교원봉급 교부조항에 봉급액을 기준으로 지급액이 산정되는 수당을 포함하고, 기타의 수당 중 경제기획원장관과 교육부장관이 협의하여 정하는 수당을 포함할 수 있다는 단서를 붙였고, 경상교부금의 규모를 내국세 총액의 11.8%의 10/11으로 하고, 1/11은 특별교부금으로 교부토록 하였으며, 국가예산이 정하는 바에 의하여 증액 교부할 수 있도록 하여 증액교부금제도를 도입하였다.

1990년의 「교부금법」 개정과 함께 그동안 미뤄져 왔던 「지방교육재정교부금법 시행규칙」(1990.12.31, 교육부령 제590호)이 제정되어 지방교육재정교부금 배분기준에 획기적인 변화가 나타났다. 1990년도까지는 교직원인건비, 행정기관(지방교육청 및 산하기관) 운영비, 학교 운영비(교당경비, 급당경비 등) 등 기준재정수요액을 개별적으로 산정하여 교부하였으나 1991년부터 교육자치제의 실시로 지방의회에서 시·도교육비특별회계 예산을 심의·의결하게 됨에 따라 예산편성의 자율권 보장을 위하여 시·도별로 학교급별 교육비 차이도에 의한 가중학생지수를 산정한 후, 가중학생당 경비를 지수화하여 총액 배분하는 방식으로 교부하게 되었다. 1995년 말에는 「교부금법 시행규칙」을 개정하여 가중학생지수에 의한 총액배분의 기조는 그대로 유지하면서 교육비차이도를 조정하였고, 보통교부금을 경상재정과 학생수용시설재정으로 구분·배분하는 방식으로 변경하였다.

2000년 1월 28일 공포된 「교부금법」 개정법률에 의하여, 2001년부터 지방육재정교부금제도는 두 가지 변화가 나타났다. 하나는 내국세 법정교부율이 11.8%에서 13.0%로 상향조정된 것이며, 다른 하나는 의무교육기관 교원봉급교부금의 확충이다. 법정교부율이 13%로 조정된 것은 1971년 말 제정된 「교부금법」에서 규정하였던 법정교부율 12.98%(특별교부금 포함)을 회복했다는 의미가 있다. 의무교육기관 교원의 인건비를 안정적으로 확보할 수 있도록 봉급교부금(봉급과 기말수당, 정근수당, 관리업무수당만 지원)에 교원에게만 지급하는 수당(교직수당, 교직수당 가산금, 학급담당수당, 교원 등에 대한 보전수당, 보직교사수당, 교원특별수당, 2002년부터 보건교사수당 추가)을 포함한 인건비를 국가가 직접 지원토록 개정한 것은 인건비의 안정적인 확보와 교육재원 확충에 기여하였다.

2004년 12월 30일(법률 제7251호) 개정된 「교부금법」에 의해, 2005년부터 지방교육재정교부금제도에서 의무교육기관 교원봉급교부금과 증액교부금 폐지에 따라 내국세 법정교부율이 19.4%로 조정되었고, 지방교육양여금의 폐지에 따라 교육세가 경상교부금 재원으로 다시 편입되는 변화가 있었다. 아울러 국가는 의무교육기관 교원의 증감 등 불가피한 사유로 인하여 지방교육재정의 인건비 소요에 현저한 변동이 있을 때에는 교부율을 보정하도록 한 규정이 신설되었다. 또한, 특별교부금의 재원이 경상교부금의 1/11에서 내국세 19.4%의 4%로 조정되었다. 이는 봉급교부금 재원이 경상교부금에 통합됨에 따라 특별교부금의 규모가 지나치게 커지는 문제를 해결하기 위함이었다. 그리고 「교부금법 시행규칙」에 규정하였던 특별교부금의 교부방법이 모법으로 이동하여 규정되었다. 정책사업수요(40%), 재정보전수요(20%), 재해대책수요(10%), 현안사업수요(30%)로 구분하여 교부하던 특별교부금을 시책사업수요(60%), 지역교육현안수요(30%), 재해대책수요(10%)로 구분하여 교부하도록 하였다. 한편, 2004년 말 「지방교육재정교부금법 시행령」이 새로이 제정되었고, 2005년 4월 30일 「교부금법 시행규칙」이 전문 개정되었다.

2006년 12월 30일(법률 제8148호) 개정에서는 유아교육지원사업, 방과후학교지원사업 등 국고보조사업을 교부금사업으로 이양하면서 내국세분 교부금의 교부율을 2008년부터 20%로 인상하였고, 기준재정수입액의 산정에 있어 지방세를 재원으로 하는 것은 표준세율에 의해 산정한 금액의 100분의 80만 반영하던 것을, 전액을 반영하도록 하되, 그 금액과 결산액의 차액은 다음 다음 연도의 기준재정수입액을 산정하는 때에 정산하도록 하며, 지방자치단체의 교육에 대한 투자를 활성화하기 위하여 지방자치단체가 법정 전출금 외에 별도의 경비를 교육비특별회계에 전출할 수 있는 근거를 명시적으로 규정하며, 광역자치단체도 학교에 직접 경비를 보조할 수 있는 근거를 마련하였다.

2010년 1월 1일의 개정(법률 제9923호)에서는 지방소비세의 도입에 따라 지방교육재정교부금의 재원인 내국세의 감소가 나타나자 내국세 교부율을 20%에서 20.27%로 조정하였고, 내국세뿐만 아니라 교육세에 대한 정산규정을 신설하였다.

이상의 지방교육재정교부금 재원 및 특별교부금의 변화를 그림으로 나타내면 다음 [그림 8-1]과 [그림 8-2]와 같다.

기간	보통교부금: 봉급교부금	보통교부금: 경상교부금	특별교부금	증액교부금		
1972~1981	의무교육기관 교원봉급 전액(제수당 포함), 공립중등교원봉급 반액(서울 제외)	내국세 11.8% (8 · 3조치로 교부율 정지)	내국세 1.18% (8 · 3조치로 교부율 정지)			
1982~1990	봉급기준수당 포함의 의무교육기관 교원봉급 전액 및 공립중등교원봉급 반액(서울 제외)	내국세 11.8%	국가예산이 정함		**교육세 교부금** 분리과세이자 및 배당소득 5%, 주세 10%, 제조담배매도가격 10%, 금융보험업자수익 0.5%	
1991~2000	의무교육기관 교원봉급 전액(봉급기준수당 포함)	내국세 11.8%의 10/11	내국세 11.8%의 1/11	국가예산 범위 내	**지방교육양여금** 국세분 교육세와 지방세분 교육세	
2001	의무교육기관 교원봉급 전액(봉급기준수당 및 교원 관련 6개수당 포함)	내국세 13.0%의 10/11	내국세 13.0%의 1/11	국가예산 범위 내	국세분 교육세	지방세분 교육세→지방교육세(지방교육세전입금)
2005	폐지(내국세 교부금에 통합)	**내국세 교부금 – 보통교부금** 내국세 19.4%의 96/100	**내국세 교부금 – 특별교부금** 내국세 19.4%의 4/100	폐지(내국세 교부금에 통합)	**교육세 교부금** 교육세(금융 · 보험업자 수입금액 0.5%, 개별소비세 30%(등유 · 중유 · 부탄가스 개별 소비세는 15%), 교통 · 에너지 · 환경세액 15%, 주세액 10%)	

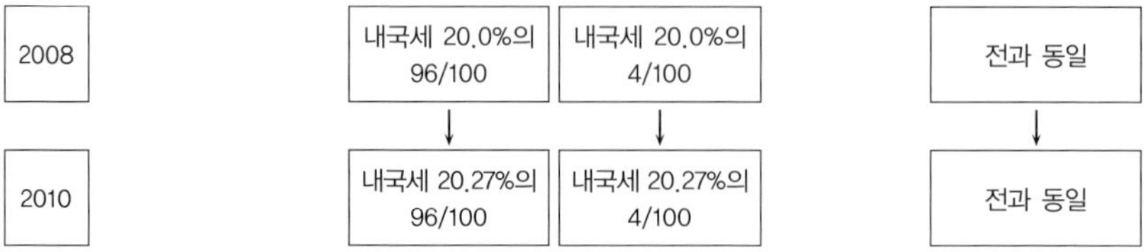

[그림 8-1] 1972년 도입 이후의 지방교육재정교부금의 변천과정

* 출처: 송기창 · 윤홍주(2011), p. 17을 수정함.

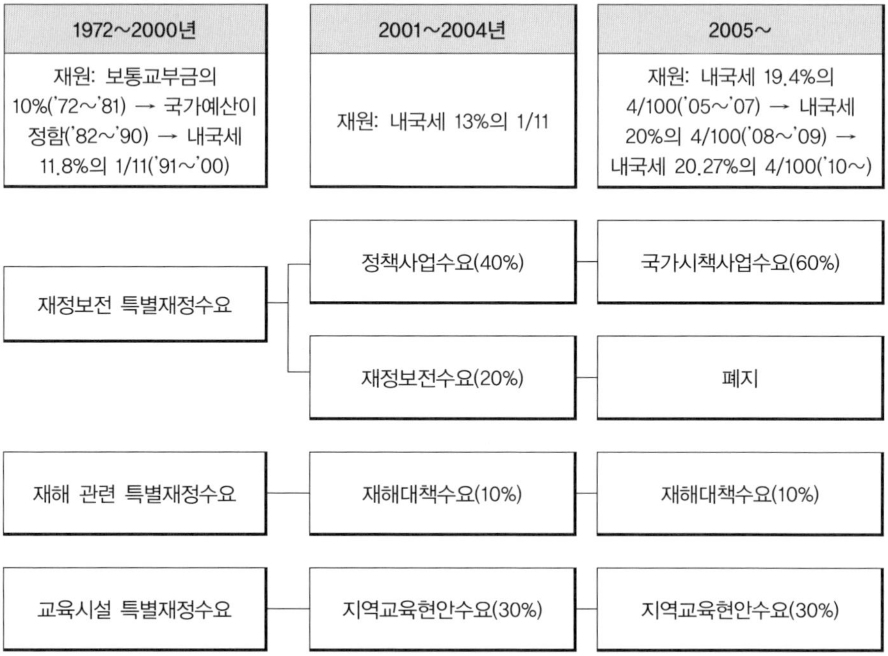

[그림 8-2] 수요별 특별교부금 배분 비율의 변화

4. 지방교육재정교부금 현황

1) 교부금 재원의 규모 및 교부방법

「지방교육재정교부금법」 제3조 제1항에 의하면, 국가가 지방자치단체에 교부하는 교부금은 보통교부금과 특별교부금으로 구분된다. 「교부금법」 제3조 제2항과 제3항에는 보통교부금과 특별교부금의 재원규모가 명시되어 있는데, 보통교부금은 교육세 세입액 전액과 내국세 총액의 1만분의 2,027에 해당하는 금액의 100분의 96에 해당하는 금액을 합한 금액으로 하고, 특별교부금의 재원은 내국세 총액의 1만분의 2,027에 해당하는 금액의 100분의 4에 해당하는 금액으로 하고 있다.

보통교부금은 기준재정수입액이 기준재정수요액에 미달하는 지방자치단체에 그 미달액을 기준으로 하여 총액으로 교부한다. 시행규칙 제3조에 따르면, 시 · 도 교육행정기관의 장은 교부금의 산정에 필요한 자료를 전년도 7월 말까지 교육부장관이 지정하는 정보처리장치를 통하여 제출하여야 하며, 교육부장관은 시 · 도의 교육행정기관의 장이 제출한 자료가 사실과 같게 작성되었는지의 여부를 확인하기 위하여 자료검사를 할 수 있다. 「교부금법」 제5조 제2항에 의하면, 교육부장관은 보통교부금을 교부하고자 하는 때에는 당해 시 · 도의 교육행정기관의 장에게 그 교부의 결정을 통지하여야 한다. 이 경우 교육부장관은 보통교부금의 산정기초, 자치단체별 내역 및 관련 자료를 작성하여 이를 각 시 · 도의 교육행정기관의 장에게 송부하도록 되어 있다. 교육부장관은 매년 2월 말까지 시 · 도에 교부할 보통교부금의 총액을 당해 시 · 도 교육행정기관의 장에게 통지하여야 한다. 다만, 연도 중 보통교부금 총액의 변경, 그 밖에 특별한 사유로 인하여 당해 시 · 도의 보통교부금 총액이 변경된 때에는 그 때마다 이를 당해 시 · 도의 교육행정기관의 장에게 통지하여야 한다. 교육부장관은 매 회계연도 개시 전에 시 · 도에 교부할 보통교부금의 예정액을 시 · 도의 교육행정기관의 장에게 미리 통지할 수 있다.

국가는 회계연도마다 교부금을 국가예산에 계상하여야 하며, 추가경정예산에 의하여 내국세 및 교육세의 증감이 있을 경우에는 교부금도 증감하여야 한다. 또한 내국세 및 교육세 예산액과 결산액의 차액으로 인한 교부금의 차액은 이를 늦어도 다음 다음 연도의 국가예산에 계상하여 정산하여야 한다. 아울러 교육부장관은 매년 3월 31일까지 보통교부금의 배분기준·배분내역·배분금액 그 밖에 보통교부금의 운영에 필요한 주요사항을 국회 소관 상임위원회에 보고하여야 한다.

「지방교육재정교부금법」 제5조의2에 의하면, 특별교부금은 ①「지방재정법」 제58조의 규정에 의하여 전국에 걸쳐 시행하는 교육 관련 국가시책사업으로 따로 재정지원계획을 수립하여 지원하여야 할 특별한 재정수요가 있는 때에는 특별교부금 재원의 100분의 60에 해당하는 금액, ② 기준재정수요액의 산정방법으로 포착할 수 없는 특별한 지역교육현안수요가 있는 때에는 특별교부금 재원의 100분의 30에 해당하는 금액, ③ 보통교부금의 산정기일 후에 발생한 재해로 인하여 특별한 재정수요가 있거나 재정수입의 감소가 있는 때에는 특별교부금 재원의 100분의 10에 해당하는 금액을 교부한다. 다만, 재해대책수요에 의한 금액의 사용잔액이 예상되는 경우에는 교육부장관이 지방교육행정 및 지방교육재정의 운용실적이 우수한 지방자치단체에 대한 재정지원의 재원으로 사용할 수 있도록 규정되어 있다.

특별교부금 사업의 교부절차를 보면 국가시책사업수요 특별교부금은 교육부에서 직접 재정지원계획을 수립하여 교부하고 지역교육현안수요·재해대책수요특별교부금은 교육부에서 시·도교육청의 신청을 받아 심사하여 교부하도록 되어 있다. 국가시책사업수요 특별교부금의 경우 교육부 내 특별교부금 담당부서에서 각 사업부서로부터 사업요구서를 제출받아 특별교부금 시책사업심의회의 심의를 거친 후 장관의 결재를 받아 특별교부금을 교부하고 있다. 지역교육현안수요 특별교부금의 경우 각 시·도교육청으로부터 연 1, 2회 사업을 신청받아 심사하여 교부하고 있고, 재해대책수요 특별교부금의 경우에는 소방방재청의 피해조사 결과 등을 근거로 시·도교육청에서 특별교부금을 신청하면 이를 교부하고 있다.

2) 보통교부금(기준재정수입액 및 기준재정수요액) 산정방법

기준재정수입액은 「교부금법」 제11조의 규정에 의한 일반회계 전입금 등 교육·학예에 관한 지방자치단체 교육비특별회계의 수입예상액으로 하되, 수입예상액 중 지방세를 재원으로 하는 것은 「지방세기본법」 제2조 제1항 제6호에 따른 표준세율에 의하여 산정한 금액으로 하며 그 밖의 수입예상액의 산정방법은 대통령령으로 정한다. 일반회계 전입금이란 「지방세법」 제151조에 따른 지방교육세에 해당하는 금액, 담배소비세의 100분의 45에 해당하는 금액(도를 제외한다), 서울특별시는 특별시세 총액(「지방세기본법」 제8조 제1항 제1호에 따른 보통세 중 주민세 재산분 및 지방소득세 종업원분, 같은 항 제2호에 따른 목적세 및 같은 법 제9조에 따른 특별시분 재산세에 해당하는 금액을 제외한다)의 100분의 10, 광역시 및 경기도는 광역시세 또는 도세 총액(「지방세기본법」 제8조 제2항 제2호에 따른 목적세에 해당하는 금액을 제외한다)의 100분의 5에 해당하는 금액, 그 밖의 도 및 특별자치도는 도세 또는 특별자치도세 총액의 1천분의 36에 해당하는 금액을 말한다.

「교부금법 시행령」 제5조에 의하면, 지방세를 재원으로 하는 수입은 전전년도 지방세 세입결산액에 최근 3년간의 평균증감률을 적용하여 산출하고, 지방세 및 세외수입의 징수실적 또는 징수전망 등을 기초로 한 세수의 변동요인이 있는 때에는 교육부장관이 기준재정수입액을 보정할 수 있다.

「교부금법」 제6조에 따르면, 기준재정수요액은 각 측정항목별로 측정단위의 수치를 그 단위비용에 곱하여 얻은 금액을 합산한 금액으로 하며, 측정항목 및 측정단위는 대통령령으로 정하고, 단위비용은 대통령령이 정하는 기준의 범위 안에서 물가변동 등을 감안하여 교육부령으로 정하도록 되어 있다. 기준재정수요액은 교직원 인건비, 학교·교육과정 운영비, 교육행정비, 학교시설비, 유아교육비, 방과후학교사업비로 구분하여 각 항목별 측정단위와 단위비용을 산정공식에 반영하여 수요액을 산출하여 합산하고, 거기에 재정결함 보전수요와 자체노력수요 등을 합산한다. 자체노력수요 등에는 학교·학급 통·폐합 지원,

학교신설 민관협력 확대, 자율형 사립고 지정에 따른 공립 일반고등학교 지원, 경상적 경비 절감, 외부로부터의 교육투자 유치, 특성화고등학교 체제개편 지원 등이 포함된다.

3) 교부금의 조정과 이의신청

교부금이 그 산정에 필요한 자료의 착오 또는 허위로 인하여 부당하게 교부된 때에는 교육부장관은 당해 시·도가 정당하게 받을 수 있는 교부금액을 초과하는 부분에 상당하는 금액을 다음에 교부할 교부금에서 감액한다. 지방자치단체가 법령의 규정을 위반하여 현저하게 과다한 경비를 지출하였거나 확보하여야 할 수입의 징수를 태만히 한 때에도 교육부장관은 당해 지방자치단체에 교부할 교부금을 감액하거나 이미 교부한 교부금의 일부의 반환을 명할 수 있다. 이 경우 감액하거나 반환을 명하는 교부금의 금액은 법령의 규정을 위반하여 지출하였거나 징수를 태만히 한 금액을 초과할 수 없다.

시·도의 교육행정기관의 장은 보통교부금의 결정통지를 받은 경우에 당해 자치단체의 교부금액 산정기초 등에 대하여 이의가 있는 때에는 통지를 받은 날부터 30일 이내에 교육부장관에게 이의를 신청할 수 있다. 교육부장관은 이의신청을 받은 경우 그 신청을 받은 날부터 30일 이내에 이를 심사하여 그 결과를 당해 지방자치단체의 교육행정기관의 장에게 통지하여야 한다.

2010년 이후 보통교부금의 기준재정수요액과 기준재정수입액의 산정결과는 다음과 같다.

〈표 8-1〉 연도별 보통교부금의 기준재정수요액 및 기준재정수입액 산정결과

(단위: 억 원, %)

구분		2010년		2011년		2012년		2013년	
		금액	비율	금액	비율	금액	비율	금액	비율
기준재정수요(A)	교직원인건비	275,751	67.2	284,365	67.0	293,457	65.1	307,462	63.5
	학교 · 교육과정 운영비	63,010	15.4	68,343	16.1	72,992	16.2	69,149	14.3
	교육행정비*	36,724	8.9	25,102	5.9	22,175	4.9	8,311	1.7
	교육복지지원비	-	-	-	-	-	-	13,049	2.7
	학교시설비	17,139	4.2	18,420	4.3	17,228	3.8	26,323	5.4
	유아교육비	8,592	2.1	10,481	2.5	20,608	4.6	32,348	6.7
	방과후학교 사업비	3,069	0.7	4,219	1.0	6,248	1.4	8,269	1.7
	재정결함보전	4,397	1.1	8,045	1.9	6,804	1.5	6,862	1.4
	자체노력 수요 등	1,780	0.4	5,634	1.3	11,593	2.6	12,264	2.5
	세종특별자치시 보정	-	-	-	-	-	-	384	0.1
	합계	410,462	100.0	424,609	100.0	451,103	100.0	484,420	100.0
기준재정수입(B)	지방교육세	58,848	56.8	49,529	55.3	44,567	51.9	50,236	53.1
	시 · 도세	15,428	14.9	12,422	13.9	16,223	18.9	21,213	22.4
	담배소비세	5,936	5.7	7,345	8.2	4,961	5.8	4,016	4.2
	수업료 및 입학금	18,800	18.1	18,803	21.0	18,382	21.4	17,175	18.2
	학교용지 일반회계부담금	4,654	4.5	1,500	1.7	1,793	2.1	1,894	2.0
	합계	103,666	100.0	89,599	100.0	85,926	100.0	94,534	100.0

구분	2010년		2011년		2012년		2013년	
	금액	비율	금액	비율	금액	비율	금액	비율
교부액(A-B)	306,796	-	335,010	-	365,177	-	389,886	-
제주특별자치도 교부액	5,081	-	5,549	-	5,825	-	6,219	-
총교부액	311,877	-	340,559	-	371,002	-	396,105	-

주: 2012년까지는 교육행정비에 균형교육비가 포함되어 있었으나, 2013년부터 균형교육비를 교육복지지원비로 분리함.

* 출처: 교육부, 각 연도 보통교부금 국회 보고자료

참고문헌

교육과학기술부(2010). 2010년도 지방교육재정교부금 보통교부금 교부 보고.

교육과학기술부(2011). 2011년도 지방교육재정교부금 보통교부금 교부 보고.

교육과학기술부(2012). 2012년도 지방교육재정교부금 보통교부금 교부 보고.

교육부(2013). 2013년도 교육부 소관 예산 및 기금운용계획 개요.

교육부(2013). 2013년도 지방교육재정교부금 보통교부금 교부 보고.

교육부(2013). 2014년도 교육부 소관 예산 및 기금운용계획(안) 개요.

송기창 외(2012). 2012 교육재정백서. 교육과학기술부.

송기창 · 남수경 · 윤홍주 · 조석훈(2006). 2006 교육재정백서. 교육인적자원부.

송기창 · 윤정일(1997). 교육재정정책론. 서울: 양서원.

송기창 · 윤홍주(2011). 2000~2010년 지방교육재정 변동추이 분석. 서울: 한국교육개발원.

윤정일(2004). 교육재정학원론. 서울: 세영사.

한국교육개발원(2011). 2011 지방교육재정분석 종합보고서.

한국교육개발원(2012). 2012 지방교육재정분석 종합보고서.

한국교육개발원(2013). 2013 지방교육재정분석 종합보고서.

제 9 장 교육세제도와 현황

교육세제도는 교육의 질적 수준 향상을 위해 도입되어 지방교육 재정운영에 크게 기여하여 왔으나, 한편으로는 폐지 혹은 통폐합 논란도 계속되고 있다. 우리나라에 교육세제도가 처음 도입, 운영된 것은 1958년에서 1961년까지였다. 그러나 현행 교육세제도의 근간이 된 것은 1981년 12월 5일 제정되어 1982년부터 도입, 실시된 교육세법이다. 당시 교육세 신설의 목적은 '학교시설과 교원처우 개선'에 있었다. 1990년 12월에는 그 목적을 '교육의 질적 향상을 도모하기 위하여 필요한 교육재정 확충에 소요되는 재원을 확보함을 목적으로 한다.'고 수정하였다. 또한 2001년부터는 기존 「교육세법」을 국세교육세 중심으로 규정하고, 지방세분 교육세는 「지방세법」에서 지방교육세로 규정하는 이원적인 교육세제도가 운영되고 있다.

이 장에서는 교육세제도의 성격과 기능, 변천과정과 현황을 간략하게 정리하고, 교육세제도의 쟁점을 토대로 향후 과제를 단기과제와 중장기과제로 구분하여 탐색한다.[1] 그동안 교육세제도에 관해서는 정부 차원에서 꾸준히 백서가 발간되고(문교부, 1986; 송기창 외, 1999; 송기창, 2001; 송기창 외, 2006), 학계에서도 교육세제도의 문제와 발전방안에 관해 지속적으로 논의가 이루어져 왔

1) 여기서의 논의는 송기창 외(2006), 김병주 외(2011), 송기창 외(2012)의 내용을 주로 참고하였음.

다(김병주, 1999; 류민정, 2011; 송기창, 2009; 윤희연, 2004; 이만우 · 전형준 · 박기범, 2006; 이영희 · 라휘문, 1999; 이정기, 2008; 전주성, 2005; 홍순화, 2007 등).

1. 교육세제도의 성격과 기능

1) 조세체계와 교육세의 성격

조세란 국가 또는 지방자치단체가 경비충당을 위한 재정수입 확보를 목적으로 법률에 규정된 과세요건을 충족한 모든 자에게 개별적인 반대 급부 없이 부과 · 징수하는 금전급부를 말한다(강경태, 2006). 조세는 크게 국세와 지방세로 구분된다. 국세는 중앙정부가 부과하는 조세로서 수출입 시 부과되는 관세와 내국세로 구분된다. 내국세는 입법자가 조세부담의 전가를 예상하였는지에 따라 직접세와 간접세로 구분된다. 직접세는 납세의무자와 담세자가 같은 조세를, 간접세는 납세의무자와 담세자가 다른 조세를 말한다. 국세는 각각 독립된 근거 법률을 토대로 운영된다.

조세는 사용목적의 지정여부에 따라서는 목적세와 보통세로 구분된다. 사용용도를 정한 조세는 목적세라 하며, 특별히 용도를 정하지 않고 일반적인 재정수요에 충당하는 조세는 보통세라 한다. 2013년 기준 우리나라에서 운영되는 목적세는 국세와 지방세에서 각각 3가지, 2가지가 있다. 국세 중 목적세로는 교통 · 에너지 · 환경세, 교육세, 농어촌특별세가 있으며, 지방세 중 목적세로는 지역자원시설세, 지방교육세가 있다.

〈표 9-1〉 우리나라의 조세체계(2013)

<table>
<tr><th colspan="4">구분</th><th>세목</th><th>근거법률</th></tr>
<tr><td rowspan="6">조세</td><td rowspan="4">국세</td><td rowspan="3">내국세
(13개)</td><td>직접세
(5개)</td><td>소득세, 법인세, 상속세, 증여세, 종합부동산세</td><td>소득세법, 법인세법, 상속세 및 증여세법, 종합부동산세법</td></tr>
<tr><td>간접세
(5개)</td><td>부가가치세, 개별소비세, 주세, 인지세, 증권거래세</td><td>부가가치세법, 개별소비세법, 주세법, 인지세법, 증권거래세법</td></tr>
<tr><td>목적세
(3개)</td><td>교통·에너지·환경세, 교육세, 농어촌특별세</td><td>교통·에너지·환경세법, 교육세법, 농어촌특별세법</td></tr>
<tr><td>관세</td><td colspan="2"></td><td>관세법</td></tr>
<tr><td rowspan="2">지방세</td><td colspan="2">보통세
(9개)</td><td>취득세, 등록면허세, 레저세, 지방소비세, 주민세, 지방소득세, 재산세, 자동차세, 담배소비세</td><td rowspan="2">지방세법</td></tr>
<tr><td colspan="2">목적세(2개)</td><td>지역자원시설세, 지방교육세</td></tr>
</table>

지방세는 지방자치단체의 재원조달을 목적으로 운영된다. 전국 어디에서 부과 징수, 납부하여도 국가에 모두 귀속되는 국세와 달리 광역자치단체의 재원조달에 필요한 시·도세가 있고, 시·군·구의 재원조달에 필요한 시·군·구세가 있다. 국세의 경우 세목별로 독립된 근거법률을 가지고 있는 반면, 지방세의 경우 「지방세법」이라는 단일 법률에 근거하여 운영된다. 지방세는 크게 9개의 보통세와 2개의 목적세로 구분된다. 이들 보통세와 목적세는 징수 주체에 따라서 도세/특별·광역시세와 시·군세/구세로 구분된다. 그런데 보통세로서 취득세 및 레저세와, 목적세로서 공동시설세, 지역개발세, 지방교육세의 경우 도세이자 특별·광역시세이지만, 그 외 세목의 경우 도세와 특별·광역시세, 또는 시·군세와 구세가 일치하지 않는다.

한편 조세는 독립된 세원을 가지고 있는지 여부에 따라 독립세와 부가세로도 구분된다. 독립된 세원에 대하여 부과하는 조세를 독립세라 하며, 독립된 세원이 없이 다른 조세에 부가되는 조세를 부가세라 한다. 우리나라 대부분의 조세는 독립세에 해당하지만, 국세 중에서 교육세와 농어촌 특별세, 지방세 중에서 소득할주민세와 지방교육세는 부가세에 해당된다.

이상에서 살펴본 우리나라의 조세체계, 조세의 유형 및 주요 세목에 대한 논의를 종합해 보면, 우리나라 교육세의 특징은 다음과 같이 정리할 수 있다. 첫째, 교육세는 사용용도가 지정되어 있는 목적세이다. 둘째, 교육세는 조세의 징수주체에 따라 국세와 지방세로 이원화되어 있다. 국세 교육세는 「교육세법」에, 지방교육세는 「지방세법」에 근거를 두고 있다. 지방교육세는 징수 주체에 따라서 도세 또는 특별·광역시세로 운영되고 있다. 셋째, 교육세는 독립된 세원이 없이 다른 조세에 부가되는 부가세 형태로 운영되고 있다. 넷째, 지방교육세의 경우 현재 지방교육자치제도가 광역 단위, 즉 시·도 단위로 실시되기 때문에 시·도세로 구분되지만, 본세를 기준으로 볼 때는 시·도세와 시·군·구세가 혼재되어 있다. 즉, 레저세의 경우 시·도세이지만, 재산세는 시·군·구세, 주민세·자동차세·담배소비세는 특별·광역시세이면서 시·군세로 운영되고 있다.

2) 교육세제도의 목적과 기능

(1) 목적세의 기능

목적세는 특정한 경비를 조달할 목적으로 부과되는 조세로서 세법상 '사용목적이 규정'되어 있기 때문에 그 목적 외에는 그 세수입을 사용할 수 없다. 그런데 목적세에 있어서의 목적은 그 세수입의 '사용' 목적을 말하는 것이지 그 조세를 '부과'하는 목적을 말하는 것은 아니다(장재식, 1995). 예컨대 종합부동산세의 경우 조세부과의 목적은 「종합부동산세법」 제1조에서 '고액의 부동산 보유자에 대하여 종합부동산세를 부과하여 부동산보유에 대한 조세부담의 형평성을 제고하고, 부동산의 가격안정을 도모함으로써 지방재정의 균형발전과 국민경제의 발전에 이바지함을 목적으로 한다.'고 부과의 목적을 규정하고 있지만, 그 세수입은 다른 내국세와 더불어 정부의 일반경비로 사용되기 때문에 목적세가 아니라 보통세 또는 일반세라고 할 수 있다.

목적세는 담세자들에게 지출의 용도를 분명히 밝혀 줌으로써 추가적 부담설계의 명분을 확보할 수 있을 뿐만 아니라 담세자의 반발을 최소화할 수 있는 이점을 지니고 있다. 목적세는 특정한 상황에서의 예외적인 재원조달방식이라고 할 수 있다. 즉, 목적세가 활용되기 위해서는 해당 공공서비스로 인한 혜택을 향유하는 특정집단이 존재하는 등 공공서비스가 비보편적 성격을 띠고 있는 가운데, 그러한 서비스를 공급하게 하는 원인을 제공한 원인자가 존재하거나 원인자 또는 수혜자 집단들이 감당할 수 있는 경제적 능력을 지녀야 한다.

이론적으로 목적세에는 많은 조건적 상황이 부가되지만 추가적 조세부담에 대한 담세자들의 저항가능성이 상존하는 시점에서 추가적 재원 확보방법으로서 활용하기에 적절한 측면이 있다. 즉, 조세부담률의 상향조정 등을 통하여 재정규모의 확대가 용이하지 않을 경우에, 교육 부문과 같이 다수의 국민들이 직접 혜택을 감지할 수 있는 부문과 관련된 목적세를 통해 추가적인 세수를 확보하는 것이 국민들의 조세저항을 완화할 수 있다. 우리나라의 경우 국민적 관심 분야일 뿐 아니라 부담에 따른 혜택을 직접 감지할 수 있는 '교육' 부문과 연계된 교육목적세를 활용함으로써 교육재원 확보과정에서 담세자들의 반발을 최소화할 수 있다는 점에서 교육세를 활용하여 왔다(윤정일, 1998).

2) 교육세제도의 목적

우리나라 교육세제도의 목적은, 「교육세법」 제1조의 내용 변천을 중심으로 정리해 보면 크게 세 차례의 변화를 거쳐 왔다. 첫째, 1958년 최초 「교육세법」 제정 당시의 목적은 '의무교육제도의 건전한 운영을 기하기 위하여 교육세를 부과함으로써 의무교육비의 정상적인 조달을 목적으로 한다'는 것이었다[「교육세법」(제정 1958. 8. 28. 법률 제496호) 제1조]. 즉, 1954년~1959년간에 수립·추진된 '의무교육완성 6개년 계획'을 수행하는 데 필요한 재원을 마련하기 위한 목적으로 교육세가 운영되었음을 의미한다.

둘째, 1982년부터 다시 신설된 교육세제도의 목적은 '교육기반의 확충을 위하여 학교시설과 교원처우 개선에 소요되는 재원을 확보하는 것'이었다[「교육세법」(제정 1981.12.5. 법률 제3459호) 제1조]. 1980년 7 · 30 교육개혁 조치에서 교육정책적인 측면의 장기대책으로서 교육목적세를 신설한 것이다. 이와 함께 1972년 8 · 3긴급조치로 인하여 시행되지 못한 지방교육재정교부금의 법정교부율 미확보로 인하여 부족했던 재원을 마련한다는 데도 의의가 있었다.

셋째, 1991년부터 현재까지 시행되고 있는 교육세제도의 목적은 '교육의 질적 향상을 도모하기 위하여 필요한 교육재정의 확충에 소요되는 재원을 확보하는 것'이다[「교육세법」(전부개정 1990.12.31. 법률 제4279호) 제1조].[2] 이는 교육세가 한시세에서 영구세로 전환되고 세원이 대폭 확충되면서 교육세의 재원을 학교 교육환경의 지속적인 개선에 소요되는 비용에 투입하겠다는 목적에서 변화된 것이다. 한편, '교육의 질적 향상 도모'라는 목적을 실현하기 위하여 목적세로서 교육세를 운영하는 것이 과연 재원 확보 방안으로서 타당한가라는 문제도 제기되고 있다.

2. 교육세제도의 현황

현재 교육세제도는 국세 교육세와 지방교육세의 이원체제로 운영되고 있다. 즉, 기존 교육세법은 국세 교육세를 중심으로 규정하고, 지방세분 교육세는 「지방세법」에 의하여 운영된다. 국세 교육세의 경우, 납세의무자는 국내에서 금융업 · 보험업을 경영하는 자 중 별표에 규정하는 자(이하 금융 · 보험업자),

2) 「지방세법」 제149조에서는 "지방교육세는 지방교육의 질적 향상에 필요한 지방교육재정의 확충에 드는 재원을 확보하기 위하여 부과한다."고 규정하고 있다.

「개별소비세법」에 따른 개별소비세(「개별소비세법」 제1조 제2항 제4호 가목 · 나목 · 마목 및 사목의 물품에 대한 것은 제외)의 납세의무자, 「교통 · 에너지 · 환경세법」에 따른 교통 · 에너지 · 환경세의 납세의무자, 「주세법」에 따른 주세(주정, 탁주, 약주에 대한 것은 제외)의 납세의무자이고, 금융 · 보험업자가 하는 공익신탁의 신탁재산에서 발생하는 수익금액에 대하여는 교육세를 부과하지 아니한다. 교육세는 교육투자재원의 조달 또는 당해 물품의 수급상 필요한 경우에는 그 세율의 30%의 범위 안에서 대통령령으로 이를 조정할 수 있다.

지방교육세는 지방교육의 질적 향상에 필요한 지방교육재정의 확충에 소요되는 재원을 확보하기 위하여 부과 · 징수한다. 지방교육세는 취득세와 등록세 통폐합 결과를 반영하여 2010년 말 과세표준 및 세율 등을 정비하였다. 즉, 종전 등록세가 분리되어 취득세(취득 관련) 및 등록면허세(취득 무관)로 각각 통합됨에 따라 지방교육세는 현재 7개 세목에 부가하고 있다. 지방교육세 납세의무자는 부동산, 기계장비, 항공기 및 선박의 취득에 대한 취득세의 납세의무자, 등록에 대한 등록면허세(제124조에 해당하는 자동차에 대한 등록면허세는 제외한다)의 납세의무자, 레저세의 납세의무자, 담배소비세의 납세의무자, 주민세 균등분의 납세의무자, 재산세(제112조 제1항 제2호 및 같은 조 제2항에 따른 재산세액은 제외한다)의 납세의무자, 제127조 제1항 제1호 및 제3호의 비영업용 승용자동차에 대한 자동차세[국가, 지방자치단체 및 「초 · 중등교육법」에 따라 학교를 경영하는 학교법인(목적사업에 직접 사용하는 자동차에 한정)을 제외]의 납세의무자는 지방교육세를 납부할 의무를 진다.

국세 교육세와 지방교육세는 〈표 9-2〉의 과세표준에 해당 세율을 곱하여 계산한 금액을 그 세액으로 한다. 지방자치단체의 장은 지방교육투자재원의 조달을 위하여 필요한 경우에는 해당 지방자치단체의 조례로 정하는 바에 따라 지방교육세의 세율을 제1항(같은 항 제3호는 제외)의 표준세율의 50%의 범위에서 가감할 수 있다. 도농복합형태의 시의 경우, 해당 시의 읍 · 면지역에 대하여는 그 세율을 100분의 10으로 한다. 주민세 균등분 세액의 경우, 둘 이상의 시 · 군이 통합하여 인구 50만 명 이상 시에 해당하는 지방자치단체가 되는 경우 해당 지방자치단체의 조례로 정하는 바에 따라 5년의 범위에서 통합 이전의 세율을 적용할 수 있다.

〈표 9-2〉 국세 교육세와 지방교육세의 과세표준 및 세율

구분	과세표준	세율
국세 교육세	금융·보험업자의 수익금액	0.5%
	개별소비세액	30%(등유, 중유, 수송용부탄의 경우 15%)
	교통·에너지·환경세액	15%
	주세액	10%(주세율 70%를 초과하는 주류의 경우 30%)
지방교육세	취득세	(기본세율 - 20/1000)×0.20
	등록면허세액	20%
	레저세액	40%
	담배소비세액	50%
	주민세 균등분 세액	10%(인구 50만 명 이상 시는 25%, 시·군 통합하여 50만 명 이상 시는 통합이전 세율 적용)
	재산세액	20%
	승용자동차 자동차세액	30%

교육세는 다음과 같은 지방교육재정의 구조 속에서 운용된다. 지방교육재정의 세입은 크게 국가지원금, 지방자치단체 일반회계전입금, 자체 수입 등으로 구성된다. 첫째, 국가지원금은 내국세 총액의 20.27%와 국세 교육세 세입액 전액의 합으로 구성된다. 이는 지방교육재정 전체 세입의 약 67.2%(2010년 결산 기준)에 달하는 중요한 재원이다. 둘째, 지방자치단체 일반회계전입금은 지방교육세, 특별시·광역시 담배소비세액의 45%를 시·도교육청에 전입하는 담배소비세전입금, 시·도세 총액의 일정비율(서울 10%, 광역시·경기도 5%, 기타 도 3.6%)을 시·도교육청에 전입하는 시·도세전입금, 학교용지확보 등에

관한 특례법의 규정에 의한 학교용지 일반회계부담금 등으로 구성되는데 지방교육재정 전체 세입의 약 16.2%를 차지한다. 이 가운데 지방교육세전입금은 전체 지방교육재정의 약 10.0%를 차지하고 있다. 셋째, 학생납입금과 재산수입 등으로 구성된 자체 수입으로 전체의 약 4.4% 정도이다.

3. 교육세제도의 쟁점

1980년대 교육세를 신설할 당시부터 어떤 성격과 내용의 교육세를 신설할 것인가에 대해서 많은 논쟁이 있었다. 국세와 지방세 논쟁, 목적세 논쟁, 한시세와 영구세 논쟁, 과세표준에 관한 논쟁 등이 그것이다. 이 가운데 한시세와 영구세에 관한 논쟁은 1990년 12월 30일자로 교육세가 영구세로 전환되면서 해결되었다. 국세와 지방세 논쟁은 2001년부터 국세분 교육세는 국세인 교육세로, 지방세분 교육세는 지방교육세로 개편됨에 따라 상당 부분 해결되었다(송기창 외, 2006). 현행 교육세제도의 쟁점은 조세체계의 간소화와 재정운영의 경직성, 세원의 성격과 부가세 형태의 세원확보, 사용목적의 적합성 등으로 요약할 수 있다(송기창 외, 2012).

1) 목적세 논쟁: 조세체계의 간소화와 재정운영의 경직성

교육세제도가 도입된 이래 지속되어 온 목적세 논쟁의 핵심은 조세체계의 간소화, 재정운영의 융통성에 관한 것이었다. 목적세는 예산통합성의 원리에 위배되고 복잡한 조세체계를 야기하며 예산운영에 경직성을 초래하므로 효율적인 재정운영을 위해서는 폐지해야 한다는 논리와 목적세는 국민의 동의를 얻기가 비교적 쉽고 조세저항을 유발하지 않고 징수할 수 있고 폐지할 경우 세수감소가 우려되므로 계속 유지해야 한다는 논리가 팽팽하게 대립하였다(류민정, 2011; 송기창 외, 2006). 목적세 운영에 반대하는 입장에서는 사용처가 분명하기 때문에 납세자의 동의를 얻기 쉬운 점은 있으나, 그 수입을 다른 곳에 사용할 수 없기 때문에 재정 전반의 운영에 있어서는 경직성을 초래한다고 주장한다. 그러나 목적세 운영에 찬성하는 입장에서는 교육의 양적 팽창 추세 못지않게 질적 향상을 위한 교육여건 개선에 대한 사회적 압력이 가중됨에 따라 교육재정 수요는 급증하는 상황에서 정부의 재정능력은 한계에 도달하여 있으니 목적세를 신설할 수밖에 없다고 주장한다.

목적세로서의 교육세에 대한 반대의견은 크게 두 가지이다. 세원 하나에 세금을 중복 부과하므로 세제를 복잡하게 하고 납세비용과 징세비용을 높인다는 것과, 교육세 수입이 교육목적에만 사용되므로 재정운용의 경직성을 야기하여 예산의 낭비와 비효율을 초래한다는 것이 그것이다. 그러나 목적세 존폐 논쟁에서 재정운용의 경직성으로 인한 비효율성과 조세체계의 복잡성의 측면에서 바라보는 것은 바람직하지 않다. 더욱 근본적인 문제는 목적세가 목적에 맞게 운영되고 있는가에 있다(류민정, 2011). 이를 위해서는 목적세와 연관 사업과의 관계나 수익자 부담 원칙의 부합 여부 등이 중요한 평가준거가 될 수 있다.

또한 목적세는 세원 하나에 세금을 중복 부과하므로 세제를 복잡하게 하고 납세비용과 징세비용을 높인다는 주장은 과장된 측면이 있다(홍은정, 2009). 예컨대 일반국민의 입장에서 보면, 휘발유에 대해서 리터당 세금이 얼마나 부과되는지가 중요하지, 동 세금이 몇가지로 나누어지든 한 가지로 통합되든 상관이 없다. 세제가 복잡하다고 해서 납세비용과 징세비용이 높다는 것도 과장되어 있다. 휘발유 리터당 부과되는 세금이 네 가지로 나눠진다 해도 일단은 함께 징세한 후 나누기 때문이다. 또 한꺼번에 납부하기 때문에 납세비용이 높다는 것은 더욱 과장되어 있다. 납세자는 지방세인 자동차세액에 30%의 지방교육세가 추가되든 해당액을 자동차 본세에 포함하여 징세하든 개의치 않는다. 연간세금 총액이 얼마라는 사실이 중요한 것이다(송기창, 2009).

목적세를 폐지하면 세원의 본세 통합을 당연한 것으로 간주하고 있는 점도 문제이다(송기창, 2009). 목적세는 도입목적이 있고 그 목적이 달성되면 폐지하는 것이 당연하다. 교육세를 폐지한다는 의미는 교육세라는 조세를 없애는 형식적 차원의 폐지도 중요하지만, 일반 조세 외에 교육세를 추가로 부담해 왔던 국민들 입장에서 본다면 세원을 폐지하는 실질적 차원의 폐지가 더 중요하다. 교육목적세를 폐지한다면 실질적으로 국민의 조세부담도 줄어야 하는 것이다.

일반적으로 목적세는 예산의 경직성을 초래하고 예산통합성의 원리에 위배된다는 비판을 받는다. 경제적 측면에서 보면 교육세는 응익원칙에 부합하지 않고 세입과 세출의 관계도 밀접하지 않아 목적세로서 존재 가치가 낮아 보인다. 그러나 교육은 국민들의 지지를 받는 가치재적 성격을 지니고 있고, 수혜자가 국민 다수이며, 간접세 방식으로 조세부담이 상대적으로 낮게 느껴져서 정치적 수용성이 높다(박기백 · 박상원 · 손원익, 2007). 조세정책적인 측면에서 목적세는 조세징수상 국민들의 동의를 얻기 쉽고 비교적 적은 조세저항으로 조세를 징수할 수 있다는 장점이 있으므로 교육의 발전도모라는 명백한 목적을 가진 교육세는 그 존재의의가 충분하다(송기창, 2009).

2) 과세표준: 세원의 성격과 부가세 방식

과세방식과 관련하여 교육세 운영체제의 적합성에 관한 논쟁 역시 계속되고 있다. 우리나라 교육세의 경우 과세권이 교육당국에 없다. 독립적인 세원을 가지지 않고 특정국세 또는 지방세에 부가하는 방식을 취하고 있기 때문에 안정적인 재원확보와 관련하여 과세표준의 문제가 지속되고 있다. 또 목적세로서 수익자와 부담자의 일치 여부, 담세자 간 형평성도 문제가 되고 있다.

전반적으로 볼 때, 현행 교육세는 조세저항을 완화하면서 세수를 확보한다는 측면만을 강조하면서 과세대상의 선정에서 효율성을 도모할 수 있는 응익원칙이나 형평성을 도모할 수 있는 응능원칙을 제대로 반영하지 못하고 있다(이정기, 2008). 조세체계가 복잡 · 불투명하고, 세목 중에서 담세자와 납세자가 일치하지 않는 간접세 부분이 세목으로 세제상의 불공평성이 야기된다. 간접세 부분은 교육의 혜택과 직접적인 연계를 지우기 어려울 뿐만 아니라 교육에 대한 투자가 경쟁적 · 정치적으로 결정된다는 문제점도 지니고 있다.

재원조달의 적정성 측면에서 보면, 교육사업의 성격과 교육세 세원 간의 연계성이 낮다(류민정, 2010). 이는 세목과 지출의 연계성, 교육사업에 대한 교육세의 기여도에도 부정적인 영향을 미치고 있다. 교육사업의 성격과 지방교육세 세원의 연계성은 세원 중 일부만 해당된다. 지방교육세는 수익자 부담원칙이 적용되는 세원(등록세, 재산세, 주민세)도 있지만, 이를 충족시키지 못하는 세원(레저세, 담배소비세, 자동차세) 또한 존재한다. 이는 세목과 지출의 연계성, 교육사업에 대한 지방교육세의 기여도에도 부정적인 영향을 미치고 있다. 교육세는 수익자 부담원칙에 부합하지 않는 세원으로부터 세를 징수하되, 지출되는 분야는 포괄적이기 때문에, 교육사업을 지원하기에는 그 기여도가 낮다.

한편 부가세 방식의 교육세로 인한 목적세로서의 기능에도 제약이 많다(송기창 외, 2006). 부가세 방식이 교육세 징수행정을 복잡하게 한다는 비판은 차치하고, 부가세 방식 때문에 모세가 변동하면 교육세 수입도 변동되는 문제점을 가지고 있다. 내국세나 지방세의 경우 여러 세원의 조정을 통해 특정 세원의 변동을 상쇄시킬 수 있으나, 교육세의 경우 특정 세원에 변동요인이 발생하면 피동적으로 수용할 수밖에 없는 구조이다. 부가세 방식 때문에 추가적인 교육재원이 필요할 경우에도 세율을 조정하기 위해서는 모세의 관장부처와 협의해야 하는 문제도 안고 있다. 또한 교육세가 영구세 성격을 가지고 있으면서도 일부 세원은 적용시한이 있다. 교육세 수입은 특정사업에 투입하는 재원이 아니기 때문에 교육세 성격이 영구세라면 세원도 모두 영구세여야 하지만, 그동안 상당수 세원은 한시세였다. 이는 영구세로서의 교육세를 매우 불안정한 세원으로 만들고 있다.

금융보험업자 수익분 교육세의 경우, 과세 대상 및 기준이 복잡하고, 과세의 형평성에도 문제가 있다는 지적이 있다(이만우 · 전형준 · 박기범, 2006; 이용호 · 박용일 · 전형준, 2006; 이정화, 2011). 금융보험업자의 수익금액에 대한 교육세는 부가세가 아닌 독립세목으로 되어 있어서 금융보험업자들의 불편을 야기한다는 문제가 제기되고 있다.

세입과 세출이 수익자부담의 원칙에 근거해 적절히 연계된다면 목적세는 소비자의 선호를 반영하는 공공선택의 수단이 될 수 있다(전주성, 2005). 따라서 세입 · 세출 연계성의 강도와 수익자부담 원칙의 유무는 목적세의 경제적 합리성을 평가하는 기준이 될 수 있다.

3) 교육세 사용목적의 타당성

교육세는 1958년 의무교육 실현, 1981년 이후 교육환경 개선에 집중 투자되어 우리 교육의 양적, 질적 수준을 높이는 데 기여하였다. 그러나 현행 교육세는 국세 교육세와 지방교육세로 이원화되어 각각의 기능과 역할이 불분명하다(송기창 외, 2006). 세원이 다르고 명칭이 다르다면 기능과 역할도 달라야 하지만 국세 교육세도 결국 지방교육재원으로 충당됨으로써 국세 교육세의 필요성에 대한 회의적인 시각이 지속되고 있다. 현행 교육세제도의 목적은 '교육의 질적 향상을 위해 소요되는 재원을 조달'하는 데 있다. 이러한 사용목적에 비추어 볼 때, 교육세가 지방교육재정교부금의 재원으로 활용되거나(국세 교육세), 지방의 자체 수입으로 활용되는(지방교육세) 것은 정책수단으로서 타당성을 가진다. 그러나 교육세가 영구세로 변화된 이후 목적세로서 교육세가 가지는 '사용목적'의 타당성 문제는 계속하여 논란이 되고 있다. 지금과 같이 교육의 질적 향상을 위해 소요되는 경비를 충당하는 것이 교육세의 사용목적이라면, 일반재원에 통합 운영하는 것이 이론적으로나 실제적으로 보다 효율적이라는 것이다. 부가세 방식 역시 이러한 사용목적의 모호성을 증대시키고 있다(송기창, 2009).

교육사업의 성격과 교육세원의 연계성 측면에서 보면, 교육수요의 경우 초등학생과 중학생은 감소하고 있으나 고등학생 이상에서는 수요의 증가를 보이고 있고, 교육사업은 지방공공재에 부합하고 있어 교육사업은 지방사무로서 적합성이 있다(류민정, 2010). 그러나 교육 관련 사업의 총지출규모는 지방재정 대비 약 21%로 지방에서 추진하고 있는 사업 중 가장 큰 비중을 차지하고 있다. 지방교육 관련 사업의 총지출규모가 크기 때문에 교육세만으로 충당하기는 어려운 실정이다. 지방교육재정 사업 분야는 교육 전반에 걸쳐 있어 포괄적이고 교육사업을 지원하기에는 지방교육세의 기여도가 낮다.

그러나 목적세는 조세확보를 위한 전략적 수단의 성격도 있다. 교육세의 경우에도 엄밀히 말하면, 도입 당시부터 교육만을 위한 재원은 아니었다. 공무원 봉급인상에 필요한 재원을 마련하고, 교육환경 개선을 위한 재원을 마련해야 하는 상황에서 일반조세를 인상하는 방안보다 교육세를 신설하는 방안이 조세확보전략 차원에서 우월한 방법이었다. 실제로 교육세는 교육에만 투자된 것이 아니었다. 교육세를 징수하는 대신 지방교육재정교부금을 일부 삭감했기 때문에 교육세 수입액의 일부를 다른 분야에 전용하는 결과가 되었다(송기창, 2009).

이러한 논쟁이 발생한 이유는 크게 두 가지 측면에서 살펴볼 수 있다(송기창 외, 2006). 첫째, 1990년 12월 개정된 「교육세법」부터 교육세의 목적을 '교육의 질적 향상을 도모하기 위하여 필요한 교육재정의 확충에 소요되는 재원확보'로 규정함에 따라, 재원의 사용목적을 파악하기가 어려워진 것이다. 즉, '의무교육비의 정상적 조달'(1958년 제정 「교육세법」)이나 '학교시설과 교원처우 개선'(1981년 제정 「교육세법」)과 비교할 때, 사용목적상 현행 교육세의 성격과 지방교육재정교부금을 명확히 구분하기 어렵다. 1996년부터 2000년까지는 교육세 중 일정 금액은 교육환경개선특별회계 세입금액으로 운영되었으나, 2001년 이후에는 사용목적을 한정하기보다는 일반적인 지방교육재정의 재원으로 활용되어 온 것이다.

둘째, 2005년 1월부터 교육세 재원의 운영방식을 규정한 「지방교육양여금법」이 폐지되고, 교육세가 지방교육재정교부금의 재원으로 통합됨에 따라 교육세 사용목적은 더욱 모호해졌다. 즉, 국세 교육세는 지방교육재정교부금의 보통교부금의 재원이 되고, 지방교육세는 기준재정수입액의 시·도교육청 수입으로 계상되고 있다. 이처럼 현행 교육세는 재원조달 방법에서만 이원화되어 있고, 즉 내국세를 재원으로 지방교육재정교부금과 분리 수납되고, 실제 운영상에서는 일반재원과 통합 운영되는 체제를 가지고 있다. 즉, 현행 교육세제도하에서는 목적세로서 교육세의 사용목적을 명확히 규정하기가 어려워졌고, 교육세는 추가적 재원확보 기능이 주가 되고 있다.

국가의 입장에서는 목적세로 인하여 칸막이식 재정운영을 하기 때문에 국가예산운용의 경직성을 가져오는 것으로 보이지만, 그 재원이 지방에 양여된 후에는 일반재원과 전혀 구분이 안되기 때문에 목적세로서의 기능을 할 수 없다. 현행 교육세제도의 치명적인 약점은 교육필요에 따라 교육세를 증액하기 어렵고, 교육세를 증액한다 할지라도 그 대신에 다른 교육재원을 감액할 수 있다는 점이다. 교육세의 용도가 지정되어 있지 않기 때문에 교육세의 효과를 가시적으로 홍보하기 어렵고, 교육세의 효과를 홍보할 수 없기 때문에 교육세 증세에 대하여 국민적 동의를 구하기도 쉽지 않다. 교육세의 사용목적이 분명하다면, 교육세를 다른 부문으로 전용하기 어렵고 교육세가 증액되었다고 해서 다른 재원을 삭감하기 어려울 것이다(송기창, 2001). 현행 교육세제도는 목적세라기보다는 국민의 교육열을 이용하여 국가가 조세수입을 확보하는 수단의 성격이 강하다.

4. 교육세제도의 과제

교육세제도는 지방교육재정의 확충, 안정적 재원 확보, 지방교육의 자주성 보장 측면에서 중요한 역할을 담당해 왔다. 교육세는 목적세로 유지하되, 목적세로서 타당성을 제고하는 방향으로 개선할 필요가 있다. 교육세제도의 과제를 단기적 보완과제와 중장기 과제로 구분하여 제시하면 다음과 같다.

1) 단기적 보완과제

(1) 지방교육세 전입시기의 법제화

지방교육재정에서 지방자치단체전입금 비중이 높은 상황에서 지방교육재정의 원활한 운영을 위해서는 전입금이 적기에 전입되어야 한다. 그러나 시 · 도교육청의 법정이전수입 분기별 전입실적을 보면, 분기별로 불균형이 심하며 50% 이상이 4분기에만 집중 전입되고 있다. 심지어 1분기 전입실적이 전무한 교육청도 적지 않다. 지방교육세의 분기별 전입실적 역시 전체 법정전입금 전입실적과 비슷한 경향을 보인다.

전입금의 분기별 전입실적을 개선하기 위해 시 · 도교육청은 공문발송과 관련 협의회 등을 통해 노력하고 있으나, 실제 전입실적에는 교육청의 노력보다는 지방자치단체의 의지가 매우 중요하게 작용하고 있다. 일부 시 · 도의 경우 조례로 월별 균등전입을 의무화하기도 하고, 시 · 도지사와 교육감 간에 균등전입을 위한 협약서를 체결하기도 하였다. 그러나 그 실효성을 강제하기는 어려운 상황이다. 관련법에 의해 지방교육을 위해 사용하도록 되어 있는 법정재원인 데도 일부 시 · 도에서 마치 자신들이 써야 할 재원을 교육 분야에 어쩔 수 없이 넘겨 주는 것처럼 인식하고 있는 것도 이러한 상황이 지속되는 요인으로 보인다.

현행 「지방교육재정교부금법」에서는 전입금의 규모에 대해서는 규정하고 있으나, 전입 시기 및 방법 등에 관한 구체적인 규정이 없어서 시 · 도교육청이 시 · 도로부터 법정전입금을 받는 데 어려움을 겪고 있다. 분기별 적기전입을 위해서는 「지방세법」과 「지방교육재정교육금법」을 개정하여 전입 시기 및 방법 등을 구체적으로 법제화할 필요가 있다. 세원별로 징수시기를 고려하되, 가능하면 해당 세금 징수가 완료되는 월말 이후에 바로 전입하고, 분기별로 균등전입되도록 법제화할 필요가 있다.

(2) 지방의 자주적 재원확충 노력 유도

교육세의 재원확충기능을 확대하기 위해서는 지방에 세율 조정권을 부여함으로써 자체 조세 확대 노력을 독려할 필요가 있다. 중앙정부의 초·중등교육비 지출이 과거와 같이 빠른 속도로 증가할 것으로 전망되지 않는 상황에서 추가적인 재원의 확대를 위해서는 지자체의 적극적인 역할을 도출해 낼 필요가 있다(국가재정운용계획 교육 분야 작업반, 2012). 장기적으로 우리나라의 교육재정이 OECD 평균 이상 수준에 이르게 되면, 중앙정부는 전국적으로 통일된 최소한의 교육서비스 공급에 필요한 의무적인 지출을 담당하고, 그 이상을 넘어서는 부문, 특히 지역별로 차별화된 교육정책 또는 지역별로 선택한 교육정책에 대해서는 지방수준에 재원을 마련하도록 할 필요가 있다(안종석, 2009).

지방자치단체별 교육재정 확충노력을 유도하기 위해서는 중앙정부는 지방교육세율의 하한선만을 규정하는 것이 바람직하다(이정기, 2008; 홍순화, 2007). 즉, 「지방세법」에 최저세율과 최소 과세대상만 정하고 구체적인 세율과 과세대상 등은 지방자치단체 조례로 정하도록 한다. 또 지방교육재정은 지방재정과 밀접하게 관련되어 있으므로 시·도교육청 전입금과 관련된 세목의 세율 조정 시에는 교육부 및 시·도교육청과 협의하도록 하는 내용을 「지방세법」 등 관련 법령에 규정할 필요가 있다.

현행 법적 테두리 내에서 지방교육세의 재원규모가 보다 확대될 수 있는 방안을 강구할 수도 있다. 현재 「지방세법」 제151조 제2항에 의하면, 지방자치단체의 장은 지방교육투자재원의 조달을 위하여 필요한 경우에는 해당 지방자치단체의 조례로 정하는 바에 따라 지방교육세의 세율을 제1항(같은 항 제3호는 제외한다)의 표준세율의 100분의 50의 범위에서 가감할 수 있다. 이 조항이 시·도의 재정확충 수단으로 활성화될 수 있도록 하기 위해서는 교부금제도나 지방채제도와 연계 운영하는 방안을 검토해 볼 수 있다(송기창 외, 2006).[3]

---

3) 예컨대 시·도별로 지방교육세의 세율 인상 조정 등을 통하여 자체 예산 확보 노력을 할 경우 특별교부금의 자구노력비 지원을 확대하거나 지방채의 자율발행 한도액을 상향조정하는 방안을 적용할 수 있다.

2) 중장기적 과제

(1) 교육세 사용목적의 적합성 제고

교육 분야에 교육세 재원을 투자하는 것 자체가 목적세로서 타당성이 있다는 주장도 있으나, 교육세의 용도를 분명하게 함으로써 교육목적세로 명분을 보완할 필요가 있다. 현행 교육세제도는 국세 교육세와 지방교육세의 이원체제로 운영되고 있다. 교육세가 이원화되어 있다는 것은 각각의 교육세가 별도의 용도로 사용되어야 함을 의미한다. 그러나 현행 국세 교육세와 지방교육세는 세금 징수주체만 다를 뿐, 용도는 똑같이 지방교육의 질적 향상이다. 이에 따라 교육세가 영구세로 변화된 이후 목적세로서 교육세가 가지는 사용목적의 타당성은 계속 문제가 되어 왔다(송기창 외, 2006).

이를 개선하기 위해서는 장기적인 재정수요와 신규 투자가 요구되는 분야를 중심으로 교육세 사용목적을 명확히 할 필요가 있다. 현재 교육세는 지방교육 전반의 교육사업에 활용되고 있으나, 교육세의 지방교육사업비에 대한 기여도는 약 11% 정도로 낮은 편이다(류민정, 2010). 따라서 교육세의 사업범위를 축소하여 특정 교육사업에 대한 재원으로 활용할 필요가 있다. 학교신설, 학교통폐합이나 학교의 시설・설비 등 교육환경에 대한 대한 요구는 지역별로 상당한 차이가 있다. 지방교육세는 경상적 경비보다는 자본적 투자로 사용목적을 명확히 하고 그 성과를 분명히 제시하는 것도 필요하다. 또한 최근 수요가 증대하고 있는 유아교육, 교육복지 부문에 교육세를 투자하는 구조를 마련할 필요도 있다.

이와 관련하여 국세 교육세를 고등교육세로 개편하여 고등교육을 지원하는 '고등교육세'로 역할을 명료화하는 방안을 검토할 필요가 있다(송기창, 2006; 김병주 외, 2011; 류민정, 2011). 앞으로 고등교육재원 수요가 늘어날 경우 지방교육재정교부금 재원의 일부를 분할하는 방안이 대두될 가능성이 크다. 교육세의 고등교육세 개편은 이런 상황에 선제적으로 대응하는 측면도 있다(송기창, 2009).

교육세를 고등교육세로 개편할 경우, 국가에는 고등교육세, 지방에는 지방교육세로 기능과 역할을 구분할 수 있게 되고, 향후 고등교육재원 수요가 늘어날 경우 지방교육재원의 삭감 없이 고등교육세 확충을 통해 수요충족이 가능하다는 장점이 있다. 다만, 국세 교육세를 고등교육세로 전환할 경우에는 지방교육재정교부금에서 그 결손분은 그에 상응하는 내국세 교부율 인상을 통해 보전해야 할 것이다.

(2) 세원 조정 및 부가세 방식의 개선

교육편익과 연관성이 높은 세목을 중심으로 교육세원을 정비하고 부가세 방식을 개선할 필요가 있다. 또 지방교육세는 재원이 안정적이면서 동시에 규모면에서 확대될 수 있도록 현행 세목과 세율을 대폭 조정하는 방안을 강구한다. 목적세는 세수의 용도를 분명히 함으로써 조세저항을 줄여서 세수확보에 기여한 측면이 크나, 세수의 용도 자체가 과세의 정당성을 제공했던 과거와 달리 앞으로는 납세자가 인식하는 편익과 비용의 크기가 과세의 실현가능성을 좌우할 가능성이 높다. 수익자 부담원칙이 지켜지도록 세입과 세출의 연계성을 조정하는 것은 경제적 효율성을 높일 뿐만 아니라 정치적 상황에 따라 관련 정책이 변동할 가능성을 줄여 준다(전주성, 2011).

따라서 현재 교육세 세원들 가운데 교육편익과 연계성이 낮은 세목들을 장기적으로 본세에 통합시키고, 소득세와 부동산 관련 세제(재산세, 취득세)를 중심으로 재편성하는 방안을 검토할 필요가 있다(류민정, 2011). 예컨대 지방교육세의 세원 중 세입-세출 간 연계성이 낮은 자동차세, 담배소비세, 레저세는 지방세 본세로 통합하고 재산과세와 소득과세 중심으로 세목을 구성할 수 있다. 또한 지방교육세 세목 가운데 담배소비세분을 담배소비세전입금에 통합하는 방안도 검토할 만하다(송기창, 2009). 이 경우 세원의 규모를 고려하여 교육재정의 안정성을 확보해야 한다.

장기적으로는 부가세 방식을 폐지하고 독립세원에 교육세를 부과하는 방안을 모색한다(송기창, 2009; 이정기, 2008). 지방교육세의 경우 교육과 재산가치의 관련성을 고려한다면 독립세원으로 적절한 세목은 재산세이다. 미국의 경우에도 재산세에 교육세를 연계하고 있다. 그러나 재산세 총액은 현재의 지방교육세 규모에 훨씬 못 미치는 수준이므로 세목체제를 보다 간소화하면서 규모를 현재 이상으로 유지하는 방안으로는 세수규모가 가장 큰 등록세와 취득세 각각에 대하여 적정 세율(50% 내외)을 부과하는 방안도 검토할 필요가 있다(송기창, 2009). 독립세원이 어렵다면 취득세의 일부를 분할하는 방안도 가능할 것이다. 교육세를 독립세원화할 때 세수 조정에 어려움이 예상되나, 시・도세전입금의 전입비율을 가지고 조정할 수 있을 것이다. 또 부가세 방식을 불가피하게 유지해야 한다면, 징수과정이 복잡한 금융・보험업자 수익분 교육세와 실효성이 적은 주민세 균등할분 지방교육세는 다른 세원으로 조정할 필요가 있고, 과감한 세목교환을 통해 세목을 2~3개로 조정하여 단순화하는 것도 필요하다.

국세의 경우 세목별 세수가 크기 때문에 독립세원을 확보하기가 쉽지 않을 수 있다(송기창, 2009). 독립세원을 교육세원으로 확보하는 것이 어렵다면 단일세 수입액의 일정률을 분할하는 공동세 방식도 가능하다. 공동세 방식을 채택할 경우 교육의 인력양성・공급 기능과 부합하는 세목은 법인세이다.

(3) 지방교육을 위한 자주적 과세권 부여

장기적으로는 지방교육세를 시・도교육청(교육감)이 관할하도록 하여 지방교육에 대한 자주적 과세권을 보장한다. 지방교육재정의 자주성 확보를 위해 제한된 범위에서 시・도 교육감에 실질적인 과세권을 부여하는 방안을 고려할 수 있다(임성일・손희준, 2011). 즉, 일부 지역밀착형 세목을 과세하여 시・도 교육청이 자기재정 조달시스템을 갖도록 하는 것이다. 시・도 교육청에 과세권을 부여할 경우, 교육청이 독자적으로 보유하는 새로운 세목을 도입하기보다 기존의 지방세 가운데 지역 밀착성이 높은 세목을 선정해서 제한적 과세권을 부여하는 방안이 합리적이다.

우리나라의 교육자치제도는 지출의 자율성만을 보장하고 있고, 세입에 대한 재량권, 즉 과세자주권은 없다. 지출에 대해서만 재량권을 행사하는 경우 재정 운영의 효율성을 기대하기 어렵고, 재정규모가 지속적으로 확대되는 경향을 보인다. 지방자치단체장이 지출을 결정함에 있어 세금을 납부하는 납세자의 고통을 충분히 고려할 동기를 가지지 않기 때문이다(국가재정운용계획 교육 분야 작업반, 2012). 시 · 도교육청이 지방교육재원과 연계된 지방세 과목에 대해 과세권을 행사하지 못하는 상황에서, 지방자치단체는 지방교육세 등을 부과 · 징수하지만, 그 수입 중 일부가 시 · 도 교육청으로 전입되는 단계에 이르면 그것은 조세수입이 아니라 이전재정수입(전입금)으로만 간주된다. 시 · 도 교육청에 과세권을 부여하는 것은 지방교육재정의 자주성 제고에도 도움이 되지만, 지역주민이 지역의 교육발전을 위해 세금을 낸다는 인식과 비용분담을 확실히 하는 측면에서 매우 중요한 의미가 있다(임성일 · 손희준, 2011). 교육청에 과세권이 없어 교육정책결정과정에서 납세자의 고통이 소홀히 취급되고 결과적으로 방만한 재정운영을 초래할 가능성도 높다(안종석, 2000).

따라서 시 · 도 교육청의 과표 조정권이 일정한 범위에서 적극적으로 보장될 수 있는 제도적 장치가 강구되어야 한다. 이는 시 · 도 교육청 스스로의 결정에 의해 교육재정의 일부분을 조절할 수 있고 핵심 지방공공재인 교육서비스와 주민 간의 정치적, 경제적 관계가 밀착된다는 점에서 의미가 있다(임성일 · 손희준, 2011).

미국의 경우, 지방교육을 관할하는 교육구(school district)가 과세결정권을 갖고 있다. 교육구의 교육재원은 주로 지역주민의 재산세, 주정부 보조금, 연방정부의 보조금 등으로 구성되는데, 교육구는 재산세를 징수할 때 일반적으로 주정부법에 의해 주민투표를 실시한다. 일부에서는 주법 혹은 교육위원회의 결정에 의하여 교육재정을 위한 재산세율을 결정하기도 한다(Sergiovanni et al., 2009). 우리 나라 지방교육세의 경우, 과세권은 시 · 도교육청이 관할하되, 그 징수는 일반자치단체에 위탁하고, 필요한 경우 징수비용을 지불할 수 있을 것이다.

참고문헌

강경태(2006). 세법개론. 서울: H&book.

공은배 · 송기창 · 우명숙 · 천세영(2007). 한국 교육재정 구조개편 방향 설정 연구. 서울: 한국교육개발원.

구후남(2008). 지방교육자치의 활성화를 위한 교육재정에 관한 연구. 전북대학교 법무대학원 석사학위논문.

국가재정운용계획 교육 분야 작업반(2012). 2012~2016년 국가재정운용계획: 교육 분야. 공개토론회 자료집.

국세청(2011). 국세통계연보.

국중호(1998). 지방재정과 교육재정의 통합방안. 서울: 한국개발연구원.

권근숙(2008). 우리나라 교육자치제도의 문제점 및 개선방안 연구. 숙명여자대학교 교육대학원 석사학위논문.

김병주 외(2011). 교육재정 정책 현안 진단 및 아젠다 발굴 연구. 서울: 한국교육개발원.

김병주(1999). 교육세 제도의 평가와 전망. 교육재정경제연구, 8(1), 211-273.

김상호(2010). 지방교육재정 확보를 위한 법제 개선방안. 충북대학교 법무대학원 석사학위논문.

김재훈(2012). 지방교육재정협력에 관한 연구: 문제점 분석 및 개선방안을 중심으로. 2012 지방재정세미나.

김정주(2009). 지방교육재정 구조의 문제점 및 개선방안에 관한 연구. 전북대학교 법무대학원 석사학위논문.

김현진(2003). 교육재정 확보를 위한 교육재원 개선 방안에 대한 고찰. 창원대학교 교육대학원 석사학위논문.

나민주(2007). 한국 교육재정의 구조와 특징: 국제비교의 관점. 비교교육연구, 17(1), 81-101.

나민주(2011). 고등교육의 변화 전망과 고등교육재정 정책 방향. 국가 교육재정 정책의 전망과 과제. 서울: 한국교육개발원.

류민정 · 김용우(2009). 지방교육세의 문제점과 개선방안에 관한 연구. 지방정부연구, 13(3), 159-177.

류민정(2010). 교육관련 목적세입의 적정성 평가와 합리적 조정방안에 관한 연구. 인하대학교 대학원 박사학위논문.

류민정(2011). 목적세입의 평가와 개선방안: 교육재원을 중심으로. 한국지방재정논집, 16(1), 87-112.

문교부(1986). 교육세 백서.

박기백 · 박상원 · 손원익(2007). 목적세의 정치경제학적 모형과 실증분석. 한국조세연구원.

박기범(2005). 교육세의 문제점과 개선방안에 관한 연구. 창원대학교 경영대학원 석사학위논문.

박상원(2008). 목적세의 이해와 개편방향. 성명재 · 박형수(편). 한국의 조세 · 재정정책. 한국조세연구원.

박상원(2009). 목적세의 도입과 폐지. 재정학연구, 2(2), 39-65.

서희열 · 심충진 · 심태섭 · 최천규(2010). 생명보험산업의 경쟁력제고를 위한 세제지원 강화방안. 세무와 회계저널, 11(1).

송기창 외(1999). 교육재정백서. 교육재정백서 연구위원회.

송기창 외(2006). 2006 교육재정백서. 교육인적자원부.

송기창 외(2012). 2012 교육재정백서. 교육과학기술부.

송기창(2001a). 교육세 백서. 서울: 숙명여자대학교.

송기창(2001b). 지방교육자치제와 지방교육재정 확충방안. 교육행정학연구, 19(3), 281-306.

송기창(2009). 교육세의 전망과 과제. 한국교육재정경제학회 연차학술대회. 교육재정의 현안과 과제 자료집.

송기창(2010). 고등교육재정교부금법 제정방안에 대한 논의. 교육재정경제연구, 19(2), 125-153.

안종석(2000). 지방교육재원 조달방법의 재원배분효과 비교. 재정포럼, 49, 6-20.

안종석(2008). 지방교육세 배분방식 개편에 관한 연구. 한국조세연구원.

안종석(2009). 세제개편이 교육재정에 미치는 영향과 시사점. 교육재정경제연구, 18(3), 207-232.

양승실 외(2011). 지방교육 행 · 재정체제 선진화 방안 연구. 서울: 한국교육개발원.

오상환(2008). 지방교육재정 실태 분석을 통한 재원 확보 방안 연구: 서울특별시교육재정을 중심으로. 홍익대학교 교육경영관리대학원 석사학위논문.

우명숙 · 박경호(2011). 해외 선진국의 유 · 초중등교육 재정지원제도 분석에 관한 연구 I: 미국편. 서울: 한국교육개발원.

우명숙(2006). 지방교육재정교부금법 개정을 둘러싼 주요 쟁점. 교육행정학연구, 24(1), 247-266.

윤정일(1998). 교육세. 서울대학교 교육연구소(편). 교육학 대백과사전 (pp. 638-639). 서울: 하우동설.

윤홍주(2012). 지방교육재정 보통교부금제도의 성과와 과제. 한국교육재정경제학회 하계학술대회 자료집.

윤희연(2004). 목적세 존폐여부에 관한 연구: 교육세를 중심으로. 고려대학교 대학원 경제학과 석삭학위논문.

이강일(2003). 우리나라 목적세제의 문제점에 관한 연구. 세무학논집, 18(2).

이만우 · 전형준 · 박기범(2006). 금융 · 보험업자에 대한 교육세 부과의 문제점 및 개선방안 연구. 세무와 회계저널, 7(2), 35-55.

이영규 · 이성환(2008). 목적세와 특별회계의 문제점과 개편방향. 경제현안분석, 26.

이영희 · 라휘문(1999). 지방목적세제의 평가와 효율적 운용방안. 서울: 한국지방행정연구원.

이용호 · 박용일 · 전형준(2006). 금융산업에 대한 교육세 부과 개선방안에 대한 연구. 세무학 연구, 23(3), 191-213.

이정기(2008). 교육세제도의 변천과정과 정책방안에 관한 연구. 경영교육논총, 52, 283-300.

이정화(2011), 금융업에 부과되는 교육세의 문제점 및 개선방안. 서울시립대학교 세무전문대학원 석사학위논문.

임성일 · 손희준(2011). 지방교육재정제도의 개선방안: 지방재정과 지방교육재정간의 관계 재정립. 지방행정연구, 25(3), 59-92.

임성일(2005). 통합적 관점에서 본 일반자치 재정과 교육자치 재정 분석: 지방교부세와 지방교육재정교부금을 중심으로. 한국지방재정논집, 10(1), 143-164.

장재식(1995). 조세법(개정 3판), 서울: 서울대학교출판부.

전상경 · 류춘호(2008). 기초지방정부의 교육재정지원에 관한 연구: 부산시를 중심으로. 한국지방재정논집, 13(2), 81-110.

전주성(2005). 목적세가 경제적 효율과 세수에 미치는 영향. 공공경제, 10(2), 1-25.

전주성(2011). 세입 · 세출 연계와 재정 건전성. 의정논총, 6(2).

정현주(2009). 지방교육재정분권 추이 분석: 지방교육자치제도 도입 전후를 중심으로. 이화여자대학교 대학원 석사학위논문.

조성호 외(2010). 민선 5기의 지방분권 이슈와 과제. 정책연구, 2010년 제1호.

최성은(2007). 사회재정지출의 재원조달방안: 목적세에 관한 논의. 보건복지포럼, 125, 93-101.

하봉운(2009). 지방자치단체 교육경비보조의 전략적 확보 방안. 교육법학연구, 21(1), 231-254.

한국교육개발원(2011a). 2011 지방교육재정분석 종합보고서.

한국교육개발원(2011b). 간추린 교육통계.

한국교육개발원(2011c). OECD 교육지표.

홍순화(2007). 우리나라 교육세의 변천과정 분석을 통한 합목적성 평가와 교육재정 확보 방안. 건국대학교 대학원 박사학위논문.

홍은정(2009). 의무교육의 실현을 위한 교육재정에 관한 연구. 전북대학교 법무대학원 석사학위논문.

Sergiovanni, T. J., Kelleher, P., MaCarthy, M. M., & Fowler, F. (2009). *Educational Governance and Administration* (6th ed.). Boston: Allyn & Bacon. 한유경 외 역(2011). 교육행정. 서울: 아카데미프레스.

제 10 장 지방자치단체의 전입금제도와 현황[1]

1. 일반회계 전입금제도의 개념과 구조

1) 일반회계 전입금제도의 개념과 의의

전입금이란 하나의 법인에 귀속되는 세입재원을 가지고 2개 이상의 회계를 운용하여 사업을 추진하는 경우 사업 소요예산을 고려하여 회계 간에 세입재원을 이동시키는 것으로서 세입예산을 편성하는 방법상의 용어이다. 재원을 내보내는 회계의 입장에서 보면 전출금이 되고, 재원을 받아들이는 회계의 입장에서는 전입금이 된다(송기창 외, 2006).

지방교육재정의 세입과 관련하여, 지방자치단체의 지방교육비 부담은 일반회계와 교육비특별회계의 이원적 구조로 되어 있다. 이 중에서 일반회계 전입금제도는 지방자치단체가 관리하는 일반회계의 일정 비율(혹은 일정액)을 교육비특별회계로 전입하여 지방교육의 균형적 발전을 도모하고 지방자치단체의 교육에 대한 책무성을 고양시키기 위한 제도라고 할 수 있다.

지방자치단체의 일반회계 전입금제도는 중앙정부가 교육비의 대부분을 부담

---

1) 여기서의 논의는 송기창 외(2006), 김병주 외(2011), 송기창 외(2012)의 내용을 주로 참고하였음.

하는 체제하에서, 지방자치단체에 지방교육에 대한 책무성을 높이는 의의를 지닌다. 그런데 지방교육재정부담의 범위와 주체에 대해 법령개정 과정에서 중앙정부와 지방정부 간의 법적 다툼이 있어 왔다(국회속기록, 2004; 송기창, 2010). 서울특별시의 경우, 2004년 12월에 개정된 「지방교육자치에 관한 법률」 개정안에서 의무교육경비의 부담 주체를 국가 및 지자체로 설정한 것에 대해 서울시의 권한을 침해한다는 취지로 헌법재판소에 권한쟁의심판을 청구하였다. 당시 쟁점의 핵심은 의무교육경비를 국가가 아닌 지자체로 하여금 일부를 부담하게 하는 것이 헌법에 위반되느냐의 여부였다. 2005년 12월 22일 헌법재판소에서는 지방교육재정이 갖는 핵심적 과제는 부처 간, 중앙정부와 지자체 간 권한 다툼보다는 교육기회균등을 이룰 수 있도록 교육재정 확보 및 배분이 이루어져야 한다는 점을 분명하게 제시하면서 논란을 해소한 바 있다(헌법재판소, 2005; 조석훈, 2009).

2004년 헌법재판소 판결 이후에는 지방교육재정과 밀접한 관련이 있는 「지방교육자치에 관한 법률」「지방교육재정교부금법」 등이 개정되는 과정에서 국가와 지자체가 의무교육경비를 포함한 지방교육비에 대해 공동부담 원칙을 수립하면서 전입금제도를 포함한 지자체의 책임이 더욱 확대되는 방향으로 진행되어 왔다(조석훈, 2009). 또한 지자체의 지방교육비 안정화를 위해 시·도세 전입금 도입, 지방교육세 신설, 교육경비보조 등 지방교육재정의 안정화 노력도 동시에 이루어지고 있다는 측면에서 지방자치단체 일반회계 전입금제도의 의의를 찾을 수 있다.

2) 일반회계 전입금의 구조

전입금은 법률에서 부담규모를 구체적으로 정하고 있는 법정전입금과 부담규모를 구체적으로 정하지 않고 있는 비법정전입금으로 구분할 수 있다(송기창 외, 2006). 지방교육비와 관련한 법정전입금으로는 「지방교육재정교부금법」 제11조에 따른 시·도세전입금, 담배소비세전입금, 지방교육세전입금이 있고,

「학교용지확보 등에 관한 특례법」 제4조에 따른 학교용지부담금이 있다. 비법정전입금으로는 「도서관 및 독서 진흥법」 제22조에 따른 공공도서관 운영비를 비롯하여 일반회계의 예산에 따라 임의로 정해지는 기타 지원이 있다.

「지방교육재정교부금법」은 「지방교육자치에 관한 법률」 제39조에 따라 지방교육비에 대한 책임을 공유하는 국가 및 지방자치단체의 최소한의 책임을 규정하고 있다. 광역자치단체는 일반회계 전입금 형식으로 교육비특별회계의 소요 재원을 예산에 계상하게 되는데, 최소한 「지방교육재정교부금법」 제11조에 의한 법정전입금은 의무적으로 전출하도록 되어 있어 그만큼 회계 간 예산 편성의 자율권은 제한되어 있는 셈이다. 법정전입금 이외 금액의 전입 문제는 예산 편성에 따라 달라질 수 있다.

〈표 10-1〉 지방자치단체의 지방교육재정 부담구조 및 법적 근거

자치단체수준	부담회계	부담구분	부담 내용	법령 근거
광역자치단체	일반 회계	법정	시·도세전입금	「지방교육재정교부금법」 제11조
			담배소비세전입금	
			지방교육세전입금	
			학교용지부담금	「학교용지확보 등에 관한 특례법」 제4조
		비법정	공공도서관 운영비	「도서관법」 제29조
			기타 지원	「지방교육자치에 관한 법률」 제37조 「지방교육재정교부금법」 제11조 제7항
		비법정	교육경비 보조	「지방교육재정교부금법」 제11조 제6항 「지방자치단체의 교육경비 보조에 관한 규정」

자치단체수준	부담 회계	부담 구분	부담 내용	법령 근거
광역 자치 단체	교육비 특별회계	자체 수입	재산수입, 입학금 · 수업료, 사용료 · 수수료 등	「지방교육자치에 관한 법률」 제37조
기초 자치 단체	일반 회계	비법정	교육경비 보조	「지방교육재정교부금법」 제11조 제6항 「지방자치단체의 교육경비 보조에 관한 규정」

지자체의 지방교육재정에 대한 부담은 광역자치단체와 기초자치단체별로 다르다(조석훈, 2009). 「지방자치법」 및 「지방교육자치에관한법률」에 의하면, 지자체의 교육 · 학예에 관한 사무는 시 · 도의 사무로 되어 있기 때문에 기초자치단체는 지방교육재정에 대한 책임이 없다. 다만, 「지방교육재정교부금법」 제11조 제6항 및 「지방자치단체의 교육경비보조에 관한 규정」에 따라 고등학교 이하 각급학교에 교육경비 일부를 임의로 보조할 수 있다. 〈표 10-1〉에 제시된 바와 같이, 광역자치단체는 일반회계와 교육비특별회계를 통해 지방교육재정에 대한 부담을 지게 되는데, 교육비특별회계로는 재산수입이나 입학금 · 수업료 · 사용료 · 수수료 등의 자체 수입이 별도로 있으나 이들은 전체 지방교육재정 소요액 중 5% 내외의 미미한 수준이다.

지자체의 비법정전입금과 관련된 근거법령에 의하면, 비법정전입금은 의무적으로 규정된 것은 아니지만 사업의 연계나 필요에 따라 지자체가 교육비특별회계로 지원하고 있는 경비로서, 「도서관법」에 의하여 교육감이 설치하는 공공도서관에 대한 운영 경비, 학교급식, 유아무상교육비, 영재 및 특수교육 지원, 국민체육진흥 등에 이르기까지 그 범위와 내용이 매우 광범위하고 다양하다. 이 외에도 지자체에서는 각급학교로 직접 재정이 전입되는 교육경비보조금을 통해 교육비를 지원하고 있다. 교육경비보조금은 비법정전입금의 성격을 지니고 있으나 지자체가 직접 단위학교에 지원하는 재원이므로 일반회계 전입금에 포함되지 않기 때문에 이 책에서는 별도의 장으로 구분하였다.

2. 일반회계 전입금제도 및 재원 변천과정

1) 일반회계 법정전입금제도의 변천과정[2)]

(1) 봉급전입금제도: 1963년「지방교육교부세법」제정과「지방교육재정교부금법」제정 및 개정과정

중등교원의 봉급은 1949년부터 2006년도까지 약 57년간 지방자치단체 법정전입금으로 지원되었다. 1949년 제정된 구「교육법」제71조에서는 국고에서 교육구, 시, 도와 특별시의 교육비에 대하여 보조하도록 규정하였고, 동시에 동법 제70조는 의무교육에 종사하는 초등학교 교원의 봉급 전액과 공립 중학교와 고등학교 교원의 봉급 반액은 국고가 부담하도록 규정하였다.

1963년「교육법」개정을 통해 1964년부터 시·군 단위 교육자치제는 폐지하고 시·도 단위의 광역 교육자치제가 부활하였다. 교육자치제의 새로운 출발에 맞추어 중등교육비를 안정적으로 확보해야 한다는 요구가 강하게 대두되었고, 그 결과 지방교부세의 재원 중 일부를 할애받은 지방교육교부세를 신설하게 되었다. 1963년 12월 제정되고 1964년 1월 1일부터 시행된「지방교육교부세법」에 따라 지방교육교부세가 별도 분리됨으로써 그간 지방자치단체의 일반회계(실제적으로는 국고지원금에 의해 부담)에서 전입금 형식으로 부담하던 중등학교 교원의 봉급은 국가가 직접 교육비특별회계에 교부금을 지원하여 부담하는 방식으로 바뀌었고 자연히 지방자치단체의 일반회계가 부담하는 봉급전입금 항목도 사라지게 되었다.「지방교육교부세법」의 제정·시행에 따라 사실

---

2) 이 부분은 송기창 외(2006)의 내용을 요약, 정리함

상 국가(문교부)는 중등학교 교원의 봉급 전액을 포함하는 중등 교육비를 지방교육교부세의 형태로 지방자치단체(교육비특별회계)에 지원하게 되었지만 당시 지방자치단체 중 높은 재정자립도를 나타내고 있던 서울시와 부산시는 1964년부터 중등학교 교원의 봉급 반액(본봉만 포함, 수당은 제외)을 일반회계에서 부담하도록 하였다. 1964년 10월 개정 「교육법」에 따라 서울시는 공립 중등교원의 봉급 전액을 부담하는 의무를 법적으로 지게 되었지만, 실제로는 당해 연도 초부터 이미 봉급 전액을 부담하고 있었다.

중등교원 봉급전입금에 대한 지원방식은 지방교육재정교부금의 개정과정에서 주요 쟁점으로 부각되었고 법률 개정에 따라 변화해 왔다. 2001년 3월, 국민의 정부에서는 OECD 국가 수준의 교육복지를 실현하기 위하여 중학교 3학년까지의 의무교육을 2002년도부터 단계적으로 확대하여 2004학년도까지 전면 실시하기로 하였다. 이에 따라 지방자치단체가 부담하고 있던 공립 중등학교 교원봉급 전입금 중 중학교 교원봉급분에 대한 부담이 늘어나게 되어 관련 논쟁이 이어졌다. 2001년 개정된 「지방교육재정교부금법」 개정안에서는 2002년도부터 새로 실시되는 의무교육지역 중학교 교원의 봉급과 관련 수당을 「지방교육재정교부금법」에 따른 봉급교부금(국가부담)에 포함시키지 않음으로써 시·도가 중학교 교원의 봉급전입금을 계속 부담하게 하였다. 그런데 이 법률 개정안은 「지방교육자치에 관한 법률」과 상충하는 것으로 나타나 「지방교육재정교부금법」을 개정하는 동시에 「지방교육자치에 관한 법률」도 개정하여 2002년도부터 2004년도까지 한시적으로 새로 의무교육이 확대되는 지역의 중학교 의무교육 경비에 대해서는 국가와 지방자치단체가 분담하도록 하였다.

그런데 2004년 11월 정부에서는 앞의 두 법률 개정안을 다시 국회에 제출하였고 처리되었는데, 주요 골자는 의무교육에 관련된 경비의 부담 주체를 국가 및 지방자치단체로 설정하는 것이었다. 즉, 지방자치단체가 부담하던 봉급전입금을 폐지하되, 시·도세전입금 비율을 상향조정(서울시와 부산시는 10%, 기타 광역시와 경기도는 5%, 그 밖의 도는 3.6%)하고 시·도세 상향조정 비율은 2006년 12월까지 효력을 가지도록 한 것이었다. 이 법은 2005년부터 현재까지 시행되고 있으며 지방자치단체가 일부 항목에 국한하지 않고 지방교육비를 포괄적으로 책임지는 체제로 바뀌게 되었다.

〈2004년 기준〉		〈2005년 개정 기준〉
〈시 · 도 봉급전입금〉 •서울 100%, 부산 50%, •광역시 · 경기도 10% 봉급전입금액: 6,602억 원 •비의무학교교원 2,670억 원 •시지역중학교교원 3,932억 원	⇨	〈시 · 도세전입금〉 •서울 · 부산 10%, •광역시 · 경기도 5% •기타 도 3.6%
〈시 · 도세전입금〉 시 · 도세 3.6%: 6,752억 원		
계: 1조 3,354억 원		계: 1조 3,142억 원
〈지방교육세전입금〉 4조 976억 원(시 · 도 지방교육세 전액)		변동 없음.
〈담배소비세전입금〉 4,813억 원(특별시 · 광역시: 담배소비세의 45%)		변동 없음.

[그림 10-1] 정부의 시 · 도세전입금 개편에 따른 내역(2004)

* 출처: 교육인적자원부(2004), p. 4; 송기창 외(2006), p. 138.

(2) 담배소비세전입금제도: 1988년과 1993년 「지방교육재정교부금법」 개정과정

1981년 12월 5일 제정되어 1982년 1월 1일부터 시행된 「교육세법」은 소득세액, 주세액, 제조담배의 매도가격, 금융 · 보험업자의 수익금액 등 네 가지 과세표준을 가지고 있었다. 이 중 제조 담배에는 매도가격의 10/100의 세율을 적용하여 담배분 교육세를 징수하고 있었다. 그런데 한미무역회담(1988. 5. 3~5. 6)에 의해 당시 적용되고 있던 담배 관련 제반 세목을 단일화하여 내 · 외산 담배에 똑같이 부과하기로 결정하였다.

당시 담배에는 국세 · 지방세, 일반세 · 목적세, 전매납부금 형태에 걸쳐 6개의 세목이 부과되어 매우 복잡하였다. 국내 유통과정에는 국세인 교육세와 전매납부금, 지방세인 담배판매세가 부과되었고, 수입 담배에는 관세, 부가가치세와 목적세인 방위세가 부과되었다. 이와 같은 복잡한 조세체계와 내·외산에 대한 다른 조세체계가 통상 마찰 등의 문제를 제기하였고, 결국 1989년부터는 지방세로 단일화한 '담배소비세'를 부과하는 것으로 관련 법령이 정비되었다.

지방세로서 담배소비세가 신설되는 대신 교육세를 포함한 다른 세목이 모두 폐지됨에 따라 교육세 재원을 포함하고 있던 지방교육재정교부금은 교육세액만큼 결손이 발생하게 되었다. 반면, 기존에 시·군만이 담배판매세를 부과하였는데, 담배소비세로 개편하면서 시·군 외에 특별시·직할시는 신규로 담배소비세를 세목으로 추가하게 되었다. 이에 따라 6대 도시는 1988년 추정에 따를 때 1989년도에 일반회계 추가 세입으로 6,500억 원을 확보하게 되었다. 또한 시·군은 담배소비세로 개편 전인 1988년에 담배판매세로서 약 3,000억 원의 세수를 기대할 수 있었는데, 담배소비세로 개편되는 1989년에는 약 6,500억 원의 세수를 확보할 수 있게 되어 3,500억 원의 추가 세수 증대가 예정되어 있었다.

당시 담배 관련 세제의 개편에 따른 교육비 결손을 보전하기 위한 방안은 1차적으로 1988년 당시 추정으로 1989년도 담배분 교육세의 결손금액 예상액인 1,800억 원을 어떻게 보전할 것인지에 초점이 모아졌고, 2차적으로 지방교육자치의 확대 실시에 따른 소요 경비를 어떻게 확보할 것인지를 다루었다. 우선 1차적으로 담배분 교육세가 줄어드는 반면 특별시·직할시는 새로 6,500억 원 규모의 담배소비세를 확보하게 되므로 특별시·직할시의 담배소비세에서 결손금액을 확보한다는 원칙하에 작업이 진행되었다.

당시 문교부는 교부율의 상향조정을 통한 결손금 보전이 불가능하다는 판단 아래 직할시 이상 시에서는 담배소비세의 30%를 교육비특별회계로 전출하도록 하고, 서울특별시와 부산직할시 외에 다른 직할시에서도 부산시와 마찬가지로 중등교원 봉급의 1/2를 추가로 전출하게 하는 방안을 수립하였다. 아울러 시·군 단위 교육자치에 대비하여 최소한 시·군 교육위원회의 회의운영경비를 전출하도록 하는 내용도 함께 포함되었다. 직할시의 경우 새로 중등교원 봉급의 1/2를 추가한 것은 직할시 이상 시에서 신규로 6,500억 원의 담배소비세를 확보하게 되어 있었기 때문이다. 이 중에서 담배소비세전입금 1,950억 원을 포함하여, 다시 신규 재원 확보에 따라 중앙 정부가 지원하던 사업을 이양받음에 따라 발생하는 추가 재정 소요액으로서 총 4,177억 원을 제외하고도 2,323억 원의 여유를 가질 수 있다고 판단하였기 때문이다.

그러나 내무부의 강력한 반대에 부딪히자 당시 문교부는 다시 검토를 거쳐 시·군의 교육비 부담 방안은 철회하되, 중등교원 봉급전입은 반드시 실현되어야 한다는 의견을 제시하였다. 특히, 1989년 지방교육재정교부금 예산 협의 과정(경제기획원)에서 직할시의 중등 교원봉급 전입액을 세입예산으로 계상하였기 때문이다.

이러한 과정 속에서 1988년 11월 21일 관계부처 협의에서 경제기획원은 문교부 안에 동의하면서 내무부의 양보를 촉구하였고, 이견을 조정하기 위해 중등교원 봉급 전입 항목을 제외시키는 대신에 담배소비세 전입비율을 기존 30%에서 1/3로 상향 조정하는 중재안을 제시하였다. 결국 관계부처 간에 의견 합치를 보지 못한 채 담배소비세 개편에 따른 교육비 확보방안은 특별시와 직할시에서 담배소비세의 30%를 교육비특별회계로 전출하는 방안만이 채택되었고, 1988년 12월 31일 「지방교육재정교부금법」 제11조의 개정안이 공포됨으로써 논의는 종결되었다.

한편 도로 등 사회간접자본 확충을 위한 재원을 마련하기 위해 유류 관련 특별소비세를 목적세로 전환한다는 방침이 논의되기 시작한 것은 1981년 8월이다(송기창, 1995). 다만 국민의 세부담 증가 및 목적세의 부작용을 고려하여 유보되었으나 1992년에 들어와 국토개발연구원에서 '사회간접자본의 효율적 공급방안에 관한 연구'를 발표하면서 다시 논의되기 시작했다. 이 연구는 교통혼잡을 줄이면서 자가용 승용차의 과다 이용을 억제하기 위하여 유류값에 교통세를 신설해야 한다고 주장하였다. 이에 대해 유류 관련 특별소비세의 목적세 전환은 내국세 규모의 축소를 초래하게 되어 결국 내국세의 일정률로 확보되는 지방교부세 및 지방교육재정교부금의 감소를 가져올 수밖에 없기 때문에 교육부와 내무부는 강력하게 반대하였다.

그러나 정부는 지방자치단체를 비롯한 관련 부처의 반대에도 불구하고 교통세 신설안을 관철시켜 1993년 12월 31일 「교통세법」이 제정 · 공포되었다. 동 법은 도로 및 도시철도 등 사회간접자본의 확충에 소요되는 재원을 확보하기 위하여 특별소비세의 과세대상인 휘발유와 경유에 대하여 특별소비세를 물리지 않는 대신에 교통세를 부과하는 내용이었다. 이 교통세는 1994년부터 2003년까지 10년간 한시적으로 부과하는 한시세로서 확보되는 재원은 전액 「도로등교통시설특별회계법」에 의한 '도로등교통시설특별회계'에 전입하도록 하였다.

목적세로서 교통세가 신설됨에 따라 그만큼 내국세가 줄어듦으로써 내국세 총액과 연계되어 있는 지방교육재정교부금의 손실에 대한 보전이 필요하였는데, 6대 도시 담배소비세전입률을 30%에서 45%로 상향조정하여 보전하고, 이에 따른 지방자치단체의 세수 결함은 담배소비세를 갑당 100원을 인상하여 460원으로 조정함으로써 보충하기로 하였다.

(3) 시 · 도세전입금제도: 1995년, 1998년, 2000년, 2004년 「지방교육재정교부금법」 개정과정

일반회계 전입금 중 시 · 도세전입금제도는 1995년, 1998년, 2000년, 2004년에 걸쳐 개정되었다. 시 · 도세전입금제도의 개편은 먼저 1995년에 대통령 자문 교육개혁위원회에서 1998년까지 교육재정 GNP 5% 확보를 제시하였고, 이를 뒷받침하기 위해 소요재원의 조달방안 등에 관한 심의 · 조정을 벌여 1995년 8월 30일 회의에서 '교육개혁을 뒷받침하기 위한 교육재정 확보 방안'을 확정짓는 과정에서 나타났다. 이 방안에 의하면 1998년까지 교육재정 GNP 5%를 달성하기 위해 1996년부터 1998년까지 추가 소요재원은 9조 4천억 원으로서 이 중 50%는 교육세 추가, 30%는 정부 예산, 그리고 20%는 지방자치단체의 지원 확대를 통해 충당하기로 하였다.

이에 따라 지방자치단체가 지방세원에서 신규로 부담해야 할 금액으로 1996년부터 1998년까지 1조 1,200억 원이 목표로 제시되었는데, 이 금액이 지방세수 중에서 차지하는 비율을 산출하여 추정하였다. 이러한 방법으로 추정한 결과, 1996년에서 1998년까지 3년간 징수전망액을 산출하였고, 3년간 총징수전망액은 43조 5,017억 원으로 계산되었다. 이 3년간 총징수전망액(43조 5,017억 원) 대비 추가부담액(1조 1,200억 원)이 차지하는 비율을 계산한 결과 2.6%였으며 이 수치가 3년간 시·도세전입금 비율로 결정된 것이다.

이러한 산출식에 의해 1996년부터 1998년까지 매년 지방자치단체의 시·도세전입금 비율이 2.6%로 결정되었고, 1995년 12월 29일 「지방교육재정교부금법」 제11조 제2항이 개정되었다. 이에 의해 1996년부터 1998년까지 시·도세 전입금이 의무적 부담 전입금으로 확보되었으며, 부칙 규정에 의해 1999년 이후의 적용비율은 특별시세·광역시세 및 도세 수입액의 증감에 따라 교육부장관과 행정자치부장관이 협의하여 법률로 정하도록 하였다. 그리고 1999년 1월 21일 개정으로 2000년 회계연도까지는 동일한 비율을 다시 적용하기로 하고 2001년 회계연도부터는 다시 정하도록 되었다.

2000년도 말까지 한시적으로 교육비특별회계에 전출하도록 되어 있던 시·도세의 2.6%는 2000년 「지방교육재정교부금법」의 개정으로 3.6%로 인상하였으며 2001년 영구화하게 되었다. 이에 따라 2001년도부터 시·도세 조정액 1,230억 원, 봉급전입금 부담액 481억 원, 보수체계 개선에 따른 부담금 600억 원 등 총 2,300억 원을 일반회계 전입금에서 더 부담하게 되므로 부담이 과중하다는 주장으로 인해, 교원 보수제도 개선분을 전입금으로 지원하는 대신, 시·도세전출금 3.6%를 산출할 때, 시·도세 중 목적세는 산정기초 금액에서 제외하게 되었다.

2004년에는 시·도에서 부담하던 교원봉급전입금을 폐지하고 시·도세전입금 비율을 상향 조정하는 방향으로 「지방교육재정교부금법」이 개정되었다.

(4) 지방교육세전입금제도: 2000년 「지방세법」 및 2010년 「지방교육재정교부금법」 개정

2000년 12월 29일 개정된 「지방세법」에는 제5절 지방교육세 조항이 신설되었다. 지방교육세는 지방교육의 질적 향상에 필요한 지방교육재정의 확충에 소요되는 재원을 확보하기 위해 과세하는 시 · 도의 목적세이다. 지방교육세는 지방자치단체가 지방교육 재정 부담의 주체가 되도록 교육세의 법령체계를 정비하면서 지방세에 부가되는 국세인 교육세 세원을 지방으로 전환하여 신설된 세목으로, 2001년 1월 1일부터 시행되었다.

현행 지방교육세 제도는 「지방세법」을 토대로 운영되고 있다. 지방교육세는 취득세와 등록세 통폐합 결과를 반영하여 2010년 말 종전의 과세표준 및 세율 등을 정비하였다.

(5) 학교용지부담금제도: 「학교용지확보에 관한 특례법」의 제 · 개정 및 개정[3)]

「학교용지확보에 관한 특례법」은 택지개발사업 등으로 학교설립수요가 급증함에 따라 이에 필요한 재원을 확보하기 위하여 지방자치단체와 개발사업시행자에게 학교용지 매입비의 일부를 부담케 하는 것을 주요 내용으로 하여 1995년 12월 29일 제정된 이후, 현재까지 총 7차례의 개정과정을 거쳤다. 제정 당시의 법령명은 「학교용지확보에 관한 특례법」이었으나, 2005년 3월 24일의 법 개정으로 법의 범위가 학교용지 확보에서부터 학교 증축을 포함하는 것으로 확대됨에 따라 「학교용지확보 등에 관한 특례법」으로 변경하였다. 이외에도 학교용지의 조성 · 개발에 소요되는 비용 및 공급가액, 비용부담의 주체, 각 주체들 간의 권리 관계 등에서 주요 내용이 개정되었다.

가장 최근에 개정된 2009년 5월 28일 법령은 각종 개발사업에서 재원 부족으로 학교설립이 어려운 문제점을 해소하는 데 두고 학교용지 무상공급, 학교

3) 이 부분은 우명숙(2012)의 내용을 요약 · 정리함.

시설 무상공급, 학교용지부담금 부과요율 인상 등을 통해 개발사업시행자의 책임을 강화하기 위한 목적으로 이루어졌다. 이에 따라 공영개발사업 시행자가 학교용지를 무상으로 공급하는 개발사업을 시행하는 경우 학교시설을 설치하여 시·도교육청에 무상으로 공급하도록 하고, 개발사업시행자가 수도권에서 학교용지를 무상으로 공급하는 개발사업을 하는 경우 소공원 및 조경녹지를 포함한 학교시설을 설치하여 교육청에 무상공급하여야 하는 것으로 변경되었다. 학교용지부담금 관련 법령 변천과정의 주요 내용을 제시하면 〈표 10-2〉와 같다.

〈표 10-2〉 학교용지부담금의 변천과정 및 주요 내용

변천과정	변천 내용
1995.12.29. 법률 제정	• 부과대상자: 주택건설용 토지 또는 주택을 최초 분양받은 자 • 부담금의 범위·산정기준·징수방법 등을 대통령령에 위임
1996.11.2. 시행령 제정	• 부담금의 범위·산정기준·징수방법 등을 조례에 위임
2000.1.28. 법률 개정	• 부과대상: 300세대 규모 이상 • 부담률: 공동주택 분양가격의 0.8%, 단독주택 분양가격의 1.5%
2002.12.5. 법률 개정	• 재건축, 재개발, 주거환경개선사업을 개발사업에 포함(기존 세대에 대해서는 부담금 면제).
2005.3.24. 법률 개정	• 부과대상자: 주택건설용 토지 또는 주택을 분양하는 자 • 부담률: 공동주택 분양가격의 0.4%, 단독주택 분양가격의 0.7% ※「학교용지확보에 관한 특례법」을「학교용지확보 등에 관한 특례법」으로 개정
2006.7.19. 법률 개정	• 학교용지 공급 가격: 국가, 지방자치단체, 정부투자기관 및 지방공사 등이 개발사업시행자로서 주택건설용 토지를 조성·개발하거나 공동주택을 건설하는 경우 종전의 감정가격에서 초·중학교는 학교용지 조성원가의 100분의 50으로, 고등학교는 조성원가의 100분의 70으로 공급(다만, 부칙에서 성남판교 택지개발예정지구 안의 초·중학교는 조성원가의 100분의 25로 함)

변천과정	변천 내용
2009.5.28. 법률 개정	• 부담률: 공동주택 분양가격의 0.8%, 단독주택 분양가격의 1.4% • 공영개발사업의 경우 개발사업 지역에서 학교용지를 무상공급하도록 함. • 공영개발사업시행자가 학교용지를 무상으로 공급하는 개발사업을 시행하는 경우 학교시설을 설치하여 시·도교육청에 무상으로 공급하도록 함.

기획재정부(2012). 2011년도 부담금운용종합보고서의 내용을 수정·보완함.
* 출처: 우명숙(2012).

2) 일반회계 비법정전입금제도의 변천과정

(1) 공공도서관 운영비 지원 관련 법률

지방자치단체는 「도서관법」에 따라 공공도서관 운영비 등을 지원하고 있다. 이와 관련된 법령은 1994년 7월 25일, 「도서관 및 독서진흥법」의 제정으로 시작되었는데, 당시 제정법률에는 구체적인 지원의 내용이 명시되지는 않았다. 그러다가 2007년 11월 「도서관법」으로 법령명을 개정하면서 현재까지 지방자치단체의 운영 지원 사항을 명시하였다.[4)]

(2) 학교급식 지원 관련 법률

최근 지방자치단체의 교육비 지원과 관련하여 가장 논쟁이 되고 있는 학교급식은 1981년 「학교급식법」의 제정으로 시작된 것이다. 당시 제정된 법률에서는 학교급식 경비부담에 대해 학부모 부담을 원칙으로 하되, 국가와 지방자치단체가 필요한 경우 지원하는 것으로 규정하였으나, 2009년 법을 개정하면서 기존의 2항에서 4항으로 조문을 확대하고, 지원의 범위와 부담원칙을 구체

4) 「도서관법」 제29조(공립 공공도서관의 운영 및 지원 등) 제3항: 「지방교육자치에 관한 법률」 제32조에 따라 교육감이 설립·운영하는 공립 공공도서관에 대하여는 해당지방자치단체의 일반회계 예산의 범위 안에서 그 운영비의 일부를 부담하여야 한다.

적으로 제시하였다. 즉, 학교급식에 필요한 급식시설 · 설비비, 급식운영비, 식품비, 경비지원 등에 대한 부담주체를 구체적으로 명시하였다.5)

(3) 기타 교육 · 학예 지원 관련 법률

공공도서관 및 학교급식 이외에도 지방자치단체는 유아교육, 특수교육, 영재교육, 국민체육 등 다양한 교육 · 학예 지원 관련 법률을 제정하여 지방교육에 대한 지원을 하고 있다(〈표 10-3〉 참조).

〈표 10-3〉 지방자치단체의 지방교육 지원에 관한 법령 근거

근거법령	의무규정	강제여부	주체
「유아교육법」 제4, 9, 10조 및 동법시행령 제4, 8, 9조	• 순차적 유아교육에 대한 무상교육비(입학금, 수업료) • 국민기초생활보장법 등에 근거한 저소득자녀 유아교육비 전부 또는 일부 • 사립유치원 설립 운영 소요경비 중 일부	강제 강제 임의	지방자치단체
「영재교육진흥법」 제14조	• 영재학급에 대한 시설비, 운영비, 실험실습비 등	임의	지방자치단체
「특수교육법」 제3, 5조 및 동법시행령 5조	• 특수교육기관 설치, 운영 및 시설 · 설비확충 · 정비 • 초 · 중등과정 특수교육대상자의 교육비(입학금, 수업료, 교과서대금)	강제 강제	지방자치단체
「국민체육진흥법」 제8조	• 주민건강과 체력증진을 위한 시설 등 여건 조성	강제	지방자치단체

5) 「학교급식법」 제8조(경비부담 등) 제1항: 학교급식의 실시에 필요한 급식시설 · 설비비는 당해 학교의 설립 · 경영자가 부담하되, 국가 또는 지방자치단체가 지원할 수 있다. 동조 제4항: 특별시장 · 광역시장 · 도지사 · 특별자치도지사 및 시장 · 군수 · 자치구의 구청장은 학교급식에 품질이 우수한 농산물 사용 등 급식의 질 향상과 급식시설 · 설비의 확충을 위하여 식품비 및 시설 · 설비비 등 급식에 관한 경비를 지원할 수 있다.

근거법령	의무규정	강제여부	주체
「지방자치단체 교육경비 보조에 관한 규정」 제2조	• 학교의 급식시설 · 설비 사업 • 학교의 교육정보화 사업 • 지역사회와 관련한 교육과정의 자체 개발사업 • 지역주민을 위한 교육과정 운영사업 • 학교에 설치되는 주민 및 청소년이 활용할 수 있는 체육 · 문화공간 • 기타 필요하다고 인정하는 교육여건 개선사업	임의 임의 임의 임의 임의 임의	지방자치단체

3. 일반회계 전입금제도의 쟁점과 과제

1) 일반회계 전입금제도의 쟁점

(1) 국가와 지방자치단체의 교육비 지원 역할 분담

현행 지방교육재정은 중앙정부 의존도가 심하고 지자체의 지원이 법적 기준을 넘어서지 못하는 불안정한 세입구조를 지니고 있다. 우리나라는 지방교육재정 세입구조가 복잡할 뿐만 아니라 국세 및 지방세의 조정이 쉽지 않고, 경기침체 등 외부환경적 영향이 크기 때문에 지자체가 지방교육재정에 대한 역할을 담당하기가 어려운 구조이다. 따라서 지자체가 지방교육재정에 대한 역할을 담당하기 위해서는 세입의 자율성을 높여 나가는 방안이 필요하다(송기창 외, 2006; 김민희, 2011).

지방자치단체는 시 · 도 공립학교의 설립 · 경영자인 만큼 학교교육비의 1차적 책임을 부담하여야 하지만 1991년 지방교육자치제가 본격적으로 실시된 이후에도 지방자치단체의 지방교육비 부담은 근본적으로 달라지지는 않았다. 1964년 이후 서울특별시와 부산광역시가 공립 중등학교 교원봉급 전액과 반액을 각각 부담하여 온 것을 제외하고는 자체 수입으로서 수업료 · 입학금을 제외한 지방자치단체의 지방교육비 부담은 거의 없었다.

그런데 1989년부터 특별시 · 광역시에 담배소비세전입금, 1996년부터 시 · 도세전입금제도가 신설되면서 지방자치단체의 지방교육비 부담은 제도적인 측면에서 정착되기 시작하였다. 시 · 도세전입금의 실시와 지방세 부가 교육세가 지방교육세로 전환되면서 지방자치단체의 지방교육비 책임은 확대되었다.

의무교육경비에 대해서는 「지방교육자치에 관한 법률」 제39조에 따라 국가부담 원칙을 유지하여 왔는데 이 부분에서도 지방자치단체의 책임을 확대하는 방향으로 변화가 나타났다. 2002년부터 2004년까지 한시적으로 중학교 의무교육 경비 일부를 지방자치단체가 부담하도록 하다가 2005년부터는 의무교육경비를 포함한 지방교육비에 대해 국가와 지방자치단체가 공동 부담한다는 원칙이 수립되었고 헌법재판소 역시 이 원칙을 수용하였다(송기창 외, 2006).

(2) 지방자치단체의 교육비 지원 안정화

지방자치단체 일반회계 전입금을 안정적으로 확보하기 위해서는 현재의 구조하에서 지자체의 법정전입금의 비율을 높이는 것이 가장 먼저 고려되어야 한다. 그런데 이를 위해서는 추가적인 세원 발굴이 필요하다. 지방의 자주세원 확대를 위해서는 국세의 지방세 이전방안이 고려되어야 하므로 국가 차원의 세원 조정이 필요하다. 특히 자주세원을 통한 분권화는 재정자립도가 높은 특정 지역에만 유리하게 작용하여 지역 간 불균형을 조장할 가능성이 높다는 문제점으로 인해 단기간에 개편되기는 어렵다. 그러나 향후 지방자치가 확대되고 지방의 자주세입을 위한 분권화가 진행될 전망이므로 이에 대비하여 지자체에서는 지방교육재정 지원을 위해 필요한 자주세원을 발굴하고 징세노력을 기울여야 할 것이다.

(3) 법정전입금 및 비법정전입금 지원 형식

지방자치단체의 일반회계와 교육비특별회계 간 전입금 형식은 지방자치단체에 귀속되는 수입의 관리구조와 관련되어 있다. 현 세입구조에서는 모든 지방세 수입을 일반회계의 세입으로 관리하면서 교육비특별회계로 전출하는 형식을 취하고 있다. 이러한 전입금 형식은 특별한 목적을 위한 한시적 특별회계를 운용할 경우 효율적인 방식이 될 수는 있겠지만, 교육비특별회계와 같이 사업내용이 항구적이고 지출비용 중 인건비와 운영비 등 경직성 경비가 세출의 3/4을 차지하고 있는 교육비특별회계에 대해서는 적합하지 않다(교육인적자원부, 2006).

2) 일반회계 전입금제도의 과제

(1) 전입금 형식의 변화

광역자치단체 일반회계 법정전입금에 해당하는 금액에 대해서는 직접 교육비특별회계의 세입으로 계상하는 방법을 취하고, 비법정전입금에 대해서는 현재처럼 일반회계 전입금으로 유지하는 방안을 추진해야 한다. 비법정전입금의 규모 결정에 대해서는 2005년도 예산부터 국가재정운용계획을 바탕으로 매년 전체 국무위원이 참여하는 재원배분회의를 통해야 부처별 지출한도액을 결정하는 방식을 응용해 볼 수 있다. 즉, 시 · 도지사와 교육감이 예산을 편성하기 이전에 시 · 도의 중기재정계획을 바탕으로 재원 배분 협의를 하고, 그 결과를 바탕으로 법정전입금을 초과하는 비법정전입금의 규모를 결정하는 것이다.

한편 지방자치단체의 지방교육비 부담에 대해 규정하고 있는 「지방교육재정교부금법」 제11조의 내용은 법체계상 「지방교육재정교부금법」에 규정하는 것이 타당하지 않다는 지적이 제기된 이래(송기창, 1999) 여전히 개선되지 않고 있다. 「지방교육재정교부금법」의 제1조는 "지방자치단체가 교육기관 및 교육행정기관을 설치 · 경영함에 필요한 재원의 전부 또는 일부를 국가가 교부하여 교육의 균형 있는 발전을 도모함을 목적"으로 한다고 규정하고 있기 때문이다. 국가 부담으로서 교부금은 교육재정의 안정적 확보 및 전국적 평균의 보장을 위한 것으로서 지방자치단체의 부담과는 성격을 달리한다. 「지방교육재정교부금법」 제11조는 「지방교육자치에 관한 법률」로 이동시키되, 「지방교육재정교부금법」 제11조 제1항과 「지방교육자치에 관한 법률」 제36조~제39조 사이 중첩되는 부분을 조정하여 해석과 이해를 쉽게 할 수 있도록 조문을 재구성할 필요가 있다.

(2) 세입의 자율성 확보

현행 지방교육재정은 중앙정부 의존도가 심하고 지자체의 지원이 법적 기준을 넘어서지 못하는 불안정한 세입구조를 지니고 있다. 지자체가 지방교육재정에 대한 역할을 담당하기 위해서는 세입의 자율성을 높여 나가는 방안이 필요하다.

첫째, 현재의 구조하에서 지자체는 법정전입금의 비율을 높임으로써 그 역할을 담당할 수 있는데 이를 위해서는 추가 세원을 발굴하는 것이 필요하다. 향후 지방자치가 확대되고 지방의 자주세입을 위한 분권화가 진행될 전망이므로 이에 대비하여 지자체에서는 지방교육재정 지원을 위해 필요한 자주세원을 발굴하고 징세노력을 기울여야 할 것이다.

둘째, 현재 재정지원 구조하에서 지자체가 가장 직접적으로 지방교육재정 확보에 기여할 수 있는 과제는 지방교육세에 대한 탄력세율을 적용하는 것이다. 지방교육세에 대해 탄력세율을 적용할 경우 비율에 따라 수조원의 교육재정 확충효과가 예상된다. 지방교육세 탄력세율 적용에 대해서는 논란이 있을 수 있으므로 국가에서는 노력하는 자치단체에 대한 인센티브를 부여하여 자구노력을 유도해 나가야 할 것이다.

셋째, 지자체에서는 법정전입금 실제 전입률 및 학교용지부담금 전입비율을 높여 나가야 한다. 세입대비 법정전입금 비율과 실제 법정전입금비율에 시·도 간 차이가 클 뿐 아니라 분기별로 법정전입금이 균등하게 전입되고 있지 못하다. 법률로 명시된 전입금 자체에서는 법정전입금이 분기별로 균등하게 전입될 수 있도록 하는 방안을 지속적으로 마련해야 한다.

넷째, 학교용지 확보 비용의 전입비율을 높여 나가야 한다. 지역개발을 위해 도시를 건설하는 과정에서 주택을 짓고 인구가 유입되어 학교신설 소요가 발생하는 경우 학교설립에 대한 주된 책임은 자치단체장에게 있다. 이러한 이유로 학교용지 확보를 위한 비용이 법정전입금으로 명시되어 있으나, 시·도교육청에 실제로 전입된 비율은 평균 40%에 불과하며 상당수의 시·도가 최소한의 의무인 학교용지부담금 부과 및 징수를 위한 조례를 제정하지 않고 있다. 이로 인해 교육재정을 압박하는 요인으로 작용하고 있다(윤홍주, 2007). 학교용지부담금의 적기 전입을 위해서는 도시계획 건축협의 단계부터 학교용지부담금에 대한 전입 확인을 받도록 함은 물론, 미전입된 부담금에 대해서는 교육청의 적극적인 전입노력이 요구된다.

(3) 지방자치단체 책무성 강화

교육은 지역사회의 중심사무이므로 지역주민의 복리증진과 행복추구라는 큰 틀 속에서 교육의 역할과 기능을 보아야 한다. 교육과 관련된 업무는 시·도교육청과 지자체 간 연계·협력을 통해 이루어지고 책무성을 높일 수 있는 방안을 강구하는 것이 보다 바람직하다(송기창 외, 2006; 김민희, 2011).

둘째, 교육경비보조 규정을 개정할 필요가 있다. 현행 교육경비보조규정에는 자치단체의 자의적 지출비율을 제한하는 보조제한 조항(제3조)이 있어 이를 폐지해야 한다는 주장이 지속적으로 제기되고 있으나 아직까지도 시행이 되지 않고 있다.

셋째, 지방교육예산 편성, 심의, 확보과정에서 시·도지사와 교육감의 상호협의를 높여 나가야 한다. 정부예산 편성과정에서 국가재정운영계획을 기초로 재원배분회의를 갖는 것처럼 일반자치단체에서도 시·도지사와 교육감이 지방세 재원의 배분에 관한 회의를 통해 재원배분의 틀을 정한 후 예산을 편성하는 방식을 도입할 필요가 있다.

참고문헌

고전 · 김이경(2003). 지방교육자치제도 진단 연구. 서울: 한국교육개발원.

공은배 외(2008). 지방교육재정제도 발전방안 연구. 서울: 한국교육개발원.

교육과학기술부(2010). 학교자율화정책 기본추진계획.

교육부(2003). 지방교육재정 운용 편람.

교육인적자원부(2001). 중학교 의무교육 확대 실시 관련 보도자료. 2001.11.30.

교육인적자원부(2004). 국회 교육위원회 법안심의 자료. 2004.11.22.

교육인적자원부(2006). 지방교육재정교부금법 개정 추진(안). 2006.7.4.

국회속기록(2004). 제17대 제250회 국회 교육위원회 회의록, 제7호, 제9호.

김민희(2011). 지방자치단체의 지방교육재정지원 개선방안: 주요국과의 비교 관점. 한국비교정부학보, 15(3), 319-342.

김병주 외(2011). 교육재정 정책 현안 진단 및 아젠다 발굴 연구. 서울: 한국교육개발원.

김병주(1999). 지방재정과 교육재정의 관계 정립을 위한 방향 탐색. 교육재정경제연구, 8(2), 205-243.

김상호(2010). 지방교육재정 확보를 위한 법제 개선방안. 충북대학교 법무대학원 석사학위논문.

김왕복(1997). 지방교육재정 배분의 공정성 분석. 교육행정학연구, 15(2), 113-140.

김태완(1998). 새 정부 교육재정 정책의 과제 및 우선 순위. 교육재정경제연구, 7(1), 31-56.

민기(2004). 지방분권정책이 지방교육재정에 미치는 영향. 지방정부연구, 8(2), 185-200.

박수정 외(2009). 교육행정과 일반행정의 협력체제 연구. 한국지방교육연구센터.

백성준(2010). 지방교육재정 개선을 위한 일반자치단체와의 협력방안. 2010년도 한국교육재정경제학회 연차학술대회 발표자료집, 3-33.

송기창 외(1999). 교육재정백서. 교육재정백서 연구위원회.

송기창 외(2006). 2006 교육재정백서. 교육인적자원부.

송기창 외(2010). 지방교육재정 변동추이 분석 및 분석지표 개발 연구. 교육과학기술부 정책연구보고서.

송기창 외(2012). 2012 교육재정백서. 교육과학기술부.

송기창(1994). 지방교육재정정책 변천과정 분석 연구. 서울대학교 대학원 박사학위논문.

송기창(1995). 교육재정에 대한 교통세 신설의 영향 분석. 교육재정·경제연구, 4(2), 411-420.

송기창(1999). 지방교육재정교부금제도의 변화추이와 과제. 교육재정경제연구, 8(1), 167-210.

송기창(2001). 교육재정관계법령의 구조적 문제점 분석연구. 교육재정경제연구, 10(2), 81-107.

송기창(2002). '국민의 정부'의 교육재원 확보정책 평가연구. 교육재정경제연구, 11(2), 91-118.

송기창(2003). 참여정부의 교육행·재정 개혁과제. 교육행정학연구, 21(2), 359-388.

송기창(2005). 중등교원 봉급전입금과 의무교육비 국고부담의 쟁점 분석. 교육재정경제연구, 14(2), 137-166.

송기창(2010). 지방교육자치 구조의 변화와 지방교육 재정의 과제. 교육재정경제연구, 19(4), 233-256.

우명숙(2006). 지방교육재정교부금법 개정을 둘러싼 주요 쟁점. 교육행정학연구, 24(1), 247-266.

우명숙(2010). 지방선거와 지방교육재정의 성과 및 과제. 2010년도 한국교육재정경제학회 연차학술대회 발표 자료집, 9-32.

우명숙(2012). 학교용지부담금제도의 성과와 과제. 2012 교육재정경제학회 하계학술대회 발표 자료집.

윤정일·윤홍주(1998). 지방교육재정 제도의 현황과 과제. 서울대학교 사범대학 교육연구소.

윤정일(2000). 교육재정 GNP 6% 확보 방안. 교육재정경제연구, 9(1), 29-58.

윤홍주(2003). 지방교육자치제의 구현조건으로서 교육재정분권화의 논리와 과제. 교육행정학연구, 21(3), 169-190.

윤홍주(2007). 학교용지확보제도의 성과 및 과제. 초등교육연구, 20(1), 71-93.

윤홍주(2011). 지방교육재정 규모의 변화 및 결정요인 분석. 교육재정경제연구, 20(1), 69-96.

이병렬(2006). 지방교육자치와 일반지방자치의 관계 정립 방안 연구. 영남대학교 대학원 박사학위논문.

이인회 외(2011). 교육자치와 일반자치단체간 협력 강화방안 연구. 한국지방교육연구소.

정영수 외(2009). 지방발전을 위한 교육의 과제와 발전방향. 지역발전위원회.

조석훈(2009). 지방교육재정교부금법에 의한 지방자치단체 일반회계 전입금 제도의 변천과정. 교육재정경제연구, 15(2), 1-25.

최준렬(2001). 지방교육재정의 법제적 발전 방안. 교육재정경제연구, 10(1), 91-114.

하봉운(2004). 초·중등교육발전을 위한 지방자치단체의 역할정립 방안. 교육재정경제연구, 13(2), 235-259.

하봉운(2006). 경기도 교육협력(지원)사업 조례 제정 방안 연구. 교육행정학연구, 24(1), 225-245.

하봉운(2009a). 지방자치단체 교육경비보조의 전략적 확보 방안. 교육법학연구, 21(1), 231-254.

하봉운(2009b). 지방자치단체 교육재정지원의 성과와 과제. 한국교육재정경제학회 제53차 학술대회 발표자료집, 21-69.

하봉운(2011). 교육자치와 일반자치의 연계체제 구축. 한국지방교육연구센터 창립3주년 기념 학술대회 발표 자료집, 117-147.

헌법재판소(2005). 12.22. 2004헌라3 판례집. 17-2, 650-666.

제 11 장 교육경비보조금 제도와 현황

교육경비보조금은 지방자치단체가 학교의 급식시설, 정보화, 교육시설개선, 학교의 교육과정 운영, 지역주민을 위한 교육과정 개발 및 운영, 기타 자치단체의 장이 필요하다고 인정하는 학교교육의 여건 개선을 위해 고등학교 이하의 학교에 직접 지원해 주는 경비이다. 지방자치단체와 학교가 협력하여 교육여건을 개선하고 교육활동을 촉진할 수 있는 경비로 1996년 교육경비보조금제도가 도입된 이래 지원의 규모가 증가하여 왔으며, 학교의 교육발전을 위해 많은 기여를 하고 있다.

학교교육을 위해 이전수입으로 확보되는 경비 중 교육청으로부터 전입되는 교육비특별회계 전입금 외에 가장 큰 비중을 차지하고 있는 교육경비보조금의 의미, 변화과정, 법령체계, 운영실태, 발전과제를 살펴본다.

1. 교육경비보조금제도의 개념 및 의의

1) 교육경비보조금제도의 개념

교육경비보조금은 지방자치단체인 특별시 · 광역시 · 도 · 특별자치도 및 시 · 군 · 구(지방자치단체인 구)가 그 관할구역 안에 있는 고등학교 이하 각급학교의 교육에 소요되는 경비를 지원해 주는 보조금이다(「지방자치단체의 교육경비 보조에 관한 규정」, 2007). 교육경비보조금은 재정을 지원해 주는 방법 면에서 두 가지 특성을 띤다. 하나는 지방자치단체에서 학교에 직접 지원해 주는 경비이고, 다른 하나는 보조금이다.

우리의 교육자치는 일반자치와 분리된 이원적 자치이다. 일반 업무에 관한 자치는 지방자치단체에서, 교육에 관한 자치는 교육자치단체에서 별도로 이루어진다. 이원적 자치이기 때문에 재원을 확보하고 집행하는 과정이 분리되어 독자적으로 예산을 확보하고 집행을 한다. 서로 재원을 지원하고 협력하고자 하여도 자치기구가 다르기 때문에 지원과 협력이 어려운 실정이다. 일반자치와 교육자치의 분리된 성벽을 허물고 서로 지원하고 협력할 수 있도록 가교를 만든 것이 교육경비보조금이다. 교육경비보조금 외에도 일반자치단체에서 교육자치단체로 지원되는 경비로 비법정이전수입이 있다. 일반자치단체와 교육자치단체가 협력하고 지원할 수 있도록 제도화한 또 하나의 제도라 할 수 있다. 교육경비보조금이나 비법정전입금 모두 일반자치단체에서 교육을 위해 지원해 주는 경비이지만, 교육경비보조금은 학교에 직접 지원하고, 비법정이전수입은 교육청의 교육비특별회계를 통해 지원해 준다. 교육경비보조금이 1996년에 도입되었으며 도입 초기에는 기초자치단체만이 고등학교 이하의 학교에 직접 지원하도록 하였으나, 2007년의 법 개정으로 광역자치단체도 학교를 직접 지원할 수 있도록 하여 지원 단체의 폭이 확대되었다.

교육경비보조금은 보조금이다. 보조금은 "정부나 공공단체가 특정 산업의 육성이나 특정 시책의 장려 등 일정한 행정 목적을 달성하기 위해 공공 단체, 개인, 기업 등에게 교부하는 돈"(다음 국어사전, 2013)이다. 이런 의미를 「지방재정법」 제23조 제1항에서 잘 규정하고 있다. 동법에서는 "국가는 정책상 필요하다고 인정할 때 또는 지방자치단체의 재정 사정상 특히 필요하다고 인정할 때에는 예산의 범위에서 지방자치단체에 보조금을 교부할 수 있다."고 보조금의 의미를 정의하고 있으며, 국가에서 지방자치단체에, 지방자치단체에서 기초자치단체에 보조금을 줄 수 있도록 하고 있다. 보조금은 사전적 의미로나

「지방재정법」에서 규정하고 있는 의미로 볼 경우에도 일시적 지원금 성격을 지닌다. 정책상 필요한 경우나 특히 필요하다고 인정된 경우에만 예산의 범위 내에서 보조금을 지원할 수 있기 때문에 한시적이며, 특정 대상에게 지원이 이루어진다. 보조금의 이런 성격이 경상비와 다르다. 경상비는 기관이 설정한 목적을 달성하기 위해 해당되는 모든 기관에 매년 지속적으로 지원되는 경비이다.

교육경비보조금이 학생에 따라 차이가 많이 발생하여 교육지원청별로 빈익빈 부익부 현상이 나타나기 때문에 이를 조정해야 한다는 견해가 있다(하봉운, 2009a: 127-128, 2009b: 242; 송기창, 2012: 223-224; 이쌍철 · 주철안, 2009). 모든 학생들에게 동등하게 기회를 제공하여야 하는 경비는 경상비이다. 지역 간, 학교 간 차이를 줄이는 공평성 실현은 경상비를 대상으로 하는 것이 일반적이다. 공평성을 실현하기 위해 특정 학생을 대상으로 특정 사업에 대해 지원하는 교육경비보조금의 격차를 줄이는 것은 바람직하지 않으며, 공평성을 실현하기 위해 재원을 동등하게 배분하려고 할 경우 보조금이 갖는 의미를 상실하게 될 것이다.

교육경비보조금은 광역이든 기초이든 일반자치단체에서 학교에 직접 지원하는 경비로 정책상 필요할 때나 재정 사정상 특히 필요하다고 인정될 때 지원되는 한시적인 경비이다. 그렇기 때문에 학생의 공평성을 구현하기 위한 노력보다 설정한 목적을 달성하는 데 지원의 우선순위를 둔다.

2) 교육경비보조금제도의 의의

교육경비보조금은 일반자치단체에서 학교로 지원되는 경비로 일반자치와 교육자치가 완전히 분리되어 있으나 교육자치단체가 과세권을 갖지 못하기 때문에 일반자치단체에서 교육자치단체에 경비를 지원해 주는 우리나라의 독특한 교육자치의 산물이다(엄태호 · 황소하, 2010: 46). 지방교육자치제도란 "지방분권 사상과 민중통제라는 자유민주주의의 이념에 기초하여 일정한 구역에 교육자치기구를 두어 주민의 부담과 책임하에 그 지방교육의 발전 사업을 실현해 나가며, 아울러 교육의 자주성과 중립성 및 전문적 관리를 위해 교육자치기구에 자주적이고 전문적인 역할과 능력을 부여하여 교육발전을 도모하는 체제"(김홍주 외, 1999)이다. 교육자치가 실현되기 위해서는 자체 재원을 확보하여 자율적으로 교육활동을 전개하고 이에 대해 책무성을 구현하여야 한다. 교육자치의 이런 정신에도 불구하고 우리나라 교육자치는 과세권이 없기 때문에 재원을 자율적으로 확보할 수 없다. 교육자치단체는 자체 재원 확보가 어려워 다양한 교육활동을 하기 힘들고, 일반자치단체는 교육자치단체와의 연계가 되어 있지 않아 학교나 교육자치단체의 협력과 지원을 받기 어렵다. 이런 분리된 자치단체의 벽을 허물고 상호협력할 수 있는 기반을 마련하도록 한 제도가 교육경비보조금제도이다. 학교는 지방자치단체의 지원을 받아 다양한 교육활동을 할 수 있고, 일반자치단체는 학교와 학부모의 지원과 협력을 받아서 지역을 활성화할 수 있다. 이런 의미를 공은배 외(2011: 23-28)는 세 가지로 정리하여 제시하고 있다.

첫째, 교육재원 확보 장치로서 의미를 갖는다. 단위학교에 학교회계가 설치되어 있기 때문에 일반자치단체에서 지원되는 경비를 학교에서 직접 받아 집행할 수 있다. 교육경비보조금은 일반자치단체에서 학교로 재원을 지원하기 때문에 학교에서는 교육청에서 지원되는 교육비특별회계전입금 외에 예산을 추가로 확보할 수 있는 방안이 된다. 2010년에 교육경비보조금이 학교회계전출금에서 차지하는 비율이 5.7%이고 지원된 경비도 7,369억 원이나 된다(공은배 외, 2011: 26).

둘째, 일반자치단체와 교육자치단체의 연계협력 기능이다. 일반자치단체와 교육자치단체가 서로 지원하고 협력하기가 제도적으로 어렵게 되어 있다. 특히 기초자치단체의 수준에서는 더더욱 그렇다. 광역자치 수준에서는 시·도교육청과 시·도청 간의 연계가 기초자치 수준보다 용이하다. 광역수준에서는 일반자치와 교육자치 모두 자치를 할 수 있는 의회와 집행기구가 있어 지원과 협력할 수 있는 체제가 마련되어 있다. 반면에 기초수준에서는 일반자치는 자치기구가 구비되어 있으나 교육자치에서는 자치기구가 마련되어 있지 않아 지원과 협력이 어렵다. 이런 구조적 문제 때문에 기초자치단체와 교육지원청이 협력하지 못하고 학교와 협력하도록 한 것이다. 학교는 학교회계가 있기 때문에 재정적 지원을 수용할 수 있다. 교육경비보조금제도가 일반자치단체와 학교가 연계하여 협력할 수 있도록 길을 만들어 놓은 것이다.

셋째, 정치적 기능이다. 제도적으로 기초자치단체의 장은 교육에 대해 책무성도 없으며 재정지원을 해야 할 법적 의무도 없다. 그럼에도 불구하고 지방자치단체의 장이 교육에 대해 관심을 갖고 재정지원을 확대하는 것은 선거와 관련이 깊다. 우리나라 국민들의 높은 교육열을 생각할 때 교육환경 개선사업은 지역주민들의 관심을 유발시키기에 아주 적절한 사업이다. 따라서 득표활동에 관심을 기울이는 정치인이라면 법률상의 강제적 책무와 무관하게 득표활동에 영향을 미칠 수 있는 교육사업에 관심을 기울이는 것은 당연한 일이다(전상경 · 류춘호, 2008). 윤홍주(2011)는 기초자치단체의 교육경비보조금 변화 추이 및 결정요구를 분석한 결과 후보자 수가 많은 경우와 재선된 경우에 교육경비보조금이 높아지는 사실을 발견하였다. 선거의 정치적 요인이 교육경비보조금과 관련이 높음을 반증하는 예라 할 것이다.

2. 교육경비보조금의 변화과정

1) 태동기

교육경비보조금은 대전시 유성구청에서 비롯되었다. 1995년 유성구청장 후보는 학교 급식시설 지원을 선거공약으로 제시하였고, 당선 후 선거공약을 실천하기 위해 1995년 8월에 학교급식 시설 지원비로 15억 원을 책정하여 구 의회의 승인을 요청하였다. 구 의회는 초등학교만 지원한다는 조건 아래 5억 8,500만 원을 승인하였다.

내무부는 유성구청이 학교에 경비를 직접 지원할 수 없는데도 불구하고 지원하였기 때문에 지원불가의 법령을 위반하였으므로 유성구청에게 이의 시정 명령을 내리고, 대전시는 상부기관으로 감독을 잘못하였기 때문에 이의 징계로 대전시의 교부금을 삭감하도록 결정하였다. 유성구청은 이에 반발하여 법제처에 법률 해석을 의뢰하였고, 법제처는 1995년 11월 22일에 자치단체가 학교급식후원회에 가입하여 학교급식시설을 지원할 경우 지원할 수 있다는 유권해석을 내렸다.[1] 이는 지방자치단체가 직접 학교의 급식시설 경비를 지원할 수 없지만 학교급식후원회에 가입하면 지원할 수 있다는 의미이다. 이에 근거하여 유성구청은 초등학교에 학급급식시설비 5억 8,500만 원을 지원하였다. 내무부는 1995년 11월 30일에 「지방재정법」 시행령 제24조를 개정하여 「지방재정법」 제14조에 규정된 지방자치단체가 보조금을 지급할 경우의 조건을 "지방자치단체가 권장하는 사업을 위하여 필요하다고 인정되는 경우"에서 "지방자치단체의 소관에 속하는 사무의 수행과 관련하여 그 지방자치단체가 권장하는 사업으로서 보조금을 지출하지 아니하면 그 사업을 수행할 수 없는 경우"로 변경하였다. 보조금 없이는 사업을 수행할 수 없는 상황에만 보조금을 지원하도록 한정한 것이다. 이 규정에 의해 기초자치단체에서 학교에 교육경비보조금을 지원할 수 없도록 한 것이다.

내무부의 「지방재정법시행령」 개정과 때를 맞추어 교육부는 1995년 12월에 「지방교육재정교부금법」 제11조 제5항을 신설하였다. 신설된 항의 내용은 "시 · 군 및 지방자치단체인 구는 대통령이 정하는 바에 따라 관할구역 안에 있는 고등학교 이하 각급학교의 교육에 소요되는 경비의 일부를 보조할 수 있다. 이 경우 시장 · 군수 및 자치구의 구청장은 특별시장 · 광역시장 또는 도지사의 승인을 얻어야 한다."이다. 지방교육재정교부금의 조항 신설과 더불어 「시 · 군

1) 학교급식후원회는 「학교급식법」 제5조의2에서 규정되어 있으며 제1항에 "학교급식의 효율적인 실시와 필요한 경비의 조달 등을 위하여 학교급식대상학교에 학교급식을 지원하고자 하는 학부모와 법인 · 단체 또는 개인으로 구성하는 학교급식후원회를 둘 수 있다."고 규정하고 있다. 이 규정에 의하면 일반자치단체 등이 후원회에 가입하면 학교의 급식시설 경비를 지원할 수 있다.

및 자치구의 교육경비보조에 관한 규정」을 1996년 4월 19일에 제정하여 기초자치단체의 교육경비보조의 법률적 근거를 공고히 하였다(엄태호 · 황소하, 2010: 48-50). 그러나 1996년에 유성구가 다시 20억 원의 학교급식 시설 지원을 결정함에 따라 법제처는 유성구의 학교급식시설 지원은 개정된 「지방재정법」 제14조에 위배된다고 정반대로 해석하여 분쟁이 계속되었다. 이런 가운데 1996년 11월에 남동구청장이 남동구 의회가 의결한 「인천광역시 남동구 학교급식시설지원에 관한 조례」의 위법성에 관한 소송에서 대법원은 "학교급식 지원에 관한 사무는 시 · 군 · 구의 사무에 해당한다."고 판결함에 따라 1997년 1월 대전광역시가 유성구의 급식시설 지원 금액 중 15억 원을 승인하였다. 이에 따라 교육경비보조에 관한 자치단체와의 분쟁은 일단락되었다(엄태호 · 황소하, 2010: 48-50).

교육경비보조금제도가 마련되는 초기에는 내무부와 일반자치단체는 교육자치단체에 교육경비를 지원하지 않으려고 노력하였고, 교육부와 교육자치단체는 교육경비를 지원받으려고 노력하였다.

2) 시 · 군 및 자치구 교육경비보조에 관한 규정 제정기

유성구청에서부터 촉발된 교육경비보조금제도는 「시 · 군 및 자치구의 교육경비보조에 관한 규정」이 제정되면서 틀을 갖추게 되었다. 규정을 제정하면서 내무부와 많은 논의를 하였고 주된 논점이 광역자치단체장의 승인과 대상학교였다. 기초자치단체의 장이 무리하게 교육경비보조를 할 수 있다는 우려 속에 광역자치단체장의 승인을 얻어 교육경비보조금을 지원하도록 하였으며 급식시설 지원을 초등학교와 중학교에 한정하도록 하였다. 주요 내용은 다음과 같다.

목적:

시·군 및 지방자치단체인 구가 그 관할 구역 안에 있는 고등학교 이하 각급학교의 교육에 소요되는 경비 보조

보조사업의 범위:

1. 초등학교 및 중학교의 급식시설·설비사업
2. 지역사회와 관련한 교육과정의 자체 개발 사업
3. 지역주민을 위한 교육과정 운영사업
4. 학교교육과 연계하여 학교에 설치되는 지역주민 및 청소년이 활용할 수 있는 체육·문화 공간 설치 사업
5. 기타 시장·군수 및 자치구의 구청장이 필요하다고 인정하는 학교 교육여건 개선 사업

보조사업승인의 제한: 특별시장·광역시장 및 도지사는 시·군 및 자치구가 다음 각 호의 1에 해당하는 경우에는 보조사업을 승인해서는 안 된다.

1. 지방채를 발행하여 보조사업에 대한 보조금의 재원을 마련하고자 하는 경우
2. 국고보조금 또는 특별시·광역시·도 보조금의 지원에 따라 법령 또는 조례의 규정에 의하여 시·군·자치구가 부담하여야 할 경비의 미부담액이 있는 경우
3. 당해 연도의 세입에 계상된 지방세총액으로 당해 소속공무원의 인건비를 충당하지 못하는 경우

학교의 대상을 확대하고 학교의 자율성을 증진시키기 위해 「시·군 및 자치구의 교육경비보조에 관한 규정」은 3차례의 개정을 하였다. 제1차 개정은 1998년 9월 17일에 이루어졌으며 초등학교와 중학교의 급식시설·설비사업을 지원하던 규정을 고등학교 이하 모든 학교로 개정하여 지원의 폭을 넓혔다. 제2차 개정은 2000년 12월 27일에 이루어졌으며 국가적으로 추진하는 정보화 사업을 지원하도록 학교의 교육정보화 사업이 교육경비보조 사업에 포함되었다. 제3차 개정은 2007년 12월 28일에 이루어졌으며 기존에는 기초자치단체만이 학교에 교육경비보조금을 지원할 수 있었는데 이를 확대하여 광역자치단체도 학교에 교육경비를 지원할 수 있도록 하였으며 지원사업도 학교의 교육시설개선 사업 및 환경개선 사업, 학교교육과정 운영의 지원에 관한 사업까지 확대되

었다. 2007년에 개정된 규정은 학교의 모든 활동을 지원할 수 있도록 지원의 범위를 크게 확장한 것이다. 이를 다음 절의 지방자치단체의 교육경비보조에 관한 규정 제정기에서 자세히 살펴본다.

3) 지방자치단체의 교육경비보조에 관한 규정 제정기

1996년 4월 19일에 제정된 「시 · 군 및 자치구의 교육경비보조에 관한 규정」이 2007년 12월 28일에 「지방자치단체의 교육경비보조에 관한 규정」으로 개정되면서 교육경비보조금의 틀이 크게 달라졌다. 달라진 점을 중심으로 기술하면 첫째, 교육경비보조금 지원기관이 기초자치단체에서 광역자치단체까지 확대되었다. 그동안 시 · 군 및 자치구인 기초자치단체만이 교육경비보조금을 지원할 수 있었는데 이를 광역자치단체까지 확대하였다. 기초자치와 광역자치를 포괄하려고 하다 보니 법명이 지방자치단체가 되었다.

둘째, 사업의 범위가 확대되었다. 기존의 학교의 급식시설과 설비사업, 체육 · 문화 공간 시설사업 지원에서 학교의 교육시설 개선사업, 환경개선 사업, 학교의 교육과정 운영의 지원에 관한 사업까지 사업의 범위가 확장되어 학교의 교육활동 모두가 지원대상이 되었다.

3. 교육경비보조금의 법령체제

1) 지방교육재정교부금

교육경비보조금은 지방교육재정교부금을 모법으로 하고 있다. 일반자치단체와 교육경비보조에 관해 논쟁을 하는 과정에서 1996년 12월 29일에 법률 제5064호로 제11조 제5항을 신설하여 교육경비를 보조할 수 있는 기반을 마련하였다. 이때 규정된 내용은 "시 · 군 및 지방자치단체인 구는 대통령령이 정하는 바에 따라 관할구역 안에 있는 고등학교 이하 각급학교의 교육에 소요되는 경비의 일부를 보조할 수 있다. 이 경우 시장 · 군수 및 자치구의 구청장은 특별시장 · 광역시장 또는 도지사의 승인을 얻어야 한다."이다. 기초단체장이 학교에 교육경비를 보조할 수 있는 길은 열었지만 광역자치단체장의 승인을 얻도록 하고 있다.

이 규정은 2000년 1월 28일에 기초자치단체장의 자율권을 확대하기 위해 제11조 제5항의 "이 경우 시장 · 군수 및 자치구의 구청장은 특별시장 · 광역시장 또는 도지사의 승인을 얻어야 한다."는 내용을 삭제하였다. 이로써 광역자치단체장의 승인이 불필요해졌다.

이 규정은 2006년 12월 30일에 지원기관을 기초자치단체에서 광역자치단체로 확대하면서 제11조 제6항을 '시 · 군 및 지방자치단체인 구'를 '지방자치단체(시 · 도 및 시 · 군 · 구 자치구)'로 개정하였다.

지방교육재정교부금은 지방자치단체의 교육경비보조에 관한 규정에 영향을 준다. 지방교육개정교부금이 모법이고 지방자치단체의 교육경비보조에 관한 규정은 시행령이다. 모법의 개정에 따라 시행령이 바뀌어진다.

2) 「지방자치단체의 교육경비보조에 관한 규정」

「지방자치단체의 교육경비보조에 관한 규정」은 총 7조로 되어 있다. 주요 내용을 살펴보면 다음과 같다.

목적

「지방교육재정교부금법」 제11조 제6항에 따라 특별시 · 광역시 · 도 · 특별자치도 및 시 · 군 · 구(지방자치단체인 구를 말한다)가 그 관할구역 안에 있는 고등학교 이하 각급학교의 교육에 소요되는 경비를 보조하는 일을 규정한다.

보조사업의 범위

1. 학교의 급식시설 · 설비사업
2. 학교의 교육정보화사업

2의2. 학교의 교육시설개선사업 및 환경개선사업
3. 학교교육과정 운영의 지원에 관한 사업
4. 지역주민을 위한 교육과정 개발 및 운영에 관한 사업
5. 학교교육과 연계하여 학교에 설치되는 지역주민 및 청소년이 활용할 수 있는 체육·문화공간 설치사업
6. 기타 지방자치단체의 장이 필요하다고 인정하는 학교교육여건 개선사업

보조사업의 제한

시장·군수 및 자치구의 구청장은 다음 각 호의 1에 해당하는 경우에는 보조금을 교부하여서는 아니된다.

1. 지방채를 발행하여 보조사업에 대한 보조금의 재원을 마련하고자 하는 경우
2. 국고보조금 또는 특별시·광역시·도 보조금의 지원에 따라 법령 또는 조례의 규정에 의하여 시·군·자치구가 부담하여야 할 경비의 미부담액이 있는 경우
3. 당해 연도의 일반회계세입에 계상된 지방세와 세외수입의 총액으로 당해 소속공무원의 인건비를 충당하지 못하는 경우

보조의 신청

1. 지방자치단체의 장은 당해 연도 보조사업에 대하여 각급학교의 장에게 보조대상사업 및 그 예산액을 통지하고 보조신청서를 제출하도록 하여야 한다.
2. 지방자치단체의 장은 제1항의 규정에 의하여 각급학교의 장으로부터 보조신청서가 제출된 경우에는 그 보조 여부를 결정한 후 교부결정의 내용을 해당 학교의 장과 해당 학교 관할 교육청의 장에게 통지하여야 한다.

목적 외 사용금지

1. 각급학교의 장은 지방자치단체의 장이 교부한 보조금을 교부목적 외의 용도로 사용하여서는 아니된다. 다만, 지방자치단체의 장의 승인을 얻은 경우에는 그러하지 아니하다.
2. 지방자치단체의 장은 보조금을 교부받은 각급학교가 다음 각 호의 어느 하나에 해당할 때에는 그 보조금의 전부 또는 일부를 반환하게 할 수 있다.
   가. 보조금을 교부목적 외로 사용한 때
   나. 보조사업의 전부 또는 일부를 중지한 때
   다. 보조사업의 목적을 달성할 수 없다고 인정된 때
   라. 기타 보조사업에 있어서 허위의 사실이 발견된 때

보고 및 검사

1. 보조금을 교부받은 각급학교의 장은 사업이 종료한 때에는 사업실적 보고서를 지방자치단체의 장 및 관할 교육청의 장에게 제출하여야 한다.

2. 지방자치단체의 장은 보조금에 관한 예산의 적정한 집행을 기하기 위하여 필요하다고 인정할 때에는 보조금을 교부받은 각급학교에 대하여 소속공무원으로 하여금 서류와 장부를 검사하게 할 수 있다.

보조금의 집행

보조금을 교부받은 각급학교의 장은 다음 각 호의 어느 하나에 따라 보조금을 집행하여야 한다.
1. 공립의 각급학교의 경우에는 「초 · 중등교육법」 제30조의2 제1항에 따른 학교회계의 예산에 편성하여 집행하여야 한다. 다만, 공립의 유치원의 경우에는 관할 교육감이 정한 방법에 따라 집행하여야 한다.
2. 사립의 각급학교의 경우에는 「사립학교법」 제29조 제2항에 따른 교비회계의 예산에 편성하여 집행하여야 한다.

4. 교육경비보조금의 운영실태

1) 「지방자치단체의 교육경비보조에 관한 규정」 제정 실태

지방자치단체가 학교에 교육경비보조금을 지원할 수 있는 기반은 교육경비보조에 관한 규정 제정 여부이다. 일부의 연구에서는 규정을 제정하지 않은 지방자치단체가 더 많은 교육경비보조금을 지원하기도 하지만(윤홍주, 2011: 70-72) 교육경비보조금을 지원하도록 법적 제도가 마련되어야 지속적으로 지원할 수 있을 것이다. 교육경비에 관한 조례제정 실태를 살펴보면 〈표 11-1〉과 같다.

〈표 11-1〉 시 · 도별 광역 및 기초자치단체의 교육경비보조금 지원조례 제정 현황 (2013.12)

광역시	조례제정	기초자치	조례제정	광역시	조례제정	기초자치	조례제정
서울	제정	25	24	경기	제정	31	29
부산	제정	16	16	강원	미제정	18	18
대구	제정	8	7	충북	제정	12	12
인천	제정	10	10	충남	미제정	15	14

광역시	조례제정	기초자치	조례제정	광역시	조례제정	기초자치	조례제정
광주	제정	5	5	전북	미제정	14	8
대전	제정	5	5	전남	미제정	22	12
울산	제정	5	5	경북	미제정	23	20
세종	제정	0	0	경남	제정	18	18
				제주	미제정	0	0
계	8	74	72	계	3	153	131

* 출처: 법제처 국가법령정보센터(2013).

지방자치단체에서 교육사업을 위해 교육경비를 보조할 수 있는 조례는 교육지원 조례 또는 교육경비 지원조례 등으로 제정된다. 교육지원조례는 주로 광역자치단체에서 제정하는 조례로 '교육격차와 인재양성을 위한 교육지원 조례'(서울, 대구, 인천, 광주, 대전, 경남교육청)로 제정되는 경우가 많다. 교육경비보조에 관한 조례는 주로 기초자치단체에서 제정하는 조례이다. 2007년 「지방자치단체의 교육경비보조에 관한 규정」이 제정되기 전에 「시 · 군 및 자치구의 교육경비보조에 관한 규정」에 의해 기초자치단체의 교육경비보조금 규정이 제정되었기 때문일 것이다. 그러나 고창군이나 단양군에서는 교육경비보조에 관한 규정 대신 「고창군 교육지원에 관한 조례」 「단양군 교육사업 지원에 관한 조례」 등과 같이 교육지원조례로 조례를 제정하여 교육경비보조금 지원하기도 한다.

조례를 제정하여 지원하는 지방자치단체는 광역자치단체는 17개 자치단체 중 11개 자치단체가, 기초자치단체는 227개 자치단체 중 203개 자치단체가 조례를 제정하여 교육경비를 보조하고 있다.

2) 지방자치단체의 교육경비보조 실태

(1) 교육경비보조 사업

교육경비보조 사업의 내용을 보면 자치단체의 수준에 따라 내용이 달라진다. 광역자치단체에서 교육사업을 위해 지원해 주는 내용은 기초단체에 비해 다양하다. 서울특별시의 경우를 보면 지역의 균형발전을 위한 교육격차 해소 사업, 교육시설개선사업 및 환경개선사업, 교육과정 운영 지원 및 우수 인재 양성 사업, 지역주민을 위한 교육과정 개발 · 운영사업, 학교 내 지역주민 및 청소년이 활용할 수 있는 문화 · 체육 공간 조성사업, 자치구 단위로 시행하기 어려운 교육사업, 그 밖에 친환경 무상급식비를 제외한 시장이 교육지원을 위하여 필요하다고 인정하는 교육여건 개선 사업을 지원하도록 하고 있다.

반면에 기초단체는 지방자치단체의 교육경비보조에 관한 규정에 제시된 7개 사업을 중심으로 교육사업을 지원하고 있다. 이들 사업은 학교의 급식시설 · 설비 사업, 학교의 교육정보화 사업, 학교의 교육시설 개선사업 및 환경 개선 사업, 지역주민을 위한 교육과정 개발 및 운영에 관한 사업, 학교교육과 연계하여 학교에 설치되는 지역주민 및 청소년이 활용할 수 있는 체육 · 문화 공간 설치 사업, 기타 지방자치단체의 장이 필요하다고 인정하는 학교교육여건 개선사업이다.

광역자치단체가 기초자치단체보다 교육사업을 위해 지원해 주는 내용은 더 다양하다. 그러나 광역이나 기초자치단체 모두 학교의 시설과 교육과정을 원활하게 운영하고 지역주민과 공동으로 활용할 수 있는 교육사업을 위해 지원하도록 사업내용을 규정하고 있다.

(2) 교육경비보조금의 사업비 규모

교육경비보조금 지원 실태를 연도별로 보면 매년 감소하고 있으며 이런 경향은 광역자치단체에서 더 심하다. 2009년의 지원규모를 보면 광역자치단체에서 지원한 학생 1인당 보조금이 1만 5천 원이었는데 2010년에는 2천 500원, 2011년에는 5천 2백원이다. 규모가 크게 감소하였고 보조금의 규모도 매년 크게 달라지고 있다. 기초자치단체의 지원규모는 2009년이 10만 6천 원이었는데 매년 감소하여 2011년에 8만 4천 원으로 줄어들었다.

〈표 11-2〉 광역 및 기초자치단체의 연도별 교육경비보조금 지원실태

(단위: 명, 천 원)

연도		학생수(유치원 포함)	교육경비보조금	학생 1인당 보조금
2009년	광역	8,031,964	84,049,075	10.5
	기초		853,447,933	106.3
	계		937,497,008	116.7
2010년	광역	7822882	19,687,696	2.5
	기초		717,266,122	91.7
	계		736,953,818	94.2
2011년	광역	7,553,083	39,540,843	5.2
	기초		595,566,078	78.9
	계		635,106,921	84.1

* 출처: 한국교육개발원(2010, 2011, 2012).

기초자치단체에서 지원한 사업을 내용별로 살펴보면 〈표 11-3〉과 같다[2]. 기초자치단체의 교육경비보조금이 2009년을 기점으로 줄어들고 있으며 사업별로는 지역사회와 관련한 교육과정의 자체 개발사업에 전체 지원액의 28.7%가 지원되었으며, 다음이 기타 시장·군수 및 자치구의 구청장이 필요하다고 인정하는 학교교육여건 개선사업에 25.0%가 지원되었다. 기초자치단체에서

2) 〈표 11-2〉와 〈표 11-3〉의 기초자치단체 교육경비보조금의 지원액이 다른 점은 교육경비보조금을 합산하는 과정에서 착오로 광역자치단체의 보조금이 기초자치단체에 포함되었기 때문이다.

지원되는 사업은 기초자치단체의 장이 관심이 있거나 지역주민과 관련이 되는 사업이 주를 이루고 있다.

〈표 11-3〉 사업유형별 기초자치단체의 교육경비보조 규모 (단위: 천 원)

사업	2007년	2008년	2009년	2010년	2011년	합계(비율)	
제1호	50,236,472	57,696,839	76,085,000	36,795,000	31,616,098	252,429,409	(6.8)
제2호	29,150,055	28,173,139	25,070,000	17,354,000	22,193,080	121,940,274	(3.3)
제2-2호	60,008,922	175,363,441	212,468,000	144,110,000	172,736,902	764,687,265	(20.7)
제3호	89,194,717	230,214,198	206,142,000	255,191,000	280,178,444	1,060,920,359	(28.7)
제4호	16,946,081	10,079,612	4,277,000	4,281,000	2,864,212	38,447,905	(1.0)
제5호	139,425,142	114,767,341	111,473,000	93,111,000	67,857,740	526,634,223	(14.2)
제6호	244,778,024	218,486,111	217,933,000	186,113,000	57,660,448	924,970,583	(25.0)
합계	637,710,168	834,780,681	853,448,000	736,954,000	635,106,924	3,697,999,773	(100.0)

주: 「시 · 군 및 자치구의 교육경비보조에 관한 규정」 제2조 (2007년 이전)

1. 학교의 급식시설, 설비사업
2. 학교의 교육정보화 사업
3. 지역사회와 관련한 교육과정의 자체 개발사업
4. 지역주민을 위한 교육과정 운영사업
5. 학교교육과 연계하여 학교에 설치되는 지역주민 및 청소년이 활용할 수 있는 체육 · 문화 공간
6. 기타 시장 · 군수 및 자치구의 구청장이 필요하다고 인정하는 학교교육여건 개선사업

※ 조항별 보조사업의 범위(2007년 이후 기준)

1. 학교의 급식시설 · 설비사업
2. 학교의 교육정보화 사업

2-2. 학교의 교육시설개선사업 및 환경개선사업

3. 학교교육과정 운영의 지원에 관한 사업
4. 지역주민을 위한 교육과정 개발 및 운영에 관한 사업
5. 학교교육과 연계하여 학교에 설치되는 지역주민 및 청소년이 활용할 수 있는 체육 · 문화 공간 설치사업
6. 기타 지방자치단체의 장이 필요하다고 인정하는 학교교육여건 개선사업

* 출처: 송기창 외(2012).

3) 지방교육경비보조금의 지원 및 관리실태

지방교육경비보조금은 지방자치단체에서 학교에 지원되고, 특정한 사업에 한해 한시적으로 지원되기 때문에 학교의 모든 사업을 지원하지 않고 교육경비보조에 규정된 사업에 한해 지원된다. 그러기 때문에 지원되는 절차 및 관리실태도 일상경비와 달리 독특한 향상을 띤다.

이를 과정을 지방자치단체의 교육경비보조에 관한 규정을 중심으로 살펴보면 첫째, 예산 요구 및 신청. 지방자치단체의 장은 각급학교의 장에게 지방자치단체의 보조대상사업과 그 예산을 통지하고 이에 기초하여 보조신청서를 제출하도록 한다(제4조). 지방자치단체의 장이 예산을 요구하고 학교장이 예산을 신청한다. 학교의 필요에 의해 예산을 편성하는 것이 아니라 자치단체의 필요에 의해 예산을 편성하는 것이다.

둘째, 예산 배분 및 집행. 지방자치단체의 장은 제출된 보조신청서를 심사하여 결정한 뒤 그 내용을 해당 학교의 장과 관할 교육청의 장에게 통보하고 각급학교에 보조금을 교부한다. 보조금을 교부받은 각급학교는 학교회계(사립학교는 교비회계)에 예산을 편성하여 집행한다(제4조, 제7조).

셋째, 예산관리. 각급학교의 장은 지방자치단체의 장이 교부한 보조금을 교육목적외의 용도로 사용해서는 안 된다. 다만, 지방자치단체의 승인을 얻은 경우는 예외로 한다. 보조금이 다음의 항목으로 예산이 집행되었을 경우에는 보조금을 반환할 수 있다(제5조).

① 보조금을 교부목적 외로 사용한 때
② 보조사업의 전부 또는 일부를 중지한 때
③ 보조사업의 목적을 달성할 수 없다고 인정된 때
④ 기타 보조사업에 있어서 허위의 사실이 발견된 때

넷째, 사업 보고 및 검사. 보조금을 받은 학교장은 사업이 종료된 후에 사업실적보고를 지방자치단체의 장과 관할 교육청의 장에게 제출하여야 한다. 지방자치단체의 장은 보조금의 예산을 적절히 집행하기 위해 필요할 경우에는 보조금을 받은 각급학교에 대해 소속공무원으로 하여금 서류와 장부를 검사하도록 하고 있다(제6조).

4) 교육경비보조금의 발전과제

교육경비보조금은 지방자치단체의 장이 관할 지역의 학교를 지원해 주는 경비이다. 비록 지방자치단체를 통해서 지원되지만 재원이 주민의 세금에 의해 조성되기 때문에 지방자치단체 간에 차이가 나서는 되지 않고, 지방자치단체장의 관심사에 따라 사업대상이나 규모에 큰 변동이 없어야 한다는 주장을 제기하고 있다(송기창 외, 2012; 하봉운, 2009a, 2009b). 지역학교의 교육여건이 동등하게 이루어져야 한다는 면을 고려할 때 가치 있는 제언이다. 반면에 교육경비보조금은 학교의 일상경비가 아니고 지역과 교육발전을 위해 학교의 특성에 따라, 지역의 특성에 따라 지원되는 경비이다. 그러기 때문에 학교별로, 지역별로 차이가 발생할 수밖에 없어 공평하게 예산을 배분하는 일은 문제가 있을 수 있다. 교육경비보조금이 갖는 다양한 면을 고려하여 지역 및 학교를 위해 교육경비보조금이 발전되어야 할 과제를 다음에서 정리한다.

첫째, 교육경비 재원을 안정적으로 확보할 수 있는 방안이 마련되어야 한다. 조례는 교육경비를 안정적으로 지원할 수 있는 기본적인 틀이다. 조례가 제정되지 않은 경우에도 교육경비를 보조할 수 있지만 지속적이지 못하다. 교육경비보조금을 지원하기 위해 조례를 대부분의 자치단체에서 제정하였는데 제정하지 않은 자치단체도 광역 6개, 기초 24개나 된다. 재정자립도가 낮아 인건비를 자체적으로 확보하지 못하는 자치단체는 교육경비를 보조하지 못하도록 제한하고 있기 때문에 조례를 제정하지 않는 자치단체도 있지만 경상남도는 이런 제한에도 불구하고 모든 자치단체가 조례를 제정하였다. 먼저 조례를 제정하여 지속적으로 지원할 수 있는 체제를 마련해야 하고, 다음으로 지원의 규모를 규정으로 제정하여야 한다. 교육경비 지원을 법으로 규정한 조례에서 지원

규정만 있는 경우가 대부분이고, 지원의 규모를 조례로 제정한 경우에도 7% 이하, 5% 이하로 상한선만을 규정하고 있다. 상한선만 규정한 것은 하한선이 없기 때문에 지원하지 않아도 된다는 규정이다. 교육경비 지원을 안정적으로 하기 위해서는 하한선을 규정하는 것이 필요하다. 지방세의 3% 이상 또는 5% 이상 등으로 교육경비 지원의 규모를 정하였을 경우 최소한의 경비를 지원할 수 있어 재원이 안정적으로 확보될 수 있을 것이다.

둘째, 교육경비보조 사업의 임의성을 축소하여야 한다(하봉운, 2009b: 117; 송기창 외, 2012: 225). 교육경비보조 사업 지원항목이 6가지 영역으로 규정되어 이 항목을 중심으로 예산이 지원되지만, 6호 사업으로 지원되는 지방자치단체의 장이 필요하다고 인정되는 사업비의 규모가 크다. 6호 사업의 비중이 2002~2006년까지는 34%로 가장 많았고(하봉운, 2009b: 117), 그 이후에도 25%로 낮아지기는 하였지만 여전히 높은 비율이다. 6호 사업은 지방자치단체장의 관심사에 따라 달라지기 때문에 유동성이 높다. 6호 규정을 교육격차 해소, 지역인재 육성, 친환경 우수 농산물 구입, 장학금 지원 등(송기창 외, 2012: 225)과 같이 보다 세분화하여 재원이 교육적으로 지원될 수 있도록 할 필요가 있다. 단양군의 경우는 교육사업 지원 조례에서 사업의 종류를 6가지 사업에 한정하지 않고 교육차해소, 정보화 및 과학·영재교육 활성화 사업, 원어민 외국인 교사 배치 확대 등 10가지 사업으로 확장하여 조례를 제정하고 있다.

셋째, 교육경비 지원의 범위를 확대하여야 한다(송기창 외, 2012: 225). 지방자치단체에서 학교에 지원되는 경비는 현금, 현물, 자치단체의 직접 집행으로 구성된다. 이 중 학교에 현금으로 지원되는 경비만 교육경비보조금으로 계상된다. 그렇기 때문에 지방자치단체에서 지원되는 경비의 규모를 모두 파악하지 못한다. 지방자치단체에서 직접 집행하는 경비나, 현물로 지원되는 경비도 지원경비로 포함시킬 수 있도록 하여야 학교의 교육경비를 보조하기 위한 다양한 노력을 할 것이다. 이를 위해서는 경비 산출의 체계적인 과정이 마련되어야 할 것이다.

참고문헌

경상남도 교육지원 및 교육복지 활성화에 관한 조례. 경상남도조례 제3568호. 시행 2011.1.6.

고창군 교육지원에 관한 조례. 전라북도고창군조례 제1923호. 시행 2010.11.22.

공은배 · 이선호 · 윤홍주 · 오범호(2011). 일반자치단체의 교육투자 실태 및 성과 분석 연구. 서울: 한국교육개발원.

광주광역시 인재양성을 위한 교육지원 조례. 광주광역시조례 제4300호. 시행 2013.10.1.

김민희(2011). 지방자치단체 교육비 지원 사례 분석. 한국자치행정학보, 25(3), 223-244.

김민희(2011). 지방자치단체의 지방교육재정 지원 개선방안: 주요국의 비교 관점. 한국비교정부학보, 15(3), 319-342.

김홍주 외(1999). 지방교육자치제도 재구조화 연구. 서울: 한국교육개발원.

다음 국어사전. http://dic.daum.net.

단양군 교육사업 지원에 관한 조례. 충청북도단양군조례. 제2072호. 시행 2012.10.12.

대구광역시 교육격차해소를 위한 교육지원 조례. 대구광역시조례. 제4222호. 시행 2011.3.10.

대전광역시 교육격차해소 및 우수인재양성을 위한 교육지원 조례. 대전광역시조례 제4129호. 시행 2013.1.11.

법제처 국가법령정보센터(2013).

서울특별시 교육격차해소와 인재양성을 위한 교육지원조례. 서울특별시조례 제5592호. 시행 2013.10.4.

송기창 외(2012). 2012 교육재정백서. 교육과학기술부.

시 · 군및자치구의교육경비보조에관한규정. 대통령령 제14981호. 시행 1996.4.19.

엄태호 · 황소하(2010). 교육경비보조제도를 통해 표출된 지방교육수요의 결정요인에 대한 분석: 공공선택론적 접근방법을 중심으로. 한국정책학회보, 19(2), 45-79.

윤홍주(2011). 기초자치단체의 교육경비보조금 변화 추이 및 결정요인 분석. 교육재정경제연구, 20(4), 57-75.

이미영(2012). 서울시 기초자치단체의 교육경비보조금 운영 사례분석. 숙명여자대학교 대학원 석사학위논문.

이선호 · 천세영 · 윤홍주 · 오범호 · 엄문영(2012). 지방교육재정분석 결과 활용도 제고 방안 연구: 교육재정 운영 지수 개발. 서울: 한국교육개발원.

이쌍철 · 주철안(2009). 교육경비보조금의 공평성 분석. 교육행정학연구, 27(1), 149-170.

인천광역시 미래인재 양성을 위한 교육지원 조례. 인천광역시조례 제5037호. 시행 2012.1.2.

전상경 · 류춘호(2008). 기초지방정부의 교육재정지원에 관한 연구: 부산시를 중심으로. 한국지방재정논집, 13(2), 81-110.

지방교육재정교부금법. 법률 제11690호. 시행 2013.3.23.

지방자치단체의 교육경비 보조에 관한 규정. 대통령령 제20464호. 시행 2007.12.28.

지방재정법. 법률 제11900호. 시행 2013.10.17.

하봉운(2009a). 기초자치단체 교육지원의 현황 분석과 향후 과제: 경기도 31개 시 · 군 사례를 중심으로. 교육정치학연구, 16(1), 107-133.

하봉운(2009b). 지방자치단체 교육경비보조금의 전략적 확보 방안. 교육행정학연구, 21(1), 231-254.

한국교육개발원(2010, 2011, 2012). 2010, 2011, 2012 지방교육재정분석 종합보고서. 서울: 한국교육개발원.

제12장 학교회계제도와 운영

학교회계제도란 학교의 수입과 지출을 관리하는 계산제도이다. 학교에서 교육활동을 원활히 하기 위해서는 예산을 확보하고, 확보한 예산을 적절히 편성하여 집행하고, 집행한 결과를 기록하고 관리해야 한다. 학교회계는 예산과 밀접히 관련되어 있다. 예산은 미래에 대한 계획이고 회계는 계획의 집행에 대한 기록(윤성식 · 권수영, 1999: 58)이기 때문에 계획을 잘 하고 기록을 명확히 하는 일은 교육활동을 성공적으로 달성하기 위해 필요한 일이다.

본 장에서는 학교 교육활동을 지원하고 관리하는 학교회계의 개념과 의의, 학교회계제도의 도입배경, 학교회계제도의 내용, 학교회계제도의 발전과정을 살펴본다.

1. 학교회계의 개념 및 의의

1) 학교회계제도의 개념

학교회계는 학교의 예산활동을 관리하는 계산제도이다. 회계는 '조직의 상태와 활동을 측정하기 위하여 조직의 경제적 사건을 분석, 기록, 요약, 평가, 해석하고 그 결과를 이용자에게 보고하는 기술(윤성식 · 권수영, 1999: 57)'이고, 조직의 경제적 사건은 조직의 예산활동이다. 모든 조직은 조직의 경제적 활동을 예산을 통해 한다. 조직이 추구하는 목표를 달성하기 위해 사업을 결정하고 이를 금전적 수치로 표시한다.

미래에 수행할 사업을 금전적 수치로 표시한 것이 예산이라면 예산을 편성하고 집행하여 결산하는 과정을 기록하고 분석하며, 평가하고 해석하는 일은 회계이다. 예산활동이 있어야 회계활동이 가능하기 때문에 예산과 회계는 분리할 수 없는 불가분의 관계이다. 이런 이유 때문에 학교회계제도를 도입하는 초기에는 학교예산회계제도(교육부 · 한국교육개발원, 2000)라 하였다. 학교의 예산과정에 중점을 둔 표현이다. 학교의 경제적 활동은 회계보다 예산의 비중이 크다. 어떻게 예산을 확보하고, 편성하여, 집행하고, 결산을 하느냐가, 이를 어떻게 기록하고, 분석하며, 평가하고, 해석하느냐보다 관심이 크다.

2) 학교회계제도의 의의

2001년부터 학교회계제도가 도입되었다. 종전에도 학교에서 예산과정을 기록하는 학교회계가 있었으나 학교 차원에서 예산을 편성하고 결산할 수 있는 독자적 회계체제를 제도적으로 구비한 것은 2001년 1월 1일부터이다. 학교회계제도가 도입되면서 학교에서 교직원이 중심이 되어 자체적으로 예산을 편성하고 집행하며 결산을 할 수 있게 되었으며, 예산편성 과정에 교직원이 참여하기 때문에 투명성과 효율성이 증대되었다. 학교회계제도가 도입되면서 교육현장의 발전에 기여한 점을 중심으로 의의를 살펴본다(교육부 · 한국교육개발원, 2000: 12-13).

첫째, 학교가 자율적으로 예산을 운영할 수 있게 되었다. 1995년 5 · 31 교육개혁으로 도급경비에 한해 학교에서 예산을 편성하여 집행할 수 있었으나 학교의 모든 예산을 자율적으로 편성하여 집행하도록 한 것은 학교회계제도이다. 학교가 자율적으로 예산을 운영할 수 있다는 점은 학교의 여건과 교직원의 요구에 따라 예산을 다양하게 운영할 수 있다는 것을 의미한다. 그동안 중앙에서 편성한 예산이 학교여건과 학생 및 교직원의 요구와 부합되지 않아 예산의 효율성이 떨어지고 학교의 여건에 맞게 예산을 운영하는 데 어려움이 많았다. 학교회계제도의 도입으로 이런 문제를 해결하고 학교의 여건에 맞게 예산을 자율적으로 운영할 수 있게 되었다.

둘째, 학교재정 운영의 투명성과 효율성이 높아졌다. 그동안 행정실 중심으로 운영되었던 학교예산을 교직원이 참여하여 예산을 편성하고 집행하도록 함으로써 예산이 공개되고, 교직원이 편성한 예산을 직접 집행함으로써 예산의 투명성이 높아지고, 학교별로 자율적으로 예산을 편성하여 집행함으로써 학교에 맞는 예산, 교직원의 요구에 맞는 예산을 집행함으로써 예산의 효율성을 높일 수 있게 되었다(유평수, 2006: 97).

셋째, 예산 운영과정에 교직원의 참여를 증대하였다. 예산을 편성하면서 교직원에게 예산요구서를 작성하도록 하기 때문에 예산과정에 교직원이 참여하지 않을 수 없다. 학교회계제도가 도입되기 이전 행정실 중심으로 운영되었던 예산과정과 비교하면 교직원의 참여가 크게 증대되었다.

넷째, 예산업무 관리가 단순해졌다. 학교회계제도가 도입되기 전의 학교의 경비는 일상경비, 도급경비, 수익자부담경비, 학교운영지원비, 학교발전기금, 사용료(교육부 · 한국교육개발원, 2000: 10-11)로 구분되어 각각 별도로 관리되었다. 학교의 경비가 6개의 경비별로 관리되었기 때문에 학교경비를 관리하는 데도 복잡하였고, 예산의 편성과 집행현황을 종합적으로 파악하기 어려웠다. 학교회계제도가 도입되면서 이를 하나의 경비관리체제로 통일하였기 때문에 업무를 처리하기가 단순하고 쉬워졌으며, 예산의 흐름을 파악하기도 용이해졌다. 예산의 흐름을 쉽게 파악할 수 있기 때문에 예산을 통해 사업을 관리하고, 새로운 사업을 추진하기도 간편해졌다.

다섯째, 학교회계 관리의 법규를 적용하기가 쉬워졌다. 학교회계제도가 만들어지기 전에는 「국가재정법」 「국가재정법시행령」 「지방재정법」 「지방재정법시행령」 「교육비특별회계 회계기준에 관한 규칙」 등을 적용하여 학교의 예산을 관리하였다(성삼제, 2002: 25-26). 그러다 보니 어떤 규정을 어떻게 적용해야 할지 몰라 어려움이 컸다. 학교회계제도가 도입된 이후에는 국·공립 초·중등학교 회계 규칙을 적용하면 되었기 때문에 학교회계를 관리하기가 간편해졌다.

2. 학교회계제도의 도입 배경

1) 학교재정의 운영 실태

학교회계제도가 도입되기 전의 학교재정은 여러 종류의 경비가 있었고, 경비별로 예산을 관리하였다(〈표 12-1〉 참조). 학교에서 관리되었던 경비는 일상경비, 도급경비, 학교운영지원비, 학교발전기금, 시·군 및 자치구 교육경비보조금, 사용료가 있었으며 별도의 회계처럼 운영되었다. 경비별로 회계연도, 회계장부, 적용 법규가 달랐기 때문에 장부를 관리하기도 복잡하였고, 학교에서 운영되는 예산의 총체적 현황을 파악하기 어려웠다.

학교의 장은 예산의 현황을 정확하게 파악하여 대처를 하여야 한다. 어떤 사업에 얼마의 예산이 편성되었으며, 시기별로 얼마나 집행되었는가를 파악하여 예산집행을 독려하고, 필요한 경우 조정을 할 수 있다. 이런 필요성에도 불구하고 6개의 경비별로 예산이 각기 관리되고 있기 때문에 이를 파악하기 어려웠다. 일부의 사업예산은 도급경비와 학교운영지원비로 편성되기 때문에 하나의 사업을 수행하는 과정에서 두 개의 기안과 장부를 작성해야 하는 불편이 따랐다. 예컨대, 학사지도를 위해 출장을 갈 경우 일부의 비용은 도급경비에, 일부의 비용은 학교운영지원비에 편성되어 있을 경우, 도급경비와 학교운영지원비 지출을 위한 2개의 기안을 하여야 학고, 장부에 기입도 도급경비와 학교운영지원비로 나누어 각각 하여야 했다.

〈표 12-1〉 학교회계제도 도입 이전의 학교경비 운영현황

자금의 구분	회계연도	회계장부	예산서 작성 여부	적용법규
일상경비	1.1~ 12.31	현금출납부 지급내역부	배부목적에 따라 집행	「시 · 도교육비특별 회계재무회계규칙」
도급경비	〃	도급경비 정리부	도급경비집행계획 서 수립	「도급경비 사무처리규정」
학교운영 지원비 (육성회비)	3.1~ 2월말	현금출납부 세입부 세출부	학교운영지원(육성) 회계예산서 작성	「학교운영지원 회계관리요령」
학교발전기금	3.1~ 2월말	학교발전기금 출납부	학교발전기금운용 계획서	「학교발전기금의 조성 · 운용 및 회계관리에 관한 규칙」
자치구교육경비 보조금	1.1~ 12.31	별도 장부	보조목적에 따라 집행	「시 · 군 및 자치구의 교육경비보조에 관한 규정」

* 출처: 교육부 · 한국교육개발원(2000).

학교회계제도 이전에 운영되었던 학교의 경비관리는 장부를 작성하기도 복잡하였고, 예산의 흐름을 파악하기도 어려웠기 때문에 이를 단순화하였던 것이 학교회계제도이다. 새롭게 도입된 회계제도는 회계연도를 3월 1일에서 다음 연도 2월 말까지 통일하였고, 세입은 현재와 같이 다양하게 인정하되 세출은 통합하여 하나의 회계에서 지출하도록 하였다([그림 12-1] 참조).

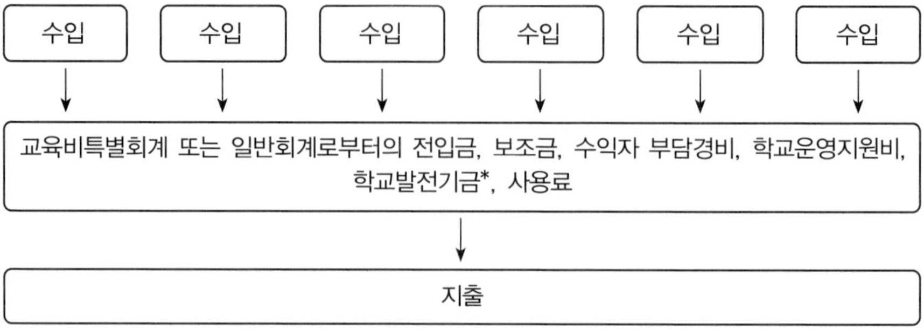

[그림 12-1] 학교회계 설치 후의 경비관리

※ 학교발전기금은 학교운영위원회의 동의를 거쳐 학교회계로 전출한 것에 한함.
* 출처: 교육부 · 한국교육개발원(2000), p. 11.

2) 학교회계제도의 도입 과정

(1) 도급경비제도의 도입 및 확대

학교회계제도의 도입은 5 · 31 교육개혁이 발단이 되었다. 5 · 31 교육개혁을 추진하면서 학교의 자율성 확대를 중요한 과제로 선택하였고, 이를 확대하기 위한 방안으로 학교운영위원회와 도급경비제도를 채택하였다. 도급경비제도는 1974년 12월 31일부터 초등학교, 1985년부터는 고등학교까지 실시할 수 있도록 법이 마련되어 있었으나 사무직원을 배치하지 아니한 학교에 한해 도급경비제도를 운영하였다.

도급경비는 "지출관이나 지출업무를 담당하는 출납공무원을 두기 곤란한 관서 또는 재외관서의 경비를 그 관서의 장의 책임하에 사용하도록 도급으로 지급되는 공금(「도급경비사무처리규칙」, 1983.5.2. 제2조)"이다. 도급은 임금계약을 하는 과정에서 사용하는 의미로 계약당사자(수급인)가 어느 일을 완성할 것을 약정하고, 상대방(도급인)이 그 일의 결과에 대하여 보수를 지급하기로 하는 계약으로 일정한 기간이나 시간 내에 끝내야 할 일의 양을 한 곳에 맡기는 것을 의미한다(다음 국어사전, 2013). 주로 토목이나 건축공사를 할 때 계약하는 방법으로 일정 기간 내에 사업완료를 조건으로 비용을 총액으로 지급하는 것을 의미한다. 비용을 총액으로 지급하기 때문에 기관별로 예산을 편성할 수 있고, 비목 간에 예산이 부족할 경우 전용을 할 수 있으며, 남은 예산은 이월할 수 있다.

도급경비는 출납공무원을 두고 있는 기관에 경비를 지급하는 일상경비와 운영하는 과정이 다르다. 일상경비는 의회가 있는 상부기관에서 예산을 편성하여 해당 기관에 분기별로 자금을 전도(前導)해 주며, 예산은 상부기관에서 편성한 항목별로 집행해야 한다. 항목 간에 예산이 남거나 부족하여도 전용할 수 없으며, 남은 예산은 회계연도가 끝나면 반납해야 한다.

5·31 교육개혁에서 학교의 자율성을 확대하기 위한 방안으로 도급경비가 좋은 대안으로 선택되었고 1996년 학교에 의회의 성격을 지닌 학교운영위원회가 설치되자 학교의 일부 경비를 도급경비로 전출을 하도록 하였다. 그동안 출납공무원이 없는 소규모 초등학교에만 활용하던 도급경비제도를 고등학교 이하 전 학교에 확대하도록 하였고, 도급경비에 한해 학교에서 자율적으로 예산을 편성하여 집행하고 결산을 하도록 하였다.

도급경비제도는 학교에서 예산을 자율적으로 운용할 수 있는 기반을 마련해 주었을 뿐만 아니라, 집행 잔액을 이월할 수 있도록 함으로써 예산을 연말에 과다하게 집행하는 낭비적 요소를 줄이게 하였다.

(2) 교육경비보조금 및 학교발전기금제도의 도입

학교예산을 운영하는 과정에서 예산을 추가로 확보하여 집행할 수 있는 제도가 마련되었다. 1994년 4월 19일에 제정된 「시·군 및 자치구 교육경비보조에 관한 규정」(대통령령 제1498호)과 1998년 9월 15일에 제정된 「학교발전기금의 조성·운용에 관한 규칙」(교육부령 제724호)에 의해 자치단체의 지원을 받을 수 있게 되었으며, 단위학교별로 기금조성을 할 수 있게 되었다. 그동안 교육청의 재정지원에만 의존하였던 학교경비의 규모를 확대하여 관리할 수 있는 기반이 마련되었다.

(3) 학교회계제도의 도입

학교에서 예산을 편성하여 집행할 수 있는 제도가 마련되었고, 교육청 이외에서도 예산을 확보할 수 있는 방안이 마련되었음에도 불구하고, 이를 통합하여 운용할 수 있는 제도적 틀이 마련되어 있지 않아 많은 어려움이 제기되었다.

첫 번째 어려움은 도급경비제도가 법리적으로 학교의 현실에 맞지 않는다는 점이다. 도급경비는 출납공무원이 없는 도서벽지나 제외 관서에 지급되는 경비인데 출납공무원이 있고, 도서벽지나 제외 관서가 아닌 시내의 초·중·고에서 적용하고 있는 것이 법리상 맞지 않기 때문에 어려움을 겪고 있었다.

두 번째 어려움은 학교에 지원되는 각종 경비가 경비별로 관리되기 때문에 예산을 운영하는 데 많은 어려움이 제기되었고, 예산의 전체적인 흐름을 파악하기도 어려웠다. 학교의 교육활동을 원활하게 수행하기 위해서는 예산의 규모, 사업내용, 예산의 집행과정을 파악할 수 있어야 한다. 이런 필요성에도 불구하고 예산의 규모나 사업내용, 집행과정을 파악하기 위해서는 경비별로 집행내역을 정산해야 하기 때문에 어려웠다. 또한 동일한 사업예산이 도급경비, 학교운영지원비 등에 분산되어 편성되었기 때문에 예산을 집행하는 과정에서도 이중으로 지출원인행위, 장부정리 등을 하여야 했다.

도급경비제도가 갖는 장점을 살리고 단점을 보완하기 위해 2001년에 학교회계제도가 도입되었다. 도입된 학교회계제도는 첫째, 학교회계 관련 규정을 「초·중등교육법」과 「국립 및 공립 초·중등학교회계규칙」으로 단일화하였다. 「초·중등교육법」 제30조의2에 학교회계의 설치 조항을 신설하였고, 이를 시행할 수 있는 규칙을 「국립 및 공립 초·중등학교회계규칙」에 담았다. 법령을 정비함으로써 「국가재정법」 「지방재정법」 「교육비특별회계 회계기준에 관한 규칙」 등 여러 규칙을 적용하는 불편을 덜게 되었다.

둘째, 세출을 단일화하였다. 학교의 도급경비, 학교운영지원비, 학교발전기금으로부터의 전입금 등의 세출 항목을 단일화하여 예산을 편성하고 집행하는 데 제기되는 어려움을 줄이게 하였다.

셋째, 학교의 회계연도를 통일하였다. 경비별로 다른 회계연도를 3월 1일부터 다음 연도 2월 말로 통일함으로써 결산을 통일하게 하였으며, 예산의 흐름을 명확하게 파악하도록 하였다.

넷째, 학교의 재정을 운영할 수 있는 독자적인 틀을 마련하게 하였다. 도급경비제도를 빌려와 사용하는 전세 집에서 독자적으로 재정운용의 틀을 마련하여 독립하는 내 집 체제를 마련하였다.

3. 학교회계제도의 내용

1) 학교예산의 개념

학교예산은 "단위학교가 한 회계연도 동안 교육과정 등 학교운영을 해 나가는 데 필요한 활동을 세입과 세출로 나타난 체계적인 계획표"(교육부 · 한국교육개발원, 2000: 26)이다. 단위학교에는 한 학년 동안 수행해야 할 교육활동을 계획한 교육계획서가 있다. 교육계획서에는 비용이 소요되는 활동과 비용이 소요되지 않는 활동이 모두 포함되어 있는데 학교예산은 이중 비용이 포함된 활동에 대한 계획서라 할 수 있다. 즉, 학교예산은 비용이 소요되는 교육계획서이다.

2) 학교예산 편성

(1) 예산 과목체계 및 과목해소

예산을 편성하기 위해서는 예산편성의 과목을 알아야 하고 예산의 과목의 구조가 매년 조금씩 달라질 수 있기 때문에 예산과목의 구조를 명확히 할 수 있도록 하는 과목해소(科目解疏)를 알아야 한다.

학교의 예산과목은 세입과 세출로 되어 있다. 세입은 장 · 관 · 항 · 목으로 구성되어 있고, 세출은 정책사업 · 단위사업 · 세부사업으로 되어 있다([표 12-2] 3 참조). 과목해소는 세입 · 세출예산 과목에 대한 설명이다. 예산의 과목구조는 매년 조금씩 달라질 수 있기 때문에 예산기관은 매년 과목해소를 만들어야 한다(한국행정학회, 2013).

학교의 세입예산은 장(이전수입), 관(100), 항(110), 목(111)의 과목구조를 갖는다. 장은 이전수입, 자체조달 수입, 기타 수입으로 구성되고, 관은 정부이전수입(100), 학부모 재원(200), 학교법인 재원(300), 학교발전기금 재원(400), 기타 민간 재원(500), 자체 수입(600), 적립금 등(700), 이월금(800)의 8개 과목으로 구성된다. 각 관별로 항이 있고, 항별로 목의 과목이 있다. 장 · 관 · 항 · 목의 체계가 복잡하기 때문에 여기에서는 정부이전수입만 관, 항, 목 체계를 예시로 제시하였고 나머지 항목은 생략하였다.

〈표 12-2〉 학교의 세입예산 과목체계

구분 (장/관/항/목)	예산액	전년도 예산액	비교 증감	산출기초
계	천 원	천 원	천 원	원
이전수입				
100. 정부 이전수입				
110. 교육비특별회계 전입금				
111. 학교교육비				01.기본 운영비 10,000
200. 학부모 재원				
300. 학교법인 재원				
400. 학교발전기금 재원				
500. 기타 민간 재원				
자체조달 수입				
600. 자체 수입				

구분 (장/관/항/목)	예산액	전년도 예산액	비교 증감	산출기초
기타 수입				
700. 적립금 등				
800. 이월금				

세출예산의 과목체계는 세입예산과 다르다. 세입예산이 장 · 관 · 항 · 목의 체계였다면 세출예산은 정책사업 · 단위사업 · 세부사업 체계이다. 정부가 추진하고 있는 성과주의 예산을 시행하기 위해 세출예산 과목을 사업별 예산과목으로 구조화하였다. 사업별 예산 구조에서 정책사업과 단위사업은 교육부가 정한 과목이고 세부사업은 단위학교에서 정한 사업이다. 정책사업이 최상위 분류이고 단위사업이 중간 분류이며, 세부사업이 최소 분류이다. 정책사업과 단위사업은 단위학교별로 통일을 기하기 위해 고정된 과목이고 세부사업은 학교에서 자율적으로 편성할 수 있는 과목이다.

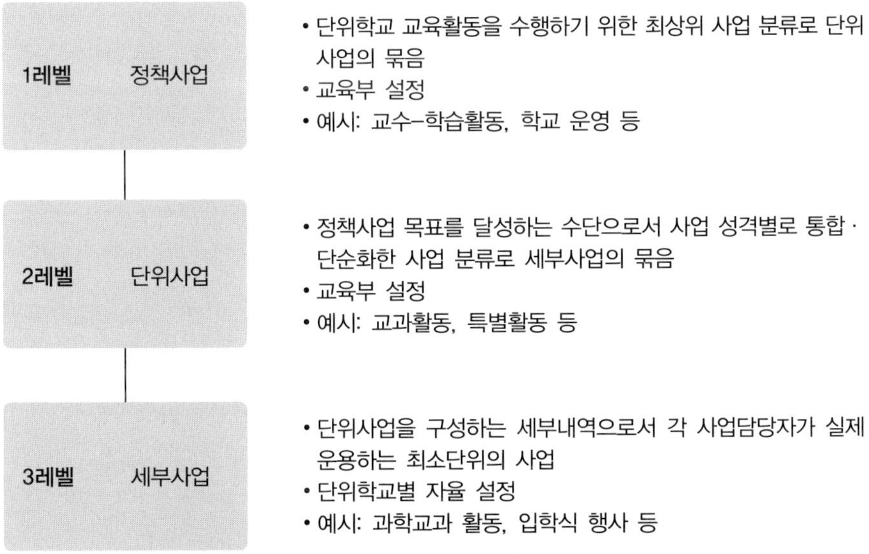

[그림 12-2] 사업별 예산제도의 사업위계

정책사업, 단위사업 등의 과목이 다양하기 때문에 대표적으로 정책사업의 과목만을 제시하면 인적자원운동, 학생복지/교육격차해소, 기본적 교육활동, 선택적 교육활동, 교육활동지원, 학교일반운영, 학교시설확충, 학교재무활동이다. 이들 정책사업별로 단위사업 과목이 있고, 단위사업 과목별로 세부사업을 설정할 수 있다.

〈표 12-2〉 단위학교의 세출예산 과목체계

■ 정책사업 □ 단위사업 (단위: 천 원)

구분	예산액		전년도 예산액		비교 증감	
		구성비		구성비		증감비
계		100%		100%		%
인적자원운용						
학생복지/ 교육격차해소						
기본적 교육활동						
선택적 교육활동						
교육활동지원						
학교일반운영						
학교시설확충						
학교재무활동						

(2) 예산의 성립과정

예산의 성립은 예산편성과 심의과정을 통해 이루어진다. 예산편성은 학교회계예산편성기본지침을 시달하면서부터 시작되어 학교운영위원회에 예산안 제출이 되면서 마무리된다. 이의 구체적인 과정은 [그림 12-3]과 같다.

학교회계예산편성 기본지침 시달
- 회계연도 개시 3개월 전까지 단위학교에 시달
- 관할청의 교육재정여건 및 운용방향 제시
- 교육시책 및 권장사업 포함
- 예산과목 및 과목내용 등 학교예산운영에 관하여 필요한 제반 내용 포함

↓

교직원의 예산요구서 제출
- 예산편성지침 시달 후 학교예산편성방향 및 계획에 따라 제출
- 교육과정운영 및 학교운영을 위하여 필요한 사업 및 재정 소요액 등 기록
- 부별 또는 개인별 예산요구서 제출

↓

연간 총전입금 및 분기별 자금배정계획 통보
- 관할청으로부터 학교회계로 전출되는 금액의 총규모 및 분기별 자금배정계획 통보
- 목적사업의 경우 대상학교가 지정되는 대로 확정 · 통보

↓

예산조정작업 및 예산안 확정
- 단위학교의 총세입규모를 확정
- 부별 또는 전체 조정회의를 거쳐 예산안 확정

↓

예산안 제출
- 회계연도 개시 30일 전까지 학교운영위원회에 제출

[그림 12-3] 단위학교의 예산안 편성절차

* 출처: 교육부 · 한국교육개발원(2000), pp. 28-35.

예산안 편성과정을 구체적으로 살펴보면 첫째, 회계연도 3개월 전까지 관할 교육청에서 교육청의 재정여건, 시책 및 권장사업, 예산과목 등 학교예산에 필요한 사업을 담아 학교회계예산편성지침을 작성하여 학교에 시달한다.

둘째, 예산편성지침서가 시달되면 학교장과 행정실에서는 이를 교직원에게 열람하고, 부서별, 개인별로 예산요구서를 작성하도록 한다. 예산요구서를 작성하기 전에 교육청의 재정여건, 시책 및 권장사업, 예산과목, 학교의 경영 중점 등을 교직원에게 알려 교육청과 학교의 정책이 반영되도록 하여야 한다.

셋째, 1월 초에 관할청으로부터 연간 총전입금 및 분기별 자금교부계획을 통부받으면 교직원이 요구한 예산서와 비교하여 예산 조정 작업을 한 후 예산안

을 확정한다.

넷째, 예산안이 확정되면 회계연도 개시 30일 이전까지 학교운영위원회에 제출한다. 학교운영위원회에 제출된 예산안은 학교운영위원회의 심의를 거쳐 회계연도 개시 5일 전까지 학교장에게 심의결과를 송부하여야 한다.

다섯째, 학교장은 송부된 학교회계 세입세출 예산을 확정하고 이를 교직원과 학교 홈페이지에 공지한다.

(3) 학교예산서

학교예산은 예산총칙, 세입 · 세출예산, 계속비, 명시이월비로 구성되며(「국립 유치원 및 초 · 중등학교 회계규칙」 제13조), 학교예산을 문서로 작성하여 서류화하면 학교예산서가 된다. 학교예산서는 학교운영위원회의 심의자료가 되며, 심의 후 확정되면 학교예산운영의 기본지침서가 된다.

예산총칙은 「국가재정법」 제20조에 규정된 내용으로 세입세출예산 · 계속비 · 명시이월비 및 국고 채무부담행위에 관한 총괄적 규정이다. 예산총칙은 당해 연도 예산에 관해 총괄적으로 규정하며 조문형식을 취하고, 그 회계연도 내에서만 효력을 가지고, 추가경정예산 편성에 의해서 변경이 가능하다(교육부 · 한국교육개발원, 2000: 39). 예산총칙은 예산의 총괄적 현황과, 계속비, 명시이월비, 부채와 같은 특이한 사항을 학교예산서의 맨 앞쪽에 제시하도록 하여 예산의 전체적인 현황을 쉽게 파악하도록 한다.

예산총칙(예)

제1조. 2○○○학년도 ○○학교회계 세입 · 세출 예산총액은 각각 ○원으로 하며 세입 · 세출의 명세는 '세입 · 세출예산서'와 같다.
제2조. 2○○○학년도 명시이월사업은 별첨 '명시이월명세서'와 같다.
제3조. 2○○○학년도 계속비 사업은 별첨 '계속비 조서'와 같다.
제4조. 국가 또는 지방자치단체 등으로부터 소요전액이 교부된 경비 또는 수익자경비는 추가경정예산의 성립 이전에 사용할 수 있으며, 이는 차기 추가경정예산에 반영한다.

* 출처: 교육부 · 한국교육개발원(2000), p. 44.

세입 · 세출예산은 "한 회계연도 동안 학교시설의 유지 · 보수, 각종 공과금 납부 등 학교의 기본운영, 수업활동, 특별활동 지원 등 각종 교육과정 운영, 급식 및 수학여행, 현장학습 등 단위학교가 학교의 조직목표를 달성하기 위한 주요 정책이나 사업계획 수행에 소요되는 재원규모 및 이의 확보경로를 나타낸 것"(교육부 · 한국교육개발원, 2000: 39)이다. 일반적으로 예산이라고 하면 세입 · 세출예산을 의미한다. 세입 · 세출예산의 과목체계는 앞의 예산과목체계와 같다.

계속비, 명시이월비는 학교가 예산을 회계연도를 넘어서 집행하는 경비로 회계연도 독립의 원칙에 위배되는 경비이기 때문에 이의 내용을 예산총칙에 밝히도록 하고 있다. 계속비는 2년 이상 지속되는 사업경비이고, 명시이월비는 다음 연도에 집행되는 경비이다.

학교예산서에는 예산총칙, 세입 · 세출예산, 계속비, 명시이월비, 각종 채무부담행위를 포함하도록 하고 있는데 학교의 경우 계속비, 명시이월비, 채무 등이 없는 경우가 많다. 이럴 경우 학교예산서에 이들 내용을 담지 않아도 된다.

3) 학교예산의 운영

(1) 예산의 종류

학교에서 편성하여 운용할 수 있는 예산에는 본예산, 수정예산, 추가경정예산, 준예산이 있다. 본예산은 학교의 모든 교육활동을 반영하여 편성되고 학교운영위원회의 심의를 거쳐 성립된 매 회계연도 최초의 예산이다. 수정예산은 학교운영위원회에서 예산안을 심의하는 과정에서 예산안의 내용을 일부 수정하여 제출하는 예산으로, 예산의 심의가 종료되기 전에 제출하는 예산이다. 추가경정예산은 예산이 성립된 후에 발생한 사유로 인하여 경비의 과부족이 생겼을 때 본예산에 추가 또는 변경을 가하는 예산이고, 준예산은 회계연도 이전에 예산이 성립되지 않았을 경우 전년도에 준해서 인건비, 운영비와 같은 불요불급한 경비만을 지출하도록 하는 예산이다(교육부 · 한국교육개발원, 2000: 27).

학교의 경우 회기가 짧고 예산이 단순하기 때문에 수정예산이나 준예산은 거의 없다.

(2) 예산총계주의

학교예산을 운영하는 기본원리가 예산총계주의이다. 예산총계주의는 학교에서 발생하는 모든 세입과 세출을 학교회계 세입세출 예산에 편입하도록 하는 원리이다(「국립 유치원 및 초·중등학교 회계규칙」 제9조). 지극히 간단하고 명료한 원칙이지만 이 원칙이 지켜지지 않아 징계를 받은 경우가 많다. 학교의 자판기, 매점 등으로 부터 얻는 수익, 학부모 등이 후원하는 후원금 등을 모두 학교회계의 세입으로 편입하고 세출로 지출하도록 하는 원칙이며, 세출이 이루어질 때 세출의 규정을 지키도록 하는 원리이다. 학교예산을 투명하고 공정하게 관리하도록 하는 가장 기본적이고 중요한 원리이다.

(3) 회계연도 독립의 원칙

학교예산을 운영하는 두 번째 원칙이 회계연도 독립의 원칙이다(「국립 유치원 및 초·중등학교 회계규칙」 제3조). 학교예산을 운영하는 과정에서 예산의 수입과 지출이 회계연도 내에서만 이루어지도록 하는 것이 회계연도 독립이다. 즉, 세입과 세출의 모든 활동이 회계연도 내에서만 이루어지도록 하는 원칙이다. 회계연도를 독립시키기 위해서는 회계연도가 필요하고, 회계의 출납을 중지시키는 출납폐쇄기한이 필요하다. 회계연도는 「초·중등교육법」 제30조의 3에 매년 3월 1일에서 다음 해 2월 말로 규정하고 있으며, 출납폐쇄기한은 회계연도 종료 후 20일로 정하고 있다.

회계연도를 독립시킴으로써 당해 연도의 세입과 세출 현황을 정확히 산출할 수 있어, 예산의 과부족, 부채의 현황 등을 파악할 수 있으며 예산집행 결과에 대해 결산과 감사를 할 수 있도록 한다.

(4) 회계연도 독립의 원칙 예외사항

회계연도 안에서 모든 세입과 세출이 이루어지도록 한 회계연도 독립의 원칙은 예산이 미래의 수요를 예측하여 미리 작성한 계획표이기 때문에 실제로 발생하는 수입과 지출을 정확히 일치시키는 것은 불가능하며, 회계연도 독립의 원칙을 엄격하게 적용하기가 어렵다. 이러한 이유로 인해 예외사항을 규정하고 있다. 금년에 지출할 수 없을 경우에는 일정한 절차를 밟아 다음 연도에 지출하거나, 전년도에 지출하고 남은 예산을 금년도에 집행할 수 있도록 계속비, 명시이월비, 사고이월비, 과년도수입, 과년도지출, 순세계잉영금의 이입 등을 인정하고 있다(교육부 · 한국교육개발원, 2000: 28-29).

계속비는 공사나 제조 등과 같이 몇 년에 걸쳐 시행해야 할 사업의 경우 총소요경비와 연도별 소요금액을 정하여 학교운영위원회의 심의를 거쳐 지출하는 경비이다. 계속비는 당해 회계연도를 포함하여 5년 이내이며, 학교운영위원회의 심의를 얻은 경우는 그 기간을 연장할 수 있다. 계속비로 예산이 편성되면 편성된 기간 동안 예산을 요구하지 않아도 자동으로 예산이 편성되어 지속적으로 사업을 수행할 수 있다. 학교를 중장기적으로 발전시키기 위해서는 계속비를 활용하는 방안을 고려할 필요가 있다.

명시이월비는 당해 연도에 편성된 예산이 당해 연도에 집행할 수 없는 명백한 원인이 발생하였을 경우 학교운영위원회의 심의를 거쳐 다음 연도로 이월하는 경비이다. 예컨대, 학교담장 공사비가 3,000만 원 배정되었는데 담장 밑 하수도 공사가 금년에 계획되었다면 하수도 공사를 먼저 해야 담장공사가 가능한 경우 이를 명시이월하여 다음 연도에 집행하도록 하여야 할 것이다. 이와 같이 명백한 사유가 발생하였을 경우 예산 집행을 다음 연도로 연기하는 제도가 명시이월이며, 1회에 한해 가능하다.

사고이월은 당해 연도에 지출원인행위를 하고 지출을 하지 못한 경비가 다음 연도로 이월되는 경비이며 사고이월은 다시 이월할 수 없다.

명시이월, 사고이월은 예산편성 절차 없이 예산이 편성되며 이월을 할 경우 이월명세서를 작성하여 결산 시 학교운영위원회에 제출하여야 한다.

(5) 예산의 목적 외 사용금지

학교예산을 운영하는 세 번째 원칙은 '예산의 목적 외 사용금지'이다. 예산의 목적 외 사용금지는 학교에서 확정되어 성립된 예산은 학교운영위원회의 심의결과를 존중하고 예산편성의 목적을 달성하기 위하여 예산에 정해진 목적 외에는 지출할 수 없도록 하는 원칙이다. 이는 편성된 예산은 편성된 데로 집행을 하여야 한다는 원칙이다.

(6) 예산집행의 신축성 부여

예산의 목적 외 사용금지에 예외 규정을 둔 원칙이 신축성 부여이다. 예산은 정해진 목적과 예산의 범위 안에서 회계연도 독립의 원칙에 따라 집행되어야 하나, 예산 성립 후의 여건변화에 적응할 수 있도록 하기 위해서는 예산집행의 신축성을 부여할 필요가 발생하게 된다. 학교예산 운영과정에서 예산의 신축성을 부여하기 위한 방안으로 예산의 이용, 전용, 예산의 이월, 계속비, 예비비 등의 제도가 있다(교육부 · 한국교육개발원, 2000: 49).

이월과 계속비에 대해서는 앞에서 논의하였기 때문에 이용과 전용, 예비비에 대해 논의하고자 한다. 이용과 전용은 추가경정예산을 편성하기 전에 예산을 변경하여 집행하는 방안이다. 이용은 정책사업과 같이 예산의 입법과목에 대해 학교운영위원회의 심의를 거쳐 예산을 변경하는 제도이고, 전용은 단위사업, 세부사업과 같이 행정과목에 대해 학교장의 결재로 예산을 변경하는 제도이다. 예비비는 예상하지 못한 사업을 수행하기 위해 편성된 경비이다. 인건비와 시설비를 다른 항목으로 전용할 수 없으며, 업무추진비를 증액하기 위한 경우나, 회계연도가 경과한 후에는 전용이 허용되지 않는다(교육부 · 한국교육개발원, 2000: 50).

(7) 회계장부의 기록방법

예산이 집행된 후 이를 장부에 기록하는 방법으로 복식부기와 발생주의를 적용한다. 복식부기는 현금의 유입과 유출을 단일항목으로 기록하는 것이 아니라 이원항목으로 기록한다. 단일항목으로 기록하는 금전출납부와는 다르게 차변과 대변이라는 이원항목으로 원인과 결과를 연계하여 증감을 기록하기 때문에 자금의 흐름을 명확히 알 수 있을 뿐만 아니라 두 계정에 기입하기 때문에 회계처리의 정확성을 기하게 한다. 하나의 거래를 차변과 대변에 나누어 기입하고 차변의 합계와 대변의 합계가 항시 같은 대차평균의 원리가 적용되기 때문에 기입상에서 발생하는 오류를 바로 발견할 수 있다(임연기 · 최준렬, 2012: 266).

발생주의는 현금의 흐름을 장부에 기입할 때 거래가 발생하는 시점을 기준으로 한다. 현금의 흐름을 장부에 기입할 때 기입하는 시점에 따라 현금주의와 발생주의로 구분되는데, 현금주의는 현금을 지급하는 시점을 기준으로, 발생주의는 거래가 발생하는 시점을 기준으로 장부에 기록한다. 현금의 흐름과 장부의 기록이 일치하기 때문에 정부의 회계에서는 현금주의를 적용하여 왔다. 그러나 부채나 미리 약정된 내용을 알 수 없어 재무구조를 파악하는 데 어려움이 따른다. 이런 문제를 해결하기 위해서 정부는 발생주의를 채택하였으며 학교회계에서도 2010년부터 이를 적용하도록 하고 있다. 발생주의는 모든 거래를 거래가 발생하는 즉시 기록하도록 하기 때문에 재무구조를 투명하게 파악할 수 있다. 단점은 현금내역을 파악하기 위해 현금출납부를 별도로 관리하여야 한다.

4) 학교회계의 결산

학교의 예산운영이 종료되면 결산을 하여야 한다. 결산은 매 회계연도가 종료되는 시점을 기준으로 회계연도 내에서 일어난 재정활동 전반에 대한 수입과 지출의 실적을 확정적 계수로 표시하는 행위이다(교육부 · 한국교육개발원, 2000: 56).

결산을 하는 목적은 첫째, 예산집행의 타당성을 검토한다. 회계연도 동안 이루어진 세입 · 세출, 이 · 전용, 예비비, 명시이월, 사고이월 등의 예산집행 현황을 검토하여 예산집행의 타당성, 합리성을 평가한다.

둘째, 차기 연도 예산편성의 기초를 마련한다. 전년도 재정분석 및 평가를 통해 성과를 파악하여 차기연도 예산편성의 기초를 삼는다.

결산은 회계연도가 종료된 후 출납을 폐쇄하고, 결산서를 작성 학교운영위원회에 제출하여 심의를 받은 후에 학교장에게 통보하면 마무리된다. 결산서는 회계연도 종료 후 2월 이내에, 결산 심의결과 통보는 회계연도 종료 후 4월 이내에 이루어져야 한다.

5) 학교회계제도의 발전과제

학교회계제도가 2001년에 도입되어 13년이 지나면서 많은 발전을 이루어 왔다. 학교예산 과정에 교직원의 참여를 촉진시키고, 학교예산을 투명하고 효율적으로 집행하는 기반을 마련하였다. 학교가 학교의 여건에 맞게 교장과 교사의 필요에 부응하여 다양한 교육활동을 가능하게 하였다. 이런 과정을 통해 학교회계는 학교의 민주와 자율화를 촉진시키는 데 크게 기여하였다. 이런 긍정적인 효과에도 불구하고 학교회계가 더욱 발전하고 학교에 필요한 제도가 되기 위해서는 다음의 문제를 해결하려는 노력이 지속적으로 이루어져야 할 것이다.

첫째, 교사의 적극적인 참여가 이루어져야 할 것이다. 학교회계제도가 도입되는 초기에는 교사들이 예산과정에 어떻게 참여해야 할지, 예산요구를 얼마나 해야 할지 몰라 어려움을 겪었다. 점차 이런 과정에 익숙하게 됨에 따라 예산을 요구하고 집행하는 데 타성에 젖어 전년도 예산요구를 답습하는 경향이 증가하고 있다. 학교에서 예산요구는 교육활동을 성공적으로 수행하기 위한 기반이다. 학교와 교원, 학생의 요구에 부합되는 적합한 예산이 요구되어야 교육이 성공적으로 이루어질 수 있을 것이다. 전년도 편성한 예산을 금년에도 반복적으로 요구하는 타성적인 예산활동으로는 교육활동을 성공적으로 수행하는 데 어려움을 준다. 현재 처한 문제를 명확히 파악하고 이를 개선하기 위한 노력의 일환으로 학교예산을 활용하도록 노력하여야 학교회계제도가 발전할 수 있을 것이다.

둘째, 학교의 목적사업비를 줄이려는 노력을 하여야 할 것이다. 목적사업비는 말 그대로 목적을 지정하여 지원해 주는 경비이다. 목적이 지정되기 때문에 학교의 자율적 의지와 다른 사업이 추진되고 추진되는 과정에서 상부의 목적이 달성되도록 하기 위해 각종 공문이 많아진다. 많은 공문은 교직원을 피로하게 하고, 학교의 교육력을 저하시키는 요인으로 작용한다. 전국적으로 학교에 지원되는 목적사업비의 비중은 2011년에 학교회계전출금 중 42.6%이다. 이 비중도 시·도교육청에 따라 다르다. 제주도는 목적사업비의 비중이 15.9%인데 강원도는 64.2%이다(한국교육개발원, 2012: 187). 목적사업비는 교육부의 사업과 시·도교육청 사업으로 나누어진다. 교육부의 목적사업비는 대통령이나 장관이 전국적으로 추진하고자 하는 사업경비이고, 시·도교육청의 목적사업비는 교육감의 추진하고자 하는 사업경비이다. 대통령, 장관, 교육감의 목적사업비가 필요하나 현재와 같이 40%대를 넘는 것은 바람직하지 않다. 학교예산의 20% 이내로 축소하고 이들 경비를 학교운영비로 배분하여 학교에서 자율적으로 예산을 편성하여 운용하도록 하여야 한다. 이렇게 함으로써 학교의 자율성을 확대하고, 학생과 지역사회의 요구에 부합되는 교육활동을 추진할 수 있으며, 공문 등 상부기관의 통제와 과중한 업무에서 벗어나는 다중의 효과를 가져올 수 있을 것이다.

참고문헌

강태균 · 권영호(2007). 학교예산회계제도 운영 실태 및 개선방안. 국제회계연구, 19, 21-38.

교육부 · 한국교육개발원(2000). 학교회계길잡이-행정실무용. 서울: 교육부 · 한국교육개발원.

「국가재정법」 법률 제11614호. 시행 2013.1.1.

「국립 유치원 및 초 · 중등학교 회계규칙」 교육부령 제1호. 시행 2013.3.23.

다음국어사전(2013). http://dic.daum.net.

도급경비사무처리규칙. 재무부령 제1568호. 시행 1983.5.2.

성삼제(2002). 학교예산 회계제도의 이해. 서울: 교육과학사.

유평수(2006). 학교예산회계제도의 효율적 운영에 관한 연구. 교육종합연구, 4(2), 79-103.

윤성식 · 권수영(1998). 정부회계 – 예산 원가 회계 및 감사. 서울: 법문사.

윤정일(1992). 교육재정학. 서울: 세영사.

윤정일(2004). 교육재정학원론. 서울: 세영사.

임연기 · 최준렬(2012). 교육행정 및 경영 탐구. 경기: 공동체.

정영관 · 백운경(2006). 학교예산회계의 발생주 복식부기제도 도입의 제 문제와 기대효과. 회계연구, 11(3), 303-333.

정재균(2008). 성과관리 예산회계제도 도입에 따른 단위학교 재정의 과제. 교육재정경제연구, 17(2), 189-221.

차병권(1986). 재정학원론. 서울: 박영사.

「초 · 중등교육법」 법률 제11690호. 시행 2013.3.23.

한국교육개발원(2012). 2012 지방교육재정분석 종합보고서. 서울: 한국교육개발원.

한국교육재정경제학회 편(2001). 교육재정경제학백과사전. 서울: 하우동설.

한국행정학회(2013). 온라인행정학전자사전. www.kapa21.or.kr.

한유경 외(2002). 학교예산회계제도의 실태 분석. 서울: 한국교육개발원.

제 13 장 대학재정 구조와 현황

우리나라의 경우 초·중등교육 분야는 지방교육재정교부금에 의해 재정을 안정적으로 확보할 수 있는 법적 장치가 마련되어 있지만, 고등교육 분야는 재정확보를 위한 법적·제도적 장치가 없어 항상 재정확보와 운영의 안정성과 충족성 문제가 제기되고 있다. 실제로 OECD(2013)의 발표에 의하면, 한국의 고등교육재정 중에서 공적 재원이 차지하는 비중은 GDP 대비 0.7%로서 OECD 국가 평균 1.1%에 크게 밑돌고 있고, OECD 국가 중에서도 하위권에 머물러 있다. 따라서 대학은 정부의 공적 재원 확대를 요구하고 있는 반면에, 정부는 대학재정 운영의 투명성, 효율성, 공개성 강화를 강조하며 대학의 사회적 책무성을 요구하고 있는 실정이다. 특히 학생, 학부모, 산업체 등 고등교육의 주요 수요자에게 알권리를 충족시키기 위해 2009년 이후부터 대학정보공시제를 도입하여 고등교육기관의 기본 운영 상황 및 교육과 연구 여건에 관한 주요 정보는 물론 대학의 예결산 내역 등을 공개하고 있다.

이와 같이 현재 대학재정과 관련해서는 공적 재원 확대를 위한 정부의 역할과 대학재정운영의 효율성과 투명성 등을 위한 대학당국의 역할이 중요한 쟁점의제이다. 이러한 쟁점 사항을 이해하기 위해 여기서는 국·공립대학과 사립대학의 회계구조와 전반적인 현황을 소개하고, 대학재정과 관련된 현재의 쟁점내용을 제시하고자 한다.

1. 대학회계 구조

대학재정은 대학교육서비스를 생산, 공급하기 위해 소요되는 모든 비용을 포함한다. 대학에서 수행되는 모든 교육과 연구활동은 비용이 수반되는 활동이고, 자원의 희생이 없이는 교육과 연구가 이루어질 수 없다. 대학재정은 설립별(사립대학, 국 · 공립대학)에 따라 차이가 있지만 일반적으로 정부, 사학재단, 학생 및 학부모, 기업 및 사회단체 등으로부터 재원이 확보된다. 사립대학의 재원은 재단으로부터의 전입금, 학생 및 학부모로부터의 등록금, 정부로부터의 각종 재정사업지원과 대학생을 위한 학자금 지원, 그리고 사회와 기업으로부터 기부금 등으로 충당된다. 반면에 국 · 공립대학의 재원은 정부로부터의 인건비, 운영비, 시설비 등의 경상경비 지원과 각종 재정사업지원, 그리고 대학생을 위한 학자금 지원, 학생 및 학부모로부터의 등록금, 그리고 사회와 기업으로부터의 기부금 등으로 충당된다.

확보된 대학재정은 인건비, 학과, 단과대학, 대학본부 등 대학운영 관련 전반적인 운영비, 교수학습활동이나 연구활동 관련 교육 및 연구비, 학생들의 장학금, 실험 실습실 및 대학건물의 신축 · 유지 · 관리에 소요되는 시설비 등으로 지출된다.

대학재정이 확보되고 지출되는 일련의 과정은 금전 출납에 의해 진행이 되고, 그러한 사무는 대학회계의 틀 속에서 일정한 방법으로 기록하고 관리된다. 현재 국 · 공립대학과 사립대학과의 대학회계구조가 다르고 그에 따라 적용되는 법적 근거도 다르다. 여기서는 국립대학과 사립대학의 회계구조와 현황을 구체적으로 살펴보고자 한다.

1) 국립대학의 회계구조와 특징

국립대학의 회계구조는 크게 보면 국고회계와 비국고회계로 나누어져 있다. 각각의 회계는 여러 종류의 회계로 구성되어 서로 다른 방법으로 처리되고 있다. 국고회계의 경우 일반회계와 교육 관련 특별회계로 구성되며, 비국고회계는 기성회회계, 산학협력단회계, 대학발전기금회계, 생활협동(소비)조합회계, 기숙사회계 등으로 구성된다. 그리고 별도의 법인격이 부여된 국립대학병원은 국립대학병원회계를 독자적으로 설치하여 운영하고 있다. 국립대학의 회계구조와 주요 회계 내용을 정리하면 다음과 같다(〈표 13-1, 2〉).

〈표 13-1〉 국립대학교의 회계구조

구분		성격
국고회계	일반회계	국고회계
	교육 관련 특별회계	국유재산관리특별회계, 재정융자특별회계, 농어촌특별세특별회계 등
비국고 회계	기성회회계	대학 자체 회계
	산학협력단회계	중앙정부의 각 부처, 지방자치단체, 산업체 등으로부터 유입되는 산학협력사업 재원의 회계 관리를 산학협력단이 통합·수행
	대학발전기금회계	대학이 자체 모금한 대학발전기금에 대한 회계
	소비조합회계	후생복지 향상을 목표로 독립채산제로 운영되는 소비조합회계
	기숙사회계	기숙사 관련 회계
대학병원회계	국립대학병원회계	대학 소속 병원 관련 회계

〈표 13-2〉 국립대학의 주요 회계별 내용

구분	일반회계	기성회회계	산학협력단회계	소비조합회계
회계 주체	국가	대학	산학협력단	소비조합
적용회계	정부회계	비국고회계	산학협력단회계	기업회계
적용법규	국가재정법, 국가회계법	없음.	산업교육진흥 및 산학협력촉진에 관한 법률	소비자조합생활 협동조합법

구분	일반회계	기성회회계	산학협력단회계	소비조합회계
회계내용	단식부기	단식부기	복식부기	복식부기
회계연도	1.1~12.31	3.1~2.28	1.1~12.31	3.1~2.28
결산서	수지결산서	수지결산서	대차대조표, 운영계산서, 자금계산서	기업회계상의 결산서

* 출처: 교육과학기술부(2008.5.28).

(1) 국고회계

국립대학의 국고회계는 일반회계와 교육 관련 특별회계로 구분되는데, 이 중 일반회계는 국고로부터 국립대학 운영에 필요한 공무원의 인건비와 대학운영비 및 기본적 시설비를 지원하는 회계이다. 일반회계는 국고지원금, 입학금 및 수업료, 논문심사료와 입시경비를 일컫는 수입대체경비 등의 세입항목으로 구성되어 있다. 그리고 일반회계 세출은 인건비, 경상적 경비, 시설사업비, 실험실습개선비, 수입대체경비 등으로 구성되어 있다([그림 3-1] 참조).

일반회계는 국립대학의 설립 및 경영 주체가 국가이기 때문에, 예산의 구조와 편성 및 집행, 회계, 감사 등에 있어서 다른 국가기관과 마찬가지로 「국가재정법」 「국가를 당사자로 하는 계약에 관한 법률」 「국고금관리법」 및 「국가회계법」(2009.1.1. 시행) 등을 적용받고 있다. 또한 일반회계 세입 가운데 수입의 직접사용금지의 예외조항인 당해 사업의 직접 수입으로 지출할 수 있는 수입대체경비는 '수입대체경비사무처리규정'에 따라 운영된다.

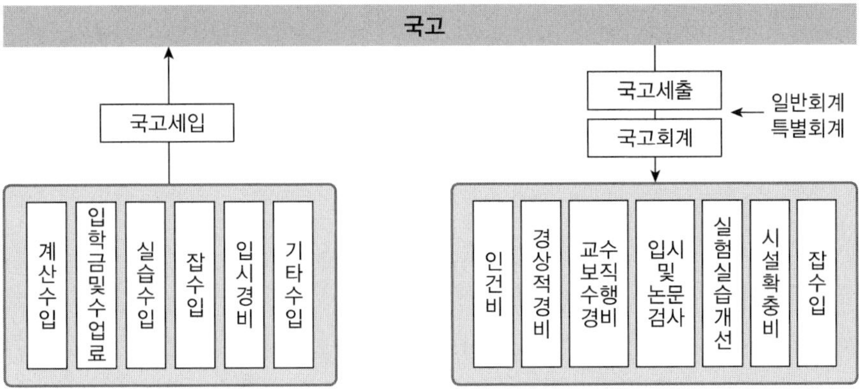

[그림 13-1] 국립대학 국고회계의 구조

이러한 일반회계는 국립대학에서 수납하는 학생납입금, 수수료, 특허권 수입금, 평생교육비 등의 금액은 다른 법률에 규정이 없는 한 국고에 귀속해야 한다. 세출은 대학에서 납부한 수입금액과 상관없이 예산으로 국회의 의결을 거쳐야 대학에서 사용할 수 있다.

한편 교육 관련 특별회계 중 국유재산관리특별회계는 학교시설의 이전에 소요되는 재원을 지원하는 회계로서, 「국유재산관리특별회계법」 및 동법시행령을 적용받고 있다.

중앙정부의 일반적인 예산편성 및 심의절차를 통해 결정되며, 교육부의 전반적인 통제하에 각 국립대학별로 예산을 배정받아 운영하고 있다. 국고회계의 회계연도는 매년 1월 1일부터 12월 31일까지로 설정되어 있다.

일반회계와 교육 관련 특별회계로 구성되는 국립대학의 국고회계는 단식부기에 기초한 현금주의 회계방식[1]을 적용하여 회계를 관리하고 있다. 국고회계

1) 현금주의회계란 현금 수지(收支)의 동태에 따라 손익계산을 하려는 회계 방법이다. 기업이 행한 거래를 그 거래가액에 따라 기록함에 있어서 급부(재화 · 용역)의 이동시점에서 기록하는 방식이다. 현금주의회계는 현금을 수취하였을 때 수익(매출)으로 인식하고 현금을 지출하였을 때 비용으로 인식하는 회계처리제도이다. 발생주의회계와는 달리 재화나 용역의 인수나 인도의 시점은 중요하지 않고 현금의 수취와 지급의 시점만이 기준이 된다.

의 집행을 위한 계약에 관한 사항은 종전에는 「예산회계법」에서 규정하고 있었으나, 현재에는 1995년에 제정된 「국가를 당사자로 하는 계약에 관한 법률」에 의해 규율되고 있다.

(2) 비국고회계

국립대학의 비국고회계는 기성회회계, 산학협력단회계, 대학발전기금회계, 소비조합회계, 기숙사회계 등으로 구성되어 있다. 첫째, '기성회회계'는 「국립대학교 비국고회계 관리규정」(교육과학기술부 훈령 제77호, 2008.7.28.)에 따라 국립대학(교) 비국고회계로 두도록 하고 있고, 규모나 운영 면에서 국립대학 비국고회계의 핵심으로 자리 잡고 있다. 기성회회계는 국립대학의 면학 분위기 조성과 교육여건 개선을 위해 설치된 회계이다. 기성회회계의 세입은 재학생의 학부모로 구성된 기성회의 회비, 즉 등록금에 포함된 기성회비를 주재원으로 한다(〈표 13-3〉 참조). 기성회회계는 부족한 시설비와 교직원에 대한 연구보조비 등으로 충당할 목적으로 1963년부터 사용되기 시작하였고, 1977년 실습비, 교양지도비, 학도호국단비를 통합하여 하나의 회계로 운영하는 「국립대학교 비국고회계 관리규정」이 시행되면서 현재의 기성회회계제도가 정착되었다.

기성회회계는 특정 목적의 국고보조금, 잡수입 등으로 세입항목을 구성하며, 세출은 인건비, 운영비, 경상이전비, 자본지출경비, 기타 등으로 구성되어 있다. 기성회회계는 「국립대학교 비국고회계 관리규정」에 따라 각 국립대학별로 자율적으로 예산을 편성하여 운영하고 있으며, 기성회회계 운영에 관한 세부사항은 개별 대학의 기성회규약에 따라 정해지고 있다. 현재 기성회회계의 운영과정에서는 단식부기에 기초한 현금주의 회계방식을 적용하고 있다. 기성회회계의 회계연도는 국립대학의 학년도에 맞추어 매년 3월 1일부터 다음 연도 2월 말일까지로 설정되어 있다.

〈표 13-3〉 국립대학교 일반회계와 기성회회계의 주요 내용

구분	주요 내용
회계 성격	•국가 일반·특별회계 •기성회회계
회계연도	•국고: 1.1~12.31 •기성회계: 3.1~2월 말
회계통합 범위	•국고회계, 기성회회계로 분리
예산편성권	•국고: 기획재정부 •기성회계: 총(학)장
예산심의 의결권	•국고: 국회 •기성회계: 기성회이사회
학생납입금	•국고 귀속
수수료	•국고 귀속
특허권 수입금	•국고 귀속
평생교육비	•원칙적으로 국고 귀속
예산집행잔액	•국고: 국가 반납 •기성회: 이월 사용

하지만 현재 기성회회계는 징수 여부와 관련하여 법적 소송이 진행 중에 있다. 실제로 지난 2012년 1월에 이어 2013년 8월 21일에도 서울중앙지방법원은 법적 근거가 없는 국립대 기성회비를 부당이득으로 판결하였다. 법적 근거 없이 교육부의 훈령에 따라 회비를 거두는 건 부당하다는 법리적 판단, 기성회비가 방만하게 운영되고 있다는 감사원의 지적, 기성회계가 국립대학 등록금 인상의 주범이라는 사회적 여론 등으로 국립대가 재정적으로 어려움을 맞이하고 있는 것이 현실이다. 하지만 국립대는 정부 재정지원의 취약성을 보완하기 위해 1963년 예전의 문교부 훈령에 의해 후원회 성격의 민간단체인 기성회를 운영하여 왔고, 이들을 통해 국립대학은 입학금과 수업료 이외에 기성회비를 걷어 왔다.[2)] 국립대는 싼 수업료를 보전하기 위해 주로 학부모 후원이라는 명목

으로 기성회비를 걷어 교수 연구비와 직원 수당에 충당해 왔다. 기성회비의 문제는 정부가 부담해야 할 대학 지원금을 학부모에게 전가시켰기 때문에 생긴 것이다. 지난 50년 동안 정부의 부족한 재원을 보완하기 위해 도입한 기성회제도가 지금에 와서는 법적인 문제로 부각되고 있는 상황이다.

둘째, '산학협력단회계'는 국·공립대학은 「국가재정법」에 의해 국가의 일반회계에 속하며 대학 독자적 회계를 운영하고 있지 못함에 따라 특수법인격인 산학협력단에 고유의 회계를 두어 외부로부터 수입되는 금액을 처리하게 하여 별도 관리하던 연구비회계를 명료하게 하고 산학협력 연구 관련 재원의 흐름을 명확하게 나타낼 수 있도록 대학 내에 회계를 설치하였다. 따라서 산학협력단회계는 교육부, 기타 정부 부처나 지방자치단체, 민간에서 수주한 연구용역비나 지원받은 연구비 및 보조금 등을 통합·관리하는 회계로서, 연구계약의 체결, 연구 수주 및 수행, 지식재산권 취득 및 관리, 기술이전사업 촉진, 창업보육센터 및 연구소 지원 등 학교 내 산업과 학교의 연계를 구축하는 데 기여하고 있다. 산학협력 계약에 의한 수입금은 산학협력단에 별도 회계를 설치하여 전담 관리하며 학생 지원금이나 연구 지원금 등 새로운 사업을 구축하는 데 사용되고 있다. 산학협력단회계의 특성은 용어 및 재무제표 등이 기본적으로 기업회계기준을 준용하고, 국·공립 및 사립대학에 공통적으로 적용되는 우리나라 최초의 대학회계규칙이며, 발생주의·복식부기를 바탕으로 하고 있다. 산학협력단회계는 비영리사업회계로 비상업적 산학협력사업과 상업적 산학협

2) 「고등교육법」 제11조에 따라 국·공·사립 대학이 징수할 수 있는 등록금에 관한 사항을 정하는 행정규칙 두 가지 중 하나인 「대학 등록금에 관한 규칙」(교과부령)은 수업료와 입학금에 관한 사항을 다루고 있지만, 수업료 이외의 그 밖의 납부금이 무엇인지에 대해서는 적시하지 않고 있다. 또 다른 행정규칙인 「학교 수업료 및 입학금에 관한 규칙」(교과부령)도 국·공·사립 학교에서 징수하는 수업료와 입학금에 관한 사항만 정하고 있다. 기성회비 징수에 관한 법령의 근거는 「국립대학(교) 비국고회계 관리규정」(교과부훈령)에서 찾을 수 있다. 이 규칙은 제1조에서 "국립대학(교)의 면학분위기 조성과 교육여건의 개선을 위한 비국고회계의 합리적인 관리운영에 관한 사항을 규정"하는 것이 목적이라고 밝히고, 기성회회계를 국립대학(교)의 비국고회계로 두며 기성회 회장이 주관한다고 정하고 있다.

력사업으로 구분한다. 완전한 수익사업은 학교기업회계로 운영한다.

셋째, '대학발전기금회계'는 일반회계 및 기성회계로는 부족한 재원을 조달하기 위하여 특별기부금 등을 기본재산으로 하여 설립한 재단법인의 회계이다. 대학발전기금회계는 국고회계를 통해 충분히 확보되지 않는 교육 · 연구활동 지원, 시설확충 등을 위한 재원을 국립대학이 자체적으로 조달하기 위해 조성한 일종의 '기금' 형태의 재원이라고 볼 수 있다. 관리 및 운영은 발전기금재단에서 자율적으로 실시하고 있으며 기성회회계와 밀접한 관련을 가지고 있다. 대학발전기금회계의 운용은 기업회계기준을 준용하여 발생주의 회계방식[3]을 적용하고 있다.

이 밖에 각 국립대학에서는 세입 · 세출예산외로 소비조합, 대학신문사, 대학출판부, 기숙사 등을 독립적인 회계단위로 운영하고 있다. 이 중 예산운용 규모가 비교적 큰 소비조합회계의 경우에는 복식부기에 기초한 발생주의 회계방식을 적용하고 있다.

(3) 대학병원회계

국립대학병원은 1991년 이후 「서울대학교병원설치법 및 국립대학병원설치법」에 근거하여 국립대학과는 별도의 법인(특수법인)으로 분리됨에 따라 대학병원회계를 독자적으로 설치하여 운영하고 있다. 국립대학병원회계의 운영과정에서는 복식부기에 기초한 발생주의회계, 즉 기업회계제도를 적용하고 있다.

---

3) 발생주의회계란 당해 기간에 해당하는 손익만을 구분하여 계산하는 회계방식을 의미한다. 발생주의는 차기(次期)의 것을 미리 주거나 받았을 때와 전기의 것을 후에 주고받았을 경우 실제로 주고받은 시점에 관계없이 그것이 어느 기간의 손익에 해당하는지를 구분하여 그 기간의 손익으로 처리하는 방법이다. 예를 들면, 앞으로의 이자를 미리 지불하였을 때 지불된 이자 중의 당기에 해당하는 부분만을 당기비용으로 처리하고 차기 해당 부분은 차기손익으로 처리하는 일을 말한다. 현대기업회계의 손익은 손익발생 사실 자체를 기준으로 하는 발생주의에 의하여 계산된다.

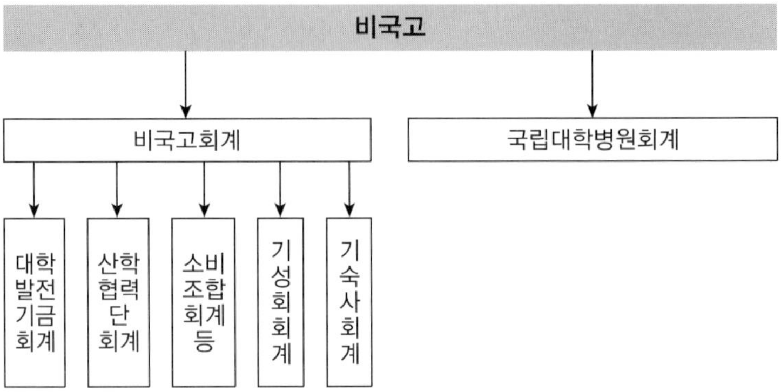

[그림 13-2] 국립대학 비국고회계와 대학병원회계의 구조

(4) 국립대학 회계구조의 특징과 문제점

국립대학의 회계체제가 갖는 구조적 특징과 문제점으로서 첫째, 국립대학 회계구조는 일반회계, 기성회회계, 산학협력단회계 등 복잡다단한 회계단위로 구성되어 있고 회계별 칸막이로 인해 통일된 기준이 없고 통합된 재정상황을 파악하기 어렵게 되어 있다는 점이다. 아울러 회계별로 회계연도가 다르고 합산재무제표가 공시되지 않아 연간 예산 규모가 종합적으로 파악되지 않는 등 회계운영의 투명성이 미약하다는 등의 문제점이 지속적으로 제기되어 왔다. 또한, 발전기금회계 및 소비조합회계 등을 제외하고는 정부회계와 마찬가지로 단식부기 및 현금주의 회계를 적용하고 있다는 점이다(조유진, 2001).

둘째, 적용 법령도 상이하며, 법률의 적용을 받는 항목과 행정규칙의 적용을 받는 항목들로 나뉨으로써 법적 근거의 균등성에 문제가 있고 행정적 편의나 과도한 위임이 발생할 수 있다.

셋째, 기성회비, 발전기금 등을 제외한 수업료, 수수료 등의 대학 자체 수입을 모두 국고에 납입하게 되어 있어 자체적인 재원확충을 위한 유인이 부족하였다는 지적도 있어 왔다.

넷째, 특히 국고회계인 일반회계와 비국고회계인 기성회회계의 집행대상에서 인건비와 시설사업비 등이 중복되기 때문에, 재원의 출처가 다름에도 불구하고 설치 · 운영자인 국가와 비국고회계의 사용자인 국립대학 간의 집행의 책임이 분산될 수 있고, 경우에 따라 사용상의 도덕적 해이 문제도 발생할 수 있다.

이러한 문제점을 극복하기 위하여 현재 국립대학 재정운영의 자율성과 효율성, 투명성을 제고한다는 취지로 정부는 「국립대학 재정 · 회계법」 제정을 추진 중이며 이에 대한 찬반의견이 첨예하게 부딪히고 있는 상황이다.

2) 사립대학의 회계구조와 특징

우리나라 사립대학 학교법인은 사립학교법에 근거하여 설립되며 대학을 학교법인과 하나로 보아 '사학기관'이라고 한다. 학교법인은 비영리법인으로 일반적인 주식회사와 같은 영리기업의 회계와는 다르다. 비영리법인의 설립은 관할청의 허가에 의해서만 가능하며 예산편성과 재산관리 및 결산 등에 대해서도 관할청의 지도 · 감독을 받도록 되어 있다(오문석, 1998). 이와 같이 사립대학은 비영리법인이지만, 비영리법인의 본질에 반하지 않는 정도의 제한된 범위 내에서 영리행위(수익사업)를 하는 것은 허용된다. 다만, 비영리법인이 수익사업을 경영하는 경우 해당 부분에 대해서는 법인세 과세대상이 된다(김경호 외, 2009:103).

사학기관의 회계는 「고등교육법」 「학교설립 운영 규정 및 시행령」 「사립학교법 및 시행령」 그리고 동 법령을 바탕으로 한 「사학기관 재무 · 회계규칙 및 사학기관 재무 · 회계규칙에 대한 특례규칙」 등에 기초하고 있다. 사실상 이 특례규칙은 실질적으로 우리나라의 사학기관에 적용되는 대학회계기준으로 볼 수 있다(이동규, 2006: 245-247).

「사립학교법」(제29조)에서는 학교법인의 회계를 학교에 속하는 회계(학교회계)와 법인의 업무에 속하는 회계(법인회계)로 구분하고, 기본적으로 「사학기관 재무 · 회계규칙에 대한 특례규칙」에 따라 회계처리된다. 학교회계는 다시 교비회계와 부속병원회계, 산학협력단 회계로 구분되고, 학교법인회계는 일반업무회계와 수익사업회계로 나뉜다([그림 13-3] 참조). 이에 대한 구체적인 내용은 다음과 같다.

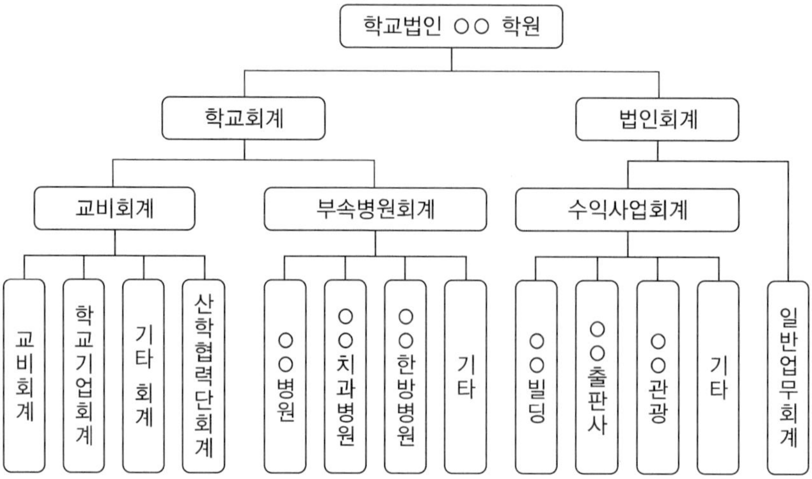

[그림 13-3] 사립대학 회계구조

(1) 학교회계

학교회계는 교비회계, 부속병원회계, 산학협력단 회계로 구분할 수 있는데, 교비회계와 부속병원회계는 「사립학교법」에 근거하고 있고, 산학협력단 회계는 「산업교육진흥 및 산학연협력촉진에 관한 법률」에 근거하고 있다. 이러한 학교회계의 예산은 당해 학교의 장이 편성하고 대학평의원회의 자문 및 등록금심의위원회의 심사 · 의결을 거친 후 이사회의 심사 · 의결로 확정하고 학교의 장이 집행하도록 되어 있다.

개별 회계에 대한 구체적인 내용을 살펴보면 첫째, '교비회계'는 등록금회계와 비등록금회계로 구분하며, 각 회계의 세입 · 세출에 관한 사항은 대통령령으로 정하되 학교가 받은 기부금 및 수업료 기타 납부금은 교비회계의 수입으로 하여 이를 별도 계좌로 관리하도록 하고 있다(「사립학교법」 제29조). 「사립학교법」 시행령 제13조에 의해 교비회계의 세입은 법령 또는 학칙에 의하여 학교가 학생으로부터 징수하는 입학금 · 수업료 및 입학수험료, 학사관계제증명수수료, 학교시설의 사용료 및 이용료, 다른 회계로부터 전입되는 전입금, 학생의 실험실습에서 생기는 생산품 등의 판매대금, 교비회계의 운용과정에서 생기는 이자수입, 교육용 기자재 등의 불용품 매각수입, 교비회계의 세출에 충당하기 위한 차입금, 학교가 학교교육에 사용할 목적으로 받은 기부금, 기타 학교법인의 수입으로서 다른 회계에 속하지 아니하는 수입 등이다. 그리고 교비회계의 세출은 학교운영에 필요한 인건비 및 물건비, 학교교육에 직접 필요한 시설·설비를 위한 경비, 교원의 연구비, 학생의 장학금, 교육지도비 및 보건체육비, 차입금의 상환원리금, 기타 학교교육에 직접 필요한 경비 등이다. 교비회계에 속하는 수입은 다른 회계에 전출하거나 대여할 수 없다. 다만, 차입금의 원리금을 상환하는 경우에는 허용하고 있다. 학교회계의 예산은 당해 총장이 편성하지만 대학평의원회의 자문 및 등록금심의위원회의 심사·의결을 거친 후 이사회의 심사·의결로 확정하고 총장이 집행하도록 되어 있다.

둘째, 대학부속병원은 학교에 소속된 기관이므로 학교회계의 적용대상이라 할 수 있으나 병원만의 고유한 거래가 많아 특례규칙만을 적용할 수 없다. 「병원회계준칙」도 '일반적으로 인정된 회계원칙(Generally Accepted Accounting Principles: GAAP)'의 기반 위에서 제정한 기업회계기준과 유사하다(오문석, 1998). 그러나 「병원회계준칙」은 모든 종합병원을 대상으로 규정되어 있어 대학부속병원이라는 특성만을 반영하는 것은 아니며 반드시 적용해야하는 강제성도 없다. 원칙적으로는 「병원회계준칙」을 따르나, 실제로는 기업회계기준을 선택해서 적용할 수도 있다(김민철·박영규, 2003). 이에 기업회계기준을 근간으로 하되 대학병원의 특수한 상황을 고려한 대학회계처리준칙을 제정하기에 이르렀다. 그래서 대학병원회계담당자들은 「대학병원회계처리준칙」 제정을 위한 모임을 통하여 대학병원들이 공통으로 사용할 수 있는 재무제표 작성기준을 제안하였다(이동규, 2006). 학교의 부속병원회계는 일반적으로 인정되는 의료법인의 병원회계에 준하여 계리하고, 법인의 수익사업회계는 일반적으로 인정되는 기업회계에 준하여 계리한다. 「사립학교법」 시행령 제13조에 의해 부속병원회계의 세입은 진료수입, 일반업무회계로부터 전입되는 전입금, 부속병원회계의 운용과정에서 생기는 이자수입, 부속병원회계의 세출에 충당하기 위한 차입금, 기타 부속병원운영에 따른 제수입 등이다. 그리고 부속병원회계의 세출은 부속병원운영에 필요한 인건비, 부속병원관리 · 운영과 진료에 필요한 물건비, 부속병원에 직접 필요한 시설 · 설비를 위한 경비, 교비회계 또는 일반업무회계로의 전출금, 차입금의 상환원리금, 기타 부속병원운영에 필요한 경비 등이다.

셋째, 대학은 산업교육을 진흥하고 산학연협력을 촉진하여 교육과 연구의 연계를 기반으로 산업사회의 요구에 따르는 창의적인 산업인력을 양성하며, 효율적인 연구개발체제를 구축하고, 나아가 산업발전에 필요한 새로운 지식 · 기술을 개발 · 보급 · 확산 · 사업화함으로써 지역사회와 국가의 발전에 기여할 목적으로 산학협력단을 둘 수 있다(「산업교육진흥 및 산학연협력촉진에 관한 법률」 제25조). 대학의 산학협력단은 법인으로 하며, 정관으로 정하는 바에 따라 그 업무의 수행을 위하여 필요한 하부조직을 둘 수 있고(제29조), 대통령령으로 정하는 바에 따라 주된 사무소의 소재지에서 설립등기를 해야 한다. 산학협력단의 명칭에는 해당 학교명이 표시되어야 하며, 산학협력단이 해산하는 경우 남은 재산은 해당 학교의 설립 · 경영자에게 귀속하고, 이 경우 학교법인에 귀속하고 남은 재산은 교비회계에 편입하도록 되어 있다. 산학협력단의 사업연도는 당해 대학의 회계연도에 따른다. 산학협력단의 수입 재원은 국가나 지방자치단체로부터의 출연금 및 보조금, 산학연협력 계약에 따른 수입금, 유가증권, 그 밖에 재산적 가치가 있는 물건, 산학연협력 성과에 따른 수익금, 유가증권, 그 밖에 재산적 가치가 있는 물건, 산학연협력에 관하여 접수한 기부금품, 산학협력단이 설치한 학교기업으로부터의 운영 수입금, 기술지주회사로부터의 배당 및 그 밖의 수익금, 그 밖에 이자수입 등 대통령령으로 정하는 수입금 등이 있다. 한편 산학협력단의 지출은 산학협력단의 관리 · 운영비, 산학연협력 계약의 이행에 필요한 경비, 대학의 시설 · 운영 지원비, 재원 수입에 기여한 교직원 및 학생에 대한 보상금, 학교기업의 운영비, 기술지주회사에 대한 출자, 협의회 등의 사업비 및 운영 지원비, 그 밖에 산학연협력과 관련되어 필요하다고 인정되는 경비로서 대통령령으로 정하는 경비 등으로 구성되어 있다.

(2) 법인회계

법인의 업무에 속하는 회계인 법인회계는 수익사업회계와 일반업무회계로 나뉜다. 사립대학은 교육연구를 수행을 위한 기관이며 비영리를 목적으로 하지만, 비영리법인에 반하지 않는 정도의 영리행위를 하는 것은 허용된다. 다만, 비영리법인이 수익사업을 경영하는 경우 해당 부분에 대해서는 법인세 과세대상이 된다(김경호 외, 2009). '수익사업회계'는 이윤동기에 의하여 기간성과 측정을 하여야 한다. 따라서 사립대학의 수익사업회계 처리는 특례규칙에 따라 "일반적으로 인정된 기업회계에 준하여 계리한다."라고 규정하고 있다. 그러나 기업회계실무를 적용하되 대학의 특성을 감안하여 특례규칙을 원용하는 것이 바람직하다(이동규, 2006:249).

한편 '법인일반업무회계'는 학교법인의 고유 업무를 관리 운영하는 데 필요한 회계로, 「사학기관 재무 · 회계규칙에 대한 특례규칙」의 적용을 받는다.

(3) 사립대학 회계구조의 특징과 문제점

사립대학의 회계체제가 갖는 구조적 특징과 문제점으로서 첫째, 학교법인은 비영리법인이면서 수익사업을 할 수 있고, 비영리회계와 영리회계와 구분하여 별도로 회계를 운영하고 있다.

둘째, 법인회계는 복식부기에 의하고 학교회계는 단식부기에 의함을 원칙으로 한다. 다만, 그 규모와 실정에 따라 법인회계도 단식부기에 의할 수 있다. 그러나 「사학기관 재무 · 회계규칙에 대한 특례규칙」의 적용을 받는 대학은 반드시 복식부기에 의해 처리하도록 되어 있다. 그런데 단식회계를 사용할 경우에는 사립대학의 종합적인 재무상태와 운영성과를 파악하기가 불가능하고 재정의 총괄적인 현황의 파악이 곤란하다. 또한 계정과목 간의 연계성을 파악할 수 없어 오류의 자기검증을 기대하기도 어렵기 때문에 예산집행내역에 대한 효율적이고 효과적인 회계감사가 불가능하다.

셋째, 사립대학의 회계는 네 개의 회계단위(학교회계, 법인수익사업회계, 법인

일반회계, 병원회계)로 구분되어 있다. 각 회계단위와 각 재무제표에 적용되는 회계기준은 서로 상이하기 때문에 각 회계단위에 따라 재무제표가 다르다. 특례규칙에 의해 작성해야 하는 재무제표의 종류는 자금계산서, 운영계산서 및 대차대조표이다. 그리고 종합재무제표 및 합산재무제표는 법인회계 및 학교회계를 하나의 회계단위로 하여 종합적인 자금수지, 재무상태 및 운영수지가 나타날 수 있도록 작성되어야 한다. 대학에서는 학교회계의 재무제표를 작성하여 법인에 제출하고, 법인에서는 학교회계와 법인 일반업무회계를 합산하는데, 중복계산을 방지하기 위해 내부거래를 제거한 뒤 합산재무제표를 작성한다. 종합재무제표의 경우도 합산재무제표와 동일한 원리를 적용하여 작성된다. 그러나 서로 상이한 회계기준이 적용된 회계단위의 재무제표를 단순히 하나의 재무제표로 나타내는 종합재무제표의 경우는 계정과목이 불일치하기 때문에 정보이용자의 유용한 의사결정에 도움이 되지 않는다(정해창 외, 2005).

2. 대학재정 현황

우리나라 대학들의 일반적인 재정현황으로 대학의 재정구조를 파악할 수 있지만 각 대학의 구체적인 대학재정 구조는 대학의 여러 가지 여건에 따라 상당히 다를 수 있다. 우선 국·공립대학과 사립대학이 다를 것이고 재단의 전입금이나 기부금이 많은 대학들은 그렇지 못한 대학에 비해 수입이나 지출구조에서 매우 상이한 차이를 보인다.

설립유형에 따라 차이는 있다 하더라도 일반적으로 대학재원은 국가보조금, 학생등록금, 재단이나 학교에서 출현되는 재단전입금과 기부금, 그리고 기타 경비 등에 의해 확보된다. 하지만 국·공립대학과 사립대학의 학교운영이 다르고 회계 내용이 일치하지 않아 대학재정의 내역을 상대적으로 비교하기가 용이하지 않다. 이를 테면, 국·공립대학인 경우 수업료가 국고수입으로 산정되어 국고회계로 처리되고, 기성회비를 세입원으로 하는 기성회회계는 독립적으로 존재하고 있어 부담 주체를 명확히 구분하기가 어렵게 되어 있다. 뿐만 아니라 기타 수입도 국·공립대학의 경우에는 수입대체경비, 보조금, 이월금, 잡수입 등이 포함되고 있으며 사립대학의 경우에는 수수료 수입, 기본재산 수입, 투자자산 수입, 차입금 등이 포함되어 있다. 지출면에 있어서도 국·공립대학과 사립대학의 지출내역이 달라 이들을 상대적으로 비교·분석하기가 어렵게 되어 있다.

따라서 여기서는 우리나라 대학재정의 일반적인 현황을 살펴보고, 이어서 국·공립대학과 사립대학 간의 수입 및 지출 구조 변화추이를 별도로 구분하여 비교·분석하고자 한다.

1) 대학재정의 일반현황

대학에 대한 투자는 적어도 명목상으로는 증가되어 왔다. 〈표 13-4〉에서 보면 정부로부터의 대학투자 규모는 2000년에 2.4조 원에서 2013년도에는 7.6조 원, 그리고 2014년에는 8.7조 원으로 지난 15년 동안 규모 면에서 3.6배 정도 인상되었다. 하지만 GDP, 정부예산, 교육부예산 대비 대학예산 규모를 통해 대학투자에 대한 국가의 의지를 살펴보면, 2000년에 대학예산 규모는 GDP, 정부예산, 교육부예산 대비 각각 0.42%, 2.57%, 12.57%이었고, 2014년도에는 정부예산, 교육부예산 대비 대학예산 규모가 각각 2.45%, 17.26%이었다. 따라서 전반적으로 2000년 이후 평균 GDP 대비 대학예산은 평균 0.37%, 정부예산 대비 평균 2.33%, 교육부예산 대비 평균 12.36%로서 상대적 규모는 크게 증가하지 않았음을 알 수 있었다. 특히 정부예산 대비 대학예산 규모는 2008년 이후 오히려 감소하고 있음을 알 수 있었다.

우리나라 대학투자 규모 정도는 OECD 국가들과 비교해 보면 분명하게 나타난다. '2013 OECD 교육지표(Education at Glance)'에 따르면, 2010년 기준으로 대학생 1인당 교육비는 $9,972로 OECD 평균 $13,528보다 훨씬 낮은 수준으로 평균교육비의 약 74% 수준인 것으로 나타났고, 고등교육 평균재학기간 동안 학생 1인당 교육기관 누적교육비도 $34,202로 OECD 평균 $57,774에도 크게 못 미치는 등 학생들에게 투자되는 교육비 규모는 OECD 국가 중에서도 가장

〈표 13-4〉 국내총생산(GDP), 정부예산, 교육부예산 대비 대학예산 비교('00~'13)

(단위: 조 원, %)

연도	GDP 규모(A)	정부예산(B)	교육부예산(C)	대학예산(D)	D/A	D/B	D/C
2000	578.7	93.9	19.2	2.4	0.42	2.57	12.57
2001	622.1	102.5	20.0	2.5	0.41	2.46	12.59
2002	684.3	113.9	22.3	2.6	0.38	2.29	11.73
2003	724.7	120.5	24.4	2.9	0.40	2.41	11.88
2004	779.4	127.0	26.4	3.0	0.39	2.38	11.47
2005	806.6	134.4	28.0	3.3	0.41	2.46	11.83
2006	847.9	144.8	29.1	3.4	0.40	2.34	11.63
2007	889.4	156.5	31.0	3.6	0.40	2.28	11.52
2008	994.1	183.5	39.1	4.3	0.43	2.34	11.00
2009	1,063.1	214.6	40.2	5.0	0.47	2.33	12.44
2010	1,060.9	212.0	41.8	4.8	0.45	2.26	11.48
2011	1,082.1	264.1	44.7	4.7	0.43	1.78	10.51
2012	1,104.2	282.7	49.3	6.0	0.54	2.12	12.17
2013	-	303.8	49.6	7.6	-	2.50	15.32
2014	-	355.8	50.4	8.7	-	2.45	17.26
평균	864.4	187.3	34.4	4.3	0.37	2.33	12.36

주: 1) 대학예산은 교육부 세출예산 중 대학, 교육대학, 산업대학, 전문대학을 대상으로 지원되는 예산들을 각각 취합한 후 그들을 더한 것으로 산출.

2) 대학예산은 결산 자료 기준임. 다만, 2013년, 2014년은 예산기준임.

3) GDP는 당해 연도 기준.

* 출처: 교육부 · 한국교육개발원(각 연도). 교육통계연보; 교육부(2014.1.2). 2014년도 교육부 소관 예산안 및 기금운용계획안 개요; 국가통계포털(KOSIS). http://www.kosis.kr

낮은 수준에 머물러 있다. 더불어 문제가 되는 것은 우리나라 대학에 대한 투자는 대부분 민간부문에 의하여 이뤄지고 있으며, 공공부문의 투자규모는 2010년 기준 GDP 대비 0.7% 수준으로 OECD 평균인 1.1%에 크게 못 미치고 있는 실정이다(〈표 13-5〉). 대학투자는 대부분이 민간재원(1.9%)에 의존하고 있는 실정이다. 따라서 우리나라의 고등교육은 양적으로 크게 팽창한 만큼, 대학투자에 대한 공적인 노력은 상대적으로 매우 미흡했음을 알 수 있다.

〈표 13-5〉 고등교육부문에 대한 투자현황(2010년 기준)

구분	OECD 평균	한국	미국	영국	핀란드	프랑스
• GDP 대비 고등교육기관에 대한 교육비(%)	1.7	2.6	2.8	1.4	1.9	1.5
- 공공재원	1.1	0.7	1.0	0.7	1.9	1.3
- 민간재원	0.5	1.9	1.8	0.6	0.1	0.2
• 학생 1인당 고등교육기관 교육비	13,528	9,972	25,766	15,862	16,714	15,067
• 고등교육 평균재학기간 동안 학생 1인당 교육기관 누적 교육비	57,774	34,202	81,076	43,463	79,224	60,570

주: GDP에 대한 미국달러 PPP(Purchasing Power Parity exchange rates) 환산액 기준임.
* 출처: OECD(2013).

우리나라 대학재정이 민간재원에 크게 의존하고 있다는 사실은 대학재정의 재원별 구성비율을 살펴보면 분명하게 나타난다. 이를 구체적으로 살펴보기 위해 사립대학을 중심으로 대학재정의 재원별 구성비율을 결산기준으로 연도별로 분석한 결과는 〈표 13-6〉과 같다. 표에서 보듯이, 2012년도를 기준으로 사립대학재정 중 등록금이 차지하는 비율이 가장 높은 59.88%, 다음이 국고보조 7.61%, 법정전입금 7.91%, 기부금 2.13% 순으로 나타났다. 그리고 2010년 이후 국고보조금과 법인전입금 구성비율이 증가하고 있어 상대적으로 등록금이 차지하는 비율은 감소하고 있지만, 여전히 등록금이 차지하는 비중은 높은 것으로 나타났다.

〈표 13-6〉 사립대학재정 재원별 구성비율 변화추이 (단위: %)

구분	등록금 구성비율	국고보조금 구성비율	기부금 구성비율	법인전입금 구성비율	기타
2010	64.97	3.63	2.71	7.18	21.48
2011	62.79	3.63	2.29	7.09	24.20
2012	59.88	7.61	2.13	7.91	22.47

주: 기타는 교육외 수입, 교육부대수입 등을 포함한 수치임.
* 출처: 한국사학진흥재단. 사립대학회계정보시스템.

이렇게 볼 때 사립대학 재정의 재원별 부담에서 가장 큰 특징은 사적 부담인 등록금이 차지하는 비율이 지나치게 높다는 것과 공적 부담인 국고보조금과 기여금(국가 · 사회 부담), 그리고 법인전입금(설립자 부담)으로부터의 지원 규모는 너무 낮다는 것이다. 물론 사립대학의 경우는 설립자부담과 학부모부담 원칙이 기본적으로 적용되므로 정부보조금보다 법인 부담 및 기부금 비율을 더욱 높여야 한다는 주장도 있지만 사립대학의 여건을 감안할 때 법인전입금이나 기부금을 단기간 내에 증가시키는 것은 그리 쉬운 일이 아니다.

2013학년도 전체 366개 대학 가운데, 국공립대학은 61개교(16.7%), 사립대학은 305개교(83.3%)이다. 특히 2년제 전문대학인 경우 98% 이상이 사립대학으로 구성되어 있어 사립대학이 차지하는 비중이 너무 높다는 문제점을 안고 있다. 사립대학은 학교법인에 의하여 설치 · 운영되어 온 교육기관이지만 국 · 공립대학과 마찬가지로 국가, 사회의 공공성을 추구하는 공공기관이라는 사실이다. 이러한 사립대학이 지니는 문제점은 사학의 재단출연금이 학교에 따라 정도의 차이는 있지만 일반적으로 매우 빈약한 상태이므로 대개의 경우 학부모와 학생이 내는 등록금으로 대학이 운영되고 있다는 사실이다.

그에 따라 사립대학의 국고보조에 관해서는 상당히 주장이 엇갈리고 있다.

일부에서는 사립대는 학교법인이 설립한 것이므로 '설립자 부담원칙' '수익자부담원칙'이 적용되는 것이 마땅하다는 주장인 반면, 또 다른 측에서는 사립대는 국 · 공립대와 마찬가지로 대학교육을 통해 사회에 필요한 인력을 배출하는 공공기관이므로 일정한 보조가 이루어져야 한다는 것이다. 그러나 사립대학 학교법인의 영세성으로 인하여 재단전입금 규모의 증대가능성이 낮다는 점, 학생등록금 인상을 통하여 필요한 재정을 충당해야 하는 한계가 있다는 점, 그리고 다른 선진 국가와는 달리 우리나라의 경우 기부금은 그렇게 활성화되어 있지 못하다는 점 등을 고려할 때 사립대학 재정에 대해 정부가 일정 부분 부담할 수밖에 없는 것이 현실이다. 그럼에도 불구하고, 지난날 사립대학들이 설립자 부담 원칙을 너무도 소홀히 해 왔던 것이 사실이고, 사회적 공기(公機)로서 사회적 책무를 소홀히 해 왔던 측면도 없지 않다. 따라서 사립대학에 대한 정부지원이 강화되어야 하지만 한편으로는 그에 상응하는 사립대학 자체의 재원확보 노력도 병행되어야 할 것이다.

2) 국 · 공립대학의 수입 · 지출현황

앞서 살펴보았듯이, 국 · 공립대학의 예산회계는 관련 법령에 의하여 국고회계와 비국고회계로 나누어져 있고, 그에 따라 국 · 공립대학의 주된 수입 재원은 국고와 비국고의 이원체제로 구성되어 있다. 이 가운데 국고회계는 다른 국가기관과 마찬가지로 「예산회계법」의 적용을 받고 비국고회계는 「국립대학(교) 비국고 회계관리규정」에 의하여 운영된다. 구체적으로 국 · 공립대학 회계에서 국고회계는 일반회계와 국유재산관리특별회계, 재정융자특별회계, 농어촌특별세특별회계 등 교육 관련 특별회계, 그리고 비국고회계는 기성회회계와 산학협력단회계, 대학발전기금회계, 생활협동(소비)조합회계, 기숙사회계 등으로 구분되며, 아울러 별도의 국립대학병원회계가 있다. 이 중에서 대학교육과 연구 활동에 직접적인 관련이 있는 일반회계, 기성회회계, 산학협력단회계를 중심으로 살펴보면, 지난 4년 동안(2010~2013년) 국 · 공립대학 회계의 총규모는 평균 7조 6,572억 원 정도이었고, 그중에서 산학협력단회계의 평균 규모는 2조 9,238억 원으로서 전체의 38.2% 정도를 차지하고 있었고, 다음으로 일반회계 규모는 평균 2조 4,751억 원으로서 학교회계 총규모의 평균 32.3%를 차지하고 있었으며, 그리고 기성회회계의 평균 규모가 평균 2조 2,583억 원으로서 평균 29.5% 정도를 차지하고 있었다.

지난 4년 동안 국·공립대학회계 중에서 기성회회계와 일반회계가 차지하는 비중은 감소하는 추세에 있지만, 산학협력단회계가 차지하는 비중은 증가하는 추세를 보이고 있다. 특히 산학협력단회계는 교육부와 각 정부 부처로부터의 보조금이 주요 재원이기 때문에 국·공립대학에게만 국한하여 지원되는 것은 아니지만 정부의 연구개발에 대한 투자 의지를 보여 주는 기준이 되기도 한다(〈표 13-7〉).

〈표 13-7〉 연도별 국·공립대학 회계 현황 변화추이 (단위: 억 원, %)

구분	일반회계	기성회회계	산학협력단회계	합계
2010	24,751(31.2)	25,972(32.7)	28,721(36.2)	79,444(100.0)
2011	26,978(32.8)	23,550(28.6)	31,801(38.6)	82,329(100.0)
2012	23,816(33.5)	20,751(29.2)	26,518(37.3)	71,085(100.0)
2013	23,459(31.9)	20,060(27.3)	29,910(40.7)	73,429(100.0)
평균	24,751(32.3)	22,583(29.5)	29,238(38.2)	76,572(100.0)

주: 모든 수치는 세출결산금액 기준이고, 2013년은 세출예산임.
* 출처: 교육부·한국교육개발원(각 연도), 교육통계연보; 대학알리미.

(1) 국·공립대학의 수입구조 변화추세

여기서는 국·공립대학회계의 대부분을 차지하고 대학의 교육연구활동에 직·간접적으로 관련이 있는 일반회계, 기성회회계, 그리고 산학협력회계를 기준으로 국·공립대학의 수입구조를 살펴보고자 한다. 우선 국·공립대학의 일반회계 수입은 다른 국가기관과 마찬가지로 「국가재정법」「국가를 당사자로 하는 계약에 관한 법률」「국고금관리법」 및 「국가회계법(2009. 1. 1. 시행)」 등에 근거하여 국·공립대학에서 수납하는 모든 금액은 다른 법률에 규정이 없는 한 국가에 납부해야 하고, 그것에 의해 수입 규모가 정해진다.

국·공립대학의 일반회계 수입은 지난 4년간 평균 4,149억 원 정도이고, 면허료 및 수수료, 입학금, 수업료, 기타 잡수입으로 구성된 재화 및 용역판매수입이 차지하는 비중이 평균 72.4%로서 가장 높다. 구체적으로 2013년 예산기준으로 일반회계 총규모는 3,284억 원이었고, 규모는 매년 감소하고 있는 추세를 보이고 있다. 그 이유는 일반회계 중 가장 큰 비중을 차지하는 재화 및 용역판매수입 감소에서 찾을 수 있다. 재화 및 용역판매수입인 면허료 및 수수료, 입학금, 수업료 등은 개별 대학이 징수한 이후 국고로 귀속되고 다시 개별 대학에 배분된다. 따라서 재화 및 용역판매수입 중에서 가장 비중이 높은 입학금 및 수업료 수입이 감소한 것은 지난 2011년 이후 반값등록금 이슈와 더불어 국·공립대학교의 수업료 및 기성회비 징수를 인하한 결과라고 판단된다(〈표 13-8〉).

〈표 13-8〉 연도별 국·공립대학 일반회계 수입구조 변화추이 (단위: 억 원, %)

구분	재산수입	경상이전 수입	재화및 용역판매수입	수입대체 경비	관유물 매각대	전년도 이월금	합계
2013	87 (2.7)	497 (15.1)	2,203 (67.1)	483 (14.7)	2 (0.1)	11 (0.3)	3,284 (100.0)
2012	99 (2.3)	443 (10.2)	3,203 (73.4)	506 (11.6)	6 (0.1)	108 (2.5)	4,365 (100.0)
2011	102 (2.2)	456 (9.8)	3,295 (70.8)	669 (14.4)	12 (0.3)	122 (2.6)	4,656 (100.0)
2010	125 (2.9)	366 (8.5)	3,319 (77.3)	364 (8.5)	25 (0.6)	94 (2.2)	4,292 (100.0)
평균	103 (2.5)	441 (10.5)	3,005 (72.4)	505 (12.2)	11 (0.3)	84 (2.0)	4,149 (100.0)

주: 모든 수치는 세입결산금액 기준이고, 2013년은 세입예산임.
* 출처: 대학알리미.

그리고 국 · 공립대학교 일반회계의 수입과 지출 규모가 다른 것은 교수 및 직원의 인건비가 순수 국고편입분으로 충당되기 때문에 수입이 아닌 지출에 편성되어 있기 때문이다.

국 · 공립대학 기성회회계의 수입구조는 크게 회비수입, 이월금, 보조금, 잡수입, 그리고 수입대체경비로 구성된다. 〈표 13-9〉에서 보듯이, 지난 4년 동안 평균 기성회회계 수입규모는 2조 2,583억 원 정도이고, 매년 8.2% 정도 감소하고 있었다. 이는 지난 2011년 반값등록금 문제가 사회적 이슈가 되면서 국 · 공립대학이 등록금을 동결 혹은 인하한 조치의 결과라고 할 수 있다. 기성회회계 중에서 61% 이상이 학생들로부터 부담된 회비수입 재원이고, 부담비율이 매년 증가하고 있는 것으로 나타났다. 반면에 교육부나 기타 정부부처, 그리고 지자체에서 지원되는 보조금 규모는 지난 4년 동안 평균 1,450억 원 정도 수준으로 전체 기성회회계에서 차지하는 비중은 지난 4년간 평균 6% 전후하는 수준이고 매년 감소하고 있는 추세이다. 그리고 입학지원 수수료 등 수입의 범위 내에서 예산을 편성하여 집행할 수 있는 수입대체경비가 차지하는 규모와 비중은 지난 4년 동안 평균 2,251억 원으로서 전체 기성회회계의 10% 정도를 차지하고 있는 것으로 나타났다.

〈표 13-9〉 연도별 국 · 공립대학 기성회회계 수입구조 변화추이

(단위: 억 원, %)

계정과목	2013	2012	2011	2010
회비수입	13,906(69.3)	14,256(68.7)	14,409(61.2)	16,732(64.4)
이월금	2,685(13.4)	2,773(13.4)	3,564(15.1)	2,912(11.2)
보조금	364(1.8)	632(3.0)	2,192(9.3)	2,617(10.1)
잡수입	688(3.4)	625(3.0)	883(3.7)	2,092(8.1)
수입대체경비	2,418(12.1)	2,465(11.9)	2,501(10.6)	1,619(6.2)
수입총계	20,060(100.0)	20,751(100.0)	23,550(100.0)	25,972(100.0)

주: 모든 수치는 세입결산금액 기준이고, 2012년, 2013년은 세입예산임.

* 출처: 교육부 · 한국교육개발원(각 연도), 교육통계연보.

한편 국 · 공립대학 산학협력회계의 수입구조는 크게 운영수입과 자본부채수입, 그리고 기초의자금으로 구성된다.[4] 운영수입은 산학협력수입, 보조금수입, 전입 및 기부금 수입, 예금이자, 임대료수입, 운영외수입 등으로 구성되어 있고, 자본부채수입은 운영활동수입, 투자활동수입, 재무활동수입으로 구성되어 있다(〈표 13-10〉 참조).

〈표 13-10〉에서 보듯이, 지난 4년간(2010~2013년) 국 · 공립대학 산학협력단회계 중 운영수입의 비중은 64.3~75.9%이고, 자본부채수입의 비중은 0.3~7.77% 정도임을 알 수 있다. 그리고 기초의자금이 차지하는 비중은 23.4~29.9% 정도이었다. 운영수입 가운데서는 교육부 및 기타 정부부처에서 지원했던 보조금 수익의 비중이 가장 높고(46.5~56%), 다음으로 산학협력수입의 비중(6.6~14.26%)이 높다. 따라서 산학협력단회계의 대부분은 국고보조금과 산학협력수입임을 알 수 있다. 하지만 전입 및 기부금 수입이 차지하는 비중은 지난 4년 동안 0.7% 내외 수준에 머물러 있다.

이러한 국 · 공립대학의 산학협력단회계 수입구조에서 나타난 특이점은 지난 4년 동안 산학협력단회계의 50% 이상을 국가로부터의 보조금에 의존하고 있고, 작년이월금 수입인 기초의자금이 지난 4년 동안 평균 26% 수준이었다. 산학협력단회계에서 작년이월금인 기초의자금의 규모가 큰 이유는 연구과제마다 연구 시작 시점이 다르고 다년도 사업이 많기 때문에 많은 예산이 이월되는 것으로 판단된다. 대학마다 모든 연구 사업이 산학협력단으로 통합 운영되고 있고, 산학협력단회계의 규모는 지난 4년 동안 평균 2조 9,238억 원이었다.

4) 산학협력단회계 계정구분은 산학협력회계규칙처리 개정(2012년 4월)에 따라 2013년부터 수입계정은 운영활동현금유입, 투자활동현금유입, 재무활동현금유입, 기초의현금으로 구성되었음.

〈표 13-10〉 연도별 국 · 공립대학 산학협력단회계 수입구조 변화추이

(단위: 억 원, %)

비고	2013	2012	2011	2010
자금수입총계	**29,910(100.0)**	**26,518(100.0)**	**31,801(100.0)**	**28,721(100.0)**
Ⅰ. 운영수입	**22,712(75.9)**	**19,940(75.2)**	**20,451(64.3)**	**18,638(64.9)**
1. 산학협력수입	3,208(10.7)	1,751(6.6)	2,743(8.6)	4,068(14.2)
2. 보조금수입	19,070(63.8)	17,006(64.1)	16,977(53.4)	14,072(49.0)
국고보조금수입	-	14,840(56.0)	15,900(50.0)	13,345(46.5)
- 지자체보조금	-	2,166(8.1)	1,077(3.4)	727(2.5)
3. 전입 및 기부금수입	196(0.7)	130(0.5)	189(0.6)	190(0.7)
- 전입금수입	-	77(0.3)	129(0.4)	99(0.4)
- 기부금수입	-	53(0.2)	60(0.2)	91(0.3)
4. 운영외수입	238(0.8)	228(0.9)	541(1.7)	309(1.1)
Ⅱ. 자산부채수입	**79(0.3)**	**362(1.4)**	**2,448(7.7)**	**1,495(5.2)**
1. 운영활동수입	-	351(1.3)	2,373(7.5)	1,407(4.9)
2. 투자활동수입	63(0.2)	5(0.0)	78(0.2)	8(0.0)
3. 재무활동수입	16(0.1)	6(0.0)	-3(0.0)	80(0.3)
Ⅲ. 기초의자금	**7,118(23.8)**	**6,216(23.4)**	**8,902(28.0)**	**8,587(29.9)**

주: 1) 모든 수치는 세입결산금액 기준이고, 2012년, 2013년은 세입예산임.
2) 계정구분은 산학협력회계규칙처리 개정(2012년 4월)에 따라 2013년부터는 차이가 있음.

* 출처: 교육부 · 한국교육개발원(각 연도), 교육통계연보.

(2) 국 · 공립대학의 지출구조 변화추세

우리나라 국 · 공립대학 일반회계 지출구조의 변화추세를 보면 〈표 13-11〉과 같다. 국 · 공립대학 일반회계 지출규모는 2010년 2조 4,751억 원에서 2013년 2조 3,459억 원으로 매년 감소추세를 보이고 있다. 국 · 공립대학 일반회계 지출구조의 특징 중 하나는 국고편입분인 인건비의 비중이 상당히 높다는 것이다. 2010년 인건비가 1조 5,614억 원에서 2013년 1조 5,126억 원으로서 매

년 감소추세에 있지만, 일반회계에서 인건비가 차지하는 비중은 지난 4년간 평균 64%에 이르고 있다. 그리고 자산취득비가 차지하는 비중은 평균 19.9%, 운영비라고 할 수 있는 물건비가 차지하는 비중은 평균 12.8% 순이었다. 이러한 일반회계 지출규모 증가에 대한 부족분은 국고로 귀속된 일반회계가 아닌 학교 자체 운영이 가능한 학생 부담 기성회비 인상을 통해 조달하고 있다.

국·공립대학 일반회계 지출경비의 변화추세는 전체 규모 면에서 감소하는 추세를 보이고 있고, 그 주된 이유는 인건비 규모가 감소하는 것에 기인하는 것으로 분석된다.

〈표 13-11〉 연도별 국·공립대학 일반회계 지출구조 변화추이

(단위: 억 원, %)

구분	인건비	물건비	이전지출	자산취득	예비비	합계
2013	15,126(64.5)	2,924(12.5)	314(1.3)	5,077(21.6)	18(0.1)	23,459(100.0)
2012	15,658(65.7)	3,267(13.7)	1,008(4.2)	3,863(16.2)	20(0.1)	23,816(100.0)
2011	17,002(63.0)	3,621(13.4)	944(3.5)	5,408(20.0)	2(0.0)	26,978(100.0)
2010	15,614(63.1)	2,825(11.4)	942(3.8)	5,368(21.7)	2(0.0)	24,751(100.0)
계	15,850(64.0)	3,159(12.8)	802(3.2)	4,929(19.9)	11(0.1)	24,751(100.0)

주: 모든 수치는 세입결산금액 기준이고, 2013년은 세입예산임.
* 출처: 대학알리미.

그리고 국·공립대학 기성회회계의 지출구조는 인건비, 운영비, 경상이전비, 자본적 경비, 예비비 및 기타, 수입대체경비로 구성된다. 〈표 3-12〉에서 보듯이, 기성회회계 지출 중 가장 높은 비중을 차지하는 것은 기성회직 교직원의 인건비로서 2013년 기준으로 평균 31.2%이었고, 다음으로 운영비 28.4%, 경상이전비 13.3%, 수입대체경비 12.1% 순으로 나타났다. 결국 인건비와 운영비가 전체의 약 60% 정도를 차지하고 있었다.

〈표 13-12〉 연도별 국·공립대학 기성회회계 지출구조 변화추이

(단위: 억 원, %)

계정과목	2013년	2012년	2011년	2010년
인건비	6,255(31.2)	6,401(30.8)	6,366(31.1)	7,037(31.6)
운영비	5,690(28.4)	5,874(28.3)	5,794(28.3)	4,310(19.3)
경상이전비	2,678(13.3)	2,703(13.0)	2,937(14.4)	5,888(26.4)
자본적 경비	1,872(9.3)	2,180(10.5)	2,465(12.1)	2,997(13.4)
예비비 및 기타	1,131(5.6)	2,479(11.9)	798(3.9)	1,354(6.1)
수입대체경비	2,435(12.1)	1,117(5.4)	2,082(10.2)	712(3.2)
지출총계	20,060(100.0)	20,754(100.0)	20,444(100.0)	22,298(100.0)

주: 모든 수치는 세출결산금액 기준이고, 2012년, 2013년은 세출예산임.
* 출처: 교육부·한국교육개발원(각 연도), 교육통계연보.

한편 국·공립대학 산학협력단회계의 지출구조는 크게 운영지출과 자본부채지출, 그리고 기말의자금으로 구성된다. 구체적으로 운영지출은 산학협력비, 보조사업비, 일반관리비, 그리고 운영외비용 등으로 구성되어 있고, 자본부채지출은 운영활동지출, 투자 및 재무활동지출 등으로 구성되어 있다.

〈표 13-13〉에서 보듯이, 국·공립대학 산학협력단회계의 지출구조에서 운영지출이 차지하는 비중은 2010년에 60.3%이었다가 2013년에 75%로 급격히 증가하였다. 그 이유는 운영지출 중 보조사업비 규모가 2010년에 1조 7,333억 원에서 2013년에는 2조 2,445억 원으로 1.5배 증가하였기 때문이다.

자본부채지출 영역에는 전체 세출 중 4.4~9% 수준으로 매년 그 비중이 감소하는 추세를 보이고 있다. 그중에서도 운영활동지출 규모와 비중은 감소하고 있는 반면에 투자활동지출은 규모와 지출 면에서 증가하는 추세를 보이고 있다. 아울러 산학협력단의 특성상 다년도 사업이 많기 때문에, 사업의 연속성으로 회계가 이월되는 부분이 많고, 그에 따라 차기이월금인 기말의자금이 차지하는 비중은 18.9~32.2% 수준을 차지하고 있다.

이러한 국·공립대학의 산학협력단 세출구조에서 나타난 특이점은 첫째, 지

난 4년 동안 연구비에서 지불되는 인건비와 교육과정개발비, 장학금, 실험실습비 등 보조사업비 내의 연구비와 교육운영비 지출 규모가 급증하여 보조사업비 지출 규모가 증가함으로써 2013년에는 산학협력단회계의 62% 이상이 운영지출에 소요되고 있는 것으로 나타났다. 둘째, 산학협력단 구성 운영이 본격화된 이후 다년도 연구 사업으로 인해 차년도이월금인 기초의자금의 규모는 크지만 그 비중은 매년 감소하는 추세를 보이고 있다. 이는 2010년 이후 인건비와 연구 관련 활동비용이 증가하였지만, 상대적으로 다년도 연구 사업에 대한 회계이월 규모는 이제 일정한 수준을 유지하고 지출되고 있기 때문이라고 판단된다.

〈표 13-13〉 연도별 국 · 공립대학 산학협력단회계 지출구조 변화추이

(단위: 억 원, %)

비고	2013년	2012년	2011년	2010년
자금지출총계	**29,910(100.0)**	**26,518(100.0)**	**31,801(100.0)**	**28,721(100.0)**
Ⅰ. **운영지출**	**22,445(75.0)**	**20,128(75.9)**	**18,848(59.3)**	**17,333(60.3)**
1. 산학협력비	3,557(11.9)	2,484(9.4)	2,662(8.4)	3,720(13.0)
2. 보조사업비	18,584(62.1)	14,566(54.9)	14,168(44.6)	11,890(41.4)
3. 일반관리비	235(0.8)	3,047(11.5)	1,991(6.3)	1,693(5.9)
4. 운영외비용	69(0.2)	25(0.1)	27(0.1)	31(0.1)
Ⅱ. **자산부채지출**	**1,325(4.4)**	**1,395(5.3)**	**2,716(8.5)**	**2,579(9.0)**
1. 운영활동 지출	19(0.0)	364(1.4)	1,537(4.8)	1,610(5.6)
2. 투자활동 지출	1,279(4.3)	1,026(3.9)	1,057(3.3)	966(3.4)
3. 재무활동 지출	27(0.1)	4(0.0)	122(0.4)	3(0.0)
Ⅲ. **기말의자금**	**6,140(20.5)**	**5,001(18.9)**	**10,237(32.2)**	**8,808(30.7)**

주: 1) 모든 수치는 세입결산금액 기준이고, 2012년, 2013년은 세입예산임.
2) 계정구분은 산학협력회계규칙처리 개정(2012년 4월)에 따라 2013년부터는 차이가 있음.
* 출처: 교육부 · 한국교육개발원(각 연도), 교육통계연보.

3) 사립대학의 수입 · 지출 현황

우리나라의 대학재정은 선진국에 비해 학생등록금 비율이 지나치게 높고, 정부부담은 지나치게 낮은데 이러한 문제는 국 · 공립대학에서보다 사립대학에서 더욱 심각하다. 특히 대학설립 주체인 대학법인으로부터의 전입금 규모가 미미하여 사립대학인 경우 사적 부담인 등록금이 차지하는 비중이 매우 높다고 할 수 있다. 이러한 점에서 사립대학의 수입구조를 좀 더 자세히 살펴볼 필요가 있다.

사립학교법에 의하여 학교법인의 회계는 법인의 업무에 속하는 회계(법인일반업무회계, 법인수익사업회계)와 학교에 속하는 회계로 구분된다. 그중에서 학교의 업무에 속하는 회계는 학교회계(교비회계, 산학협력단회계, 학교기업회계[5])와 부속병원회계로 구분된다.

〈표 13-14〉에서 보듯이, 지난 3년 동안(2011~2013년) 사립대학 학교회계의 총규모는 평균 34조 1,450억 원 정도이고, 그중에서 교비회계 규모는 평균 17조 9,445억 원으로서 총규모의 52.6%를 차지하고 있고, 다음으로 부속병원회계의 평균 규모가 11조 1,704억 원으로서 32.7% 정도이었으며, 산학협력단회계의 평균 규모는 4조 9,993억 원으로서 전체의 14.6% 정도를 차지하고 있었다. 그리고 학교기업회계의 평균 규모는 309억 원 정도로서 전체 규모의 0.1% 정도 차지하고 있었다.

지난 3년 동안 학교회계 중에서 교비회계가 차지하는 비중은 감소하는 추세에 있지만, 반면에 산학협력단회계나 부속병원회계가 차지하는 비중은 증가하는 추세를 보이고 있다. 특히 산학협력단회계 규모가 지난 3년 동안 1조 원 내외로 증가한 것은 교육부와 각 정부 부처로부터의 보조금이 급격히 증가한 데에 기인하다고 판단된다.

---

5) 학교기업회계의 세입 내역은 영업수입, 영업외수입, 자산수입, 부채수입, 기본금수입, 미사용전기이월자금으로 구성되어 있음.

〈표 13-14〉 연도별 사립대학 학교회계와 부속병원회계 변화추이

(단위: 억 원, %)

구분	학교회계			부속병원회계	합계
	교비회계	산학협력단회계	학교기업회계		
2011년	176,660(54.1)	44,796(13.7)	393(0.1)	104,843(32.1)	326,692(100.0)
2012년	181,142(52.8)	50,543(14.7)	350(0.1)	111,181(32.4)	343,216(100.0)
2013년	180,533(50.9)	54,638(15.4)	184(0.1)	119,087(33.6)	354,442(100.0)
평균	179,445(52.6)	49,993(14.6)	309(0.1)	111,704(32.7)	341,450(100.0)

주: 2011년, 2012년 결산 기준이고, 2013년은 예산 기준임.
* 출처: 한국사학진흥재단. 사립대학 결산자료. 사립대학회계정보시스템.

(1) 사립대학의 수입구조 변화추세

여기서는 학교회계의 대부분을 차지하고 대학의 교육연구활동에 직·간접적으로 관련이 있는 교비회계와 산학협력단회계를 기준으로 사립대학의 수입구조를 분석하고자 한다. 우선 교비회계 기준으로 사립대학의 수입구조를 살펴보면 크게 운영수입과 자산 및 부채수입, 그리고 미사용전기이월금으로 구성된다. 이는 사립대학 회계가 복식부기 방식을 채택하고 있기 때문이다. 운영수입은 등록금, 전입금 및 기부금, 입시수수료 등 교육부대수입과 예금이자, 수익재산수입 등 교육외수입 등으로 구성되어 있고, 자산 및 부채수입은 투자자산 수입 등 투자와 기타 자산수입 등으로 구성되어 있다. 그리고 미사용차기이월자금은 수입에 해당하는 경우 전기말 유동자산금액 및 유동부채 중 예산항목을 제외한 금액과의 차이로서 전년도 불용액으로의 전입을 의미한다(〈표 13-15〉 참조).

다음 〈표 13-15〉는 2011년부터 2013년까지 교비회계 기준의 사립대학 수입결산내역이다. 이 표에 따르면, 지난 3년간 전체 수입 중 운영수입의 비중은 84~87%이고, 자산 및 부채수입의 비중은 6.6~8.9% 정도임을 알 수 있다. 운영수입 가운데서는 등록금의 비중이 가장 높고(59.9~62.8%) 다음으로 전입·

기부금의 비중(14.2~19.4%)이 높다. 운영수입 내역 중 특기할 만한 것은 기본재산수입으로부터의 수입인 교육외수입이 차지하는 비중이 매우 적다는 점이다. 이러한 교육외수입의 비중이 낮은 것은 사립대학의 수익용 기본재산 확보 및 운영이 매우 저조하기 때문이라고 볼 수 있다.

한편, 자산 및 부채수입의 비중이 높지 않은 것은 사립대학의 자산 확보 및 운영에 있어 심각한 문제가 있음을 반영한다고 볼 수 있다. 그리고 전년도 불용액으로 처리되는 미사용전기이월자금은 사립대학의 수입 중 4.5~71% 내외를 차지하고 있다.

이러한 사립대학의 교비회계 수입구조를 통해 제기할 수 있는 문제점으로는 첫째, 수입 총액 중에서 등록금이 차지하는 비중이 높다는 점이다. 둘째, 국고보조금의 증가 추세로 전입금 및 기부금 수익의 차지하는 비중이 점진적으로 높아지고 있다는 사실이다. 마지막으로 교육외 수입 규모가 감소하고 있어 대학 자체 수익사업이 여전히 활성화되지 못하고 있음을 보여 주고 있다.

〈표 13-15〉 연도별 사립대학의 교비회계 수입구조 변화추이 (단위: 억 원, %)

계정과목	2013년	2012년	2011년
1. 운영수입	**157,096(87.0)**	**156,292(86.3)**	**149,393(84.6)**
1.1. 등록금 수입	109,091(60.4)	108,461(59.9)	110,930(62.8)
• 등록금수입	104,016	104,001	106,494
• 수강료수입	5,075	4,460	4,437
1.2. 전입 및 기부 수입	35,101(19.4)	34,081(18.8)	25,034(14.2)
• 전입금수입	14,510	14,322	12,526
• 기부금수입	4,695	3,858	4,042
• 국고보조금수입	13,801	13,778	6,407
• 산단 및 학교기업전입금	2,096	2,123	2,060
1.3. 교육부대수입	8,396	7,935	6,880
1.4. 교육외수입	4,507	5,814	6,548

계정과목	2013년	2012년	2011년
2. 자산 및 부채 수입	15,372(8.5)	12,001(6.6)	15,727(8.9)
3. 미사용 전기이월 자금	8,065(4.5)	12,849(7.1)	11,540(6.5)
수입총계	180,533(100.0)	181,142(100.0)	176,660(100.0)

주: 2011년, 2012년 결산 기준이고, 2013년은 예산 기준임.
* 출처: 한국사학진흥재단. 사립대학 결산자료. 사립대학회계정보시스템.

한편 사립대학 산학협력회계의 수입구조는 국·공립대학과 동일하다. 따라서 사립대학 산학협력회계의 수입구조도 크게 운영수입과 자산부채수입, 그리고 기초의자금으로 구성된다. 운영수입은 산학협력수입, 지원금수입, 전입 및 기부금 수입, 예금이자, 임대료수입 등 교육외수입 등으로 구성되어 있다. 다음 〈표 13-16〉은 2011년부터 2013년까지 사립대학 산학협력단회계의 수입결산내역이다. 이 표에 따르면, 지난 3년간 전체 산학협력회계 수입 중 운영수입의 비중은 59.0~61.6%이고, 자산부채수입의 비중은 15.5~18.2% 정도임을 알 수 있다. 그리고 기초의자금이 차지하는 비중은 23% 내외였다. 운영수입 가운데서는 교육부 및 기타 정부부처에서 지원했던 지원금 수익의 비중이 가장 높았다(46.6~47.8%).

이러한 사립대학의 산학협력단 수입구조에서 나타난 특이점은 지난 3년 동안 국고지원금이 지속적으로 증가함으로써 산학협력단회계의 46% 이상을 국가로부터의 보조금에 의존하고 있음을 알 수 있다. 그리고 작년 이월금인 기초의자금이 매년 증가하고 있는 이유는 연구과제마다 연구 시작 시점이 다르고 다년도 사업이 많기 때문에 많은 예산이 이월되는 것으로 판단된다. 대학마다 모든 연구 사업이 산학협력단으로 통합·운영되고 있고, 그에 따라 산학협력단회계의 규모는 지난 3년 동안 1.2배 정도 증가한 것으로 나타났다.

〈표 13-16〉 연도별 사립대학 산학협력단 회계 수입구조 변화추이

(단위: 억 원, %)

계정과목	2013년	2012년	2011년
1. 운영수입	**32,231(59.0)**	**29,844(59.0)**	**27,600(61.6)**
1.1. 산학협력수입	5,720	5,638	5,556
1.2. 지원금수입	25,517(46.7)	23,540(46.6)	21,420(47.8)
• 국공지원금	25,287	23,272	21,222
- 교육부보조금	10,082	8,903	7,557
- 기타 국고보조금	13,764	12,939	11,927
- 지자체지원금	1,441	1,430	1,738
- 기타 지원금	230	269	198
1.3. 전입 및 기부금 수입	357	149	178
• 전입금수입	255	27	39
• 기부금수입	103	122	139
1.4. 운영외수입	637	516	446
2. 자산부채수입	**9,246(16.9)**	**9,188(18.2)**	**6,930(15.5)**
3. 기초의자금	**13,162(24.1)**	**11,511(22.8)**	**10,266(22.9)**
수입총계	**54,638(100.0)**	**50,543(100.0)**	**44,796(100.0)**

주: 2011년, 2012년 결산 기준이고, 2013년은 예산 기준임.
* 출처: 한국사학진흥재단. 사립대학 결산자료. 사립대학회계정보시스템.

(2) 사립대학의 지출구조 변화추이

사립대학의 수입구조 분석과 같은 맥락에서 지출구조도 학교회계 중에서도 대학의 교육연구활동에 직·간접적으로 관련이 있는 교비회계와 산학협력회계를 기준으로 살펴보고자 한다. 사립대학의 교비회계 지출은 크게 운영지출과 자산 및 부채지출, 그리고 미사용차기이월자금으로 구성된다. 구체적으로 운영지출은 교원 및 직원보수, 관리운영비, 연구학생경비, 교육외비용, 전출금 등으로 구성되어 있고, 자산 및 부채지출은 투자자산 지출 등 투자와 기타 자산

지출과 고정자산매입지출, 유동부채상환, 고정부채상환 등으로 구성되어 있다. 그리고 미사용차기이월자금은 세출에 해당하는 경우 당기 말 유동자산금액 및 유동부채 중 예산항목을 제외한 금액과의 차이로서 전년도 불용액으로의 전출을 의미한다(〈표 13-17〉 참조).

다음 〈표 13-17〉은 사립대학 교비회계 지출구조의 변화추이를 정리하여 제시한 것이다. 운영지출은 2011년에 71.6%였다가 그 후 점차 그 비중이 증가하여 2013년에는 81.9% 수준을 보이고 있다. 운영지출 중 인건비 비중은 2011년 37.9%에서 2013년 41.1%까지 증가하였고, 연구학생경비도 매년 증가하는 추세를 보이고 있다. 상대적으로 자산 및 부채지출의 비중이 감소하고 있었고, 차기이월금의 비율은 2011년 7.2%에서 2013년 1.4%로 매년 예산계획 대비 미사용액이 감소하고 있음을 알 수 있다.

〈표 13-17〉 연도별 사립대학의 교비회계 지출구조 변화추이 (단위: 억 원, %)

계정과목	2013년	2012년	2011년
1. 운영 지출	147,930(81.9)	137,339(75.8)	126,492(71.6)
1.1. 보수	74,285(41.1)	70,152(38.7)	66,985(37.9)
• 교원보수	58,255	54,927	52,404
• 직원보수	16,030	15,225	14,581
1.2. 관리운영비	21,120	19,480	19,256
1.3. 연구학생경비	50,130(27.8)	46,707(25.8)	38,715(21.9)
• 연구비	6,082	5,362	5,417
• 학생경비	42,133	39,537	31,039
• 입시관리비	1,914	1,809	2,259
1.4. 교육외비용	753	958	1,404
1.5. 전출금	71	42	132

계정과목	2013년	2012년	2011년
2. 자산 및 부채 지출	30,071(16.7)	31,965(17.6)	37,409(21.2)
2.1. 투자와기타자산지출	7,136	10,663	15,985
2.2. 고정자산매입지출	21,973	19,949	19,879
2.3. 유동부채상환	75	80	80
2.4. 고정부채상환	887	1,273	1,466
3. 미사용차기이월자금	2,532(1.4)	11,839(6.5)	12,759(7.2)
지출총계	180,533(100.0)	181,142(100.0)	176,660(100.0)

주: 2011년, 2012년 결산 기준이고, 2013년은 예산 기준임.
* 출처: 한국사학진흥재단. 사립대학 결산자료. 사립대학회계정보시스템.

이러한 사립대학 교비회계의 세출구조를 통해 제기할 수 있는 문제점으로는 첫째, 운영지출 중 인건비의 비중은 증가하고 있는 동시에 연구학생경비의 비중도 높아지고 있다는 점이다. 둘째, 상대적으로 자산 및 부채지출의 비중이 감소하고 있고, 예산계획 대비 미사용액도 감소하고 있는 것으로 나타났다.

한편 사립대학 산학협력회계의 지출구조도 국·공립대학과 동일하다. 따라서 사립대학 산학협력회계의 지출구조는 크게 운영지출과 자산부채지출, 그리고 기말의자금으로 구성된다. 구체적으로 운영지출은 산학협력비, 지원금사업비, 일반관리비, 그리고 운영외비용 등으로 구성되어 있고, 자산부채지출은 운영활동지출, 투자 및 재무활동지출 등으로 구성되어 있다. 〈표 13-18〉에서 보듯이, 사립대학 산학협력단회계의 지출구조에서 운영지출이 차지하는 비중은 2011년에 57.7%였다가 그 후 점차 감소하여 2013년에는 55.3% 수준을 보이고 있다. 운영지출 중 지원금 사업비 규모가 가장 크고 다음으로 산학협력비인 것으로 나타났다.

자산부채지출은 전체 세출 중 16.8~19.7%로서 매년 그 비중이 증가하고 있고, 그중에서도 운영활동지출이 많은 비중을 차지하고 있는 것으로 나타났다. 아울러 산학협력단의 특성상 다년도 사업이 많기 때문에, 사업의 연속성으로 회계가 이월되는 부분이 많고, 그에 따라 차기이월금인 기말의자금이 차지하는 비중은 25%를 상회하고 있었다.

이러한 사립대학의 산학협력단 지출구조에서 나타난 특이점은 첫째, 지난 3년 동안 지원금 사업비 중 연구비의 지출 규모가 증가하고 있고, 둘째, 다년도 연구 사업으로 인한 차년도이월금인 기말의자금의 규모가 증가하고 있는 것이 특징이다.

〈표 13-18〉 연도별 사립대학 산학협력단회계 지출구조 변화추이

(단위: 억 원, %)

계정과목	2013	2012	2011
1. 운영지출	30,229(55.3)	27,539(54.5)	25,826(57.7)
1.1. 산학협력비	4,556	4,307	4,514
• 산학협력연구비	3,902	3,786	3,911
• 교육운영비	220	194	341
• 지적재산권운영이전비	276	207	167
• 학교시설사용료	5	3	2
• 기타 산학협력비	153	117	93
1.2. 지원금사업비	21,415	19,554	18,173
• 연구비	19,059	17,382	16,022
• 교육운영비	1,735	1,775	1,539
• 기타 지원금사업비	620	397	611
1.3. 일반관리비	4,199	3,611	3,094
1.4. 운영외비용	60	66	44

계정과목	2013	2012	2011
2. 자산부채지출	10,774(19.7)	9,851(19.5)	7,516(16.8)
2.1. 운영활동 지출	8,761	7,960	5,825
2.2. 투자활동 지출	1,982	1,868	1,653
2.3. 재무활동 지출	31	23	39
3. 기말의자금	13,635(25.0)	13,153(26.0)	11,454(25.6)
지출총계	54,638(100.0)	50,543(100.0)	44,796(100.0)

주: 2011년, 2012년 결산 기준이고, 2013년은 예산 기준임.
* 출처: 한국사학진흥재단. 사립대학 결산자료. 사립대학회계정보시스템.

참고문헌

김경호 · 김영철 · 이대열 · 오석환(2009). 대학재정운영 이론과 실제. 서울: 학지사.

교육과학기술부(2008.5.28). 국립대학 재정 · 회계법(시안) 의견수렴 실시. 보도자료.

김민철 · 박영규(2003). 사립대학 회계제도의 효율적 운영방안. 세무회계연구, 13, 29-51.

박현철 · 염기성 · 길용수 · 홍성준 · 김경민(2007). 고등교육기관의 재정분석 연구(정책연구개발사업 2007-위탁-6). 교육인적자원부 교육정책연구과제 지원 연구보고서.

반상진(2008). 고등교육경제학. 서울: 집문당.

이동규(2005). 국립대학의 발생주의 복식부기 도입에 관한 소고. 회계논집, 6(2), 97-124.

이동규(2006). 정부 및 비영리조직의 회계. 서울: 선학사.

오문석(1998). 사립대학회계제도에 관한 연구. 사회과학연구, 5(1), 307-322.

정진후(2013. 10). 사립대학(법인) 재정 · 회계 분석. 국회 교육문화체육관광위원회. 2013년 국정감사 정책자료집.

정해창 · 김상순 · 강민철(2005). 2005 사립대학 회계검토 백서(교육정책연구 2005-지정-1). 교육인적자원부 감사관실.

조유진(2001). 국립대학교 회계제도의 개선방안에 대한 연구: 복식부기 · 발생주의 도입 및 회계통합을 중심으로. 서울대학교 대학원 석사학위논문.
한문식 · 이승희(2001). 사립대학 회계기준 연구. 교육행정학연구, 19(4), 291-310.
황인철(2005). 국립대학 예산회계통합 모형연구. 단국대학교 대학원 박사학위논문.

Cohn, E., & Geske, T. G. (1990). *The economics of education* (3rd ed.). New York: Pergamon Press.
Hanushek, E. A. (1995). *Education production functions*. In M. Carnoy (Ed.), *International encyclopedia of economics of education* (2nd ed.). New York: Pergamon.
OECD(2013). *Education at Glance*.

제4부

교육재정의 성과평가와 전망

제14장 교육재정의 성과평가체제 및 분석
제15장 미래사회와 교육재정

제 14 장 교육재정의 성과 평가체제 및 분석

1. 성과관리제도의 도입 배경과 현황

1) 성과관리제도의 도입 배경

성과관리(performance management)는 공공서비스를 성과 중심으로 관리 또는 경영하는 것으로 공공서비스를 지속적으로 개선하기 위한 정부의 노력과 밀접한 관련이 있다. 기존의 공공서비스 관리가 예산이나, 인력, 절차 및 규정에 초점을 둔 투입 및 과정 중심의 행정 측면이 강조된 관리방식이라면 성과관리는 산출 및 결과 중심의 경영 측면이 강조된 관리방식이라 할 수 있다(박기백 · 최준욱, 1999).

1980년대부터 시작된 경제침체, 정부재정 수입의 감소, 정부서비스에 대한 국민들의 불신 가중, 국가경쟁력 제고 분위기 등 일련의 시대적 변화로 공공부문의 능률과 효과를 증진시키기 위한 정부개혁에 대한 요구가 높아지고 이에 따라 전 세계적으로 행정 및 재정개혁이 이루어졌다.

무엇보다 높은 재정지출과 재정적자의 누적으로 인한 재정건전성의 회복, 장기적인 계획에 대한 고려, 책임성 확보 등의 결과 중심의 행정관리가 요구됨에 따라 경쟁력 있는 공공부문을 구축하기 위하여 시작된 공공부문의 성과관리는 1990년대 이후 거의 전 세계적으로 나타난 공통된 현상으로 현재 대부분의 OECD 국가에서 공공부문 개혁의 핵심적인 방법이 되고 있다(박중훈, 1999).

오늘날의 정부부문의 성과관리는 신공공관리(New Public Management: NPM)1) 개념에 그 이념적 뿌리를 두고 있다. 신공공관리의 핵심적 내용은 민간부문에서 중요한 가치로 인정하는 경쟁과 성과관리를 정부부문에 도입함으로써 정부부문의 비효율성을 제거하고 성과를 향상시키고자 하는 것이다(윤수재 · 장용진, 2011).

신공공관리의 이념을 실제로 처음으로 정부부문에 도입한 국가들은 주로 영미계의 선진국들로 1990년대 초반부터 정부부문에 성과관리제도를 도입하여 운영하고 있다.

미국은 후버위원회의 성과예산 편성 권고(1949년) 이후 1960년대와 1970년대에 걸쳐 성과와 예산을 연계하기 위한 기획예산제도(PPBS), 영기준 예산제도(ZBB)를 도입하였으며, 1990년대 국가 재정적자 가속화 및 성과(결과)에 대한 관심 증대로 정부추진사업의 효율성, 효과성, 책임성 향상을 위한 요구가 이어지자 이에 대응하여 1993년에 「정부성과 및 결과법(Government Performance and Results Act: GPRA)」을 제정하여 1999년부터 모든 연방정부 기관들이 사업의 성과목표를 설정하고, 이에 근거하여 연도별 성과계획을 수립하며, 그 결과를 측정하여 대통령 및 의회에 정부추진 사업의 목표 설정 및 추진 결과를 담은 성과보고서를 작성하여 보고하도록 하였다. 지방정부 차원에서도 성과주의 예산제도, 균형성과표(Balanced Score Card: BSC) 등 다양한 성과관리제도를 도입하여 시행하였다(GAO, 1997; 박해육, 2007; 국회예산정책처, 2010).

또한 2001년 GPRA에서 제시한 전략계획, 성과계획, 성과보고서의 실행과 평가의 일관성 · 객관성 · 신뢰성 · 투명성을 높이기 위하여 연방정부의 관리예

---

1) 신공공관리론은 1980년대 재정압박을 극복하기 위해 영미권 국가에서 처음으로 형성된 공공관리 이론으로 규정과 절차가 아니라 성과지표를 통한 통제를 강조한다(박중훈, 1999). 기존의 공공부문의 책임성 확보를 위한 정치적 기제(political mechanism of accountability)인 국민의 투표권을 바탕으로 한 선거제도보다는 수단에 대한 선택권을 부여하고 결과에 대한 책임을 묻는 성과에 대한 관리를 통해 책임성을 확보하려는 관리적 기제(managerial mechanism of accountability)를 선호한다.

산처(OMB)는 평가도구인 '사업평정등급화기준(Program Assessment Rating Tool: PART)'을 제정하여 프로그램에 대한 평가를 실시하고 그 결과를 다음 회계연도 예산편성에 활용토록 하였다(Radin, 2006). PART는 우리나라 재정사업자율평가 제도의 주요 벤치마킹 대상이다.

미국의 경우 모든 단계의 정부기관에서 성과에 기초한 개혁을 단행하고 있는데, 특히 성과관리는 연방정부 수준에서보다도 지방정부 수준에서 더욱 활발하게 전개되고 있으며 성과측정 방식 또한 매우 다양하다(Melkers, et. al. 2001; 박충훈, 2009).

영국은 1980년대 이후 공공부문 경쟁력 확보에 중점을 두었으며 이를 제도화하기 위한 노력으로 1991년 「시민헌장」을 선포하여 국민의 입장에서 공공서비스를 평가하고자 하였고 1997년 「공공업무협약(Public Service Agreements: PSA)」을 도입하였다. 이에 따라 1997년부터 재정경제부(HM Treasury)가 종합지출계획서(Comprehensive Spending Review: CSR)를 발표하고 향후 3년의 정부 부처별 재정지출 범위 · 내용을 정하고, 재정투자에 따른 주요 기대 성과를 제시한다(HM Treasuty, 2010; 제갈돈 · 제갈욱, 2008).

또한 지방정부의 책무성을 강화하고자 1999년 「지방정부법(Local Government Act)」을 제정하여 모든 지방정부가 중앙에서 제시한 최고가치(Best Value: BV) 제도를 시행하도록 하였으며, 기존의 성과평가가 각 부문별로 편린화된 형태로 이루어져 지방정부가 제공하는 업무와 서비스를 전체적으로 조감하는 데는 한계가 있다는 지적에 따라 2002년 감사위원회(Audit Commission)에 의해 지방정부가 제공하는 모든 업무와 서비스를 전체적으로 종합평가하는 종합성과평가제도(Comprehensive Performance Agreement: CPA)를 도입하였다(최영출, 2006).

〈표 14-1〉 성과관리 해외 유사제도

국가	명칭	도입연도	내용
미국	기획예산제도(PPBS)	1960년대	• 장기적인 전략계획에서 제시된 목표를 예산과 연계시킴으로 자원을 효율적으로 관리하기 위해 행정부가 주도적으로 도입 • 실제적인 운영에 있어서 프로그램의 성과목표를 중장기적인 전략목표와 일치시키지 못하고, 성과에 대한 개념 정의와 그 측정에 대해 의회의 역할이 배제됨으로써 예산 결정에 의회의 욕구가 충족되지 못하는 등의 문제로 실패함(GAO, 1997).
	목표관리제(MBO)	1960년대	• 조직목표에 맞추어 개인목표를 설정・평가하여 그 결과를 성과급 및 인사에 반영하는 제도
	영기준 예산제도(ZBB)	1970년대	• 전년도예산을 기준으로 예산을 결정하는 점증주의적 관행을 탈피하여 모든 사업을 원점에서 재평가를 하여 다시 우선순위를 결정하고 새로이 예산을 편성
	성과주의 예산제도	1980년대	• 전략 및 성과목표, 성과지표를 설정하고 성과 정도를 측정하여 예산 편성
	균형성과표(Balanced Score Card: BSC)	2000년대	• 기존의 성과측정방식이 재정적인 측면에만 기초하였다는 문제점에서 출발 • 재무적 성과와 비재무적 성과(고객, 내부프로세스, 학습과 성장) 모두 고려
	PART(Program Assessment Rating Tool)	2004년	• 정책/프로그램의 성과 및 결과와 예산을 통합하여 운용하기 위한 도구 • 우리나라 재정사업자율평가제도의 벤치마킹 대상

국가	명칭	도입연도	내용
영국	최고가치성과관리제도 (Best Value Performance Management Framework: BV)	1999년	• 성과수준, 조직과정, 과정과 성과의 연계를 통한 지방정부 서비스의 향상 도모 • 5년 주기의 지방정부 예산 평가, 성과지표 구성, 성과 측정, 성과 개선 계획 수립 등이 요구됨. • 지방정부가 제공하는 개별서비스별 평가에 중점을 둔다는 한계가 지적됨.
	종합성과평가제도(Comprehensive Performance Agreement: CPA)	2002년	• 지방정부가 제공하는 모든 업무와 서비스를 전체적으로 종합평가 • 기관평가, 자원이용평가, 서비스평가, 개선방향평가로 구성
	PAS(Public Service Agreement)	2001년	• 사업원가정보과 자산 · 부채의 재무정보를 추가적으로 보고함으로써 재정관리와 재정의사결정에 도움을 주는 회계시스템

주로 OECD 회원국을 중심으로 이루어져 온 이와 같은 정부개혁의 핵심은 정부조직, 인사, 예산제도에 대한 공급자 중심적인 편향과 행정편의주의적인 시각에서 벗어나 결과 중심의 관리체제를 구축하는 데 있다(김현철 외, 2000). 결과 중심의 관리체제란 정부업무에 대한 산출이나 성과를 측정하는 기준(지표)을 세우고 목표성과치가 충족되었는지를 평가하고 측정된 결과를 한정된 재원 배분과 연계함으로써 정부의 책임성과 정책의 효율성(efficiency)과 효과성(effectiveness)을 제고해 나가는 전반적인 운영체제를 의미한다.

2) 우리나라 성과관리제도 도입 현황

우리나라도 1990년대 들어 전통적인 행정에서 중시한 규칙이나 절차의 준수보다는 행정결과에 대한 관심이 제고되고 책임성이 강조되면서 공공부문의 성과측정 및 관리에 대한 논의가 광범위하게 진행되었다. 국무조정실이 정부업무평가제도[2]를 실시하면서 성과관리시스템의 기반을 마련하였으며 기획예산처의 성과주의 예산제도, 중앙인사위원회의 성과급 보수제도와 직무성과관리제도,[3] 행정자치부의 목표관리제 등이 실시되었다.

특히 2003년 사회정책의 확대로 인한 재정지출과 경제성장률 둔화로 인한 재정적자의 누적, 단기적인 성과를 가져오는 정책에 집중되는 문제점 극복, 지출된 재정에 대한 성과관리 및 책임성 확보, 세계화와 경쟁의 가속으로 인한 업무 수행의 성격 및 조직의 역할 변화에 적극적으로 대응하고 재정개혁을 위한 주요 과제로서 예산총액배분제도 자율편성(top-down)가 시행되어 부처별 자율권이 확대됨에 따라 재정집행에 대한 부처의 책임성 제고를 위해 성과관리제도를 도입하고 「정부업무평가 기본법」(2006년)과 「국가재정법」(2007년)을 제정하여 '정부가 하고 있는 일'을 성과 중심으로 변화·유도하고 정부 스스로 자율적인 성과관리 체제를 구축·운영할 수 있도록 하였다(한유경, 2007; 국회예산정책처, 2010).

「정부업무평가 기본법」은 공공기관을 포함한 정부업무 전반에 걸쳐 통합적 성과관리체제를 구축하여, 국정운영의 능률성과 효과성 및 책임성을 향상시키고 개별 법령에 의하여 이루어져 왔던 개별적이고 중복되는 각종 평가들을 통합 및 체계화하고, 자체 평가를 정부업무평가의 근간이 되도록 하며, 정부업무 추진에 있어 '성과관리전략계획'을 수립하고, 이에 기초하여 연도별 '성과관리 시행계획'을 수립·시행토록 하였다(제갈돈·제갈욱, 2008).

「국가재정법」은 각 중앙부처 및 기금관리 주체가 예산 및 기금에 대한 성과계획서, 성과보고서를 기획재정부장관에게 제출토록 하였다.

우리나라의 성과관리제도를 시기적으로 구분하여 살펴보면 다음과 같다.

---

2) 정부업무평가제도에는 자체 평가, 중앙행정기관평가, 특정과제평가, 지방자치단체평가, 소속기관 평가 등이 포함된다.

3) 성과급 보수제도는 개인의 성과평가를 통해 성과보수를 차등화하는 것이고, 직무성과관리제도는 직무책임분석 등을 통해 직무값의 상대비교, 직무등급을 설정하고 평가결과를 보수에 적용하는 것이다.

(1) 성과주의예산제도의 도입

1999년 정부정책에 대한 책무성을 강화시키고 정부부문의 효율성과 투명성을 제고시키기 위한 운영시스템 개선방안의 일환으로 성과주의 예산제도를 도입하였다(기획예산위원회, 1999a). 즉, 지출의 효과분석이 곤란하고 비효율적인 재정지출의 개선유인이 적어 낭비요인이 항구화될 가능성이 있는 현행 투입중심의 예산제도를 극복하기 위해 행정기관의 사업집행에 대한 성과결과를 예산에 반영하여 운용하는 성과주의예산제도의 도입을 추진한 것이다.

성과주의예산제도는 성과관리제도 중 예산을 성과관리의 수단으로 사용하는 것으로 각 단위 사업별로 성과목표와 이를 측정할 수 있는 성과지표를 개발하여 그 달성정도를 평가함으로써 그 결과를 예산에 연계하는 제도로서, 1999년 도입 당시 미국의 GPRA 성과평가모델 등을 벤치마킹하여 시범사업 실시를 통한 단계적인 추진을 도모하였다.

(2) 성과관리제도의 실시

2003년 재정 · 세제의 재정 분야 로드맵[4]의 하나로 성과 중심의 재정운영으로 전환하기 위해 성과주의예산제도를 개선한 「성과관리제도」를 도입하였다(기획예산처, 2003b). 성과관리제도는 주요 재정사업(예산 + 기금)의 목표와 성과지표를 사전에 설정하고 지표에 의한 평가결과에 의해 재정사업을 관리하는 제도로서, 일정 재정사업(또는 사업群)을 통해 달성하고자 하는 성과목표를 설정하고, 계량화된 성과지표에 의해 성과목표의 달성 여부를 측정하여 그 평가결과를 재정운영에 환류하는 과정으로 운영된다. 이때 재정을 수반하지 않는 업무와 재정사업 중 성과관리의 실효성이 낮은 일반 행정경비 등은 대상에서 제외하였다.[5]

---

4) 재정 · 세제 분야 로드맵은 국가재정운용계획, 예산총액배분 자율편성, 재정성과관리제도, 디지털예산회계시스템 운영 등 4대 재정혁신을 추진하는 것을 의미한다.

5) 이는 시범사업에 대한 평가결과 부처의 모든 사업에 대하여 성과를 측정하는 것은 어렵

성과지표별 목표치는 과거 3년간의 추세치 및 전년도 성과를 근거로 적극적 업무 수행 관점에서 3년간 실적 평균을 근거로 전년도보다 낮은 실적을 제시하지 않도록 하였으며 성과지표의 측정방법 및 근거 등은 공식적인 자료를 활용하며 그 자료의 출처 등 근거를 명확히 제시하고 성과측정 자료의 정확성 및 신뢰성을 확보할 수 있도록 하였다.

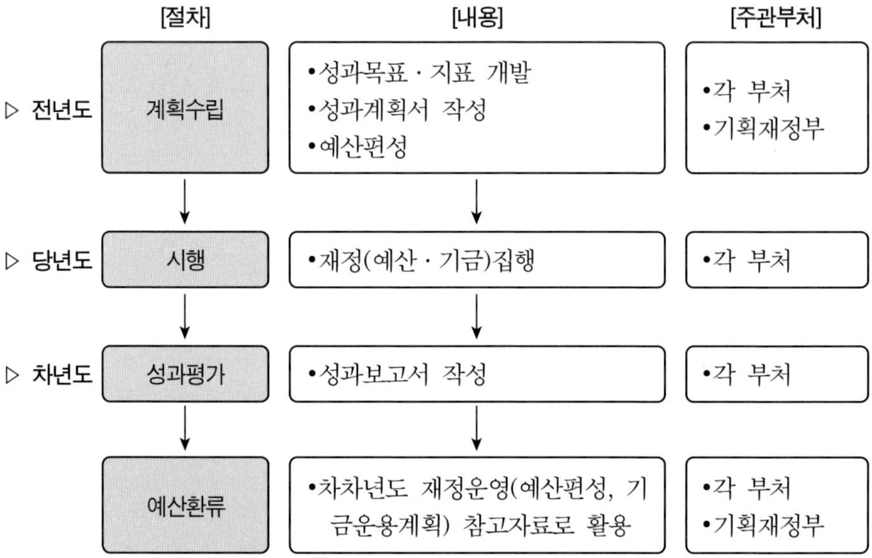

[그림 14-1] 성과관리제도 수행 흐름도

* 출처: 기획예산처(2003c).

2004년도부터 예산총액배분 자율편성제도(top down)를 도입하여 부처의 자율적 예산 운영을 보장하는 대신 성과에 대한 모니터링 및 예산환류를 강화하였으며, 이를 위해 부처 스스로 사업별 자율평가를 통해 사업목표를 명확히 인식하고 평가결과를 예산편성 및 제도개선에 반영시키는 것이 필요함에 따라

고 특히 기획 및 관리사업이나 일상적인 부서 업무의 평가는 무의미하다는 점을 반영한 것으로 보인다.

2005년부터 중앙부처의 재정사업의 성과를 진단하고 그 결과를 예산에 활용하기 위해 재정사업 자율평가제도(K-PART)를 도입하였다(윤성채 · 임준형, 2009).

〈표 14-2〉 국가 재정지원 사업 평가 사례

평가명	목적	도입 연도	근거	주관기관	결과활용
재정사업 자율평가	• 국가 4대 재정개혁의 일환 • 사업추진단계별로 점검 · 평정하여 사업구조개선과 예산 의사결정에 필요한 정보 생산 • 성과 중심의 재정운영, 투명한 재정운영, 효율적인 사업 추진	2005년	「국가재정법」	기획재정부 (조세연구원)	• 사업별 개선사항을 발굴 · 추진하여 재정사업의 효율성 제고 • '미흡' 판정 사업은 전년도 예산규모 대비 10% 이상 축소 등 예산과 연계
국고 보조사업 존치평가	• 보조금 증가 억제 및 집행의 책임성 확보	2011년	「국가재정법」	기획재정부	• 인센티브 부여, 조건부 존치, 폐지 등의 참고자료로 활용
국가 연구개발 사업평가	• 국가연구개발사업의 투자 효율성 제고 및 성과 중심의 평가제도 정착	2006년	「과학기술기본법」	미래창조과학부 (한국과학기술기획평가원)	• 관련 사업 예산 조정 및 배분 시 반영 • 연구개발사업 추진계획 수정 및 보완

주: 감사원 평가연구원(2006), 라휘문(2012)을 참고하여 재구성함.

교육 분야에서도 기존의 중앙정부의 시 · 도교육청 평가에 더하여 특별교부금에 의한 지방교육재정사업과 고등교육재정지원사업 등에 성과관리제도의 활용이 활발하게 이루어지고 있으며 점차 시 · 도교육청의 단위학교 평가에도 파급되어 도입되는 과정에 있다.

〈표 14-3〉 교육부문 국가 재정지원 사업 평가 사례

평가명	목적	도입 연도	근거	주관 기관	결과활용
시·도 교육청 평가	• 시·도교육청의 선의의 경쟁을 촉진하여 교육행·재정 지원체제의 발전을 위한 자발적인 노력을 유도 • 시·도교육청의 책무성 확보와 교육자치의 실효성 확보	1996년	「초·중등 교육법」	교육부 (한국 교육 개발원)	• 특별교부금 차등 지원, 우수공무원 표창, 평가결과 보고대회 개최, 자문서비스
지방 교육재정 분석 및 진단	• 지방교육재정의 건전성과 효율성을 도모	2010년	「지방교육재정 분석 및 진단 규정」	교육부 (한국 교육 개발원)	• 지방교육재정 건전화 계획 수립 • 결과 우수한 시·도에 특별교부금 지원
대학기관 평가인증	• 교육 수요자에게 대학교육의 질을 보증하고, 대학의 지속적인 질 개선을 유도 ※ 기존의 대학평가인정제(1992년)의 명칭·제도 변화	2011년	「고등 교육법」	한국 대학 교육 협의회	• 대학: 자기점검 및 상시평가체제 구축 • 대학교육에 대한 질 보증과 사회적 공신력 부여 • 고등교육의 국제적 통용성 확대를 통한 교류협력 증진 기반 구축
대학역량 강화사업	• 대학 교육역량 제고 핵심지표로 구성된 포뮬러를 통한 성과 중심 재정 지원	2008년	국정 과제 (이명박 정부)	교육부 (한국대학교육 협의회)	• 사업비 교부 (총액지원) • 성과평가를 통한 인센티브 지급

주: 교육과학기술부(2012a; 2012b), 감사원 평가연구원(2006)을 참고하여 재구성함.

성과관리제도를 시행함으로써 성과에 대한 평가결과를 재정운영에 반영함으로써 효과성을 제고하고, 재정의 성과가 대외적으로 공개되고 평가받음으로써 보다 투명한 재정운영이 가능할 것으로 기대된다.

2. 성과관리의 개념 및 특징

1) 성과관리의 개념

성과관리의 개념은 그 유형 및 학자에 따라 '목표달성을 위한 체계적인 과정'이라는 협의의 정의와 '공공서비스의 수준에서 성과를 관리하고 개발하기 위해서 설계된 성과가 포함된 모든 과정 및 행정관리제도를 포함'하는 광의의 개념 정의로 다양하게 나타난다(윤수재 · 장용진, 2011).

협의의 정의

- 공공부문의 전략적 우선순위를 설정하고, 이를 조직 전체와 개개인의 구체적인 성과목표로 변환시키는 과정(Politt, 2002)
- 과거 집권적인 행정체계에서는 성과관리는 주로 인사관리를 의미하였으나, 현대 성과 중심 관리체계에서의 성과관리는 전략목표와 성과목표 설정, 사업을 설계하여 시행, 목표했던 산출과 결과가 달성되었는지를 점검하고 이를 의사결정에 환류시키는 것(고영선 · 윤희숙 · 이주호, 2004)
- 공무원들과 그들의 중요한 협력자들(essential collaborators)이 구체적인 공공 목적을 달성할 수 있도록 설계된 조직적 전략, 관리적 전략, 리더십 전략의 총체(Behn, 2001)

광의의 정의

- 조직의 성과목표 달성을 위한 것으로 목표설정, 지표개발, 성과측정, 환류 등의 여러 체계들을 포함하고, 여러 목적에 따라 다양하게 활용하는 것(윤수재 · 이광희 · 홍재환, 2009)
- 각 기관이 그 임무달성을 위해 전략적 관점에서 계획을 수립하고, 한정된 자원을 효율적으로 활용하여 업무를 추진한 후, 조직의 역량과 성과를 정확히 측정하여 그 결과를 정책의 개선이나 자원배분, 개인의 성과보상에 반영함으로써 조직의 전반적인 효율성을 높이고자 하는 과정(임동진, 2004)

미국의 국가성과관리자문위원회(National Performance Management Advisory Commission: NPMAC, 2010)[6]는 '공공부문의 성과관리는 증거에 기반을 둔 의사결정, 지속적인 조직학습과 성과에 대한 책임성에 초점을 맞춤으로써 결과를 향상시키는 지속적이고 체계적인 접근방법'이라고 정의하고 있다.

한편, 우리나라의 「정부업무평가 기본법」(제2조 제6호)에서는 '성과관리라 함은 정부업무를 추진함에 있어서 기관의 임무, 중·장기 목표, 연도별 목표 및 성과지표를 수립하고, 그 집행과정 및 결과를 경제성·능률성·효과성 등의 관점에서 관리하는 일련의 활동'으로 정의하고 있다.

이상 여러 학자의 의견 등을 종합해 볼 때 공공부문의 성과관리는 '공공조직의 비전이나 전략목표를 효과적·효율적으로 달성하기 위해 일단의 지표를 이용하여 조직 또는 개인의 성과를 측정·관리·환류·활용하는 일련의 과정'이라고 할 수 있다(이윤식, 2007). 따라서 성과관리는 성과평가의 상위 개념이며, 성과평가는 성과관리의 한 구성요소 또는 절차개념으로 사용된다.

2) 성과관리의 특징

성과관리는 전략적 계획, 결과지향적인 목표 설정, 성과 또는 사업결과의 측정, 고객만족, 기업을 운영하는 것과 같은 절차개선의 방식 도입, 그리고 결과를 전체 조직에 확산시키는 문제 등을 강조한다. 이러한 측면에서 공공부문의 성과관리방법은 전통적인 관리방법과 비교하여 볼 때 다음과 같은 특징이 있다(Rogers, 1999; NPMAC, 2010).

---

6) 미국의 국가성과관리자문위원회는 정부 재정직공무원협회 외 8개 관련 단체가 설립한 기구로서 공공부문의 성과측정 및 성과관리를 위한 원칙에 기반을 둔 기본 틀의 정립을 목적으로 하고 있다. 동 위원회는 2010년에 '주정부 및 지방정부를 위한 성과관리 기본 틀: 성과측정, 보고 및 개선(A Performance Management Framework for State and Local Government: Measurement and Reporting to Management and Improving)'을 발간하였다.

(1) 목표에 의한 관리

성과관리 체제하에서는 모든 부문에 대한 목표가 규정되고 공표된다. 조직의 전략, 절차, 조직문화 및 의사결정은 모두 결과에 대해 초점을 맞추고 목표, 우선순위 및 제반 활동, 성과정보, 성과측정지표 등은 정부 및 지역공동체의 우선순위 및 복지와 밀접하게 연관된다.

(2) 책임에 의한 관리

성과를 모니터링하고 검토하는 과정을 통해 조직과 그 구성원들이 책임지는 구조로 결과에 의해 조직과 그 조직의 관리방법 및 정책 결정과정이 혁신된다.

(3) 수치에 의한 관리

측정할 수 있는 성과지표를 활용하여 정확하며 의미 있는 계량화된 자료를 생산하며 이를 토대로 목표의 달성 여부가 양적인 형태로 표시된다. 성과, 의사결정, 규칙 및 과정과 관련한 정보는 적시성이 있고 정확하며 접근과 이용이 용이하고 이해하기 쉬워야 한다.

(4) 보상과 처벌에 의한 관리

적절한 보상과 처벌 기제를 활용하여 조직이나 구성원들이 목표달성을 위해 매진하도록 유도한다. 따라서 정부의 목적, 각종 사업, 활동 및 자원들은 우선순위에 따라서 바람직한 결과를 달성할 수 있도록 관리되고 사용된다.

이러한 성과관리 특징의 공통적 전제는 합리성(rationality)으로 미리 정해진 절차를 충실히 따르는 데 그치지 않고 국민의 요구를 실질적으로 충족시키는 결과를 생산하는 일이 성과관리의 핵심이다(NPMAC, 2010). 따라서 성과관리는 단순히 전문직업적 차원에서의 기대수준뿐만 아니라 윤리적 기대수준(ethical expectation)까지도 충족시켜야 하며 정확하고 적시적이며 어느 한쪽에 치우치지 않는 질 높은 정보를 생성하여 이해관계자에게 전달하고, 고객과 시민들을 성과관리 과정에 끌어들이는 적극적인 노력이 요구된다.

3) 성과관리제도와 재정관리

경제성, 효율성, 효과성, 그리고 정책수행 결과에 대한 책무성 확보를 위한 성과관리제도 도입 이후 공공부문에선 기존의 예산을 많이 확보하는 것에 초점을 맞추었던 다다익선식의 업무방식에서 성과지표 · 성과검증방법 · 평가체계 등을 고려한 합리적인 예산 요구, 명확한 목표의식에 따른 불필요한 업무 지양, 성과에 따른 사업 지속 · 확대 · 수정 · 중단 등의 방식으로 성과관리와 예산운영 간의 연계성이 강조되고 있다(국회예산정책처, 2010).

특히 인력, 조직, 재정, 시간 등의 가용자원을 최선의 용도에 맞추어서 효과적으로 활용할 수 있도록 행정기관에 대한 자율성 보장이 증진되었으며 성과와 비용에 관한 신뢰성 있는 정보의 생산을 위해 정부회계를 발생주의 회계로 전환하고 성과목표를 단기적인 산출 중심에서 장기적인 결과 중심으로 발전시키고 있다. 재정운영의 자율성 증진과 건전재정 운영의 필요성 방향에서 주요 변화를 구체적으로 살펴보면 다음과 같다.

첫째, 성과 중심 예산결산제도로의 개혁

성과반영 재정운영체계인 성과주의예산제도를 도입하여 합리적이고 효율적인 재정운용을 위한 예산정보와 성과평가의 연계체계를 구축하였다.

둘째, 중기재정계획제도 운영

현행 단년도 예산의 원칙을 탈피하여 부문별 우선순위와 투자계획, 재원마련방안 등을 담은 중 · 장기적 다년도 재정계획(5년)을 세워 매년 예산편성에 반영하고 있다.

셋째, 예산편성 및 운영의 자율성 강화

2004년도부터 예산총액배분 자율편성제도(top down)를 도입하여 성과목표를 달성하기 위해 그 정책사업을 수행하는데 필요한 재원 등 예산편성에서부터 정책사업의 수행 및 예산자원의 운영에 이르기까지 해당 부처(기관)의 자율성이 확대·보장되었으며, 특히 지방자치단체의 경우, 지방채 승인제도를 개선한 지방채발행 총액한도제 도입,[7] 중앙정부 예산편성지침 폐지[8] 등으로 자율성이 크게 강화되고 채무재정 운영의 탄력성과 효율성이 진작되었다.

넷째, 재정건전성 및 재정운용 책무성 강화

재정 운용의 자율성 강화와 더불어 중기지방재정계획과 연계, 재정분석·진단평가제도,[9] 재정공개제도, 투·융자심사제도[10] 등을 도입하여 재정운영 상황을 건전성·효율성·계획성 측면에서 면밀히 분석·운영·관리하고 있다.

다섯째, 발생주의 회계제도 시행

종래의 현금주의회계를 기업회계에서 사용하고 있는 발생주의회계로 전환하였다. 이는 재정 성과측정을 향상시키는 유용한 도구로서 정부서비스의 가격을 보다 정확하게 산정하는 데 도움을 주며, 관리자 및 평가기관에 신뢰성 있는 비용정보를 제공함으로써 정부예산 및 재정운영의 효율성을 증진시키는 회계방식이다.

---

7) 총액한도제도란 지방자치단체별 또는 회계·사업단위별(개별사업/사업블록별)로 일정 기간(주로 1회계년도) 중 발행할 수 있는 지방채무(또는 지방채발행 누적액)의 최대규모를 설정하고 그 범위 내에서 지방자치단체가 자율적으로 지방채를 발행하는 제도이다(이창균, 2006).

8) 2005년 지방자치단체의 예산편성의 자율성을 침해하고 지방의회의 예산심의권을 제한한다는 비판을 받아 온 중앙정부 예산편성지침을 폐지하는 대신 예산편성기준으로 대체하였다. 이는 자치단체 간 형평성 유지 및 중앙정부와의 연계를 위하여 필요한 최소한의 기준경비만 제시하고 아울러 예산편성매뉴얼을 발간·보급함으로써 예산편성에 대한 참고자료 등의 정보제공으로 지방공무원의 예산편성 능력을 제고하는 방향으로 개선되었다(이창균, 2006).

9) 재정운영상황을 건전성·효율성·계획성 측면에서 면밀히 분석하여 재정운영의 문제요인을 파악하고 그 대책을 강구함으로써 재정위기를 사전적·사후적으로 예방·관리하기 위한 제도이다.

10) 한정된 가용재원으로 투자효율을 극대화하고 사업의 투자우선순위를 판단하기 위해 각 투자사업별로 타당성을 분석한다.

여섯째, 통합성과관리체계 구축

성과평가를 통해 조직관리적 측면뿐만 아니라 예산 및 재정 운영 측면에서의 성과정보를 연계하여 통합성과관리체계를 구축하려는 일련의 노력들을 하고 있다.

일곱째, 주민참여예산제도 도입

행정부가 독점적으로 행사해 왔던 지방자치단체의 예산편성 과정에 주민들의 참여를 확대하여 재정운영의 투명성과 공정성을 높이고 예산에 대한 시민통제를 통해 책임성을 고취시키기 위해서 도입되었다. 예산편성의 분권화 · 분산화 · 공유화를 기반으로 한 참여민주주의 한 형태로 2011년 「지방재정법」 개정으로 도입이 의무화되었다.

3. 성과관리제도의 구조 및 구성요소

1) 성과관리제도의 구조

성과관리의 구조는 [그림 14-2]와 같이 일반적으로 첫째, 성과목표 설정 및 성과계획서 작성, 둘째, 성과계획 집행, 셋째, 성과측정, 넷째, 성과평가, 그리고 측정결과의 활용 · 환류로 나뉜다.

성과목표는 조직의 임무 및 비전과 전략목표에 기초해서 설정되어야 하며 성과목표 설정 과정에서는 조직구성원 간의 긴밀한 의사소통을 필요로 한다. 성과계획서는 성과목표를 달성하기 위한 실천적 계획이다. 이 단계에서는 성과목표의 달성 여부를 측정할 수 있는 성과지표를 설정한다. 성과계획에 따라 집행한 이후에는 해당 성과목표의 달성도를 측정하고 평가하게 된다. 성과평가 결과는 행정서비스 또는 사업의 성공 여부를 판단하게 되며 조직 또는 개인 차원에서 여러 가지 목적으로 활용된다.

목표 및 성과계획 수립 →	성과계획 집행: 재정 집행 · 운영 →	성과측정 →	성과평가 →	활용 · 환류
전략목표에 기초한 • 성과목표 및 지표, 측정 방법 설정 • 성과계획서 작성	• 성과목표 달성을 위한 재정 집행 • 예산(기금)편성·집행 시 성과계획 및 성과결과 반영	• 평가목적, 평가주체, 평가대상, 평가내용, 평가지표, 평가시기, 평가방법 구안 • 목표의 달성도, 성과도 측정 및 평가	• 성과보고서 작성 • 성과결과 외부공개	• 성과측정결과를 인사 · 조직 · 예산 등에 반영

[그림 14-2] 성과관리제도의 기본구조

2) 성과관리제도의 구성요소

(1) 성과목표 설정 및 성과계획서 작성

성과목표의 체계는 조직의 임무(mission) 및 비전(vision) - 전략목표(goal) - 성과목표(objective) - 해당 재정사업의 위계를 가지고 체계적으로 연계된 구조를 가진다. 전략목표는 기관의 임무 및 비전에 따라 수립된 조직이 달성하고자 하는 최상위의 전략적 목표로서 성과목표는 전략목표에 기초해서 설정된 하위목표이다. 성과계획서는 성과목표를 달성하기 위한 실천적 계획으로 성과목표의 달성 여부를 측정할 수 있는 성과지표와 자료의 수집 및 분석방법이 구체적으로 제시되고 이에 따라 향후 정보의 수집 목적이나 범위가 명확하게 명시되어야 한다.

(2) 성과측정

'성과'란 어떤 일을 통해 얻은 결과'로서 여기서 일이란 조직이나 단체 혹은 개인들의 계획과 활동을 의미한다(박중훈, 1999). 이러한 의미의 성과는 일에 기초한 외형적인 결과에 초점을 둘 경우, 활동을 통해 생산된 산출물을 반영하며, 결과를 일의 목적이 실현된 측면에 초점을 둘 경우, 효과까지를 반영하는 개념이다. 즉, 성과는 '조직이 수행하는 업무활동에 의하여 얻는 결과로서 이는 산출, 효과 및 영향 등을 모두 포함하는 넓은 의미의 개념'으로 정의된다.

성과측정(performance measurement)은 '미리 설정된 목표의 달성을 향한 진척도를 평정하는 과정으로 설정된 성과목표에 대비하여 성과가 실제로 어느 정도나 달성되었는지를 성과지표를 통해 확인 · 점검 및 수집하는 과정'이다(Gore, 1997; 이윤식, 2007). 따라서 성과 관리자가 가장 중점을 두어서 결정해야 할 기술적 사항 중의 하나는 성과측정의 단위인 개인, 부서, 사업, 조직, 국가 전체의 성과를 어떻게 측정할 것인가이다(Stern & Deimler, 2006).

무엇보다 성과측정을 통해 전략계획 및 목표설정을 지지하고, 책무성을 강화하며, 더 좋은 의사결정을 내리고, 고객에 대한 서비스를 개선하며, 정부의 효과적인 자원 사용을 촉진할 수 있다. 이와 같이 공공부문에서 성과측정이 강조되는 이유는 결국 정책의 성과를 환류함으로써 정책의 개선과 혁신을 도모할 수 있기 때문이다(한인섭, 2006).

성과측정의 목적은 평가, 통제, 예산편성, 동기부여, 홍보, 치하, 학습, 성과개선으로 나눌 수 있으며 각각의 목적에 따른 정보의 특성은 〈표 14-4〉와 같다(Behn, 2001; 이광희 외, 2006).

〈표 14-4〉 Behn의 평가목적에 따른 성과측정의 특성

목적(활용)	목적의 내용	성과측정 정보의 특성
평가 (evaluate)	기관이 얼마나 성과를 잘 내고 있는가?	투입물(inputs) 및 외생요소의 효과와 관련된 결과물(outcomes)
통제 (control)	어떻게 하면 부하 직원들이 일을 올바로 수행하도록 할 수 있을까?	조절 가능한 투입물
예산편성 (budget)	공공 예산을 어떤 프로그램에, 누구에게, 어떤 사업에 지출해야 할까?	효율성(efficiency) 정보(결과물 또는 산출물(outputs)을 투입물로 나눈 비율)
동기부여 (motivate)	성과향상을 위해 어떻게 하면 직원, 중간 관리자, 영리·비영리조직 관계자, 이해관계자, 시민들에게 동기부여할 것인가?	생산목표와 비교한 실시간대 현장에서의 산출물
홍보 (promote)	어떻게 하면 직무수행을 잘하고 있다는 점을 정치지도자, 국회의원, 이해관계자, 언론, 일반 시민에게 확신시킬 수 있을까?	시민들의 관심사이며 쉽게 이해될 수 있는 성과
치하 (celebrate)	어떤 성과를 이루었을 때 기관의 주요 행사를 통해 그 성공을 축하할 것인가?	개인적 또는 조직적 차원에서 성취감을 줄 수 있는 주기적이고 중요한 성과목표
학습 (learn)	어떤 점은 왜 잘 되고, 어떤 점은 왜 잘 안되는가?	기대수준과 차이를 보여 주는 자료
성과개선 (improve)	성과개선을 위해서 누가 무엇을 어떻게 다르게 해야 할까?	운영상의 변화가 산출물 및 결과물의 변화로 이어지게 하는 조직 내부 요소들의 관계성

(3) 성과평가

성과평가(performance evaluation)는 성과관리의 핵심으로 성과관리 대상 정부활동, 기능 및 프로그램 수행에 있어서 계획된 장·단기 목표가 얼마나 경제적·효율적·효과적으로 달성되었는가를 측정·분석·평정하여 향후 개선을

위한 정보와 방안을 창출하는 활동을 의미한다(이윤식, 2007). 이런 의미에서 성과평가는 단순히 성과를 측정하는 활동을 포함하는 것보다는 더 광의의 개념이다. 즉, 성과평가와 성과측정은 성과관리제도를 구성하는 개념 및 과정이라는 공통점이 있는 반면 성과측정은 성과평가의 개념 중 일부를 구성하는 협의의 개념으로 볼 수 있다.

성과평가는 크게 두 가지 견지에서 살펴볼 수 있다. 하나는 성과평가를 관리적 도구의 하나로 보는 것으로서 평가자의 주관적 가치를 배제하고 객관적인 장치로서 보는 시각이다. 다른 하나는 성과평가를 조직의 총체적 자원관리의 방안으로 보는 시각으로서 평가자의 가치가 개입되는 과정으로 보는 것이다(강황선 · 권용수, 2004). 전자의 시각이 주류적 시각이라고 할 수 있는데 이 시각의 가장 큰 문제점은 평가를 받는 집단이 성과평가에 따른 긴장감을 유발한다는 점이다. 이러한 관점은 성과평가제도 및 평가결과에 대한 수용성과 밀접하게 연계된다.

(4) 성과지표

성과관리에서 측정하고자 하는 것을 정확히 측정할 수 있는 타당한 평가지표의 선정과 정확한 평가 자료 수집 등을 통한 평가의 공신력을 확보하는 것이 매우 중요하다.

성과지표(performance measures)는 성과관리를 위한 평가의 기준이라는 점에서 성과지표의 선정 및 적용은 성과관리제도 및 성과평가결과의 수용성[11)]에

---

11) 수용성(receptiveness)은 어떤 제도에 대해 조직구성원들이 받아들이는 정도로 외부로부터의 변화요구에 대해서 합리적이며, 주관적인 인지를 통해 외형적인 행동변화뿐만 아니라 내면적 가치체계 및 태도가 긍정적으로 변화된 상태이다(Duncan, 1981; 남창우 · 이명숙, 2008; 이석환 · 조주연, 2010). 따라서 성과관리제도 및 성과평가결과의 수용성은 '성과관리제도나 평가결과의 필요성을 합리적으로 수용하고 그 제도나 결과를 내재화하여 긍정적으로 활용 하려고 하는 태도 또는 의사'라고 정의할 수 있다.
조직구성원들이 성과평가결과를 긍정적으로 수용하여 적극적으로 활용할 수 있도록 하는 문제는 성과관리제도의 성공적인 정착을 위해서 매우 중요한 과제이며, 성과평가제

중요한 영향을 미친다(한인섭, 2006; 이윤식, 2007; 남창우 · 이명숙, 2008; 강영철, 2008; 국경복 외, 2007; Melkers & Willoughby, 2005).

성과지표는 '성과목표를 객관적으로 측정하기 위한 양적 · 질적 기준 또는 척도'로서 조직이 추구하는 가치의 달성 여부를 측정하는 수단이며 투입 · 산출 · 결과 · 영향 등에 대한 구체적이고 계량화된 척도로 해당 조직의 미션, 비전, 장기적 목적, 단기적 목표를 반영해야 한다(Ammons, 2004; Niven 2008; 이윤식, 2007; 박충훈, 2009). 즉, 성과지표는 '성과의 달성 정도를 계량적 또는 질적으로 측정하는 잣대'라고 정의할 수 있다(성과관리포럼, 2005).

① 성과지표의 유형

성과지표의 유형은 일반적으로 투입(input)지표, 산출(output)지표, 결과(outcome)지표로 크게 구분되며, 이들 지표를 가공 · 활용한 효율성(efficiency)지표, 효과성(effectiveness)지표, 형평성(equity)지표 등이 있다(Ammons, 2004; Niven, 2008).

첫째, 투입지표는 인력, 시간 및 예산과 같은 자원이 해당된다. 투입지표는 사업 및 서비스에 할당된 자원의 양과 수요를 측정하는 것으로 투입에는 노동, 원료, 설비, 시설, 비품 등이 포함된다. 또한 투입지표는 대상집단의 성격과 같은 수요 요소를 나타낼 수도 있다. 투입지표는 서비스에 대한 수요, 제공한 서비스의 총비용, 서비스를 제공하기 위해 사용된 모든 종류의 자원, 다른 서비스와 관련되어 있는 한 가지 서비스에 사용된 자원의 양 등을 보여주는 데 유용하다. 투입지표는 투입 대비 산출을 비교하기 위해 산출지표나 결과지표와 함께 사용하는 경우가 대부분이다.

둘째, 산출지표는 활동지표라고도 할 수 있는데 양(quantity)을 측정하는 양적 지표(volume-driven)로 서비스를 제공받은 사람의 수, 제공된 서비스의 양,

---

도의 성공 여부 및 실효성에 영향을 미치는 주요 요인이다(강황선 · 권용수, 2004; 국경복 외, 2007; 남창우 · 이명숙, 2008; 이석환 · 조주연, 2010). 수용성이 높을수록 조직 구성원들이 성과평가제도를 인정하고 그 결과를 받아들이며 또한 그 결과를 적극적으로 활용할 것이기 때문이다.

생산량 등이 이에 해당한다. 특정 사업을 제공하는 데 필요한 활동의 정도에 초점을 둔다. 개인별, 조직단위별로 수행한 업무의 양이나 공급한 행정서비스의 양, 즉 활동은 산출에 해당한다. 따라서 비용이나 효과 등의 측면과는 상관없이 얼마만큼의 업무를 수행하였는지 또는 어느 정도의 서비스가 공급되었는지를 측정하는 업무량/활동 지표는 산출지표에 해당한다. 산출지표로는 사업의 의도와 목적이 달성되었는지 여부를 알 수 없고, 제공된 서비스의 질이나 효율성도 표현되지 못하기 때문에 제한적이다.

셋째, 결과지표는 사업의 성공 여부를 측정하여 사업의 결과를 측정하고 사업의 영향력과 효과성을 평가하는 지표로서, 기대한 결과가 달성되고 있는지 여부를 보여 주기 때문에 가장 중요한 성과지표가 된다. 얼마나 달라졌는가 또는 변화하였는가를 나타내 주는 지표이다. 결과지표는 다른 유형의 지표에 비하여 몇 가지 이점이 있다. 즉 결과지표는 실제로 성취한 결과를 나타내 주며, 자원배분 결정을 위한 지침을 제시해 주고, 조직이 그 진정한 목표를 향해 나갈 수 있도록 방향을 제시해 주며, 아울러 조직의 책무성을 한층 강화해 준다.

넷째, 효율성은 투입 대비 산출(혹은 성과)의 비율을 의미하는 것으로 생산성과 비용-효과성을 측정하며 투입단위당 산출단위의 수 혹은 지출된 금액당 산출단위의 수 등으로 지칭된다(Nagel, 1981). 제공한 서비스나 성취한 결과의 비용을 나타내며, 비용은 화폐 단위로, 혹은 산출(혹은 결과) 단위당 시간으로 표현될 수 있다. 또한 제공된 서비스의 적시성을 측정할 수도 있다. 따라서 효율성 지표는 관리와 평가를 위해 중요하며, 조직의 서비스 전달을 개선하는 데 중요한 역할을 할 수 있다. 그러나 공공서비스는 그 산출을 정확히 분석하기 어려우며 질적인 성격을 지니고 있어 그 효율성을 측정하는 데는 많은 어려움이 있다. 이에 따라 산출지표의 선정 시 그 요소가 최종 산출물인가, 수량화할 수 있는가, 시간에 따라 큰 변동이 없는가, 질적 변화에 부응하는가 그리고 기관의 활동 중 중요한 부문을 형성하고 있는가 등을 고려해야 한다(Hatry, 1992; 조형석 · 문상호, 2007).

다섯째, 효율성이 서비스의 비용에 관한 것이라면, 효과성지표는 서비스의 질에 관련된 가치로서 고객, 이해관계자, 대상집단의 기대에 부응하는 우수성을 측정하는 질적 지표(quality indicator)이다. 효과성은 제공된 재화나 서비스와 관련하여 신뢰성, 정확성, 친절성, 적격성, 대응성, 완전성 등의 기준도 포함한다. 효과성이 결여되었을 경우(질적 수준 미달) 자원의 낭비를 초래하게 된다. 예를 들어, 기대에 못 미친 성과의 회복, 잘못의 정정, 혹은 고객 불평 해소 등에 자원이 재투입되어야 하기 때문이다.

여섯째, 형평성은 제공된 재화나 서비스가 대상자에게 공평하게 배분되었는가를 측정하는 지표이다. 재정균등화 효과(불평등도)를 분석하는 방법에는 파레토계수, 대수의 분산(log variance) 또는 대수의 표준편차(log standard), 변이(변동)계수(coefficient of variance), Theil의 entropy지수, 지니계수(Gini ratio, Gini coefficient), 앳킨슨지수 등이 있다. 이렇게 여러 가지 지수가 사용되는 이유는 불평등도를 측정하는 방법으로서 사용할 수 있는 지수는 다양하지만, 현재

〈표 14-5〉 지표내용에 따른 분류

구분	개념	특성	사례
투입지표	예산·인력 등 투입물의 양을 나타내는 지표	예산집행과 사업 진행과정상의 문제점을 발견하는 데 도움이 됨	직업훈련교육 예산 집행률
과정지표	사업 진행과정에서 나타나는 내용 및 산출의 양을 나타내는 지표	사업진도 등 사업추진 정도를 중간 점검하는 데 도움이 됨	직업훈련 교육별 진도율
산출지표	사업완료 후 나타나는 1차적 산출물을 나타내는 지표	투입에 비례하여 설정한 목표를 달성하였는가를 평가하는 데 도움이 됨	직업훈련 교육 수료자수
결과지표	1차적 산출물을 통해 나타나는 궁극적인 사업의 효과, 정책이 미치는 영향력을 나타내는 지표	사업이 의도한 최종목표의 달성 정도에 따른 영향과 효과를 측정하는 데 도움이 됨	직업훈련 수료자 취업률

* 출처: 행정안전부(2008) 참조.

사용되고 있는 지수가 각각의 장단점을 가지고 있기 때문에 이를 측정하기 위한 정확한 지수를 찾기 어렵기 때문으로 풀이된다.

결과지표는 가급적 성과목표의 궁극적인 효과를 측정할 수 있는 지표 위주로 설정하며, 결과지표 설정이 어려운 경우 과정지표와 산출지표를 병행 사용한다. 투입지표 사용은 가급적 지양하도록 하는데, 투입만으로는 사업성과에 대한 정확한 판단이 곤란하기 때문에 과정지표를 적절히 활용하기도 한다. 다년도 계속 사업에 대해서는 과정지표를 통해 중간점검을 하고, 다만 과정지표를 사용하는 경우에도 사업의 완료 시 기대되는 성과에 대한 산출 및 결과지표의 제시가 필요하다.

한편 성과지표의 유형은 그 계량적 측정 여부에 따라 정량지표와 정성지표로 구분되기도 한다. 정량지표는 조사결과 수집한 정보나 자료를 계량화할 수 있는 지표이며 정성지표는 사례연구나 관찰기법 등과 같이 특정사례를 기술하거나 현상을 설명하는 비계량지표이다.

〈표 14-6〉 정량적 측정 여부에 따른 분류: 정량지표 vs. 정성지표

구분	정량지표(계량지표)	정성지표(비계량지표)
정의	구체화된 양적 수치로 측정 가능	양적 수치로 측정 불가능
특성	평가자의 주관이 개입될 수 없으며 반복측정 시 동일한 결과	평가자의 주관 개입
사례	학생 1인당 외부재원 유치액, 자체수입 비율, 교수학습활동 비율, 경상경비 비율, 순세계잉여금 비율, 세출예산 불용액 비율, 세입예산편성의 적정성	민원인 만족도, 주요 국정과제 대국민 인지도, 정보관리시스템 구축 정도, 제도개선 과제 이행도

* 출처: 국무조정실 정책평가위원회(2006) 참조.

② 성과지표 선정 시 유의 사항

성과지표는 정확성 및 적실성을 가져야 하며 성과측정의 적합성이 확보되어야 한다. 이를 위해 성과지표는 정확성(accuracy), 신뢰성(reliability), 가용성(availability), 적시성(timeliness), 적실성(relevancy)을 갖춰야 한다.

- 정확성: 성과지표는 업무나 정책이 추구하는 최우선적 사항과 목적에 부합하고, 추진 전략과 연계되어 측정하고자 하는 것을 올바르게 측정해야 하며 업무나 정책의 결과와 인과관계를 형성해야 한다.
- 신뢰성: 성과지표는 중요한 몇 가지 사항에 대하여 초점을 맞추어 복잡하지 않고 단순하며 간단하고 좁게 설정되어야 하며, 모든 것을 측정하도록 설정되어서는 안 된다. 자료수집의 기준 및 표준화를 통하여 지표의 개념과 의미가 자료를 수집하는 사람, 관리자, 그리고 의사결정자 모두에게 분명하고 투명하게 이해되어야 하며 측정과정은 철두철미하게 확인되어야 한다.
- 가용성: 전략적 목적을 달성하기 위한 진척도를 객관적으로 평가할 수 있도록 필요한 각종 정보가 수집되어 제공되어야 하며, 의사결정에 필요한 사실에 근거한 정보를 알려 줄 수 있는 지표여야 한다. 정보를 필요로 하는 사람에게 적합하고 관련성이 있어야 하며, 다양한 이용자의 접근이 용이하고 활용성이 높아야 한다.
- 적시성: 성과평가의 시기는 전략의 시간적 범위와 일치해야 한다. 특정 날짜와 관련된 지표는 되도록 피하여야 하며 특정한 시점에서 이어진 결과와의 연동 가능성은 높아야 한다.
- 적실성: 업무나 정책이 조직의 목표달성에 기여하고 있는지에 관한 성과지표여야 하며 조직의 비전 및 전략적 목표의 달성을 위한 수단이지 목적 자체가 되어서는 안 된다. 즉 목표 혹은 최종 결과에 초점을 맞추어야지 측정에 초점을 맞추어서는 안 된다. 또한 지표가 완벽할 수 없다는 점을 수긍하고 정기적으로 평가되고 재검토되어서 전략을 계속해서 지지하는 유인을 창출할 수 있도록 해야 한다.

성과측정지표가 이러한 기준을 충족하기 위해서는 조직목적과 전략적 계획에 대응하도록 성과지표를 상시적으로 검토함으로써 못쓰게 된 지표는 폐기하고 지표 간의 우선순위를 지속적으로 조정해야 한다(Gore, 1997; Stern & Deimler, 2006; NPMAC, 2010; 이윤식, 2007; 이윤식 외, 2008; Niven, 2008).

③ 성과지표 확보 방법

성과측정의 방법은 문서분석과 면담방식이 가장 일반적이나 평가내용에 따라 서면조사, 설문조사와 사례연구도 활용되고 있다. 특히 산출물보다는 정책이나 사업의 효과를 설문조사를 통해 확인하는 경우에는 실제적으로 어떠한 효과를 측정하고 평가하는지가 불분명할 수 있기 때문에 인과관계 모형을 검증하기 위한 실험적 · 준실험적 연구설계에 따라 수집한 자료로 다양한 계량기법이 활용되어 분석되기도 한다.

④ 평가자

평가자는 평가과정의 신뢰성과 공정성 및 평가결과의 수용성을 담보하기 위한 주요한 요인 중의 하나이다. 평가가 이루어지는 환경이나 목적 및 초점이 다양하여 일정한 원칙을 정하기는 어려우나 일반적인 원칙으로 체계적 사고(systematic inquiry), 능력(competence), 정직(integrity/honesty), 평가대상에 대한 존중(respect for people), 공공복지에 대한 책임성(responsibility for general and public welfare)이 제시되고 있다(Rossi et al., 2004).

(5) 성과평가결과의 활용 · 환류

평가결과의 활용은 평가대상이 조직이든 정책이든 성과평가를 수행한 결과를 환류과정을 통해 표출 · 이용하는 것으로 평가결과를 목표와 실적 사이의 격차 점검, 자원배분 결정, 조직구성원이나 경영자 평가, 조직개편, 벤치마킹, 조직업무수행 절차의 개선, 목표 자체 조정, 성과지표 개선 · 향상 등에 이용함을 말한다(임동진, 2009; 이윤식, 2010).

이러한 의미의 활용은 환류라는 용어로도 사용하는데 환류의 개념은 '평가결과를 공개 및 보고하고, 평가결과를 조직 · 예산 · 인사 복무와 연계 · 반영하며, 평가결과에 따른 포상과 자체 시정조치 또는 감사를 하는 활동의 과정 및 내용'을 말한다(임동진, 2009). 이런 점에서 볼 때에 평가결과의 활용과 환류는 다르지 않은 개념이라고 할 수 있다. 다만, 평가결과의 활용은 활용자의 적극적 의지가 내포된 데 반해 환류는 결과적으로 활용의 효과를 가져온다는 점에 차이가 있다고 할 수 있다.

평가결과의 활용 유형은 그 기준에 따라서 다양하게 분류할 수 있으나, 평가결과 활용의 목적에 따라서 구분할 경우 수단적 활용, 개념적 활용, 설득적 활용으로 나누어 볼 수 있다(Rich, 1977; Weiss, 1998; 이윤식, 2010에서 재인용; 권기헌, 2008).

첫째, 수단적 활용(instrumental use)은 결정자가 의사결정, 문제해결 또는 관리 개선을 위해 지식이나 정보를 사용하는 것이다. 해당 정책 또는 사업의 수정이나 존폐, 새로운 정책이나 사업의 개발, 정책 담당자의 책무성의 확보, 목표자체 조정, 성과지표 개선 · 향상 등과 관련한 의사결정에 평가정보를 활용하는 것을 의미한다(유승현, 2007).

둘째, 개념적 활용(conceptual use) 혹은 계몽적 활용(enlightenment use)으로 평가정보가 의사결정자의 현상에 대한 이해 또는 인식 등의 변화를 야기함으로써 보다 장기적인 관점에서 관련 사항에 대한 의사결정에 보다 미묘한 방식으로 영향을 미치는 것을 의미한다(유승현, 2007: 29에서 재인용). 즉, 개념적 활용은 어떤 현상에 대한 이해를 위한 지식으로서 인식적 · 행태적 변화를 학습(아이디어, 지식 습득 등)하고 활용하는 것을 말한다(Weiss et al., 2005; 이윤식, 2010).

셋째, 설득적 활용(persuasive use)은 평가정보가 활용자들의 정치적 입지를 강화시키는 데 활용되는 것을 의미한다(Johnson, 1998; 유승현, 2007에서 재인용). 설득적 활용은 상징적(symbolic) 활용, 정당화(legitimate) 활용 등으로 불리는데 일반시민에 대한 설득뿐만 아니라 의회 또는 이해관계자 등의 지지를 도출하기 위한 활용을 포함한다. 평가과정 중에 나타나는 학습의 결과로서, 평가에 참여하는 사람들 개인의 사고방식 또는 행태의 변화, 정책이나 사업의 수행 절차의 변화, 조직문화의 변화, 정치적 입장의 정당화, 공격에 대한 방어, 이해관계자의 설득 등을 유발하는 것을 의미한다(Patton, 1997).

우리나라의 경우, 「정부업무평가 기본법」은 평가결과의 활용에 관하여 공개, 보고, 예산연계 및 보상 등을 규정하고 있다. 첫째, 평가결과의 공개(제26조)이다. 국무총리 · 중앙행정기관의 장 · 지방자치단체의 장 및 공공기관평가를 실시하는 기관의 장은 평가결과를 전자통합평가체계 및 인터넷 홈페이지 등을 통하여 공개하여야 한다. 둘째, 평가결과의 보고(제27조)이다. 국무총리는 매년 각종 평가결과보고서를 종합하여 이를 국무회의에 보고하거나 평가보고회를 개최하여야 한다(제1항). 셋째, 평가결과의 예산 · 인사 등에의 연계 · 반영(제28조)이다. 중앙행정기관의 장은 평가결과를 조직 · 예산 · 인사 및 보수체계에 연계 · 반영하여야 하며, 평가결과를 다음 연도의 예산요구 시 반영하여야 하고, 기획재정부장관은 평가결과를 중앙행정기관의 다음 연도 예산편성 시 반영하여야 한다. 넷째, 평가결과에 따른 자체 시정조치 및 감사이다(제29조). 중앙행정기관의 장은 평가의 결과에 따라 정책 등에 문제점이 발견된 때에는 지체 없이 이에 대한 조치계획을 수립하여 당해 정책 등의 집행중단 · 축소 등 자체 시정조치를 하거나 이에 대하여 자체 감사를 실시하고 그 결과를 위원회에 제출하여야 한다. 다섯째, 평가결과에 따른 보상 등(제30조)이다. 중앙행정기관의 장은 평가의 결과에 따라 우수사례로 인정되는 소속부서 · 기관 또는 공무원에게 포상, 성과급 지급, 인사상 우대 등의 조치를 하고, 그 결과를 정부업무평가위원회에 보고하여야 한다(제1항).

(6) 성과평가의 주의 사항: 부정적 효과

성과관리제도는 비효율의 제거를 통한 성과향상이라는 근본적인 목적하에 운용되고 있으나, 한편으로는 성과관리제의 도입으로 인하여 부정적 효과가 유발될 수도 있다(이인섭 · 금재덕, 2007). 대표적인 부정적 효과로서는 터널효과

(tunnel vision), 지엽적 목적 및 차선의 추구(suboptimization), 근시안적 관리(myopia), 특정성과지표에의 고착(measure fixation), 왜곡된 보고(mispresentation), 왜곡된 해석(misinterpretation), 게임하기/장난치기(gaming), 조직경직화(ossification) 등이다.

〈표 14-7〉 성과평가의 부정적 효과

부정적 효과	특성
터널효과 (tunnel vision)	성과가 계량화되지 않은 부분은 고려하지 않고 계량화될 수 있는 영역의 성과를 강조하는 현상
지엽적 목적 및 차선의 추구 (suboptimization)	관리자가 조직의 전체적인 목적을 고려하지 않고 협소하고 지엽적인 목적을 추구하는 현상 또는 최선책보다는 차선책을 고려하는 현상
근시안적 관리 (myopia)	공공부문의 활동으로 인한 결과는 대부분 오랜 시간이 지나서 나타나는 반면, 성과지표는 조직활동 결과를 즉각 시현하는 스냅사진과 같음.
특정성과지표에의 고착 (measure fixation)	성과지표가 목표와 연관된 모든 측면을 완전히 포괄하지 못하는 경우 성과지표로서 측정되어 보고될 지표에만 집중하는 전략을 추구하는 현상
왜곡된 보고 (mispresentation)	성과자료를 의도적으로 조작하여 공개 또는 보고함으로써 공개·보고된 성과와 실제 성과가 다른 현상
왜곡된 해석 (misinterpretation)	성과자료를 해석할 때에 제한된 합리성으로 인하여 왜곡하여 해석함으로써 잘못된 정책을 제안하게 됨.
게임하기/장난치기 (gaming)	성과향상에 대해 인센티브가 제공될 경우 성과목표치를 의도적으로 낮게 설정하는 현상
조직경직화 (ossification)	성과측정체계가 혁신을 막고 조직의 경직화를 가속화시키는 현상

* 출처: 이인섭·금재덕(2007)을 참고하여 재구성하였음.

그렇지만 이와 같은 실효성에 대한 의문과 일부 부작용의 지적에도 불구하고 성과관리는 정부부문의 성과를 향상시킬 수 있는 원리로서 세계의 많은 국가들이 이 제도를 도입·운영하고 있다. 성과관리는 결과를 중시하고 이를 토대로 시민의 만족을 증대시키는 특성을 가지고 있기 때문이다.

4. 성과평가체제 및 평가지표 사례

1) 성과관리 평가 대상의 선정

교육의 성과는 전반적인 국민 의식수준의 향상, 신뢰와 같은 사회자본의 증대, 경제성장 등으로 나타나며 그 효과도 매우 폭넓고 장기적이라는 특성이 있기 때문에 모든 예산 및 사업에 대해 성과관리체계를 일괄적으로 적용하는 것은 불가능하다.

교육부문의 성과관리는 종국적으로는 교육과 인재양성의 효과를 측정하고자 하는 것이기 때문에 근본적으로 성과관리라는 시스템만으로는 측정할 수 없는 본질적 한계점을 안고 있다. 즉, 최종 결과지표는 학생들의 학력이나 기본 소양, 대학 경쟁력과 같은 것들인데 이런 것들은 측정이 매우 어려운 것이다. 물론 각 세부사업에 따라서는 단순한 성과측정이 가능하고 용이한 경우도 많지만, 교육과 성과측정 간의 내재적 불일치성을 간과해서는 안 된다(나태준·이남국, 2005).

따라서 교육효과의 장기성, 비가시성 등 교육부문의 특수성과 성과관리제도라는 합리적인 틀을 상호 고려하여 성과관리대상이 선정되도록 하여야 한다. 즉, 사업성격의 중요성, 성과측정의 용이성, 성과관리의 실효성, 정책적 시사점 등을 충분히 고려하여 평가 대상을 선정한다.

2) 성과관리 평가 체계

(1) 평가계획 및 평가 틀의 준비 단계

- 사업목표의 명확화 및 성과 목표 결정
- 평가조직 구성 · 활용
- 평가지표 개발
- 평가서식 작성

(2) 평가편람의 작성 및 배포

- 평가목적 및 방향, 평가모형, 평가지표, 평가체계, 평가절차, 평가결과 활용방안, 제출자료 등 평가 전반에 관한 사항을 상세하게 서술한 평가편람을 작성하여 해당 기관에 배포

(3) 평가 실시 및 평가 결과 활용

- 현장방문평가, 자체 평가, 종합평가를 단계적으로 실시하고 평가운영심의위원회를 구성하여 평가위원회의 평가내용 및 평가결과를 심의 · 조정함으로써 평가과정 및 결과의 타당성 및 신뢰성 검증 · 확보
- 평가결과 공개 여부와 평가결과 활용 방안 결정
- 평가결과를 보상 및 벌칙의 근거로만 활용하기보다는 합리적 의사결정의 수단으로 활용되어야 함.

3) 성과관리 평가지표 사례

현재 국내 대부분의 사례들이 사업 평가 모형을 적용하고 있으며 다수의 평가모형이 미국의 PART를 변형 · 적용하고 있다. 평가지표는 계획수립 - 집행 - 결과산출 - 환류 등의 일정한 단계에 따라 평가기준에 따른 세부평가지표를 설정하였으며 정성지표와 정량지표를 동시 활용하고 있다.

평가지표의 계획수립 - 집행 - 결과산출 - 환류 단계별 구성의 특성을 살펴보면 다음과 같다.

첫째, 평가자는 프로그램의 결과에 초점을 두며 결과에 문제가 있을 경우 수행과정의 결함을 찾고자 하지만 관리상의 하자가 문제의 유일한 원인은 아니라고 본다. 즉, 관리 측면뿐만 아니라 정치적이나 기타 환경적인 요인을 포함하여 프로그램의 성과를 측정하며, 의도한 결과뿐만 아니라 의도하지 않은 결과도 평가에 포함하는 현상을 반영한다.

둘째, 집행이나 관리 측면을 고려하지 않은 'black box' 접근법에 대한 우려로 인해 프로그램에 대한 집행이나 관리에 대한 논의가 대두되었으며 관리통제의 측면뿐만 아니라 정부개입의 특성과 정책환경적인 측면을 고려한다(Hargrove, 1975).

(1) 국무조정실 「2005년도 정부업무평가지침」의 공통평가기준안(예시)

2006년 「정부업무평가 기본법」이 법률로 제정되기 앞서 사용된 국무조정실 「2005년도 정부업무평가지침」은 중앙행정기관 또는 지방자치단체가 소관 정책 등을 스스로 평가하는 '자체 평가'를 실시할 때 사용하는 평가기준의 지침이 되도록 '공통평가기준안'을 예시하고 있다.

〈표 14-8〉 국무조정실 「2005년도 정부업무평가지침」 중 '자체 평가'의 '공통평가기준안(예시)'

구분		평가기준(가중치)	평가착안사항
과정평가	정책형성단계	① 정책목표의 적합성(10%)	• 정책목표가 상위 국정지표에 부합하여, 환경변화에 대응하고 있는가 • 정책목표가 명확히 제시되었는가
		② 계획내용의 충실성(10%)	• 정책목표 달성을 위하여 하위 정책목표 및 수단(세부사업 등)이 충실하게 구비되었는가 • 계획수립시 여론수렴, 사전조사 등 관련 절차는 충분히 이행되었는가 • 계획수립 과정에서 관련 기관 정책과의 연계 협조 및 중복여부를 충분히 고려하였는가

구분		평가기준(가중치)	평가착안사항
과정평가	정책집행단계	③ 시행과정의 효율성(10%)	• 일정계획에 맞추어 사업이 추진되어 있는가 • 투입된 자원을 목표달성(결과)을 위해 효율적으로 집행하고 있는가
		④ 시행과정의 적절성(20%)	• 시행과정에서 행정여건상황의 변화를 적절히 포착하여 대응하고 있는가 • 시행과정에서 국민 및 이해당사자 등에게 제대로 알리고 있는가 • 시행과정에서 관련 기관 · 정책과 연계 및 협조체계를 구축하여 운영하고 있는가
성과평가	성과단계	⑤ 목표의 달성도(30%)	• 당초 설정한 정책목표는 달성되었는가
		⑥ 정책영향(20%)	• 해당 정책의 효과가 실적으로 나타나고 있는가

* 출처: 국무조정실(2005).

'자체 평가'의 '공통평가기준안(예시)'에서는 공통평가기준인 6개의 평가기준과 12개 평가착안사항을 설정하고 있으며, 자체 평가를 위한 6개 공통평가기준은 정책목표의 적합성, 계획내용의 충실성, 시행과정의 효율성, 시행과정의 적절성, 목표의 달성도, 정책영향을 포함하고 있다.

공통평가기준별 가중치는 부처별, 과제별 특성에 맞도록 조정 가능하나 원칙적으로 정책과정보다는 정책성과가 최소한 50% 이상(예, 목표의 달성도 30%, 정책영향 20%) 평가될 수 있도록 하여 정책성과를 강조하고 있으며, 평가기준의 가중치는 부처의 특성 및 과제의 특성에 맞추어 자율적으로 적용할 수 있다.

(2) 재정사업 자율평가의 평가지표

2005년 이후 예산과 성과를 연계하는 방안으로 '재정사업 자율평가제도'(Program Assessment Rating Tool: 이하 K-PART)를 도입하여 시행하고 있다. K-PART는 평가 대상 사업의 계획(20%), 사업의 집행 및 관리(30%), 사업의 성과 및 환류

(50%)로 구분하여 평가한다.

계획단계는 사업계획과 성과계획으로 구성되며 사업계획은 목적의 명확성, 유사 · 중복성 등에 관한 문항, 성과계획은 성과지표와 사업목적과의 연계성과 성과지표의 합리적 설정에 관한 문항으로 구성된다. 관리단계는 사업추진의 모니터링과 집행효율성 등에 관한 문항으로 구성되며, 성과 및 환류단계는 성과목표의 달성, 평가결과의 활용 등에 대한 문항으로 구성된다.

〈표 14-9〉 2012년도 재정사업 자율평가 평가지표

구분(점수)		평가지표
계획 (20)	사업계획 (10)	1-1. 사업목적이 명확하고 성과목표 달성에 부합하는가? 1-2. 다른 사업과 불필요하게 유사 · 중복되지 않는가? 1-3. 사업내용이 적정하고 추진방식이 효율적인가?
	성과계획 (10)	2-1. 성과지표가 사업목적과 명확한 연계성을 가지고 있는가? 2-2. 성과지표의 목표치가 구체적이고 합리적으로 설정되었는가?
관리 (30)		3-1. 예산이 계획대로 집행되도록 노력하였는가? 3-2. 사업추진상황을 정기적으로 모니터링하고 있는가? 3-3. 사업추진 중 발생한 문제점을 해결하였는가? 3-정보화①. 정보시스템을 적정하게 운영 및 관리하고 있는가? 3-정보화②. 공정거래질서 확립을 위해 노력하였는가?
성과/환류 (50)		4-1. 계획된 성과지표의 목표치를 달성하였는가? 4-2. 사업이 효과적으로 수행되는지 점검하기 위한 사업평가를 실시하였는가? 4-3. 평가결과 및 외부지적사항을 사업구조개선에 환류하였는가?

* 출처: 기획재정부(2012); 기획재정부(2013).

(3) 2012 지방교육재정 특별교부금 국가시책사업 총괄평가 지표

교육부의 특별교부금 국가시책사업에 대한 연례평가로서 평가 대상 사업의 계획, 사업의 집행 및 사업의 성과, 사업의 진행결과 및 환류에 초점을 맞추어 평가지표가 설정되어 있다.

〈표 14-10〉 2012년도 특별교부금 국가시책사업 총괄평가지표

평가항목	평가내용	측정지표
I-1. 사업 계획	I-1-1. 사업 성격: 국가시책사업으로서의 적절성	• 국가의 개입이 필요한지 여부 • 예산 외 정책수단으로 목적달성이 어려운 경우
	I-1-2. 사업목적의 명확성	• 사업목적 및 추진근거의 명확성
	I-1-3. 달성목표와 성과평가 지표 설정	• 달성목표 및 성과지표 설정 여부
	I-1-4. 예산규모의 적정성	• 예산액 및 산출근거 • 수혜인원당 금액
	I-1-5. 사업수혜대상 선정의 적정성	• 선정기준 및 방법
	I-1-6. 중복사업 여부	• 현재 및 이전 사업 중 중복이라 판단되는 사업기술
I-2. 집행 과정	I-2-1. 사업계획상 예산 집행 여부	• 분기(월) 단위 계획 및 집행내역 • 진도율
	I-2-2. 사업 추진과정에서 이해관계자의 협조 및 의사소통 여부 정도	• 이해관계자 유형 • 이해관계자 협조방법 • 이해관계자 의사소통 방법
	I-2-3. 관련 감독 및 관리기관의 평가 및 지적, 보완요청사항 반영 여부	• 평가 및 지적 • 보완요청사항 반영 여부
I-3. 사업 성과	I-3-1. 목표 및 성과지표 달성 여부	• 목표 달성 정도(%) • 성과평가 지표 달성 여부
	I-3-2. 계속 지원 필요 여부(3년차 사업에 해당)	• 계속 지원 여부(가, 부) • 계속 지원 필요성
I-4. 사업 진행 결과 환류	I-4-1. 사업진행 결과 환류(평가결과로 나타난 지적 사항의 구체적 환류) 여부	• 진행결과 • 환류 여부

* 출처: 교육부 · 교육개발원(2012).

(4) 미국 NCLB(No Child Left Behind, 낙오학생방지법) 전략과 지표

2002년도에 시행된 NCLB는 투입-산출-결과 중심 성과관리 평가 사례로 연방정부차원에서 학생들의 학업성취도 격차를 해소하고 현 성취수준을 향상시키기 위하여 연방정부가 직접 관여하여 주, 지역교육구, 단위학교의 책무성을 크게 강화하고 있다.

2013~2014학년도까지 모든 학생들이 주가 설정한 학력기준(Academic Standard)에 도달하도록 3~8학년에 대하여는 각 학년별로, 10~12학년에 대하여는 3년 중 1년에 대하여 평가를 실시하여 '연간 적정 향상도(AYP)'를 확인하게 한다. 또한 주요 교과목을 담당하는 교원의 수준을 높이기 위하여 교원의 선발, 자격부여 절차를 엄격하게 강화하였다.

〈표 14-11〉 NCLB 성과지표 내용 및 절차

NCLB 핵심영역	주요 내용
주의 학업성취도 평가대상	• 읽기, 수학: 2005~2006학년도부터 3~8학년은 모든 해당 학년, 10~12학년은 3년 중 1개 학년 • 과학: 2007~2008학년도부터 3~5년, 6~8년, 10~12년 각 3년 중 1개 학년 시험을 치른 학생의 비율이 최소한 95% 이상이어야 함
학업성취도 평가공개	주정부, 지역교육구, 학교별 평가 결과를 전체 평균, 8개 하위그룹별(저소득층, 장애학생, 영어구사능력 부족 학생, 인종별) 평균으로 구분하여 공개
연간 적정 향상도 (AYP)	모든 주는 2013~2014까지 학생들이 주 학력기준에 100% 도달할 수 있도록 매년 목표를 자율적으로 설정해야 하고, 목표도달 여부를 확인하여야 함. 주정부 전체 학생과 하위그룹별 모두 목표치를 달성하여야 함.

NCLB 핵심영역		주요 내용
우수교원 (Highly Qualified Teachers)		주요 교과의 교원은 반드시 우수교원으로 확보하여야 함. 이들 과목을 담당하는 교원은 해당 전공의 학사 학위를 소지함과 동시에 주정부가 요구하는 교원자격증을 소지하고, 전공 분야 교수능력의 측정을 통과하여야 함.
1년차		No Action
2년차		No Action
3 년차	개선 대상학교 1 (Year One of School Improvement) 지정 및 공립학교 선택권 부여	2년 연속 AYP를 보이지 못한 학교들은 '개선 대상 학교(Program Improvement: PI)'로 분류되고 이들 학교를 대상으로 개선을 위한 특별조치가 취해짐. '개선 대상 학교' 신분을 벗어나려면 2년 연속 AYP를 보여주어야 함. '개선 대상 학교'에 다니는 모든 학생들에게 해당 학교 지역교육구는 지역교육구 내 다른 공립학교에 다닐 수 있는 선택권을 부여하며, 이를 위한 통학수단도 제공됨.
4 년차	개선 대상학교 2 (Year Two of School Improvement) 지정 및 보충학습 · 공립학교 선택권 부여	3년 연속 AYP를 보이지 못한 학교의 저소득층학생들에게는 주정부가 인정한 보충학습 제공기관의 과외학습(교사) 등을 통하여 보충학습기회를 부여함. '개선 대상 학교'에 다니는 모든 학생들에게 해당 학교 지역교육구는 지역교육구 내 다른 공립학교에 다닐 수 있는 선택권을 부여하며, 이를 위한 통학수단도 제공됨.
5 년차	시정조치 (Corrective Action) 및 학교 선택권 부여	4년 연속 AYP를 보이지 못할 경우 지역교육구는 교직원 교체, 새로운 교육과정 적용, 학교운영의 자율권 축소, 학교운영을 조언하기 위한 외부자문관 임명, 수업일수나 수업연한의 연장, 학교 내부조직 변경 등의 시정조치를 취하게 됨. '개선 대상 학교'에 다니는 모든 학생들에게 해당 학교 지역교육구는 지역교육구 내 다른 공립학교나 사립학교에 다닐 수 있는 선택권을 부여하며, 이를 위한 통학수단도 제공됨.

NCLB 핵심영역		주요 내용
6~7 년차	구조조정 및 학교 선택권 부여	5년 연속 AYP를 보이지 못할 경우 관할교육청은 해당 학교에 대하여 차터스쿨(Charter School)로 재개교, 교직원 교체, 민간기관의 학교 위탁경영, 주정부로의 학교관할·운영권 편입, 학교운영체계의 개편 등의 내용을 포함하는 구조조정계획을 1년간 수립·시행하게 됨.

주: 위의 제재조치들은 누적적임. 즉, 5년간 AYP를 달성하지 못한 학교는 3년차, 4년차 때 적용되었던 벌칙들도 고스란히 물려받게 됨.

* 출처: Elementary and Secondary Act.

주의 학업성취도 평가시험에서 8개 학생 하위그룹 모두가 '연간 적정 향상도(AYP)'를 달성하지 못하면 해당 학교는 '실패한 학교(failing school)'로 명명되어 연방정부의 재정지원 삭감 등과 같은 제재를 받게 되고, 학교는 교사나 직원 수를 줄이고 학급 규모를 늘려야 하며, 학생들과 교사들에게 종이나 교과서, 계산기, 컴퓨터와 같은 물적 자원의 사용을 자제하도록 요구된다.

한편, 좋은 성적을 낸 학교에 대한 보상으로는 연속적으로 목표를 달성한 학교에 상장을 주거나 탁월한 성과를 낸 교사에게 재정적 보상을 지급한다.

5. 교육재정 성과관리의 향후 과제

우리나라도 미국의 GPRA 성과평가모델을 벤치마킹하여 정부업무평가제도와 성과주의 예산제도를 도입하고 있으며 시·도교육청에서도 성과관리에 많은 노력과 관심을 기울이고 있다. 그러나 우리나라는 성과 중심 예산제도의 도입 초기이므로 성과지표 및 측정기법의 개발 등에 대한 많은 논의가 필요한 실정이다.

첫째, 재정 성과관리의 핵심과제는 정부가 운영하는 사업에 대한 성과결과를 측정하여 그 결과를 향후 사업예산에 반영하는 일이다. 따라서 교육재정의 확보와 배분 등의 재정시스템 운용에 대한 고려가 수반되어야 하며 이에 부합되게 성과관리가 이루어져야 한다.

지방교육재정교부금에 의한 시·도교육청의 의존재원의 비중이 불가피하게 높은 초·중등교육 재정의 세입구조에서는 효율성에 기반한 성과관리는 자칫 왜곡된 정보를 제공할 여지가 있다. 우리나라는 지방자치제가 발달된 선진국에서 나타나는 지역 간에 경제력 불균형에 따른 교육격차가 심화될 수 있다는 우려로 인해 국세 위주의 조세구조를 유지하면서 교부금제도를 통해 시·도교육청의 부족한 재정수입을 충당하고 재정력 격차를 완화시켜 나가는 공평성에 기반한 교육재정구조를 가지고 있기 때문이다.

이에 따라 각 지방자치단체가 서로 다른 인구특성, 교육수준, 생활비용, 고용상태, 조세부담 노력(세율)[12] 등의 여건을 갖고 있고, 이러한 상이한 여건은 교육의 공급비용 차이를 초래하는 선진국의 경우에도 초·중등교육에 대한 성과관리는 매우 제한적으로 도입·활용되고 있을 뿐이다.

그러나 중앙정부의 특별교부금 지원사업이나 시·도교육청 자체의 정책사업, 고등교육재정지원사업 등에서는 철저한 성과관리를 통한 사업관리가 요망된다. 특히 고등교육의 경우 국가의 전략적 목표에 의한 고등교육의 질적 수월성을 확보하기 위한 정책에서는 정부의 지출구조에 따라 편익의 크기가 다르기 때문에 편익의 크기를 제대로 측정하는 것이 무엇보다 중요하다.

둘째, 평가목적에 부합한 평가지표 선정과 평가결과의 실효성 제고가 요구된다. 선진국의 경우, 분권적 재정적 의사결정 시스템하에서 원칙적으로 지방정부(시도교육청)가 교육서비스의 유형과 공급 수준을 자율적으로 결정하며, 그 비용은 교육서비스가 제공하는 편익의 수혜자인 주민과 기업이 지방세와 사용

12) 미국의 경우 매년 세출예산에서 중앙정부로부터의 보조금을 제외한 예산규모를 지역주민의 재산세 부담수준과 연계하여 편성하도록 제도화되어 있다. 따라서 재산세의 세율은 매해 예산규모에 따라 다르게 결정되고 있다. 이러한 경우에는 재산세가 지방정부에서 제공하는 공공서비스의 편익에 대한 대가차원에서 지불하는 세부담이라는 인식을 명확하게 하는 효과가 있다(이영희, 2007).

료로 부담하고 평가결과는 피평가자에게 책임을 물을 수 있는 지위에 있는 학부모와 학생들에게 학교 간 비교가 가능한 형태로 공개되어 지역교육구와 학교의 업무와 서비스를 개선시킬 압력으로 작용하고 있다. 이와 같이 편익의 수혜자가 비용을 부담하는 메커니즘하에서 배분적 효율성이 달성된다. 따라서 지방정부(시 · 도교육청)가 자신이 제공하는 서비스의 수혜자들에게 그 편익과 연계하여 비용을 부담시킬 수 있는 능력과 용의를 지니는 것은 효과적인 재정분권의 필요조건이 된다. 또한 편익의 수혜자들은 서비스로부터 발생하는 편익과 자신들이 부담하는 비용에 대해 주민투표 등의 참여를 통해 반응한다. 이러한 과정을 통하여 주민들에 대한 지방정부(시 · 도교육청)의 재정 책무성은 증진된다(Oates, 1993).

그러나 우리나라의 경우 제한적인 과세자주권하에서 시 · 도교육청은 편익과 부담을 연계시킬 수 있는 능력이 매우 제약되어 있다. 또한 제도적으로도 조세구조가 국세 위주로 되어 있다는 사실로 인해 이러한 연계가 자연스럽게 이루어지는 데는 한계가 있는 것으로 보인다. 반면, 중앙정부는 국세수입을 주요 재원으로 삼는 다양한 유형의 재정이전시스템을 통해 시 · 도교육청 상호 간의 재정을 조정하므로 시 · 도교육청들은 주민들에게 추가적인 부담을 지우기보다는 이전재원을 더 많이 확보하기 위해 서로 치열하게 경쟁한다. 이런 과정에서 시 · 도교육청은 주민들에 대한 책임의식보다는 중앙정부와의 관계에 대해 보다 염려하는 경향이 나타난다.

따라서 비배제성과 비경쟁성 등 공공재적 특성의 의무교육체제에서는 효율성과 경제성보다는 지방교육재정 확충, 시 · 도교육청 간 재정 배분의 형평성, 시 · 도교육청의 재정운용에 대한 책무성의 확보가 중요하며 이에 따라 성과관리도 투입-산출 중심의 평가지표가 강조되어야 하며, 특정 대상의 질적 수월성을 확보하기 위한 재정사업에 대해서는 효과성, 효율성, 경제성을 측정하는 평가지표가 강조되어야 한다.

셋째, 평가방법의 과학화와 체계화가 구축되어야 한다. 교육부의 성과관리는 종국적으로는 교육과 인재양성의 효과를 측정하고자 하는 것이기 때문에 근본적으로 성과관리라는 시스템만으로는 측정할 수 없는 본질적 한계점을 안고 있다. 즉 최종 결과지표는 학생들의 학력이나 기본소양, 대학 경쟁력과 같은 것들인데 이런 것들은 측정이 매우 어려운 것이다. 물론 각 세부사업에 따라서는 단순한 성과측정이 가능하고 용이한 경우도 많지만, 교육과 성과측정 간의 내재적 불일치성을 간과해서는 안 될 것이다.

일례로 정책목표로 교육과정 개편, 교수역량 및 학습력 제고, 교육 인프라 확충 등을 통한 대학 교육역량의 질적 수준 제고를 제시한 교육역량강화사업의 경우, 2011년 교육과학기술부는 성과지표로 선정대학의 졸업생 취업률과 선정대학의 재학생 충원율로 설정하였다. 졸업생 취업률과 재학생 충원율은 통상적으로 대학교육의 성과변수로 활용되고 있는 변수이기는 하나 교육역량의 의미와 교육역량 강화를 통하여 배출하고자 하는 인재와 어떤 인과관계를 형성하고 있는지에 대한 관계를 규명하기가 어려우며, 또한 학생의 수도권 대학 편입 문제로 재학생 충원에 어려움을 겪는 지방대학의 경우엔 재학생 충원율이 지방대학의 질적 하락 문제가 아닌 우리나라의 경제구조나 정책과의 관련성으로 해석이 가능할 수 있다는 측면에 대한 고려가 없다는 점이 지적되었다(백성준 외, 2010; 김병주 외, 2011).

이는 정책목표인 교육역량에 대한 개념적 정의에 대한 지속적인 이론적 탐색을 요구한다 할 것이다. 그리고 이러한 이론적 논의에 기초해 조작적 정의를 하고 이를 통해 성과지표가 도출된다면 대학의 교육역량을 강화하고자 하는 당 사업의 목표를 성취하는 데 효과적일 것이다.

넷째, 신뢰할 수 있는 성과정보의 체계적 축적이 요구된다. 교육효과는 장기간의 시차를 두고 나타날 수 있으며, 또한 장기간에 걸쳐 나타나기 때문에 이러한 특성을 반영하여 중장기적 관점에서 성과정보를 관리할 필요가 있다. 대부분 단년도 성과를 중심으로 시행되고 대상사업이나 평가지표 또한 매년 바뀔 수도 있는 상황을 고려할 때 현행 성과평가는 근본적인 문제를 내포하고 있다. 그럼에도 불구하고 정부 각 부문 중 교육 부문만 떼어 내어 성과관리를 하지 않거나 별도의 방식으로 관리할 경우 예산운용의 효율성 추구라는 범정부적 목적을 달성할 수 없게 되기 때문에 문제가 된다. 따라서 교육의 특성을 어떻게 적절히 반영하면서 성과관리제도 도입의 장점을 잘 활용할 수 있도록 할 것인가는 중요한 과제가 아닐 수 없다.

참고문헌

감사원 평가연구원(2006). 공공부문 평가제도 실태조사.

감사원 평가연구원(2007). 재정사업에 대한 성과평가의 현황과 문제점.

강영철 · 이종한(2010). 정부지원사업에 대한 성과평가시스템 연구: 사회복지 분야를 중심으로. 서울: 한국행정연구원.

강인재(2009). 지방재정사업의 효율성 제고를 위한 통합사업관리시스템 구축방안. 지방재정과지방세, 22, 37-50. 한국지방재정공제회.

강황선 · 권용수(2004). 조직성과평가에 관한 공무원의 수용성 제고방안: 성과평가 체제의 제도적 요인을 중심으로. 한국행정논집, 16(4), 789-891.

고경훈 · 박해육(2005). 지방자치단체 성과관리시스템 구축에 관한 연구: Balanced Scorecard를 중심으로. 지방행정연구, 19(3), 185-211.

고영선 · 윤희숙 · 이주호(2004). 공공부문의 성과관리. 서울: 한국개발연구원.

공병천(2003). 기관평가와 성과주의 예산의 연계방안에 관한 연구. 서울: 한국행정연구원.

교육과학기술부(2012a). 2012년도 대학 교육역량강화사업 기본계획.

교육과학기술부(2012b). 2013년 시도교육청 평가계획 발표. 보도자료(2012년 8월 31일).

교육인적자원부(2003). 교육예산 성과관리제도 업무편람.

교육인적자원부(2004a). 2004년 주요 업무계획.

교육인적자원부(2004b). 2005년도 성과계획서(안).

교육인적자원부(2005). 성과관리(BSC)의 이해 및 적용.

교육인적자원부(2005). 통합성과관리 방안.

국무조정실 정책평가위원회(2006). 정부업무 평가 결과.

국무조정실 정책평가위원회(2006). 정부업무평가 보고회.

국회예산정책처(2009). 2010년도 성과계획서 평가: 각부처별 성과계획서 검토 및 평가.

국회예산정책처(2010). 국내외 재정운용 평가현황과 평가체계 개선에 관한 연구.
기획예산위원회(1999a). 외국의 성과관리제도: 미국의 정부성과 및 결과에 관한 법률(GPRA)을 중심으로. 보도참고자료.
기획예산위원회(1999b). 성과주의예산제도 추진. 보도자료.
기획예산위원회(1999c). 성과지표의 개발 및 향후 활용계획. 보도자료.
기획예산처(2003a). '부처자율편성 방식' 시범사업 대상기관 선정. 보도자료.
기획예산처(2003b). 성과관리제도 시행 방안. 보도자료.
기획예산처(2003c). 성과관리제도 업무편람.
기획재정부(2012). 2012년 국고보조사업 운용평가 편람.
기획재정부(2013). 재정사업자율평가 지침.
김병주 · 나민주 · 송경오 · 정성수(2011). 교육역량강화지원사업 3개년 성과분석 및 2011년도 사업설계. 대전: 한국연구재단.
김영준 · 라은종(2005), 교육행정부문의 BSC 적용에 관한 연구: 교육인적자원부 사례를 중심으로. 교육인적자원부.
김재홍 · 김태일(2001). 공공부문의 효율성 평가와 측정. 서울: 집문당.
김주후 · 김주아(2006). 교육성과를 포함한 책무성 중심 학교평가 모형 개발 및 적용. 교육평가연구, 19(3), 21-43.
김진영(2002). 교육재정의 효율성 제고를 위한 연구: 성과평가를 중심으로. 서울: 한국조세연구원.
김태룡 · 안희정(2007). 성과평가에 대한 연구경향: 성과평가지표를 중심으로. 한국행정논, 19(4), 1097-1118.
김태완(2003). 교육예산 성과지표 개발. 교육인적자원부.
김현철 · 한유경 · 박정수(2000). 성과지향 지방교육예산 도입을 위한 방안 연구. 교육부 정책과제 연구보고서.
나태준 · 이남국(2005). 교육예산 성과목표체계개발연구(II). 교육인적자원부.
남창우 · 이명숙(2008). 공공부문의 BSC수용성 및 조직성과의 영향요인 분석: 조직구성원의 인식을 중심으로. 한국행정학보, 42(3), 165-190.
라휘문(2012). 경기도 일자리 지원사업에 대한 평가모형의 설계. 한국정책연구, 12(3), 131-155.

박기백 · 이재원(2001). 성과주의 예산제도-시범 16개 기관에 대한 평가.

박기백 · 최준욱(1999). 예산제도의 개혁: 성과주의를 중심으로. 서울: 한국조세연구원

박기백(2003). 성과주의 예산제도. 서울: 한국개발연구원.

박중훈(1999). 결과중심의 성과측정 및 성과관리체제에 관한 연구. 서울: 한국행정연구원.

박충훈(2009). 지방정부의 성과평가방식 비교연구. 수원: 경기개발연구원

박해육(2007). 지방자치단체 성과관리제도의 비교 및 통합방안. 지방행정연구, 21(2), 117-149.

백성준 · 이희수 · 채창균(2010). 교육역량 강화사업 성과관리 개선방안 연구. 서울: 한국직업능력개발원.

석기준 · 정지선 · 홍선이(2005). 재정지원사업 평가의 신뢰성에 관한 연구. 산업경제연구, 18(4), 1739-1760.

윤성채 · 임준형(2009). 재정사업자율평가제도가 예산결정에 미친 영향: 재정사업에 대한 PART평가를 중심으로. 한국행정논집, 21(4), 1247-1269.

윤수재 · 이광희 · 홍재환(2009). 성과관리제도에 대한 해외사례 비교분석: 영국, 캐나다, 뉴질랜드. 서울: 한국행정연구원.

윤수재 · 장용진(2011). 성과평가모형 적용을 통한 정부업무평가의 실태분석 및 개선방안 연구. 서울: 한국행정연구원.

이광희 외(2006). 정책평가와 성과관리. 서울: 대영문화사.

이석환(2004). 균형성과표(BSC)에 대한 이해와 공공부문의 성과관리. 행정포커스, 10-19. 한국행정연구원.

이영희(2007). 부동산 보유과세 세부담의 공평성 분석. 지방행정연구, 21(3), 157-177

이윤식 외(2006). 정부성과관리와 평가제도: 주요 선진국 사례를 중심으로. 서울: 대영문화사.

이윤식(2007). 우리나라에 있어서 성과관리를 위한 평가의 개선방안에 관한 연구. 정책분석평가학회보, 17(3), 1-30.

이윤식(2010). 정책평가론. 서울: 대영문화사.

이인섭 · 금재덕(2007). 성과관리 시행계획(성과계획) 수립 및 평가 방법. 국가예산정책처.

이창균(2006). 자치단체의 재정운용 책임성 제고에 관한 연구. 지방행정연구, 20(4), 183-206.

임동진(2004). 미국 지방정부 성과평가 연구를 통한 지방정부 성과평가체계 구축에 관한 연구. 지방행정연구, 8(3), 73-93.

임동진(2009). 환류요인이 환류활동과 업무성과에 미치는 효과분석 : 우리나라 중앙행정기관성과관리제도에 있어서. 한국행정연구, 18(2), 225-251.

정제련 · 공병천(2010). 국내외 재정운용 평가현황과 평가체계 개선에 관한 연구. 국회예산정책처.

제갈돈 · 김주환 · 김흥률 · 이윤식(2006). 성과관리를 위한 우리나라 평가지표체계의 개선방안에 관한 연구. 한국거버넌스학회보, 13(2), 217-248.

제갈돈 · 제갈욱(2008). 새로운 정부업무평가제도의 발전을 위한 개선방안 모색. 정책분석평가학회보, 18(1), 650-99.

조이현(2005). 중소기업지원사업 성과평가 모형 연구. 서울: 중소기업연구원.

조형석 · 문상호(2007). 지방하수도사업의 효율성 평가 : DEA와 Tier분석을 중심으로. 지방행정연구, 21(1), 123-151.

중앙인사위원회(2005). 직무성과계약제 운영지침.

최영출(2006). 영국 공공부문 성과관리제도. 평가리뷰, 1(1), 115-125.

한국대학교육협의회(2012). 2012년 대학기관평가인증 결과 발표 보도자료.

한유경(2007). 교육재정 성과관리의 예비 진단과 발전 과제. 교육재정경제연구, 16(2), 101-123.

한인섭(2006). 성과측정체제의 도입 실태와 성과정보 활용의 영향요인: 정부투자기관, 정부산하기관 및 지방공기업을 중심으로. 한국행정학보, 40(3), 245-266.

행정안전부(2012). 예산편성 운영기준 및 기금운용계획 수립 기준.

Ammons, D. N. (2004). *Leading Performance Management in Local Government*. Washington, D.C.: International City/County Management Association.

Behn, R. D. (2001). *Rethinking democratic accountability*. Washington, D.C.: Brookings Institution Press.

Behn, R. D. (2003). Why Measure Performance? Difference Purposes Requires Different Measures. *Public Administration Review*, *63*(5), 586-606.

Berne, R., & Schramm, R. (1986). *The Financial Analysis of Governments.* Englewood Cliffs, NJ: Prentice-Hall.

Cardy, R. L. (2004). *Performance management: concepts, skills, and exercises.* NY: M.E. Sharpe, Armonk.

Davies, I. C. (1999). Evaluation and Performance Management in Government. *Evaluation*, *5*(2), 150-159.

Fisher, R. C. (2010). The State of State and Local Government Finance, Federal Reserve Bank of St. Louis Regional Economic Development, 6(1).

GAO. (1997). *Performance Budgeting: Past Initiatives Offer Insights for GPRA Implementation.* Washington, D.C.: GAO.

GAO. (2001). Performance and Accountability Series: Major Management Challenges and Program Risks -A Government wide Perspective, GAO-01-241.

GAO. (2002). Performance Budgeting: Opportunities and Challenges, GAO-02-1106T.

GAO. (2003). Performance Budgeting: Current Developments and Future Prospects, GAO- 03-595T.

GAO. (2004). Performance Budgeting: Observations on the Use of OMB's Program Assessment Rating Tool for the Fiscal Year 2004 Budget, GAO-04-174.

Groves, S. M., & Valente, M. G. (1994). *Evaluating Financial Condition: A Handbook for Local Government* (3rd ed.). Washington, DC: ICMA.

Hargrove. E. C. (1975). *The Missing Link: The Study of the Implementation of Social Policy.* Washington: Urban Institute Press.

Hay, L. E. & Wilson, E. E. (1995). *Accounting for Governmental and Nonprofit Entities.* Homewood, IL: Irwin.

HM Treasury (2001). *Managing Resources: Analysing Resource Accounts.*

HM Treasury (2010). *Spending Review 2010.* HM Treasury.

Kaplan, R. S., & Norton, D. P. (1996). *Translating Strategy into Action: The Balanced Scorecard.* Boston: Harvard Business School Press.

Martin, L., & Kettner, P. (1996). *Measuring the performance of human service programs*. Thousand Oaks, CA: Sage.

Melkers, J. E., & Willoughby, K. G. (2001). Budgeter's Views of State Performance Budgeting Systems: Distinction across Branches. *Public Administration Review*, *61*(1), 54-64.

Niven, P. R. (2002). *Balanced Scorecard Step-by-Step for Government and Nonprofit Agencies*. NY: John Wiley & Sons, Inc. 삼일PwC컨설팅 역(2005). 정부와 공공부문 BSC-성과관리체계 구축 방법론. 서울: 시그마인사이트컴.

Niven, P. R. (2008). *Balanced scorecard for government and nonprofit agencies* (2nd ed.). John Wiley & Sons Inc.

NPMAC (2010). A Performance Management Framework for State and Local Government. National Performance Management Advisory Commission.

Oates, W. (1993). Fiscal Decentralization and Economic Development. *National Tax Journal*, *46*(2), 237-243.

Patton, M. Q. (1997). *Utilization-focused evaluation: The new-century text*. Thousand Oaks, CA: Sage.

Perrin, B. (1999). Effective Use and Misuse of Performance Measurement. *American Journal of Evaluation*, *20*(1).

Politt, C. (2002). Integrating Financial Management and Performance Management. *OECD Journal on Budgeting*, *1*(2), 7-37.

Radin, B. A. (2000). The Government Performance and Results Act and The Tradition of Federal Management Reform: Square Pegs in Round Holes? *Journal of Public Administration Research and Theory*, *10*(1), 111-135.

Radin, B. A. (2006). Testmony before the Senate Homeland Security and Government Affairs Sub-committee on Federal Financial Management, Government information and International Security.

Rogers, S. (1999). *Performance Management in Local Government: The Route to Best Value*. London: Financial Times Pitman Publishing.

Rossi, P. et al. (2004). *Evaluation: A Systematic Approach*. Sage Publications.

Stern, C. W., & Deimler, M. S. (2006). *The Boston Consulting Group on Strategy: Classic Concepts and New Perspectives*. NY: John Wiley & Sons Inc.

Stufflebeam, D. L. (2001). *Evaluation Models: New Directions for Evaluation*. San Francisco: Jossey-Bass.

Taylor-Powell, E. (1998). *Program Development and Evaluation. Planning a Program Evaluation*. University of Wisconsin.

Weiss, C. H (1998). *Evaluation: Methods for Studying Programs and Policies*. Upper Saddle River, NJ: Prentice-Hall Inc.

Weiss, C. H., Murphy-Graham, E., & Birkeland, S. (2005). An alternate route to policy influence: Evidence from a study of the Drug Abuse Resistance Education (D.A.R.E.) Program. *American Journal of Evaluation, 26*, 12-31.

Wholey, J. (1999). Performance -Based Management -Responding to the Challenges. *Public Productivity & Management Review, 22*(3), 288-307.

제 15 장 미래사회와 교육재정

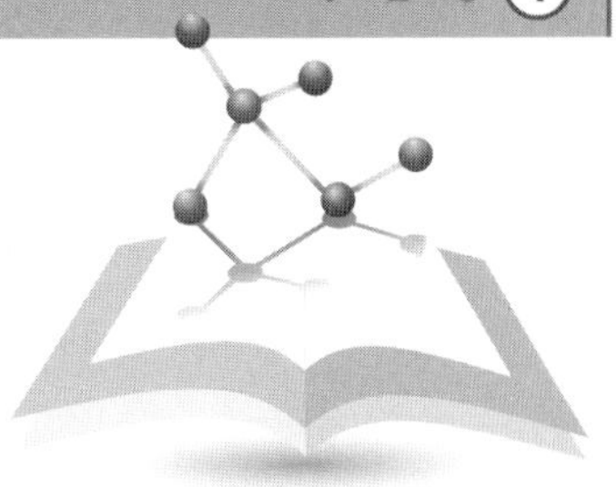

미래사회는 아직 오지 않은 사회이다. 미래는 앞으로 발생할 수 있는 가능한 미래, 현재의 추세를 고려할 때 가능성이 높은 있음직한 미래, 그리고 사람들이 발생하기를 바라는 희망하는 미래와 같은 복수의 미래가 있다. 사회개선을 추구하는 정책가들은 환경의 변화에 따라서 예측될 수 있는 다양한 복수의 미래사회를 추정하고, 가장 가능성이 높은 있음직한 미래를 사람들이 희망하는 미래로 변화하고자 노력한다.

우리나라에서는 해방 이후 많은 선각자들이 우리나라의 미래사회를 희망하는 바람직한 사회로 바꾸기 위해서 교육에 많은 힘을 기울였다. 그 결과, 우리나라는 개발되고 축적된 인적자본을 통해서 세계에서 유래가 없는 급속한 경제성장을 이룩하였다. 그러나 앞으로의 미래사회는 과거와는 크게 다른 사회가 될 것이기 때문에 이러한 미래사회에서 요청되는 교육의 모습을 새롭게 디자인하고, 이를 위해 재정투자가 적절히 이루어지는 것은 매우 중요한 과제이다.

교육재정은 교육목표를 달성하기 위해 필요로 하는 재정적 자원을 확보하고, 배분하고, 지출하는 일련의 활동이다. 미래사회에서 우리나라의 교육활동을 수행하기 위해 필요한 재정적인 자원을 충분히 확보하고, 이를 평등하고 공정하게 배분하며, 보다 효율적으로 지출할 것인지 등은 교육재정학의 중요한 주제이다. 미래사회의 교육재정 과제를 파악하기 위해서는 미래사회의 변화될 모습을 전망하고, 미래사회의 교육은 어떤 특징과 모습을 가지게 될 것인지를 먼저 살펴보아야 한다. 이 장에서는 미래사회의 변화, 교육적 특징과 모습, 그리고 미래사회의 교육재정 과제를 중심으로 논의한다.

1. 미래사회의 변화

우리 학생들이 생활하게 될 미래사회, 즉 향후 10년 후 내지 20년 후에 나타날 중요한 현상으로서 세계화 또는 글로벌 시대, 정보기술 발달의 가속화, 저출산 및 고령화 사회, 가치관과 생활양식의 변화, 사회·경제적 양극화, 남북관계의 변화 등이 지적되고 있다(박재윤 외, 2010; 유현숙 외, 2011; 이혜영 외, 2007). 특히, 세계화와 정보화로 인한 직업세계 및 생활환경의 변화, 저출산 고령화로 인한 인구구조의 변화, 가치관과 생활양식의 변화, 사회 양극화의 심화 등은 미래사회에서 교육의 목표와 기능은 물론이고 교수-학습공간, 교육내용과 방법, 그리고 교육제도 전반에 걸쳐서 큰 변화를 초래할 수 있다. 이 뿐만 아니라 우리나라의 경우 남북관계의 진전 및 변화도 미래사회의 교육에 영향을 미치는 주요한 사안들이다.

1) 세계화 또는 글로벌 사회

세계화는 자본과 상품, 노동, 기술, 서비스, 정보 등이 국가 간 장벽을 넘어서 자유롭게 이동되는 현상이다. 예컨대, 다국적 기업을 통한 해외투자의 규모와 흐름은 매우 빠르게 증가되고 있으며, 정부 간 기구 및 국제 NGO의 급격한 증가 등이 나타나고 있다. 우리 사회의 세계화 실태와 수준을 정확히 파악하고, 세계화의 흐름 속에서 새로운 발전의 계기로 만들어야 한다. 구체적으로 노동시장의 국경이 사라지고 노동자의 국제적 이동이 많아지고 있기 때문에 국내에서 양성된 인력이 국제 경쟁력을 갖추도록 교육체제를 정비하는 것이 매우 중요한 과제이다.

또한, 세계화로 인한 국제 인구 이동의 증가에 따라 국제결혼 증가, 외국인 근로자의 유입, 외국인 유학생 증가 등 다양한 이유로 지난 20여 년 동안 외국인의 국내 유입이 빠른 속도로 진행되어 1990년 약 5만여 명에 불과했던 국내 체류 외국인은 2010년 약 118만여 명으로 20년 동안에 20배 이상으로 증가되었다(김종욱 외, 2010). 특히, 결혼이민자와 그 자녀의 수는 2009년 266,774명에서 2020년에는 653,554명으로 크게 늘어날 것으로 전망되고 있다. 이런 측면에서 2009년 우리 사회가 다문화사회의 진입단계라면 2020년에는 본격적인 다문화사회가 전개될 것이다(설동훈 외, 2009).

이와 같이 국제적인 인적자원 교류가 증가하면서 우리나라 인구구성이 보다 다양해져 다문화 사회의 심화 현상이 나타날 것이다. 이는 학교교육에서 국제이해교육, 다문화 교육, 다문화 교육체제, 외국인을 대상으로 한국어교육지원, 외국어 능력을 겸비한 교사의 구축 등이 중요한 과제로 부각될 것이다.

2) 정보기술의 가속화

미래사회는 정보통신공학이 더욱 발달하게 될 것이며, 이를 포함한 생명공학, 나노공학, 환경공학 등의 첨단 과학기술 및 각 기술 간의 융합이 고도화될 것이다. 정보통신공학의 발달로 미래사회에서는 정보통신기술이 보편적으로 활용하는 사회로 변화될 것이다. 이러한 정보기술의 발달과 지식의 폭발적 증가로 인해 교사-교과서-학생으로 구성되는 기존의 학교교육 형식과 기능, 방식이 크게 변화될 것이다. 미래 우리사회에서는 전자교사(e-teacher), 사이버 학습, e-teaching(가상의 교사를 통한 학습)이 실현될 것이다. 또한 학교 학습의 비중이 감소되고 사회학습의 비중이 확대됨으로써 교육체제 전반의 변화를 가져오게 될 것이다.

3) 저출산 및 고령사회의 진입

고령화와 저출산, 가족구조의 변화 등으로 인해 인구구조가 변화될 것이다. 2011년 통계청의 보고에 의하면, 우리나라는 2016년 이후로 고령인구가 유소년 인구를 초과하게 되면서 2018년 생산 가능 인구가 점차 감소하는 고령사회(14.3%)에 진입하고, 2016년에는 초고령사회(20.8%)에 도달할 것으로 전망되고 있다. 우리나라의 인구구조의 불균형은 저출산율과 맞물려서 더 심화될 것으로 보인다. 고령사회의 도래에 따라 생산연령인구의 감소, 노인 피부양인구의 급증으로 경제성장동력의 기반이 붕괴되는 등 경제적 위기에 처하게 될 것이다. 생산연령인구의 부족으로 정부의 세입기반이 감소하는 반면, 노인 피부양 인구의 증가로 사회보장 부담은 늘어나 국가재정수지가 악화될 것이다.

저출산으로 인해서 우리나라의 학령인구는 급격하게 감소되어 교육체제에 변화를 초래할 것이다. 예컨대, 중학교 학생수는 2010년에 약 196만여 명에서 2020년 129만여 명, 2030년에 약 113만여 명으로 감소될 전망이다. 또한, 고등학교 학생수는 2010년에 약 207만여 명에서 2020년 136만여 명, 2030년에 약 117만여 명으로 감소할 것으로 전망되고 있다(이혜영 외, 2007). 이에 따라 소규모 학교의 통폐합 및 유휴교실 활용이 늘 것이며, 학급당 학생수의 감소에 따라 새로운 교수-학습방법이 개발되고 적용될 것이다.

4) 가치관과 생활양식의 변화

미래사회에는 개인주의 가치가 보다 우세해짐으로써 개성과 다양성이 중시될 것이다. 즉, 과거 우리 사회의 권위주의적, 가족주의적, 연고주의적인 사회관계에 기초한 집단주의적 가치가 약화되고 개인의 인권과 가치관의 다양성이 중시되는 사회로 변화될 것이다. 이에 따라 다원화된 사회에서 타인의 다양한 가치와 정체성을 인정하는 다양성의 관점과 더불어 사는 공존을 위한 교육의 중요성이 부각될 것이다.

5) 사회 · 경제적 양극화

우리 사회에서 기존의 중산층이 상류층과 하류층으로 편입되는 상황이 뚜렷하게 나타남으로써 사회 양극화 현상이 심화되고 있다. 이러한 양극화 현상은 학력, 직업, 수입과 같은 전통적인 요인뿐만 아니라 정보자원의 획득과 활용에서도 나타나고 있다. 미래사회의 특징인 지식기반사회와 정보화의 심화로 지식이 부의 원천이 됨에 따라 지식창출 능력에 따라 국가 간, 지역 간, 사회계층 간 지식 및 정보의 격차가 나타나고 이는 다시 부의 격차로 이어질 것이다. 우리나라에서도 이러한 소득 및 학력 양극화를 해소하기 위해 복지예산이 그만큼 증가되고 있다. 즉, 저소득층 학생에 대한 학습지원프로그램 대책, 지역 간 교육여건 및 학력 격차 등을 해소하기 위한 지원대책 등이 강화될 것이다.

6) 남북관계의 변화

남북한의 지속적인 관계개선으로 2030년경에 우리 사회는 통합된 국가가 될 것이다. 통일한국에 대한 전망이 있지만, 통일이 된 후에도 환경문제, 에너지 문제, 경제위기 등의 문제들이 예상될 수 있다. 즉, 이질적인 경제제도와 발전 격차를 지닌 남북한 사회의 경제를 통합하는 데 막대한 통일 비용이 소요될 것이다. 따라서 남북한 주민들 간의 갈등을 줄이기 위해서 남북한 과거의 청산 및 의식의 동질화과정이 필요하면, 이를 위한 교육과 정책이 필요할 것이다(박재윤 외, 2010). 구체적으로 서독의 경우처럼 북한 출신 학생 혹은 북한 소재 학교의 교육 수요가 크게 증가할 것이다. 이를 위해서 통일을 대비한 교육과정 준비, 북한 이해 교육 등이 중요한 과제로 부각될 것이다.

2. 미래사회 교육의 특징

미래사회의 변화추세에 따라 향후 미래사회의 교육적 특징으로는 학자에 따라 여러 가지 내용이 지적되고 있다(김명수, 2013; 박재윤 외, 2010; Trilling & Fadel, 2009). 이러한 미래사회의 교육적 특징으로는 교육의 질적 수준 향상, 교육연한의 증대와 생애교육의 강화, 교육복지서비스의 증대, 교육의 사회통합기능 확대, 정보화 IT 교육 강화 등이다.

1) 교육의 질적 수준 향상

우리나라는 그동안 교육의 양적 성장에 집중하여 산업화 시대에서 세계에서 유래없는 경제성장을 성공적으로 이루어 낸 국가가 되었다. 특히, 교육은 저비용 고효율을 추구하여 경제성장을 이끄는 우수한 인력 양성에 기여하였다(이종재 외, 2006). 그러나 이제는 그동안 상대적으로 부족했던 교육의 질적 수준을 향상하여 미래사회에 적합환 교육환경과 여건을 조성하는 데 초점을 두어야 할 것이다.

특히, 오늘날 우리 사회는 저출산에 따라서 한 가구 한 자녀가 크게 증가되고 있기 때문에, 학부모들의 자녀교육에 대한 관심도와 질적 수준에 대한 교육적 요구가 더욱 높아지고 있다. 이에 따라 노후화된 교육환경 개선, 교과교실제의 도입, 교사의 전문성 향상을 위한 교육연한 증대 등이 강조될 것이다.

이와 아울러 산업화 시대에 적합했던 학교교육의 교육목표, 교육내용, 교육방법 등이 전반적으로 바뀌어야 할 것이다. 즉, 미래사회에서 생활하는 데 필요한 핵심 역량과 기술의 배양이 강조되어야 할 것이다(Trilling & Fadel, 2009). 예컨대, 기존에 강조되어 오던 지적인 학습뿐만 아니라 취업을 위한 교육, 타인과 더불어 사는 교육, 변화되는 사회에 적합한 창의성 교육, 자신의 삶의 목표를 설정하고 주도적으로 추구해 나가는 자율적이고 전인적인 교육 등이 이루어지기 위해 오늘날의 학교교육이 획기적으로 변화되어야 할 것이다.

2) 교육연한의 증대와 생애 교육의 강화

국민의 교육연한이 증대되어 고등교육의 보편화가 이루어질 것이다. 이에 따라 고등교육에 대한 공공재원의 지원이 보다 강조될 것이다. 한편, 미래사회에서는 국가 간 인적자원 및 지식의 이동성이 높아지면서 한국인 해외 유학생이 증가될 것이다. 또한 우리 정부 및 대학의 유치노력, 저렴한 유학경비, 한류 등의 영향으로 국내 대학의 외국인 유학생도 지속적으로 증가되어 교육시장의 글로벌화가 가속화될 것이다(유현숙 외, 2011).

더욱이, 미래사회에는 고령화현상이 심화됨에 따라 정규 학교교육 이수 후 취업, 직장을 다니는 동안 재교육, 그리고 직장 퇴직 후에도 새로운 사회생활을 위해서 재취업을 위한 교육 등 다양한 정규 및 비정규 교육을 일생에 걸쳐서 주기적으로 학습하게 될 것이다. 이에 따라 국민 다수가 생애학습을 필요로 하게 되고 다양한 교육기관에서는 학습자의 생애 교육프로그램을 개발하고 제공해야 할 것이다.

3) 교육복지서비스의 증대

우리 사회에서는 국민들의 보편적 복지에 대한 요구가 증가하고, 정치인들이 이를 이슈화하면서 국민의 보편적 복지가 확대되고 있다. 이러한 사회의 전반적인 흐름에 따라 국민의 교육복지에 대한 요구도 증가될 것이다. 이와 함께 초등학교 6년에서 중학교 3년까지의 현행 의무교육제도의 대상과 연한이 확대될 것이다. 아울러, 유아교육의 공교육화 요구가 더 강화될 것이다. 교육의 효율성 차원에서도 유아교육에 대한 투자 확대가 강조될 것이다. 미래사회에서는 지구온난화, 환경오염 등으로 인한 생태계 파괴, 지역 간·인종 간·종교적 분쟁 등으로 지적, 정서적, 신체적 장애 등을 지니는 아동이 증가될 수 있다. 따라서, 다양한 장애를 지닌 아동들의 교육적 필요를 반영하기 위한 특수교육의 중요성도 더욱 강조될 것이다.

4) 교육의 사회통합기능 확대

미래사회에서는 글로벌화가 더욱 심화됨에 따라 우리나라에 진출하는 외국인 근로자, 국제결혼을 통한 다문화가정이 급격하게 증가될 것이다. 따라서 다문화 자녀들을 대상으로 하는 다양한 교육적, 의료적, 복지적 서비스가 급격하게 증가될 것이다. 이에 따라 그동안 기관별로 독립적으로 제공되어 오던 기초학력 향상, 급식서비스, 복지 및 의료, 상담, 돌봄 서비스 등 유관서비스가 통합되고 이러한 기관들 간의 업무 네트워킹이 강화될 것이다.

5) 정보화 IT 교육강화

미래사회에서는 디지털 시대가 보다 가속화될 것이다. 미래사회에서 우리나라가 디지털 분야에서 경쟁력을 가지고 세계를 주도하기 위해서는 디지털 환경에 적응하고 디지털을 창의적으로 활용하는 능력을 어려서부터 갖추는 것이 필수적이다(Trilling & Fadel, 2009). 따라서, IT 기술의 지속적인 발달로 인해서 각급 학교에서 학생들을 위한 IT 학습도구들을 지속적으로 구입하고 활용하는 재정적인 소요는 계속해서 증대될 것으로 보인다.

3. 미래사회의 교육재정 과제

미래사회에서도 교육부문에서 필요로 하는 재정적인 자원을 충분히 확보하는 문제가 중요한 과제로 다루어질 것이다. 즉, 오늘날 복지사회를 추구하는 국민의 요구 수준이 증가될 뿐만 아니라 사회 각 부문에서도 보다 많은 재원투자를 요구하게 될 것이다. 한편, 교육부문에서도 질적 수준 향상을 비롯한 다양한 요구로 인하여 적정수준의 재정투자 필요성은 여전히 중요한 과제가 될 것이다. 이와 함께 확보된 재원배분의 평등성과 형평성에 대한 기준도 더욱 강화될 것이다. 즉, 지역별 · 성별 · 설립별 등 교육단위 및 학습자에 대한 재원배분의 평등성뿐만 아니라 학습자의 특성을 고려한 적극적인 차등배분의 요구도 한층 증대될 것이다. 또한, 재정지출의 효율성과 책무성, 재정과정에 대한 투명성 및 재정정보의 공개 등에 대한 요구도 더욱 높아질 것이다. 특히, 투입된 자원으로 설정된 교육목표를 어느 정도 달성했는가에 대한 정보를 납세자들인 국민들에게 알리고 설명하는 책무성의 가치는 보다 중시될 것이다. 이러한 여러 가지 교육재정정책의 가치와 이념은 때때로 상호 갈등적인 상황이 발생되기 때문에 이러한 여러 목표를 조화롭게 달성하는 것이 미래사회의 중요한 교육재정의 과제이다.

1) 교육재정의 확보

미래사회에서 요구되는 교육여건의 개선뿐만 아니라 교육의 질적인 향상을 위해서 충분한 교육재정을 안정적으로 확보하는 문제는 여전히 중요한 정책과제로 대두될 것이다. 즉, 학급당 학생수 감축을 위한 교원의 확보, 고등학교 수준으로의 의무교육 확대, 유아교육의 공교육화 및 무상의무교육, 특수교육지원 확대, 교육복지비 증가, 교육환경 및 시설 개선, IT 교육, 고등교육, 평생교육 및 노년교육, 교육 ODA 및 국제협력 등이 원활히 이루어지기 위해서 적정 수준의 교육재정의 확보는 여전히 중요한 과제이다. 이러한 교육재원을 확보하기 위해 저출산에 따른 학생수 감소추세를 고려한 교육재정 규모의 산출이라는 소극적이고 근시안적인 경제논리가 아니라 인적자원 개발 및 축적을 통한 미래 국가사회의 교육경쟁력을 확보하기 위한 투자로서 교육을 인식하는 발상의 전환이 필요하다.

(1) 의무교육의 확대

우리나라는 초등교육 6년, 중등교육 3년을 의무교육으로 규정하고 있으며, 의무교육은 무상으로 실시하도록 제도화하고 있다. 이에 따라 1985년에 중학교 의무교육을 도서벽지중학교부터 단계적으로 실시하면서 현재는 9년간의 의무교육이 실시되고 있다. 현재 우리나라의 고등학교 취학률은 92%를 상회하고 있어서 이미 고등학교 과정은 의무교육에 준하는 상황이라고 볼 수 있다. 그러나 고등학교 과정에서 무상교육이 이루어지고 있지 않기 때문에 고등학교 과정도 의무교육으로 인정하고 이를 무상으로 실시해야 한다는 목소리가 정치권 등에서 제기되고 있다. 실제로 2011년부터 전문계고 학생들에게 수업료 및 입학금 전액을 면제하는 무상교육이 실시되고 있다. 고등학교 과정까지도 무상교육 실시를 위해서 필요한 재정확보가 중요한 과제이다.

(2) 유아교육의 보편무상교육

저출산으로 인한 인구감소가 중요한 사회문제로 대두되면서 인구감소 현상을 완화할 수 있는 열쇠로서 유아교육에 대한 기대는 세계적으로 매우 높아지고 있다. 이러한 사회경제적인 요구 이외에도 유아학습 및 발달이라는 본질적 차원에서도 유아교육의 중요성에 대한 인식이 높아지고, 유치원 및 보육시설에 취원한 유아의 비율이 높아지고 있다. 2009년을 기준으로 만 3세에서 5세 사이 유아의 유치원 및 보육시설 취원율 전체는 81.7%에 해당하지만 이미 100%에 가까운 유아 취원율을 보이는 다른 OECD 국가에 비해서 여전히 부족한 실정이다(박재윤 외, 2010).

우리나라에서는 유아교육의 공교육화, 누리교육과정 실시, 유아교육기관 교원의 인건비 현실화 등의 정책적 과제로 인해 유아교육 부문에서의 재정적인 수요가 급증하고 있다. 구체적으로 2011년에 표준교육과정과 유치원교육과정이 누리과정으로 통합되면서 만 5세 공통과정이 실시되고, 2012년부터 만 5세의 모든 아동에게 어린이집 보육비와 유치원 교육비, 0~2세 모든 아동에게 어린이집 이용 지원단가를 전액 지원하고 지원단가를 연차적으로 인상할 것으로 보인다. 또한, 2013년부터 누리과정이 3, 4세에게 적용됨으로써 이에 따른 지방교육재정교부금이 전년도에 비해 몇 배로 증가될 것이다. 이뿐만 아니라, 국공립유치원 교사에 비해 상대적으로 월 급여가 낮은 사립유치원 교사에 대한 처우개선비가 지급되고 있다. 그러나 지방자치단체별로 지급액수의 편차가 심하기 때문에 이를 시정하기 위해서 추가적인 재원이 요구된다(김명수, 2013).

한편, 우리나라에서는 유아교육기관이 주로 사립·민간 주도로 운영되고 그 비용 수준이 상대적으로 높아서 저소득층의 경우 유아교육이용 기회가 제한되며, 공립유치원을 희망하여도 교육기관 부족 및 수용률 부족으로 취원이 어려운 실정이다. 즉, 국공립유치원은 유치원 원아의 22%, 국공립어린이집은 어린이집 아동의 10% 정도만을 부담하는 실정이다. 또한 맞벌이가정, 다문화가정, 편부모, 조손가정 등 가족형태의 다양성 증가와 함께 유아교육기관의 운영시간이나 교육과정에 대해서도 보다 다양해지는 부모의 요구를 제대로 수용해주지 못하고 있는 실정이다(박재윤 외, 2010).

이러한 미취학 유아에 대한 투자확대는 우리나라가 세계적인 저출산 국가이며 아동수 격감에 따른 국가경쟁력 저하를 극복하기 위한 전략으로 추진되고 있다. 공교육보육체계 확립을 위한 공공인프라에 대한 재정투자, 누리과정, 유아교사에 대한 처우개선 등 사업에 따라 유아교육에 대한 투자의 확대는 지속될 것으로 전망된다.

(3) 특수교육 지원 확대

사회소외, 약자층을 보호하여 교육의 사회통합기능을 향상시키기 위해서 특수교육은 더욱 강화될 것이다. 우리나라의 특수교육대상자 중 전문적인 특수교육서비스를 받는 학생들은 총 82,665명으로 특수학교보다 특수학급에서 교육받는 학생이 더 많으며, 특수학교의 경우 전체의 58.7%가 사립으로 사학의 존율이 높은 실정이다. 일반학교에 배치되어 통합교육을 받는 학생의 수는

2005년 59.8%에서 2009년에는 68.3%로 8%가량 증가되어 왔으며, 특수학급도 연평균 500여 학급씩 지속적으로 증가해 왔다(김명수, 2013). 특수교육 분야에서도 모든 특수교육대상자의 학교교육 기회 확대를 위한 지역별 균형과 수요를 반영한 특수학급 신증설, 특수학교급의 학생당 학생정원 감축 등의 과제를 추진하기 위해서 매년 상당한 규모의 재원이 소요될 것이다.

(4) 교육복지비용 증가

교육복지를 재정과 관련하여 보편적 복지 또는 선택적 복지라는 관점에 따라 복지 수혜 대상자 결정방식, 그리고 교육복지 재정투자 규모가 달라진다. 즉, 무상급식 정책에 대해서 보편적 복지 또는 선택적 복지를 채택하는가에 따라 무상급식의 대상이 모든 학생이 될 것인가 아니면 선별적으로 선택된 학생을 대상으로 할 것인가가 결정된다(송기창 외, 2012). 우리나라의 경우 정치권에서 교육복지를 선거 전략으로 활용하면서 교육복지에 대한 재원투자가 급격히 증가되고 있다. 예컨대, 우리나라 급식비 지원은 저소득층을 중심으로 모든 지역에서 실시하고 있으나, 일부 지역은 전면 무상급식을 실시하고 있다. 무상급식은 2010년 자치단체장 및 민선교육감에 출마한 후보자들의 선거공약으로 많이 채택되어 지방자치단체의 무상급식제도가 활발하게 추진되고 있다.

이와 같이 무상급식에 대한 정치적, 사회적 관심과 요구는 계속적으로 높아지고 있다. 따라서 무상급식을 모두에게 시행할 것인지 아니면, 필요가 절실한 특정 학생들부터 우선적으로 실시해 나갈 것인지에 대한 어느 정도 사회적인 합의가 이루어져야 한다. 아울러, 무상급식을 실시하기 위한 재원의 확보가 중요한 재정적인 과제이다. 현재의 지방교육재정 구조에서는 전면 무상급식을 시행하기 어렵기 때문에 증세 또는 GDP 대비 교육재정투자비율을 높이는 방안이 강구될 필요가 있다. 더욱이 지방자치단체별로 무상급식정책이 다르게 실시되고 있기 때문에 무상급식정책으로 인해서 지방자치단체별로 교육여건에 대한 지역적 격차를 발생시킬 수 있기 때문에 이를 방지할 수 있도록 지방자치단체 간의 협의와 조정, 최저기준의 설정 등이 강구되어야 할 것이다.

(5) 교육환경 및 시설 개선

학교의 교육목표가 원활하게 이루어지기 위해서는 교육과정 운영에 적합한 시설 및 공간, 그리고 쾌적한 교육환경이 조성되어야 한다. 우리나라에서는 1990년대 이후로 낙후된 교육환경을 개선하기 위해 교육환경개선사업이 지속적으로 추진되어 왔으나 2006년 이후 중단된 상황이다. 결과적으로 전국 초·중·고교 10.2%의 건물에서 비가 새는 것으로 파악되고, 많은 교육시설이 긴급보수가 필요한 '재난위험시설'로 분류된 것으로 지적되고 있다(김명수, 2013).

이러한 학교의 열악한 교육 시설 및 환경에도 불구하고 전국 시·도교육청에서 학교 건물 개보수 및 신축 등에 사용한 교육환경개선 사업비의 비중이 각 시·도교육청의 다른 교육투자 사업비로 인하여 최근 들어 크게 감소되고 있는 실정이다. 예컨대, 최근 3년간 서울시교육청 예산을 분석한 보고서에서 무상급식조례를 시행한 이후 학교시설·교육환경 개선 예산 사업이 절반 이하로 현격히 감소되었다는 결과를 지적하고 있다(송기창 외, 2012). 따라서, 교육활동을 수행하기에 부적합한 학교시설, 그리고 안전도 측면에서 결함이 있는 건물 등 노후시설의 현황을 파악하고 이를 전면 보수 또는 개축하기 위한 소요비용을 산정하고 이를 연차적으로 개선하는 것은 중요한 과제이다.

한편, 7차교육과정 이후 우리나라 유·초·중등교육은 학생들의 개성과 능력에 따라 다양한 교육이 가능하도록 개별화, 자율화된 학습이 보다 강화될 것이다. 이러한 교육과정을 운영하기 위해서 학생들의 개별화, 자율화된 교수학습 활동을 수용할 수 있는 다양한 학습공간이 필요할 것이다. 이러한 학습공간의 필요에 따라 전통적인 학급교실제에서 다양한 방식의 교과교실제로의 전환이 이루어질 것으로 전망된다. 그러나 전국의 모든 학교급 및 학교 특성에 적합한 다양한 형태의 교과교실제가 도입되기 위해서는 교과교실제 운영비, 인건비, 신설 및 증축 시설비, 환경 조성비 등 추가적인 예산이 소요될 것이다. 특히, 교과교실제가 도입되어 다양한 교육과정이 운영되기 위해서는 현재 교원 수의 1.8배 이상의 교원인력 충원이 필요한 것으로 지적되고 있다(김명수, 2013).

(6) IT 교육 및 정보화 관련 재정 수요

미래사회는 디지털 환경이 발달하면서 생활에 필요한 정보가 급격하게 증가되고 있다. 이러한 미래사회에서 보다 효율적이고 효과적인 정보 접근, 비판적이며 능숙한 정보평가, 정확하고 창조적인 정보 활용 및 관리 등에 대한 정보 리터러시 교육이 필수적이다(Trilling & Fadel, 2009). 이러한 디지털시대의 환경에 적합한 교육으로서 스마트 교육이 제시되고 있다. 스마트 교육은 자기주도적으로 개인의 수준과 적성에 맞는 풍부한 자료와 정보화 기기를 활용하여 학습하는 교육이다. 스마트 교육에서 추진되는 전략으로서 디지털교과서 개발 및 적용, 온라인 수업 및 평가, 교육콘텐츠 자유이용 및 안전한 이용 환경 조성, 교원 스마트 교육 및 연수, 클라우드 교육 서비스 기반 조성 등이 지적되고 있다. 이러한 스마트 교육 추진을 위해서 기반 조성을 위해 재정자원의 확보는 중요한 과제이다.

(7) 고등교육재정 확보

우리나라는 해방 이후 공적 재원의 투자가 초·중등교육에 집중적으로 이루어져 왔다. 반면에, 고등교육 부문에서는 수익자부담정책이 일관되게 이루어짐으로써 상대적으로 공적 재원 투자가 약화되었다. 이러한 상황에서 IMF 구제금융 이후 서민가정의 경제적 부담이 문제가 되면서 높은 수준의 등록금이 정부의 정책의제로 부상되어 대학의 등록금 수준을 낮추기 위한 정부 재정 지원의 필요성이 높아지게 되었다. 정부에서는 2009년 「한국장학재단 설립 등에 관한 법률」을 제정하고 동 재단을 통해서 국가장학금제도와 학자금 대출 등의 사업을 실시하고 있다.

이명박정부에서는 국가장학금제도 도입에 따른 국가장학금 예산의 증가로 인해 고등교육총액의 증가를 가져왔다. 그러나 국가장학금 II 유형에 참여한 많은 대학들은 등록금 인하 또는 장학금 확충이라는 자체 노력을 투입해야 하기 때문에 고등교육비 총액은 오히려 감소되는 결과를 가져왔다(김수경, 2013).

학생의 등록금 인하를 유도하는 정부의 등록금 규제정책은 등록금 수입의존도가 높은 대학재정을 고려할 때 대학의 자율적 활동을 위축시키고 대학교육의 질을 저하시키는 결과를 초래할 수 있다.

한편, 1990년 이후 정부는 고등교육재정지원사업을 확대하면서 고등교육 부문의 발전을 추구해 왔다. 그러나 고등교육재정지원의 규모, 지원방식 등에서 법적인 근거가 미약하였기 때문에 고등교육재정지원 사업의 규모와 운영방식이 정부에 따라 그리고 빈번하게 바뀌어 왔다. 즉, 고등교육부문의 재정지원 규모, 지원기준, 지원방식 등에 대한 근거법령의 제정이 시급한 실정이다.

그러나 미래사회에서는 고등교육이 점차 보편화되고, 개인의 복지뿐만 아니라 국가사회의 경쟁력 향상 차원을 위해서 고등교육에 대한 정부의 재정투자 규모가 보다 확대될 것이다. 즉, 고등교육시장의 글로벌화에 따라 고등교육기관의 국제경쟁력이 매우 중요한 과제가 될 것이다. 이를 위해서 고등교육 분야에 대한 적정수준의 안정적인 재정확보를 위한 정부의 제도적인 조치가 이루어질 것이다. 예컨대, 「고등교육재정교부금법」(가칭)이 제정되고, 이러한 근거법령이 의거하여 고등교육의 재원 확보, 재정지원 기준, 재정지원방식 등이 담겨질 것이다. 이러한 고등교육재정 관련 법령을 제정하기 위해서 우선적으로 고등교육부문의 재원소요, 재원의 확보, 배분방법 등을 포함하는 중장기적인 고등교육재정 투자계획의 수립이 이루어져야 할 것이다. 아울러 이러한 중장기 고등교육재정 투자계획에는 고등교육의 미래비전, 고등교육인구의 규모, 대학 진학률, 교수당 학생수, 학생당 교육비 등의 고등교육지표가 제시되고, 이를 달성하기 위해서 연차별 및 단계별로 고등교육 재원확보 규모, 재정투자 대상 및 방법, 국립대학과 사립대학에 대한 투자계획 등이 포함되어야 할 것이다.

(8) 평생교육 및 노년교육의 강화

오늘날 우리 사회는 연령층을 불문하고 삶을 영위하고 발전하기 위해서는 지속적으로 새로운 지식과 기술을 배우고 발전시켜야 하는 평생학습사회이다.

미래사회에서는 이러한 평생학습사회의 특징이 보다 심화될 것이다. 더욱이 우리 사회는 의료 및 보건 기술의 발달과 영양과 위생상태의 개선으로 평균 수명이 연장됨으로써 급속하게 고령화사회로 변화되고 있다. 이외에도 핵가족화와 세대 간 갈등의 증가, 젊은 세대의 노부모 부양의식의 가치관 희박, 노인들의 교육에 대한 욕구 증가 등으로 미래사회에서는 노년교육이 보다 강화될 것이다(김태준, 2007). 구체적으로 노인의 자기주도적 학습능력 배양을 위한 각종 교육프로그램의 개발 및 보급, 노년교육을 위한 맞춤형 정보 제공 서비스 및 상담지원 체제 구축, 노년교육을 위한 법제도 정비 및 노년교육 추진 기구체제 정비, 노년교육의 접근성 확대 및 다양성 증대를 위한 각종 교육시설 및 프로그램의 개발, 노년교육 전문가 양성 등이 활성화될 것이다.

(9) 교육 ODA 및 국제협력의 활성화

우리나라가 세계 각국을 대상으로 실시하는 교육협력은 그동안 다양한 형태로 이루어지고 있다. 이 중에서 UNESCO 등 국제기구를 통한 교육협력, 저개발국가와의 양자협력, 세계적으로 구축되어 있는 네트워킹을 활용하는 방법 등이 있다. 우리나라는 2015년 UNESCO 세계 교육회의를 유치하는 등 국제사회에서 교육 분야의 중요한 회의를 주도함으로써 교육 분야의 국제협력이 더욱 강화될 것으로 전망된다. 우리나라는 제2차 세계대전 이후 독립한 개발도상국 중에서 유일하게 최빈수원국에서 선진공여국으로 발전하였다. 2010년에는 경제개발협력기구(OECD) 개발원조위원회(DAC)에 가입하였다. 우리나라는 국제사회의 원조를 기반으로 경제성장과 민주화를 이룬 모범적인 국가로 평가되고 있다. 그러나 우리나라는 아직 신흥원조 공여국으로서 OECD의 다른 원조 공여국들에 비교할 때 경제규모를 포함한 국제사회에서의 위상에 비추어 지원규모가 상대적으로 저조한 수준이다. 즉, 우리나라의 공적개발원조(ODA) 규모는 2010년을 기준으로 국민총소득(GNI) 대비 0.12% 수준이다. 따라서, UN을 포함한 국제사회의 권고에 따라 우리나라의 저개발국가를 위한 원조 지원 규모가 빠르게 확대될 것으로 보인다(윤종혁 외, 2012).

특히, 저개발국가와의 양자 협력은 우리나라의 경제개발 모델과 같은 우수한 교육콘텐츠를 원하는 저개발국가를 지원하는 협력방식으로 주로 아시아 및 아프리카권에 있는 국가들과 협력이 이루어지고 있다. 그러나 미래사회에서도 우리나라의 국력이 지속적으로 신장될 경우에 교육 ODA 및 국제협력이 중남미지역 등을 포함하여 보다 다양한 지역의 국가들을 대상으로 확대될 것이다. 이와 함께 세계적으로 구축되어 있는 네트워킹을 통해서도 교육협력이 이루어지고 있다. 따라서 미래사회에서는 이러한 교육 ODA 및 국제협력을 위한 교육인프라 및 시설 등의 하드웨어에 대한 투자지원뿐만 아니라 교육 전문인력 양성, 교육프로그램 개발 및 연수지원 등 다양한 휴먼웨어의 방면에서 활발한 협력이 이루어질 것이다.

⑽ 교육재정의 충분성과 안정성 확보

우리나라의 정부재정에 많은 영향을 미치는 국내외 경제환경은 불확실성이 갈수록 증대되고 있다. 특히, 미국의 양적 완화 축소에 대한 우려 등으로 인한 글로벌 경제의 불확실성 증가, 신흥국 경제성장 둔화, 우리나라의 장기화되고 있는 저성장 경제 등으로 인해 정부의 재정 세입 여건이 낙관적이지 못하다. 반면에 우리나라의 보건 · 복지 · 고용 분야 등을 대상으로 재정지출 규모는 지속적으로 증가되고 있다. 예컨대, 2014년의 경우 우리나라의 전체 정부예산 중에서 보건 · 복지 · 고용 분야의 예산 비중이 30%로 확대되고 있다. 고령화사회의 급속한 진입에 따라 복지비용은 지속적으로 증대될 것으로 전망된다. 이와 함께 남북관계의 특수한 상황으로 인해 안보관련 예산도 지속적으로 증가될 것으로 보인다. 이러한 재정지출 증가를 충당하기 위해 매년 대규모 국채발행이 이루어짐으로써 국가채무의 규모가 계속 증가되고 있다.

이와 같은 교육 외 분야의 정부재정 지출의 증대에 따라 정부 경제 관련 부처에서는 저출산에 따른 학령인구 감소에 따라 교육재정규모를 감축해야 한다는 논리를 제기할 수 있다. 그러나 이러한 논리는 현재의 교육여건과 상황을 현 상태로 유지한다는 전제하에서 가능한 것이기 때문에 학생수가 감소되는 상황에서 교육의 여건을 개선하고 교육의 질을 향상시킬 수 있는 중요한 기회로 활용해야 한다.

어려운 정부 재정여건에서 교육부문의 예산을 배정받기 위해서는 과거와 같이 GNP 또는 GDP 대비 일정 비율의 교육재원 지출 요구에 의해서는 설득력이 떨어질 것이다. 그보다는 현재의 열악한 교육의 여건을 개선하고 교육을 질을 향상시킬 수 있는 구체적인 사업들을 명시하고, 이러한 사업별로 소요되는 재원규모를 엄밀히 추정하고 이를 근거로 교육재정의 투자를 요구해야 할 것이다. 따라서, 교육부문에서 유 · 초 · 중등 및 고등교육의 세부사업별로 소요되는 재정규모의 객관적이고 정확한 추정이 매우 중요한 활동이 될 것이다.

교육재정의 확보와 관련해서 학생 1인당 표준교육비의 지속적인 향상이 이루어질 것이다. 표준교육비는 일정한 교육여건을 전제로 학교운영에 필요한 교육비를 가리킨다. 따라서, 국민의 생활수준이 향상되면서 학생의 교육에 필요한 학교운영비는 지속적으로 증가될 것이다. 특히, 학교 전체 운영에 활용되는 공통운영경비(전기세, 출장비 등)는 말할 것도 없고, 학생의 교과교육 및 체험활동 등에 소요되는 학급당 또는 학생 1인당 교수학습활동경비, 직업활동경비, 치료활동경비 등은 교육의 질적인 수준에 직결되기 때문에 매년 상향될 수밖에 없다. 따라서, 학생 1인당 표준교육경비를 산정하고 표준교육경비를 100% 지원하기 위한 교육재정의 확보는 매우 중요한 과제이다.

이와 동시에 우리나라의 유 · 초 · 중등 및 고등교육활동에 필요한 충분한 재정을 안정적으로 확보하는 문제가 매우 중요하다. 정부의 재정 상황에 따라 교육재정의 확보가 최소한으로 영향을 받도록 재정을 안정적으로 확보해야 할 것이다. 특히, 고등교육 분야 재정의 경우에 고등교육재정 교부금제도와 같은 새로운 법령을 통해서 지방교육재정교부금과는 별도로 확보되어야 할 것이다.

한편, 미래사회에서는 지방자치의 발전으로 중앙정부의 세입원 중에서 지방정부의 세입이 증가될 수 있도록 세제가 개편될 것이다. 이에 따라 지방정부의 재정이 확충될 것이며, 기초자치단체를 포함하여 지방자치단체의 재정자립도가 보다 향상될 것이다. 특히, 풀뿌리 민주주의로 불리우는 기초자치단체의 권한과 책임이 보다 강화될 것이다. 이와 함께, 미래사회에서는 지방자치단체의 교육에 대한 권한과 책임이 보다 높아질 것이다. 특히, 교육재정에 대한 재원부담 구성에서 지방정부의 부담비율이 보다 증가될 것이다. 구체적으로 광역자치단체뿐만 아니라 기초자치단체에서 전출하는 교육재정 부담비율도 법정교부율(법률 또는 조례)로 전환되어 지방교육재정의 안정적 확보에 기여할 것으로 전망된다.

2) 교육재정의 배분

(1) 교육재정 배분의 평등성

교육재정에 있어서 평등성의 개념도 그동안 교육기회의 평등성에서 교육과정의 평등성으로 진일보해 오고 있다. 미래사회에서는 교육과정의 평등성에서 더 나아가 교육결과의 평등성에 대한 개념으로 확대될 것이다. 국민들의 평등성에 대한 개념이 교육결과의 평등성으로 확대될 때 이는 교육에 대한 재정투자의 증대를 가져오게 될 것이다. 즉, 교육결과의 평등성을 가져오기 위해서는 예컨대, 학업성취도가 뒤떨어지는 학생들에게는 보다 많은 공적 재원을 투입해야 한다는 것을 의미하기 때문이다.

미래사회에서는 지방자치의 발전과 더불어 교육재원의 부담에서 지방자치단체의 비중이 점차 확대될 것이다. 지방자치단체의 재정 자립도, 지방자치단체장과 의회의 교육에 대한 관심에 따라서 교육재정 투자에 대한 격차가 발생할 수 있다. 이와 같이 지방자치단체 간에 학생 1인당 교육재정 규모의 격차가 발생할 때 재정투입의 평등성을 보장하기 위해 중앙정부의 재원배분 기능이 매우 중요하게 될 것이다.

지역 간 교육재정의 불평등성뿐만 아니라 우리나라의 경우 설립별 교육재정

투자의 불평등성 문제도 미래사회에서 제기될 수 있는 중요한 쟁점이다. 현재는 중등학교의 경우 공립에 비해서 사립학교의 학생 1인당 경비가 상대적으로 낮은 수준이다. 고등학교를 의무교육화하는 경우에 현재의 사립학교에 대한 교육청의 교원인건비 결함 지원에서 보다 적극적으로 학생 1인당 교육비 수준의 평등성을 확보해야 하는 중요한 문제가 현안으로 대두될 것이다.

(2) 교육재정 배분의 공정성

미래사회에서는 교육재정 배분의 공정성 기준이 높아지고 보다 중요한 의미를 지닐 것이다. 특히, 아동의 정당한 차이를 고려하고 이를 적극적으로 재정적인 차등으로 고려하는 수직적인 재정 공정성의 개념이 보다 강조될 것이다. 미래사회에서는 특수교육의 비용투자 효율성, 생애 단계별 특수교육 지원 강화, 특수교육의 질적인 수준 향상, 특수교육아동 수 증가 등 다양한 요인으로 인하여 특수교육에 대한 재정투자가 보다 확대될 것이다(류재연 외, 2011).

첫째로, 특수교육을 통해 특수아동이 삶을 영위하는 데 필요한 인적자본을 획득하는 투자효과가 그렇지 않은 경우에 비해서 사회적인 비용을 훨씬 감소시킬 수 있다는 비용투자의 효율성 차원에서 특수교육이 보다 중시될 것이다.

둘째로, 특수교육은 단기적인 과정에 따른 지원이 아니라 생애단계에 적절하게 연속적으로 지원하는 방향으로 전환될 것이다. 따라서, 특수교육의 대상이 유·초·중등 수준뿐만 아니라 진로와 직업교육, 고등교육 및 평생교육 차원으로 보다 장기적이고 생애 전 주기에 걸친 것으로 확대될 것이다.

셋째로, 과거에 강조되어 왔던 특수교육 기회의 확대와 같은 양적인 성장 지향에서 전환하여 특수교육의 질적인 수준 향상이 강조될 것이다. 즉, 특수아동에 대한 교육적 시설 및 서비스의 질에 대한 요구가 높아져서 기존 일반학생에 비해서 투자되는 1인당 가중치 재정투자의 비중이 훨씬 높아질 것이다.

넷째로, 일반학생으로 분류되던 잠재적인 특수아들로 미래사회에서는 특수교육 서비스를 요청하게 되어 특수교육 대상 아동의 수가 보다 증가될 것이다.

예컨대, 경제발전에 따른 환경 오염 및 생태계 파괴, 문명의 발달 및 대도시화 등으로 인한 정신질환의 증가, 인종 · 종교 · 지역 간 분쟁 등으로 인해서 특수교육 대상 아동의 수가 점차 증가될 수 있을 것이다. 특히, 「장애인 등에 대한 특수교육법」 제1조에서는 "국가 및 지방자치단체가 장애인 및 특별한 교육적 요구가 있는 사람에게 통합된 교육환경을 제공하고 생애주기에 따라 장애유형 · 장애정도의 특성을 고려하여 교육을 실시하여 이들이 자아실현과 사회통합을 하는 데 기여해야 한다."고 규정되었다. 따라서, 우리나라에서는 점차 증가하는 탈북청소년, 다문화가정의 학생의 경우에도 특별한 교육적 요구를 반영하여 특수교육 대상자로 포함될 수 있다. 요컨대 이러한 다양한 요인들로 인해서 미래사회에서 특수교육에 대한 재정적 지출의 규모는 더욱 높아질 것이다.

3) 교육재정의 지출

(1) 재정의 효율성 증대

재정지출의 효율성에 대한 가치가 지속적으로 강조될 것이다. 재정지출의 낭비를 줄이기 위해 교육부문의 투자효과분석이 증가될 것이다. 교육 분야에서의 산출의 모호성, 장기적인 산출의 특성 등으로 인해 투입 위주의 연구에서, 과정에서의 효율성을 확보하기 위한 노력, 그리고 교육적인 산출 극대화 방안의 탐색 등에 대한 관심이 꾸준히 증가될 것이다. 이런 점에서 교수학습과정에서의 테크놀로지의 활용, 공립학교에 대한 대안적인 경영방식, 교육부문에서의 아웃소싱 등의 방안이 지속적으로 검토되고 탐색될 것이다.

(2) 재정운영의 자율성 향상

우리나라에서는 1990년대 중반 이후에 단위학교의 경영합리화를 통해서 학교의 효과성을 극대화하기 위한 단위학교책임경영제도가 도입되었다. 이를 위해 학교운영위원회가 구성되고, 학교교육과정의 자율화, 학교회계제도 도입,

교장초빙제도 등이 추진되었다.

미래사회에서는 현행 단위학교책임경영제에서 진일보하여 단위학교 자치의 개념으로 발전될 것으로 전망된다. 즉, 단위학교에서 학교교육에 대한 권한과 책임을 보다 많이 보유하고 이를 행사하기 위해 단위학교의 자치권이 보다 강화될 것이다. 따라서 단위학교의 재정운영의 자율성도 강화될 것이다. 이를 위해 현재 교육부-시·도교육청-교육지원청-단위학교의 다단계 구조로 이루어진 교육행정지원체제가 보다 단순하게 교육부-시·도교육청(또는 교육지원청)-단위학교의 구조로 개편되어 재정의 비중도 단위학교에 보다 많이 총액으로 배정될 것이다. 단위학교의 자치권 및 재정운영의 자율성이 보다 강화될 때, 단위학교에서 시·도교육청 산하기관에서 전통적으로 제공받았던 각종 교육 관련 서비스를 다양한 교육 관련 전문 민간 교육컨설팅회사들로부터 자율적으로 구입할 수 있을 것이다.

4) 교육재정의 평가

(1) 재정투자의 책무성

정부의 복지예산 증대로 인한 교육예산 확충의 난점으로 정부예산의 경직성이 증가될 것이다. 이에 따라 정부 재정에서 교육재정 배분에 대한 정당성과 필요성에 대한 논의가 높아질 것이다. 동시에, 지방자치의 발전에 따라 세제 개편 그리고 교육재정 확보에 대한 지역주민의 기여도가 높아질 것이다.

정부 지출 증대에 따라 국민의 세금 부담이 높아질 것이고, 교육재정에 대한 지역 주민의 기여도 증가, 고령화사회의 도래에 따른 교육비 지출에 대한 등의 다양한 요인으로 인해 정부의 재정지출 결과에 대한 책무성이 높아질 것이다. 즉, 정부 재정 지출의 결과에 대한 국민의 알권리와 정부의 국민에 대한 정보 제공 등의 요구가 높아지게 될 것이다. 최근에 우리나라의 경우 시·도교육청 수준에서는 지방교육재정에 관련된 정보공시 내용의 범위를 확대하고 국민들이 편리하게 접근할 수 있도록 각급기관(학교) 홈페이지 교육재정공부방, 예산 편성 및 집행 매뉴얼, 예결산 분석 현황, 예산집행 내역, 중기지방교육재정계획 등 각종 재정 정보 자료를 다양하게 제공하고 있다(한국교육개발원, 2013).

더욱이 미래사회에서는 교육재정 투입결과에 대한 납세자에 대한 책무성, 즉 정부의 교육재정 투입에 대한 결과에 대해서 납세자들에게 정보를 제공하는 기능이 강조될 것이다. 즉, 미래사회에서는 재정투입(학생당 지출액, 학급당 지출액, 학급당 학생수, 교사 1인당 학생수 등), 교육과정(educational process) 지표, 재정투입 결과 등에 관련된 정보(학력, 졸업자, 취업자 등)를 학교단위, 지역단위, 국가단위 수준에서 학부모, 주민, 납세자들에게 알리는 정보공시기능이 보다 활성화될 것이다.

(2) 재정 운영의 투명성 및 합리성 증가

미래사회에서는 예산편성 및 지출의 투명성이 보다 높아질 것이다. 교육재정예산의 지출결과가 차년도 예산 편성 및 집행에도 환류되어 재정과정의 합리성을 증대해야 한다는 요구가 높아질 것이다. 이를 위해서 지역주민들이 예산편성과정에서부터 참여함으로써 주민들의 여론을 예산편성과정에 반영하기 위한 주민참여예산제도와 같은 제도가 활성화될 것이다.

아울러 최근에 들어서 지방교육재정의 예산 집행 및 결산 등 재정과정의 투명성과 합리성을 제고시키기 위해서 예산낭비신고센터, 시민참여위원회, 청렴옴부즈맨제도, 학부모감사관제도, 청렴계약제 등 다양한 제도들이 적극적으로 활용되고 있다(한국교육개발원, 2013). 미래사회에서는 교육부, 교육청, 시·도의회 소속 교육재정정책가들과 교육재정업무 담당자들뿐만 아니라 지역주민들이 교육재정정책 수립, 지출 및 결산의 각 단계에서 참여하는 주민참여재정제도가 크게 활성화될 것이다. 이러한 현상은 중앙정부의 교육재정의 운영, 시·도차원의 지방교육재정, 그리고 단위학교의 학교재정에서 공통적으로 나타나게 될 것으로 전망된다.

참고문헌

김명수(2013). 국가 교육재정지원정책의 평가와 방향. 한국교육재정경제학회 연차학술대회.

김수경(2013). 국가 고등교육재정지원 정책의 평가와 방향. 한국교육재정경제학회 연차학술대회.

김종욱 · 정철호 · 김수이(2010). 다문화가족실태조사. 대전: 한국다문화가족정책연구원.

김태준(2007). 고령사회에 대응하기 위한 노년교육 장기 발전 방안 연구. 한국교육개발원.

류재연 외(2011). 한국특수교육 선진화 방안 연구. 아산: 국립특수교육원.

박재윤 외(2010). 미래 교육비전 연구. 서울: 한국교육개발원.

설동훈 외(2009). 다문화가족의 중장기 전망 및 대책연구: 다문화가족의 장래인구추계 및 사회 · 경제적 효과분석을 중심으로. 보건복지부.

송기창 외(2012). 2012 교육재정백서. 서울: 한국교육개발원.

유현숙 외(2011). 고등교육 미래비전 2040. 서울: 한국교육개발원.

윤종혁 외(2012). 한국의 교육ODA 실천전략 연구. 서울: 한국교육개발원.

이종재 외(2006). 한국교육의 발전전략과 새로운 과제. 교육행정학연구, 24(4), 1-26.

이혜영 외(2007). 교육비전 중장기 계획 연구. 서울: 한국교육개발원.

한국교육개발원(2013). 2013 지방교육재정분석종합보고서.

Trilling, B., & Fadel, C. (2009). *21st Century Skills: Learning for Life in Our Times*. San Francisco: Jossey-Bass. 한국교육개발원 역(2012). 21세기 핵심 역량. 서울: 학지사.

[찾아보기]

인명

나민주 46

박태종 48, 49
반상진 47

안호상 134
유성구 233
윤성식 70, 72

천세영 47
최준렬 43

Aigner, D. J. 53
Alexander, K. 37
Athanassopoulos, A. D. 48
Atkinson, G. B. J. 48

Banker, R. D. 100
Becker, G. S. 21, 24, 98
Berne, R. 37, 45, 54

Carnoy, M. 54
Carter 대통령 76
Charnes, A. 100
Cooper, W. W. 100

Drucker, P. 73
Duncombe, W. D. 42

Farrell, M. J. 48

Illich, I. 91

McGinn, N. F. 21
Mincer, J. 21, 24

Odden, A. R. 37, 54, 60

Picus, L. O. 37, 54, 60
Popper, K. 30

Rhodes, E. 100
Roosevelt 대통령 72

Schick, A. 67
Schramm, R. 37, 45, 54
Shale, E. 48
Shultz, T. 21, 24
Smith, A. 24

Underwood, J. 55

Ward, J. G. 54

Yinger, J. 42

내용

7 · 30 교육개혁 119, 182

8 · 3긴급조치 182
8 · 3조치 109

BCC모형 100
Brown 판결 21, 22

CCR모형 100

DEA 52

e-teaching 363

K-PART 345

NCLB 348

OECD 271, 287, 314

Rose 판례 56
Robinson 판례 55

Theil의 entropy지수 335

X-효율성 48

가변비용 86
가용성 337
가중가격지수 42
가중학생지수 42
가치 생산성 50
간접비용 84
간접세 178
감사위원회 315
개념적 활용 339
개발원조위원회 376
개별소비세 183
결과(outcome)지표 333, 334
결산 267
결정적 관계 31
경상가 비용 19
경상비용 19, 86
경상재정 167
경쟁적 13
경제개발협력기구 376
경제성 46
경제재 11, 12
경제적 활동 250
경제적 효율성 48
계량경제학 30
계량적 접근방법 57

계몽적 활용 339
계산제도 249
계속비 262, 263, 265, 266
계획예산제도 72
고등교육세 194, 195
고등교육재정교부금법 375
고등교육재정지원사업 375
고령화 364
고령화사회 376
고정비용 86
공개 369
공공경제 13
공공업무협약 315
공교육 26
공교육비와 사교육비 17
공리주의적 관점 36
공립학교 재정경리령 133
공정성 36
공통평가기준안 345
공평성(equity) 22, 35, 37
과년도수입 265
과년도지출 265
과목해소 257
과세권 230
과세자주권 197
과세표준 187
과정지표 336
관리적 효율성 48
교란항 30
교부금법 167
교비회계 156
교육 ODA 377
교육경비보조 240
교육경비보조금 227, 228, 229, 235, 238, 240, 244
교육경비보조금제도 128
교육경제학 20
교육과정의 평등성 379
교육기회의 평등성 379
교육목적세 194
교육비 16
교육비용 84
교육비용모형 58
교육비용함수 95
교육비차이도 167
교육생산함수 95
교육세 118, 132, 177
교육세법 108, 119, 120, 122, 135, 138, 164
교육수익 91
교육원가 분석방법 59
교육의 내부효과 90
교육의 수익 89
교육의 효과 89
교육재 14

교육재정투자비율 372
교육재정학 20
교육지방자치단체 149
교육투자규모 123
교육투자수익률 98
교육행재정정보시스템 156
교육효과 89
국가교육재정 145
국가성과관리자문위원회 324
국가장학금 374
국고 146
국고보조금 28, 151, 290
국고회계 272, 274, 291
국립대학 272
국무조정실 344
국세 178
국세 교육세 182
국유재산관리특별회계 275
군정법령 133
규모효율성 48
규범적 접근방법 57
균형성과표 314
근시안적 관리 341
금전비용 19
금전적 수익 92
긍정적 효과 91
긍정적인 효과 91
기금 146
기본법 318
기성회비 277
기성회회계 273, 276, 294
기숙사회계 276
기술적 효율성 47, 48
기업회계기준 283
기업회계제도 279
기여금 290
기준재정수요액 162
기준재정수입액 162, 173
기초의자금 295
기회비용 17, 19, 85
기획예산제도 314

내국세 140, 178
내부효과 90
내적 효율성 48, 55
누적교육비도 288

단기비용 88
단식부기 275
단위교육비 19
단위비용 87
단위사업 157, 259
단위학교책임경영제도 381
담배소비세 210
담배소비세전입금 126, 204

대수의 분산 335
대수의 표준편차 335
대학발전기금회계 273, 276, 279
대학병원회계 279
대학재정 272
대학정보공시제 271
대학투자 289
대학회계 272
대학회계규칙 278
대학회계처리준칙 283
도급경비 250, 252
도급경비제도 254
독립세 179
등록금 290

랜드연구소 72
로렌츠곡선 38
롤스적 자유주의 37

맘퀴스트지수 49, 53
맥룬지수 41
명시이월비 262, 263, 265
모수적 접근법 49
목적세 178, 180, 185
목표관리 예산제도 73
목표관리제 318
물적 생산성 50
미래사회 362
미사용전기이월금 301
미사용차기이월자금 304
민간경제 13
민간재원 289

반값등록금 294
발생주의 267, 278, 279
발생주의회계 327
배분적 효율성 47, 48
배제적 13
범위 41
법인전입금 290
법인회계 281, 285
법정 전입금제도 125
법정이전수입 151
법정전입금 204
법정전입금제도 125
변이(변동)계수 335
병원회계준칙 283
보통교부금 140, 171
보통세 178
보편무상교육 370
보편적 복지 367
복식부기 267, 278
본예산 263
봉급교부금 140

봉급전입금 126
부가세 179, 188
부분생산성 50
부정적 효과 91
분배의 효율성 22
분산 42
불변가 비용 19
불평등도 335
비교모형 57
비국고회계 272, 276, 291
비금전적 수익 92
비모수적 접근법 49
비법정이전수입 151, 152
비법정전입금 204, 205, 206
비법정전입금제도 125
비용편익분석 51
비용효과분석 51
비용효율성 48
비율분석 49, 50
비화폐적 가치 15

사고이월 265
사고이월비 265
사교육 26
사립학교법 281
사업별 세출구조 152
사업평정등급화기준 315
사유재 13
사이버 학습 363
사적 비용 85
사적 수익 93
사회적 비용 85
사회적 수익 93
사회통합기능 371
산출(output)지표 333, 336
산출방향모형 52
산출효율성 48
산학협력단 284
산학협력단회계 273, 276, 278
상관계수 43
상대평균편차 42
생산성 46
생산성지수 49, 50
생애 교육프로그램 367
생활비지수 43
생활협동(소비)조합회계 273
선택적 복지 372
설득적 활용 339
설립자부담 290
성과 330
성과계획서 328, 329
성과관리 313, 323, 324
성과관리제도 319
성과급 보수제도 318

성과목표 328, 329
성과주의 예산제도 70, 314, 318, 319
성과지표 328, 332, 333
성과측정 330
성과평가 328, 331, 332
성질별 세출과목 154
성질별 세출구조 152
세계화 362
세부사업 157, 259
세입예산 258
세출예산 146, 259
소비적 비용 87
소비적 수익 92
소비조합회계 276
수단적 활용 339
수용성 332
수익사업회계 285
수익자 부담원칙 188
수입대체경비 274
수정예산 263
수직적 공평성 42
수평적 공평성 38
순세계잉영금 265
순소비적 수익 92
순수공공재 13
순수기술효율성 100
순수민간재 13
순현재가치법 96
시·군 및 자치구 교육경비보조에 관한 규정 233, 234, 235, 255
시·도교육비특별회계 149
시·도세전입금 125, 204
시·도세전입금제도 212
시민참여위원회 383
시민헌장 315
시책사업수요 168
신공공관리 314
신뢰성 337
심의과정 260
십분위배분율 40

앳킨슨지수 40, 335
양극화 현상 365
업무추진비 266
역맥룬지수 41
영구세 185
영기준 예산제도 76, 314
예비비 266
예산과목 257
예산낭비신고센터 383
예산안 편성과정 261
예산의 목적 외 사용금지 266
예산의 이월 266
예산총계주의 264

예산총액배분제도 318
예산총칙 262
예산편성 260
왜곡된 해석 341
외부효과 90
외적 수익 90
외적 효율성 48, 55
요소비용 19
요소생산성 50
용역 12
우수교사비용지수 43
운영수입 295
운영지출 304
원가모형 57
위대한 평등자론 25
유성구청 231
유실 소득 17
유출효과 90
윤리적 기대수준 325
응능원칙 187
응익원칙 187
의무교육경비 141
의무교육재정교부금 111
의무교육재정교부금법 108, 111, 135, 137, 159, 163, 164
의무교육재정교부금제도 163
의사결정단위 52
이용 266
이월 266
이전수입 150
이전재정수입 197
인간자본론 23, 24
일반업무회계 285
일반지방자치단체 149
일반회계 146, 273, 274
일상경비 255
임금경쟁지수 43
임시토지수득세법 132

자료포락기법 99
자료포락분석 49, 51
자본부채수입 295
자본비용 19, 86
자산 및 부채지출 304
자원비용 19
자유재 12
자유주의적 관점 36
자체 수입 150
자체 평가 345
장기비용 88
장려적 보조금 28
재무비율분석 51
재정 공정성 380
재정배분가치론 25

재정보전수요 168
재정사업 자율평가제도 345
재정지원집중도 40
재해대책수요 168
재화 12
저출산 364
적시성 337
적실성 337
적정성 54
적정성지수 60
전도 255
전략목표 329
전문가판단 접근법 58
전용 266
전입금 203
전자교사 363
정량지표 336
정률보조금 28
정보통신기술 363
정부업무평가 318
정부업무평가 기본법 324
정부업무평가제도 318
정부업무평가지침 344
정성지표 336
정신자본 21
정액교부금 29
정액보조금 28
정책사업 157, 259
정책사업수요 168
정확성 337
제1종 토지수득세 132
제3의 효과 90
제한범위 41
조건부교부금 29
조세 178
조직경직화 341
종합성과평가제도 315
종합지출계획서 315
주기완 70, 72
주민참여예산제도 383
준고정비용 86
준예산 263
중앙정부 이전수입 151
증액교부금 140
증액교부금제도 167
지니계수 39, 335
지방교부금 28
지방교부세 160
지방교육경비보조금 243
지방교육교부세 111
지방교육교부세법 108, 112, 136, 137, 159, 166
지방교육교부세제도 163
지방교육세 173, 182, 183, 214

지방교육세전입금 125, 126, 204
지방교육양여금 138
지방교육양여금제도 138, 139
지방교육재정 149
지방교육재정교부금 114, 146
지방교육재정교부금법 108, 137, 159, 171
지방교육재정교부금법 시행규칙 167
지방교육재정교부금제도 159, 162
지방세 179
지방세기본법 173
지방세법 132, 179
지방소비세 141, 168
지세 환불금제도 134
지세령 133, 134
지역교육현안수요 168
지출구조 304
직접교육비와 간접교육비 16
직접비용 84
직접세 178

차선의 추구 341
책무성 369, 382
청렴계약제 383
청렴옴부즈맨제도 383
총교육비 19
총량교육비와 단위교육비 18
총비용 87
총생산성 50
총생산성지수 50
총액배분 167
총액배분 자율편성예산제도 78
총액한도제 327
총요소생산성 50
총효용 93
최고가치제도 315
추가경정예산 263
충족성 54

탄력성 43
탈학교론자 91
터널효과 340
투명성 369, 383
투입(input)지표 333
투입방향모형 52
투자적 비용 87
투자적 수익 92
투자효과분석 381
특별교부금 171, 172
특별부과금 132
특별회계 146, 273
특수교육 371
특정성과지표에의 고착 341

파레토 효율성 47
파레토계수 335

편차계수 42
평균비용 88
평등성 22, 36
평등주의적 정의관 36
평생학습사회 375
포기소득 85
표준세율 173
품목별 예산제도 68, 80
프로그램 예산제도 78

학교급식시설 232
학교기업회계 279
학교발전기금 255
학교법인 281
학교비제도 132
학교예산 257
학교예산서 262
학교용지부담금 205
학교용지부담금제도 125, 127, 214
학교운영위원회 254
학교운영지원비 252
학교회계 156, 281, 282
학교회계예산편성기본지침 260
학교회계제도 249, 252, 256
학부모감사관제도 383
학부모부담 290
학생수용시설재정 167
한계비용 88
한계효용 93
한계효용체감의 법칙 94
한시세 185
함수모형 57, 59
합리성 383
합의모형 57, 58
현금주의 267, 275
현금주의회계 327
현안사업수요 168
형평성 36, 335
형평성(equity)지표 333
혼합재 13
화폐적 가치 15
확률변경분석 49, 51, 52
확률적 관계 31
환류 338
환부금제도 132
회계구조 272
회계연도 독립 263, 264
회귀분석 49
효과성 46, 334, 335
효과성(effectiveness)지표 333
효용 93
효율성 46, 334, 369
효율성(efficiency)지표 333
후버위원회 70, 314

저자 소개

반상진(Ban Sangjin)

- University of Wisconsin-Madison 철학 박사
- 현 전북대학교 교수
- 『고등교육경제학, 학습사회의 교육행정 및 교육경영』 등 저서 다수
- 「대학등록금의 쟁점 분석과 합리적 대안 모색」 외 논문 다수

김병주(Kim Byoungjoo)

- 서울대학교 교육학박사
- 현 영남대학교 교수
- 『교육행정학원론』 『대학교육비와 등록금』 『교육개혁론』 등 저서 다수
- 「한국 교육재정경제학의 연구동향 분석」 외 논문 다수

송기창(Song Kichang)

- 서울대학교 교육학박사
- 현 숙명여자대학교 교수
- 『교육재정정책론』 『교육행정학원론』 등 저서 다수
- 「지방교육재정의 변천과 재원확충효과」 외 논문 다수

김민희(Kim Minhee)

- 서울대학교 교육학박사
- 현 대구대학교 조교수
- 『교육재정백서』 『교육행정 및 교육경영』 등 저서 다수
- 「교육복지재정의 방향과 과제」 「특별교부금 개선방안」 외 논문 다수

나민주(Rah Minjoo)

- 서울대학교 교육학박사
- 현 충북대학교 사범대학 교육학과 교수, 한국지방교육연구소 소장
- 『시장 · 정부 · 대학: 대학재정지원정책의 이해』 『전환기 한국의 교육정책』 『교육재정백서』 등 저서 다수
- 「교사양성교육에 관한 교육경제학적 조망 외」 논문 다수

우명숙(Woo Myungsuk)

- University of Wisconsin 교육학박사
- 현 한국교원대학교 교수
- 「학교자원과 학교 교육성과의 관계 분석」 외 논문 다수

천세영(Chun Seyeoung)

- 서울대학교 교육학박사
- 현 충남대학교 교수
- 『한국교육과 교육재정연구』『교육과 자유』 등 저서 다수
- 「스마트교육의 이론적 기초」 외 논문 다수

하봉운(Ha Bongwoon)

- University of Wisconsin-Madison 철학박사
- 현 경기대학교 부교수
- 『지방화시대의 교육경쟁력 강화 방향 및 과제』 등 저서 다수
- 「지방분권시대 지방교육재정의 운용전략 연구」 외 논문 다수

주철안(Joo Chulan)

- Harvard University 교육행정학박사
- 현 부산대학교 교수
- 『교육행정 및 교육경영』 등 저서 다수
- 교육재정 관련 논문 다수

최준렬(Choi Joonyul)

- University of Iowa 교육행정학박사
- 현 공주대학교 교수
- 『교육경제학』『교육행정 및 교육경영』 등 저서 다수
- 「교육재정의 효율적 운영방안」 외 논문 다수

한유경(Han Youkyung)

- University of Wisconsin-Madison 교육행정학박사
- 현 이화여자대학교 교수
- 『교육재정사업 성과측정 및 지표개발에 관한 연구』 등 저서 다수
- 「단위학교 교육비 구조 및 교수학습활동비 결정요인 분석」 외 논문 다수

교육재정학

Education Finance

2014년 5월 2일 1판 1쇄 인쇄
2014년 5월 9일 1판 1쇄 발행

지은이 • 반상진 · 김민희 · 김병주 · 나민주 · 송기창 · 우명숙
주철안 · 천세영 · 최준렬 · 하봉운 · 한유경

펴낸이 • 김진환
펴낸곳 • (주) 학지사
121-838 서울특별시 마포구 양화로 15길 20 마인드월드빌딩
대표전화 • 02)330-5114 팩스 • 02)324-2345
등록번호 • 제313-2006-000265호

홈페이지 • http://www.hakjisa.co.kr
커뮤니티 • http://cafe.naver.com/hakjisa

ISBN 978-89-997-0354-6 93370

정가 20,000원

이 도서의 국립중앙도서관 출판시도서목록(CIP)은 서지정보유통지원시스템 홈페이지(http://seoji.nl.go.kr)와 국가자료공동목록시스템(http://www.nl.kr/kolisnet)에서 이용하실 수 있습니다.
(CIP제어번호: CIP2014012615)